돈오선
頓悟禪
사람이 부처다

월 암 月庵

클리어마인드
CLEARMIND

돈오선
頓悟禪

사람이 부처다

책을 펴내며

　지리산 전체가 설국雪國의 정토를 연출하고 있다. 천왕봉으로부터 벽송사 뒷산 부용봉에 이르기까지 모든 생물들은 흰 옷 한 벌을 걸치고 혹독한 겨울 안거 중이다. 항상 푸르기만 하던 소나무(碧松)도 마치 솜이불을 덮어선 만불萬佛의 자태로 삭풍에 온몸을 맡기고 오직 화두일념話頭一念에 골몰하고 있다. 낙엽 속 개구리, 바위틈 속 능구렁이, 동굴 속의 반달곰도 안거의 침묵을 지키고 있기는 마찬가지이다.

　한갓 이름 없는 나목裸木도 모든 것을 놓아버리고, 어리석은 축생도 단식묵언으로 동안거를 지내고 있는데, 오직 납승만이 예외인 냥 일체를 놓아버리지 못하고 배 채우고 앉아서 졸고 있으니 화두는 새벽별같이 멀기만 하다. 이류異類의 칩거는 자연의 순응이라 하더라도, 청안납자는 "한 생각도 일으킴 없이 만법을 건립하는 것"으로 안거를 삼아야 함에도 칠통의 하늘에 별빛만큼이나 선명한 번뇌 망념에 공연히 타는 촛불만 애처롭다.

　은애恩愛는 허망하고 생사는 대신할 수 없다. 태어나도 온 곳을 모르고 죽어도 갈 곳을 모르니 생사의 일이 크다. 고인은 해가 지면 눈물을 흘리며 탄식하기를, "오늘도 그저 이렇게 헛되이 흘러가 버렸으니, 내일 공부도 어떨지 알 수 없구나!"하였고, 새벽에 해가 뜨면 "오늘도 또 해가 밝았구나. 어제는 이미 헛되이 보냈으니, 오늘 공부는 어떨지 알 수 없구나!"하고 다짐했다는데, 나는 어이 방일하여 해 뜨고 지는 줄 모르고 밤낮 경계로 주인삼아 헛되이 생사업만 두텁게 하고 있는가. 남의 보물만 세다가 납월 삼십일을 당하여 염라노자가 밥값 계산할 때 혼비백산할 것이 불을 보듯 뻔한데 아직도 미몽에서 깨어나지 못하니 애석하고 애달프다.

어린 시절 은사스님께서는 행자들이 어설프게 일을 처리할 때마다 "눈에 보이는 일도 하나 제대로 하지 못하면서, 눈에 보이지 않는 부처를 어떻게 찾겠느냐?"고 호통을 치셨다. 귀에 못이 베길 정도로 많이 들어서 또 잔소리 한다고만 여겼던 말씀이 자주 생각나는 것은 어찌 된 일일까. 이사理事가 불이不二한 도리를 모르고, 눈에 보이는 현상(事)에는 어두우면서 눈에 보이지 않는 이치(理)만을 밝히려고 하는 것이 나의 안거상이 아닌가 반성해 본다.

오늘날 정법안장正法眼藏이 현사懸絲의 맥을 이어가고, 불교가 처해진 대내외적 위기 앞에서, 오직 정진하여 부처를 이룬다는 명분 하나로 일신의 편안함에 안주하는 것이 습관적인 안거가 되어버린 것은 아닌지. 지금 이 시간 은사스님의 죽비가 그립다.

옛조사가 말하기를, "물고기가 용이 되어도 몸에 있는 비늘은 변하지 않고, 범부가 성인이 되어도 사람의 모습은 바뀌지 않는다."라고 하였다. 이 말은 형상에 집착하여 부처를 구하는 소견을 깨뜨리기 위한 것으로, 불이중도不二中道의 입장에서 번뇌가 곧 보리이며(煩惱卽菩提), 생사가 곧 열반이며(生死卽涅槃), 중생이 곧 부처임(衆生卽諸佛)을 밝힘과 동시에, 깨닫기 전이나 깨달은 후에도 자리이타自利利他의 보현행원은 변함이 없다는 것을 강조한 말이기도 하다.

그러므로 조사가 강조하기를, "유위를 다함도 없고(不盡有爲), 무위에 머물지도 않는다(不住無爲)."라고 하였다. 아울러 "스스로 깨닫지 못해도 남을 먼저 제도하라(自未得度先度他)."고 하였다.

오늘날 우리 수행납자들은 어떤 한 면으로 보면 '깨달음지상주의'에 경도되어 있지 않나 염려된다. 즉 깨닫기 위한 좌선수행 이외의 일체의 다른 행위는 무가치한 것으로 치부하고, 깨달음 한 방이면 일체 모든 것이 해결되어 별천지의 삶이 전개되는 것으로 착각하여, 마치 사과나무 밑에 돗자리 깔고 누워 꿀사과가 입에 떨어지기를 기다리고 있는 무사안일의 수행행태를 연출하고 있지나 않는지 염려 된다.

조사선의 전통에서 보면, 수행과 깨달음이 일치하는 "수오일여修悟一如"의 수증방편이 심지법문心地法門으로 제기되었다. 그리고 깨달음과 실천행이 일치하는 "해행상응解行相應"이 조사의 인격상임을 말해주고 있다.

수행이 그대로 깨달음으로 발현되어지고 깨달음이 바로 수행으로 회향되어지는, 그래서 수행이 곧 깨달음이 되고 깨달음이 바로 수행이 되는 경지가 온전한 수증의 모습이다. 깨달음과 실천행이 일치하지 못하는 수행자는 진정한 안심입명安心立命을 얻을 수 없을 뿐만 아니라, 보현행원으로 이타행을 실천하는 대승보살일 수 없다.

구순 안거 가운데 중생의 고통과 눈물과 회한의 좌복을 깔지 않고 일신의 해탈만을 위한 화두로 독야청청한다면 지혜와 자비를 함께 닦는 비지쌍운悲智雙運과 복혜겸수福慧兼修의 선종종지에 어긋난다. 용성선사는 일찍이 현상에서 이치를 궁구하고 이치에서 현상을 보아 일과 이치를 동시에 닦는 이사원융(理事圓融 : 理事佛供)의 수행 풍토를 강조하였다. 선종 전적에 나타난 조사상은 구름 위에 가려진 신비스러운 존재가 아니라 일하고, 설법하고, 좌선하고, 교화하는 평상심의 실천행자일 뿐이다. 그러면서 지금 여기 질곡의 현장에서 활발발한 생명력으로 해행상응의 선풍을 진작시키고 있다. 오늘날 우리 수선행자들도 자타겸제自他兼濟의 적극적인 간화선풍을 만들어 가야 하겠다.

　이 『돈오선』을 집필한 이유는 선종사상사 전체를 관통하는 돈점사상 속에서 이론과 실참, 일(事)과 이치(理), 단박 깨달음(頓悟)과 점차 닦음(漸修)을 아우르는 폭 넓고 역동적인 간화선풍을 만들어 가는데 일조하고자 함이다. 돈점논쟁에서 파생된 여러 문제를 융회하고 회통하여 실참실구實參實究하고 광도중생廣度衆生하는 염원에서 그 동안 연구해 온 논제를 정리해 보았다.

혜능선사가 제창한 돈오선의 구경은 "인간이 곧 부처(即人即佛)"라는 것이다. 사람이 부처라면 안으로 부처의 생각과 말과 행을 실천해야 할 것이며, 밖으로 모든 사람(생명)을 부처님으로 섬겨야 할 것이다. 오늘 이 자리에서 부처로 살고, 모든 사람을 부처로 섬기는 행복선幸福禪으로 깨어 있어야 하겠다.

교정을 위해 몇 날밤을 애쓴 동국대 대학원 청두스님, 승가대 재마스님, 서강대 신종훈 불자에게 감사드린다.

한국선의 조정祖庭인 벽송사의 중창불사에 근래에 보기 드문 행원으로 큰 뜻을 내어 종문에 귀감이 되어준 안국선원 선원장 수불스님과 선우禪友 여러분에게 이 한 권의 책을 바쳐 그 시은에 조금이나마 보답하고자 한다.

생사의 백척간두를 넘어 다만 다가올 인연을 기다릴 뿐이다.

세존응화 무자년 정월 정초
벽송선원에서 월 암 정례

차 례

책을 펴내며 · 4

이끄는 말 · 14

제1장 돈점頓漸 수증修證의 연원 · 21

1. 인도불교의 돈점사상 · 22
1) 원시불교의 돈점관 · 22
2) 부파불교의 돈점관 · 25
3) 대승불교의 돈점수증론 · 35

2. 중국 초기불교의 돈점논쟁 · 46
1) 대돈오와 소돈오의 논쟁 · 46
2) 돈오와 점오의 논쟁 · 60

제 2장 돈오선과 남돈북점의 논쟁 · 69

1. 북종의 돈점수증관 · 70

2. 혜능의 돈오선 제창 · 83

    1) 돈오선의 기초이론 - 견성성불見性成佛 · 85

        (1) 자성청정自性淸淨 - 식심견성識心見性 · 85

        (2) 정혜등定慧等과 일행삼매一行三昧 · 108

    2) 돈오선의 수증修證과 실천 · 130

        (1) 돈오돈수頓悟頓修와 일념성불一念成佛 · 130

        (2) 무념無念 · 무상無相 · 무주無住 · 141

3. 신회와 남돈북점南頓北漸의 논쟁 · 159

    1) 돈오선(육조현창)운동 · 159

    2) 돈오선 지위의 확립 · 180

        (1) 자성청정과 공적영지空寂靈知 · 180

        (2) 돈오의 정의와 돈오점수 · 193

    3) 신회의 돈오선의 실천 · 215

        (1) 무념위종無念爲宗 · 215

        (2) 정혜등지定慧等持와 무주행無住行 · 225

차 례

제 3장 돈오선사상의 전개와 수증론 · 237

1. 홍주종(조사선) 돈오선사상의 전개 · 240
   1) 자성청정과 즉심즉불卽心卽佛 · 240
   2) 무념수행無念修行 – 무수무증無修無證 · 264
   3) 응기접물應機接物의 교화방편 · 293

2. 하택종 돈오선사상의 전개 · 318
   1) 자성청정과 정혜쌍수定慧雙修 · 321
   2) 돈점수증頓漸修證과 돈점쌍입頓漸雙入 · 341
   3) 공적영지空寂靈知와 선교일치禪敎一致 · 366

3. 연수의 돈점사구 – 조사선의 돈점관 · 387
   1) 연수의 돈점사구頓漸四句 · 387
   2) 조사선의 돈점관 · 403

제 4장 한국선의 돈점수증 · 411

1. 한국선의 돈점수증론 · 412
   1) 보조의 돈점수증론 · 413
   2) 한국선불교의 돈점관 · 426
      (1) 보조 이후 고려선종의 돈점수증론 · 426
      (2) 조선선종의 돈점수증론 · 432
   3) 현대 한국선의 돈점논쟁 · 453

2. 돈점수증론의 회통 · 469

맺는 말 · 494

이끄는 말

　마음이 부처요, 사람이 부처다. 부처의 마음을 깨닫고 부처의 행을 수행하는 것이 선禪이다. 마음과 행은 둘이 아니므로(心行不二) 선에서는 수행과 깨달음이 둘일 수 없다(修悟一如).
　돈오선이란 번뇌 망념이 본래 공함을 단박에 깨달아 일시에 괴로움에서 벗어나 일념 가운데 육도만행을 구족하는 것이다. 즉 자기의 성품이 본래 청정(공)함을 요달了達하여 번뇌를 보리로, 생사를 열반으로 돌려쓰는 실천행이 돈오선의 종지이다. 그러므로 돈오선은 깨달음이 생명이다. 깨달음을 얻기 위한 필요충분조건이 수행이다. 돈오선은 점수선에 대응하는 말이다. 점차적인 수행과 단박 깨달음은 모순되는 것이 아니라 상호 순응(相應)하는 개념이다. 진리(법) 자체에는 수행(修)과 깨달음(證), 점차(漸)와 단박(頓)의 인과와 차제가 없다. 다만 사람에게 미혹(迷)과 깨달음(悟), 점차와 단박이 있을 뿐이다.
　사실 수행과 깨달음은 불교의 생명이요 근간이다. 어떻게 수행하며 어떻게 깨달을 것인가. 이것은 불교의 오랜 전통 속에서 면면부절 이어져 온 제일의 명제이다. 이 수증修證의 문제와 결부된 것이 점차(漸)와 단박(頓)으로 분류되는 방법론이다. 즉 점차로 닦고 점차로 깨달을 것인가(漸修漸悟), 단박에 닦고 단박에 깨달을 것인가(頓修頓悟), 아니면 점차로 닦고 단박에 깨달을 것인가(漸修頓悟), 단박에 깨닫고 점차로 닦을 것인가(頓悟漸修) 등으로 정의 되어지는 돈점頓漸, 오수悟修의 방법론을 돈점수증론이라고 말한다. 이러한 돈점수증의 이론이나 실행의 방법을 둘러싸고 시비를 가리는 것을 "돈점논쟁頓漸論爭"이라 부른다.

불교 역사상 돈점의 연원은 원시불교 사성제설로 거슬러 올라가며, 본격적인 돈점논쟁은 중국 남북조시대에 도생이 『돈오성불론』을 지어 "돈오성불"을 주창한 이래 전개된 소돈오와 대돈오의 논쟁과 돈오와 점오의 논쟁이 그 시초이다. 이 논쟁은 수증의 내용과 방법론의 차이에서 비롯되었다.

그리고 당대唐代에 이르러 신회에 의해 "남돈북점南頓北漸"의 논쟁이 전개되었으며, 논쟁의 주된 내용은 돈점의 수증방법과 함께 법통논쟁이 포함된 것이 특색이다. 그리고 794년 티베트 쌈예대승원에서 중국 선종의 마하연과 인도의 논사 까말라실라 사이에 돈점논쟁이 진행되었다.

이후 화엄종의 청량징관에 의해 돈점수증론이 정립되었으며, 남종계 하택종의 규봉종밀에 의해 돈점회통의 제수증론이 재정립되어 제시되었으며, 당말 오대에 이르러 법안종의 영명연수에 의해 이른바 돈점사구頓漸四句의 수증론이 구축되었다.

한국에서는 고려시대 보조지눌에 의해 최초로 청량과 종밀 그리고 연수의 제수증론을 바탕으로 하여 돈점수증론이 제기되었다. 이후 지속적으로 보조의 주장이 주류로 전승되어 오다가 1980년대 초 퇴옹성철의 『선문정로』에 의해 보조가 강조한 돈오점수가 비판되고, 돈오돈수가 선문의 정통 수증론이라고 주장됨으로써 현대 한국불교의 돈점논쟁이 전개되었다.

한국의 돈점논쟁은 주로 종문의 올바른 수증론이 돈오돈수냐 아니면 돈오점수냐로 나뉘어져 그 시비를 가리는 것으로 진행되었다. 실로 돈점논쟁은 이론논쟁이지만 실참실오實參實悟의 수증을 전제로 하고 있기 때문에 불교사 혹은 선종사에서 대단히 중요한 위치를 점하고 있다.

이 돈점논쟁은 수증방법론상의 문제이며 논쟁의 초점은 돈오頓悟면 돈수頓修인가, 아니면 돈오 이후 점수인가 하는데 있다. 그런데 돈오돈수와 돈오점수는 서로 차원을 달리하는 실천범주에 속하므로 애초에 논쟁 자체가 성립될 수 없는 말임에도 불구하고 이념논쟁으로 치닫는 것은 그 배경에 선문의 정통성을 확보하려는 의도에 의해 상대를 배제시키려고 하기 때문이다.[1] 다시 말하면 돈점논쟁

자체가 이념논쟁에 그치는 것이 아니라 실천수행을 매개하여 깨달음을 성취해야하는 수증방법이 함께 결부되어 있기 때문이다.

그런데 이러한 돈점논쟁은 오수悟修, 돈점頓漸에 대한 정확한 개념이 정립되지 못한 상태에서, 즉 돈점수증의 유기성, 보편성, 합리성을 도외시한 채 진정으로 해탈을 갈망하는 일반 대중과 무관하게 오로지 전문 선수행자 및 전공 학자들에 의해 출세간出世間적 입장에서 전개되고 있다고 볼 수 있다.

필자는 혜능의 돈오선의 이론과 실천을 통해 돈오돈수, 돈오점수와 그 외 여러 돈점수증론에 대한 개념과 정의를 살펴보고 또한 상호 융회와 화해를 시도함으로써 이고득락하려는 모든 사람과 수증에 관심있는 이들을 위해 각자 나름대로 해탈의 지평을 열어갈 수 있게 하고자 한다.

그래서 논쟁회통의 효과적인 방법을 찾기 위해 유원한 불교 사상사에서 제기되어진 돈점頓漸, 오수悟修의 사상을 차례로 고찰하고, 그것들에 대한 정확한 개념정립을 통하여 전체 수증론의 유기성有機性과 회통성會通性을 종합적으로 고찰해 보기로 하겠다.

사실 돈점논쟁이 지엽적 사건이라면 그 본체에는 돈오선이라는

---

1) 참조, 金一權 『禪修證論의 종교학적이해와 體用論 연구』, 『백련불교논집』 제8집, p 272. 또한 같은 『논집』에서 金載範은 『頓漸論爭의 社會學方法論的 含意』라는 논문 가운데서 悟修, 頓漸을 인식의 삼차원(存在次元, 現存在的 次元, 表象的 次元)으로 나누어 설명하고 있음을 볼 수 있다.

거대한 사상적 모토가 자리하고 있음을 간과해서는 안 된다. 돈오사상과 이론을 집대성하여 그 실천을 매개함으로 해서 선禪적 해탈을 지향하게 하는 돈오선에 대한 정확한 이해와 실천이야말로 현대인들에게 미망을 떨쳐버리고 진정한 일념해탈의 삶을 살게 하는데 일조하리라 믿는다. 따라서 전체적으로 돈오선의 사상과 실천 및 전개를 고찰함으로써 일상생활에서 어떻게 수행하고 어떻게 깨달음을 실현할 것인가를 고민해 보고자 한다.

논쟁은 논쟁자체로는 영원히 종식되지 않고 자칫 희론戱論에 떨어질 우려가 있는바 마땅히 인간해탈을 위한 종교적 실천(宗教實踐)으로 승화되어야만 한다. 한국불교의 돈점논쟁은 양 진영의 주장에 많은 부분 차이가 있으나 공통점으로는 임제선臨濟禪 계통의 조사선祖師禪을 계승하고 있다는 점이다.

주지하는 바와 같이 임제선의 연원은 남종南宗의 돈오선頓悟禪이다. 남종 돈오선은 혜능에 의해 제창되어지고, 신회에 의해 제기된 남돈북점南頓北漸의 논쟁을 통하여 확립된 선사상禪思想이며, 또한 중국 남북조시대의 돈점논쟁으로부터 지대한 영향을 받은 바 있다.

본서에서는 중국불교 역사상에 전개되었던 돈점논쟁과 그 사상 연변演變을 통해 한국불교의 돈점논쟁의 회통을 모색해 보며, 또한 돈오선과 그 전개에서 조사선사상을 함께 논구함으로써 참선수행(간화선)의 이론적 토대를 구축하고자 한다. 아울러 돈오사상이 특정불교의 전유물이 아니라, 인도의 불교와 중국불교 및 한국불교의 전통에서 면면히 계승 발전되어 왔음을 조명함으로써 전체 불교사상에서 돈점수증의 종합적 회통의 길을 모색해 보기로 하겠다.

제1장

돈점頓漸 수증修證의 연원

1. 인도불교의 돈점사상

1) 원시불교의 돈점관

　원시불교에서 돈頓과 점漸, 수修와 증證, 즉 단박(頓)과 점차(漸), 닦음(修)과 깨달음(證)에 대한 문제는 사성제四聖諦의 교리체계에서 그 연원을 찾아볼 수 있다. 『잡아함경』권 제15에 사성제를 수증(修證: 現觀)함에 돈점현관頓漸現觀[2)]이 있음을 알 수 있다.

　　고苦성제를 마땅히 알고 이해해야 하며(當知當解), 집集성제를 마땅히 알고 끊어야 하며(當知當斷), 멸滅성제를 마땅히 알고 깨달아야 하며(當知當證), 도道성제를 마땅히 알고 닦아야 한다(當知當修).[3)]

　여기서 우리는 원시불교의 수증관修證觀을 엿볼 수 있다. 수修, 즉 닦음의 개념은 괴로움(苦)이 소멸된 상태(涅槃)에 이르기 위한 방법

---

2) 현관現觀 : 무간등無間等이라고도 하며, 진리에 대하여 알고 그 진리를 앎으로부터 일어나는 지혜, 즉 수증修證을 말하는 것이다.
3) 若比丘, 於苦聖諦, 當知當解. 於集聖諦, 當知當斷. 於苦滅聖諦, 當知當證. 於苦滅道迹聖諦, 當知當修. 『新修大藏經』 제2권. p 104中. (이하 약칭 『大正藏』).

인 도道성제를 수행한다는 의미이고, 증證, 즉 깨달음의 개념은 열반의 상태인 멸滅성제를 깨닫는 것을 의미하고 있다.

그리고 사성제를 현관함에 있어서 고집멸도苦集滅道를 차제를 가지고 점차漸次로 현관하는 것을 "점현관漸現觀"이라 부르고, 고집멸도 중 어느 하나를 현관하면 나머지 셋이 동시에 현관되는 것을 "돈현관頓現觀"이라고 설하고 있다. 다시 말하면 원시불교에서의 닦음은 사성제 가운데 도성제에 해당하는 팔정도八正道를 닦는다는 것을 가리키며, 깨달음은 무상無常, 고苦, 무아無我의 중도연기中道緣起의 법인 멸성제를 깨닫는다는 것을 가리키고 있다. 아울러 북전北傳 『아함경』에서는 사성제를 현관함에 "단박에 이루는 것이 아니라 점차로 이룬다(非頓而漸 : 돈이 아닌 점)."[4] 라고 주장하고 있다.

> 세존이시여! 이 사성제는 점차로 무간등(無間等 : 現觀)해야 합니까, 아니면 단박에 무간등해야 합니까? 부처님이 장자에게 말하기를, 이 사성제는 점차로 현관하는 것이지 단박에 현관하는 것이 아니다.[5]

예를 들어 말하면, 비구야 어떤 사람이 네 계단으로 된 전당에 오를

---

[4] 본서에서는 돈頓에 해당하는 우리말 번역을 "단박"이라 하고, 점漸에 대항하는 우리말 번역을 "점차"라고 하겠다. 그러나 경우에 따라서는 돈, 점을 그대로 사용하기도 하며 그 외 다른 용어로 번역할 수도 있겠다.

[5] 『雜阿含經』권제16. "世尊, 此四聖諦, 爲漸次無間等, 爲一頓無間等. 佛告長者, 此四聖諦, 次無間, 非頓無間等."『大正藏』제2권. p 112下.

때 첫 계단으로부터 제이, 제삼, 제사 계단을 차례로 올라가서 전당에 오를 수 있다. ……이와 같이 비구야 사성제에 대하여 현관할 때 먼저 고성제를 현관하고 집성제, 멸성제, 도성제를 차제로 현관하게 된다.[6]

이와 같이 『아함경』에서는 고집멸도 사성제를 현관함에 있어서 사성제의 계단을 일시에 단박에 오르는 것이 아니고, 점점 차제의 계단을 거쳐 전당에 오를 수 있다고 설하고 있다. 즉 먼저 고성제를 현관하고 다음에 집성제, 멸성제, 도성제를 차례로 현관하는 점현관漸現觀을 주장하고 있다.

그런데 남전南傳『니까야』에서는 오히려 반대로 "점차의 차제가 없고 단박에 현관現觀할 수 있다(非漸而頓)."고 설하고 있어서, 점현漸現이 아닌 돈현頓現을 주장하고 있다.

> 고苦를 보면[7] 또한 집멸도集滅道를 보게 되고, 집集을 보면 역시 고멸도苦滅道를 보게 되며, 멸滅을 보게 되면 동시에 고집도苦集道를 보게 되고, 도道를 보게 되면 고집멸苦集滅을 함께 보게 된다.[8]

---

6) 上同. p 123上. "譬如比丘, 若有人言, 以四階道, 升於殿堂, 要由初階, 然後次登第二, 第三, 第四階, 得升殿堂. ……如是比丘, 若言於苦聖諦, 無間等已. 然後次第, 於苦集聖諦, 苦滅聖諦, 苦滅道迹聖諦."
7) 여기서 "본다(見)."는 의미는 "통찰한다(知).", "깨닫는다(證)."는 의미로 쓰이고 있다.
8) 南傳『상응니까야』 4. "見苦者, 亦見集滅道. 見集者, 亦見苦滅道. 見滅者, 亦見苦集道. 見道者, 亦見苦集滅."

남전 『상응니까야』에서는 북전 『아함경』에서처럼 사성제의 각지 各支를 하나하나 차례로 현관하는 점현관이 아니라, 각지各支 가운데 어느 하나의 지支를 보면 나머지 셋의 지支를 동시에 보게 되는 돈현관을 주장하고 있다.

이상에서 살펴 본 것처럼 원시불교에서 남북전의 차이에 따라 돈현과 점현의 수증법이 달리 설해지고 있음을 알 수 있다. 이로써 우리는 원시불교에서 제시한 수증修證과 돈점頓漸의 정확한 개념을 파악할 수 있으며, 돈점사상이 원시불교의 사성제로부터 연유하고 있다는 사실을 알 수 있다.

2) 부파불교의 돈점관

부파불교에서 각 부파마다 서로 다른 교설 가운데 중요한 것 두 가지를 들 수 있다. 첫째는 심성설心性說로서 "심성본정설心性本淨說"과 "심성부정설心性不淨說"이 있고, 둘째는 사성제의 현관(四諦現觀)인데, 즉 "사성제를 차제로 얻는 것(四諦次第得)"과 "사성제를 일시에 얻는 것(四諦一時得)"을 들 수 있다.

먼저 돈점사상과 밀접한 연관이 있는 부파불교의 심성설에 대하여 살펴보기로 하자. 심성본정心性本淨설은 대중부大眾部, 일설부一說

部, 설출세부說出世部, 계윤부鷄胤部 등의 부파에서 제기하고 있는데, "변하지 않는 마음의 바탕(心體)은 본래 청정淸淨하다."라고 주장하고 있는 것이다. 다시 말하면 무명 번뇌가 비록 중생의 심성心性을 덮고 있지만, 이것은 어디까지나 나중에 일어난 객진번뇌客塵煩惱로서 심성을 물들게 하고 있을 뿐, 마음의 바탕은 번뇌에 오염될 수 없으며 근본적으로 번뇌와 합해질 수 없다는 것이다.

심성은 본래 청정한 것이다. 다만 객진 번뇌에 물들어서 오염되었기 때문에 부정하다고 말하는 것이다.[9]

심성은 청정하나 객진에 오염되었다. 범부는 이러한 사실을 듣지 못해서 여실지견如實知見을 가질 수 없기 때문에 수행하는 마음을 내지 않는다. 그러나 성인은 이것을 잘 알아 여실지견을 가지므로 또한 수행하는 마음을 낸다.[10]

부파불교의 대중부 등에서는 원시불교의 『증지부增支部』경전에 의거하여 "심성본정, 객진소염(心性本淨, 客塵所染)"의 법문을 주장하고 있다. 즉 중생의 심성은 본래 청정한 것이지만 무시이래로 객진 번

---

9) 『異部宗輪論』. "心性本淨, 客塵隨煩惱之所汚染, 說爲不淨." 『大正藏』 제49권, p 15下~16上.
10) 『舍利弗阿毗曇論』. "心性淸淨, 爲客塵染. 凡夫未聞故, 不能如實知見, 亦無修心. 聖人聞故, 如實知見, 亦有修心."

뇌에 의해 오염되었다는 것이다. 그러므로 수행자는 점차로 번뇌를 소멸하여 본래의 청정심과 상응相應하여 심성본정心性本淨의 상태를 회복해야 한다는 것이다.

설사 번뇌를 아직 완전히 끊기 전인 중생의 입장에서 청정한 본성이 오염되어 나타난다 하더라도, 해탈 전의 오염심汚染心이나 해탈 후의 청정심淸淨心을 막론하고 그 마음의 바탕(心體)인 청정본성에는 변함이 없는 것이다. 이러한 주장이 심성본정설의 핵심 내용이다.

이에 반해 상좌부 계통의 설일체유부說一切有部에서는 분명하게 심성본정설에 반대하는 한편, 나아가 심성부정설心性不淨說을 제기하고 있다.

혹자는 심성이 본래 청정하다고 집착을 한다. 예를 들어 분별론자들은 마음의 본성이 본래 청정하나 객진 번뇌에 오염되었기 때문에 청정하지 않다고 하고, 그러한 집착을 여의게 하기 위해 심성이 본래 청정하지 않음을 나타내 보인다.[11]

거룩한 가르침은 또한 설하고 있다. 심성은 본래 청정하나 어떤 때에 객진 번뇌에 오염되어 있다고 말하는 것은 이치에 상응하는 말이 아니다. ······이치와 서로 위배되기 때문에 이러한 가르침은 응당히 참

---

[11] 『大毘婆沙論』 권제27. "或有執心性本淨. 如分別論者, 彼說心本性淸淨, 客塵煩惱汚染故, 相不淸淨. 爲止彼執, 顯示心性非本淸淨." 『大正藏』 제27권, p 140中下.

다운 설법이 아니다. ……어리석은 믿음을 가진 자가 감히 잘못된 경전의 말씀을 버리지 못하고 있다. 마땅히 알아라. 이러한 경전은 올바른 이치에 어긋나기 때문에 요의설이 아니다.[12]

설일체유부에서는 대중부 등에서 설한 "심성본정 객진소염"설을 분별론자들의 도리에 맞지 않는 설법이라고 보고 있기 때문에 불설佛說이 아니라고 주장하고 있다. 또한 이러한 설법이 참다운 설이 아니라고 말할 수 없다 하더라도 최소한 요의설了義說이 아닌 비요의설非了義說이라고 항변하고 있는 것이다.

그렇기 때문에 "심성이 본래 청정하지 않다."는 심성부정心性不淨설이 부처님의 정설이라고 말하고 있다. 유부有部의 주장에 의하면, 청정심과 오염심은 서로 다른 두 종류의 마음이다. 오염심은 중생이 본래 가지고 있는 마음이며, 청정심은 수행 후에 얻는 부처의 마음으로 단지 오염심을 멸하고 난 후에야 청정심을 얻을 수 있다고 말한다.

유부는 또한 주장하기를, 분별론자들의 "심성본정 객진소염"설은 실제적으로 말해서 "탐심을 떠나지 않고 해탈을 얻는다(不離貪心, 而得解脫)."는 주장으로 이것 또한 올바른 도리에 어긋난다는 것이다.

---

[12] 『阿毗達磨順正理論』 권제72. "聖敎亦說, 心本性淨, 有時客塵煩惱所染, 此不應理. ……與理相違, 故應此文定非眞說, ……若抱愚信, 不敢非撥言此非經, 應知此經違正理故. 非了義說." 『大正藏』 제29권, p 733上中.

그러므로 중생의 마음은 탐진치 삼독으로 오염된 마음이며, 이른바 해탈이라고 하는 것은 불법의 가르침으로 삼독심을 대치하여 점차로 오염심을 제거한 후에 청정심을 얻음으로써 가능하다고 믿고 있다.

그러면 이러한 심성본정설과 심성부정설은 사성제의 돈점현관과 어떠한 연관이 있는 것일까? 사실 심성본정설을 주장한 대중부 등에서는 사성제의 돈현관을 주장하였고, 심성부정설을 주장한 설일체유부 등에서는 점현관을 주장하고 있음을 볼 수 있다.

부파불교에서는 기본적으로 원시불교의 돈점관頓漸觀을 계승하고 있는데, 대체로 각 부파에서 주장하고 있는 사성제의 현관現觀은 원시불교와 마찬가지로 크게 점현관漸現觀과 돈현관頓現觀의 두 종류로 나누어진다. 먼저 점현관에 대해 살펴보기로 하자.

사성제에 대한 현관을 얻을 때 돈頓이 아니고 점漸이다. 미혹을 끊을 때, 끊는 바의 닦음은 마땅히 일시一時에 일체一切를 끊는 것이 아니다.[13]

『계경』 가운데 점현관을 설한 문장을 볼 수 있는데, 『계경』에 설하기를, 부처님이 장자에게 말했다. 사성제는 단박에 현관現觀하는 것이 아니고 반드시 점차로 현관해야 한다.[14]

---

13) 『大毗婆沙論』 권51. "於四諦, 得現觀時, 漸而非頓. 見所斷惑, 如修所斷, 不應一時, 斷一切故." 『大正藏』 제27, p 265上.
14) 『俱舍論』 권제23. "於契經中, 見有誠文, 說漸現觀. 如契經說, 佛告長者, 於四聖諦, 非頓現觀, 必漸現觀. 『大正藏』 제29권, p 122上.

이것은 유부의 사성제에 대한 차제견(次第見 : 차례로 깨달음)을 나타내고 있는 말이다. 예를 들어 유부에서 설한 십육심견제十六心見諦, 속자부 계통의 십이심견제十二心見諦, 경량부의 팔심견제八心見諦 등은 모두 점현관에 속한다. 이 계통의 부파는 모두 견제(見諦 : 사성제의 현관)를 고성제苦聖諦로 현관하는 것으로부터 시작되므로 "고를 보아 도를 얻는다."는 의미의 "견고득도見苦得道"를 주장하고 있다. 견고득도 이후 차제로 집멸도를 현관하고 있으므로 "돈이 아니라 점이다漸而非頓."라고 말하는 것이다. 그러나 이와는 반대로 『이부종륜론』과 『사제론』 등에서는 "일시견一時見"의 돈현관을 주장하고 있다.

> 일찰나심一刹那心 가운데 일체법을 요달了達한다. 일찰나심이 반야지혜에 상응相應하여 일체법一切法을 깨닫는다. ……일찰나에 지혜를 현관하여 사제四諦의 모든 행상行相의 차별을 두루 깨닫는다.[15]

> 나는 일시에 사제를 현관함을 설한다. 일시에 떠나고 일시에 제거하고 일시에 얻고 일시에 닦는다. 그러므로 나머지 삼제三諦도 마찬가지이다. ……다시 말하면, 사제 가운데 어느 하나의 제(一諦)를 현관하면 즉시에 나머지 삼제三諦에도 통한다.[16]

---

15) 『異部宗輪論』. "一刹那心了一切法, 一刹那心相應般若知一切法. ……以一刹那現觀邊智, 遍知四諦諸相差別". 『大正藏』 제49권, p 15下.
16) 『四諦論』. "我說一時見四諦 : 一時離, 一時除, 一時得, 一時修. 故說餘諦, 非爲無用. ……復次, 四中隨知一已, 卽通餘諦. 『大正藏』 제32권, p 379上.

이른바 "돈현관"은 대중부와 화지부 등에서 주장한 현관이다. 이들 부파에서는 사성제를 현관함에 차제로 관하는 것이 아니라 일시에 단박에 관조觀照하여, 하나의 제(一諦)를 현관할 때 나머지 삼제三諦도 동시에 현관할 수 있다는 것이다.

사실 돈현관에서는 "견멸득도(見滅得道 : 멸을 보아 도를 얻음)"를 주장하고 있다. 즉 "멸성제"를 현관하는 것으로 나머지 이고(離苦 : 고를 떠남), 단집(斷集 : 집을 끊음), 수도(修道 : 도를 닦음)를 동시에 이룰 수 있다고 말한다.

그러면 부파불교에서는 무슨 근거에 의거해서 돈현관과 점현관으로 나누고 있을까? 『구사론』에 의거하면 두 종류의 원인을 들 수 있다. 첫째는 사성제의 행상行相의 차이이고, 둘째는 수행자의 근기의 차이이다. 『구사론』에서 차제견자(次第見者 : 점현관론자)들은 사제의 십육심(十六心 : 十六行相)과 삼종현관을 들고 있다.

　　이와 같이 차제에는 십육심十六心이 있는데 사성제의 현관이라 이름한다. ······현관에는 모두 세 종류가 있다. 인연 현상의 차별을 볼 때 오직 무루無漏의 지혜로써 모든 사성제의 경계를 분명히 볼 수 있기 때문에 "견현관見現觀"이라 부르고, 이 무루의 지혜는 나머지 행상도 동일한 소연所緣으로 상응함으로 "연현관緣現觀"이라 부른다.
　　그런데 이때 모든 능연能緣은 계생상戒生相 등의 불상응법不相應法을 갖춘 동일한 사사의 업이기 때문에 "사현관事現觀"이라고 한다. 고성제를 현관할 때 고성제는 세 가지 현관 모두를 갖추지만, 집멸도의 삼성제는 오직 사현관만 갖추게 되니 집성제는 단斷해야 되고, 멸성제는 증證해야 되며, 도성제는 수修해야 한다. 사성제 가운데 견현관만 대상으로 한다면 돈현관이다. 왜냐하면 이理에서는 사事와 달리 제성제諸聖諦와 행상이 다르기 때문이다.[17]

 여기서 주장하고 있듯이 점현관의 관점에서 보면 사성제를 관할 때 고집멸도의 사성제 각각에 또한 사종의 차별이 있으므로 이때 생산되는 행상은 총 16행상行相[18]이 된다. 이 십육행상을 관할 때 먼저 고제행상苦諦行相을 관하고 차제로 나머지 삼제행상三諦行相을 관하므로 "차제견次第見" 혹은 점현관이라 부른다.

 그리고 『구사론』에서는 돈점현관 이외에 또한 견현관見現觀, 연현관緣現觀, 사현관事現觀의 삼종현관을 제시하고 있는데, 고성제를 관할 때는 삼현관三現觀 모두를 갖추게 되지만, 집멸도集滅道의 삼성제를 관할 때는 단지 사현관事現觀만 갖추게 된다고 주장하고 있다.

---

17) 『俱舍論』 권제23. "如是次第有十六心, 總說名爲聖諦現觀. ……現觀有總有三種, 謂見緣事有差別故, 有無漏智, 於諸諦境見分明名見現觀, 此無漏智, 并餘相應同一所緣命緣現觀, 此諸能緣, 并餘具有戒生相等不相應法, 同一事業名事現觀. 見苦諦時, 於苦聖諦具三現觀. 於三諦有事現觀, 謂斷證修, 若諸諦中, 若見現觀, 說頓現觀, 理必不然, 以諸諦中, 行相別故." 『大正藏』 제29권, p 121下.
18) 十六行相: 『俱舍論』 권26에 의거하면, "고성제에 非常, 苦, 空, 非我의 四相이 있고, 집성제에 因, 集, 生, 緣의 四相이 있고, 멸성제에 滅, 靜, 妙, 離의 四相이 있고, 도성제에 道, 如, 行, 出의 四相이 있다."고 설하고 있다.

각각의 성제聖諦에 대한 현관의 내용인 고苦에 대한 당지당해(當知當解 : 마땅히 알고 마땅히 이해함), 집集에 대한 당지당단(當知當斷 : 마땅히 알고 마땅히 끊음), 멸滅에 대한 당지당증(當知當證 : 마땅히 알고 마땅히 깨달음), 도道에 대한 당지당수(當知當修 : 마땅히 알고 마땅히 닦음) 가운데에서, 고에 대한 지(知 : 마땅히 앎)의 작용이 현관될 때 나머지 집멸도에 대하여도 마찬가지로 지知의 작용이 현관될 수 있다고 주장하고 있다.

이것은 고집멸도苦集滅道 사성제 전체에 있어서 당지當知의 부분을 함께 공유하고 있기 때문에, 어느 한 지(一支)를 마땅히 알게 되면 나머지 삼지三支도 동시에 알아지기 때문에 돈현관이 가능한 것이다.

그러나 고苦에 대해서는 당해當解하고, 집集에 대해서는 당단當斷하고, 멸滅에 대해서는 당증當證하고, 도道에 대해서는 당수當修해야 하는 작용이 각각 다르므로 오로지 사현관事現觀만이 상응할 수밖에 없는 것이다.

또한 『구사론』에서는 한 걸음 더 나아가 당지當知의 작용은 이理에 해당하는 부분으로 고집멸도에 공히 단박에 상응하기 때문에 돈현관이 가능하다고 주장하고 있다. 그러나 당해當解, 당단當斷, 당증當證, 당수當修의 작용은 사事에 해당하는 부분으로 고집멸도의 차제를 밟아 점차로 상응해야 하기 때문에 점현관이 될 수밖에 없다고 설명하고 있다.

이러한 『구사론』의 교설에 의거하여 결론지어 보면 사성제를 현관할 때 이理와 사事로 나누어 현관하게 되는데, 이理에 대한 작용은 단박에 상응할 수 있기 때문에 돈현관頓現觀이고, 사事에 대한 작용은 차제를 밟아 점차로 상응할 수 있기 때문에 점현관漸現觀이라고 주장하고 있다.

돈현관의 입장에서 『구사론』은 "돈수팔지십육행(頓修八智十六行: 팔지혜 십육행을 단박에 닦음)"[19] 이라는 "돈수頓修"사상을 최초로 주장하게 되는 것이다.

이러한 돈수사상의 연장선에서 『대비바사론』은 번뇌를 끊는 수행에 있어서도 이도利刀와 둔도鈍刀의 수행으로 나누어 설명하고 있는데, 구품번뇌九品煩惱를 일시一時에 끊음을 맹리도(猛利道: 見道位)라 하고, 구품번뇌九品煩惱를 구시九時에 나누어 끊음을 불맹리도(不猛利道: 修道位)라고 말하고 있다. 여기서 예리한 칼(利刀)과 무딘 칼(鈍刀)을 사용하여 물건을 끊을 때(利鈍刀截一物), 이도는 한 번에 끊어 마칠 수 있으며(利者一割便斷), 둔도는 여러 번에 걸쳐서야 끊을 수 있는(鈍者數割乃斷) 비유로써 돈점을 설명하고 있다. 이 비유는 뒷날 중국 선종에서 빈번하게 회자되고 있으며, 특히 하택신회가 돈오頓悟를 설명할 때 그대로 인용되고 있음을 볼 수 있다.

이상으로 부파불교의 돈점관은 두 가지 논점으로 귀결시킬 수 있다.

---

19) 『俱舍論』卷第二十三. 『大正藏』第二十九, p 122中.

첫째, 돈과 점 어느 한 쪽에 치우치는 집착을 타파하고 돈과 점을 함께 닦는 이른바 "역점역돈亦漸亦頓"의 관점이다. 이는 대치수행으로 공空에 집착하는 자를 위해서 "돈이 아니고 점이다(顯漸非頓)."라고 가르치고, 유有에 집착하는 자를 위해서 "점이 아니고 오직 돈만 있다(唯頓非漸)."고 가르치는 것이다.

둘째, 돈점현관을 융회하여 "점차로 끊어 단박에 깨우친다(漸斷而頓得)"는 관점이다. 즉 아라한과 등 사과四果의 수행자가 점차로 번뇌를 끊어 최후 금강정위金剛頂位에 이르러 일체 번뇌를 일시에 끊기 때문에(一切煩惱 一時斷故), 점차로 닦아 단박에 깨우친다고 말한다. 이것을 수증론으로 정의하면 "점수돈오漸修頓悟"라고 말할 수 있다.

3) 대승불교의 돈점수증론

대승불교에서는 대중부 계통의 사상을 계승하여 "자성청정自性清淨"설을 제시하고 있는데, 여기서의 자성은 중생 각자의 본래적 성품으로서 불성을 가리키는 말이며, 청정이란 말은 공空[20]이라는 의

---

20) 『大智度論』卷六三. "畢竟空卽是畢竟清淨." "以人畏空, 故言清淨." 사람들이 공空이라고 말하면 두려워하기 때문에 청정이라고 말한다고 설하고 있다. 필경공이 필경청정이니 둘 다 중도의 다른 이름이므로 결국 자성청정은 중도불성을 나타낸 말이 된다.

미로 사용되어져 공이기 때문에 중도中道인 것이다. 곧 자성청정이란 중도불성中道佛性을 표현한 말이다. 이러한 자성청정, 즉 자성공自性空, 혹은 무자성無自性의 중도불성의 바탕위에 대승불교의 수증론이 입론되고 있는 것이다.

대승불교에서도 수증론의 관점은 대체적으로 원시불교와 부파불교의 전통을 계승하고 있음을 볼 수 있다. 대승불교는 수행의 계위 階位로 보살 오십이위五十二位, 즉 십신十信, 십주十住, 십행十行, 십회향十回向, 십지十地, 등각等覺, 묘각妙覺 등의 계위를 제시하여 십신 초발심初發心으로부터 무량 아승지겁의 차제次第 수행을 거쳐 구경에 성불한다는 것이다.

그러나 『화엄경』 출현 이후 후기 대승경론에서는 보살 수행계위를 대부분 화엄십지華嚴十地를 인용함으로 해서 십주, 십행, 십회향, 십지 등의 차제를 사용하지 않고 있다. 그러므로 보살 수행차제의 관건은 십지十地에 있다고 하겠다.

『십지경론』의 해석에 의하면, 보살이 수행하여 성불에 이르고자 한다면 반드시 환희지歡喜地로부터 이구지離垢地, 명지明地, 염지焰地, 난승지難勝地, 현전지現前地, 원행지遠行地, 부동지不動地, 선혜지善慧地를 거쳐 최후의 법운지法雲地에 도달하여야만 성불한다는 것이다.

그 중 가장 핵심이 되는 지위는 칠지七地인 원행지遠行地와 팔지八地인 부동지不動地이다. 즉 원행지로부터 부동지에 진입하면 무상실상無相實相의 이치를 깨달아 무생법인無生法忍을 증득할 수 있다는 것이다.

『십지경』의 설법에 의거하면, 대승보살이 발심發心하여 반드시 십지의 수행차제를 밟아, 최후에 부처의 경계(佛境界)에 도달할 수 있기 때문에 점차 닦아 최후에 깨달음을 얻는다(漸修而得悟)고 말한다. 이것을 수증론에서는 "점수점오漸修漸悟", 혹은 "점수돈오漸修頓悟"라고 볼 수 있다.

그러므로 대승반야학大乘般若學에서는 한편으로 보살이 초발심지初發心地에서 성불할 수 없다고 설하고 있다. 즉 초발심시변정각初發心時便正覺은 성립되지 않는다고 주장하고 있다.

> 부처의 십력十力을 얻기 위해 큰마음으로 발원하면 즉시 필정취(必定聚 : 正覺)에 든다. 묻기를, 초발심에서 모두 이와 같은 상相이 있습니까? 답하길, 혹 어떤 사람이 초발심에 바로 이러한 (정각의) 상相이 있다고 말하지만 실제로는 그렇지 않다. ……무슨 까닭인가? 일체 보살이 초발심시初發心時에 반드시 모두 필정必定에 드는 것은 아니다. ……혹은 점수漸修의 공덕이 있다. 예를 들어 석가모니불이 초발심에 필정에 든 것은 아니며, 초발심 이후에 수많은 공덕을 닦아 연등불에 이르러 필정에 들었다. 그러므로 네가 일체보살이 초발심에 바로 필정에 든다고 말하면 이것은 삿된 말이다.[21]

여기에서 용수는 일체 보살이 초발심시初發心時에 반드시 모두 필정(必定 : 正覺)에 드는 것은 아니라고 주장하고 있다. 그 예로 석가모니불이 초발심 이후에 오랜 세월 동안의 점수공덕漸修功德을 쌓은 연후에야 필정에 들어 성불할 수 있었다고 설명하고 있다. 그렇기 때문에 만약에 어떤 사람이 "일체 보살이 초발심에 반드시 성불한다."라고 말하면 이는 불교의 정론正論이 아니고 외도의 삿된 견해(邪論)라고 주장한다. 그런데 용수는 이 논의 바로 뒤에 연이어 이와는 정반대의 관점을 다음과 같이 제시하고 있다.

> 어떤 보살은 초발심初發心에 즉시 필정(必定 : 正覺)에 들 수 있다. 마음이 능히 초지初地를 얻었기 때문에 사람들은 초발심에 정에 들었다 말한다.[22]

용수의 이러한 설법은 틀림없이 방편설법의 일환에서 설해진 수기설법隨機說法의 일종이다. 그가 생각하기에 보살의 근기가 서로 다르기 때문에 어떤 보살은 초발심지初發心地에 이르러 바로 깨달아 들지 못하고 점차로 수행하여 칠지七地에 이르러서야 무생법인無生法忍을 증득하게 되고, 어떤 보살은 초발심지 가운데서 단박에 칠지

---

21) 『十住毘婆沙論』권1. "爲得是佛十力故, 大心發願, 卽入必定聚. 問曰, 凡初發心皆有如是相耶. 答曰, 或有人說, 初發心便如是相, 而實不爾. ……所以者何. 一切菩薩初發心時, 不應悉入於必定. ……或有漸修功德, 如釋迦牟尼佛, 初發心時不入必定, 後修集功德値燃燈佛, 得入必定. 是故汝說一切菩薩初發心便入必定, 是爲邪論.『大正藏』제26권, p 24下.
22) 上同. "有菩薩初發心卽入必定, 以是心能得初地, 因是人故說初發心入必定中."

를 뛰어 넘어 바로 무생법인을 사무쳐 마칠 수 있다는 것이다.

대승에서 말하는 십지十地는 사실 끊을 바 번뇌를 끊어가는 닦음 있는 행(有修之行)의 가장 강화된 활동상을 나타내는 말이다. 무명번뇌가 본래 공空한 줄 사무쳐 깨우칠 때 십지十地라는 능히 끊음의 자취도 다하는 것이다. 곧 닦아감의 모습과 닦음의 지위가 남아 있으면 그것이 아무리 높은 경계라 하더라도 그것은 끊을 바가 있음을 반증하니, 끊을 바가 본래 없음을 바로 깨우친 돈오가 아니다.23) 초지初地에서 십지十地까지의 지위는 실로 고정된 지위가 아니며, 그 지위에 상응하는 객관적 깨달음이 존재하는 것도 아니다. 따라서 초발심보살도 번뇌가 본래 온 곳이 없음을 사무쳐 보아 단박에 깨달을 수 있는 것이다. 그래서 『마하반야바라밀경』에 다음과 같이 설하고 있다.

> 어떤 보살마하살이 초발심시에 육바라밀을 널리 행하여 보살위에 이르러 아유월치지阿惟越致地를 얻는다. 사리불아! 어떤 보살마하살이 초발심시에 바로 아녹다라삼먁삼보리를 얻어 법륜을 굴려 무량아승지無量阿僧祇 중생을 위해 이익을 지어 마치고 무여열반無餘涅槃에 들었다. ……사리불아! 어떤 보살이 초발심시에 반야바라밀과 상응하여 헤아릴 수 없는 백 천억 보살과 더불어 하나의 불국토로부터 또 다른 불국

---

23) 鶴潭, 『대승기신론직해』 p 29.

토에 이르기까지 모든 불국토를 청정하게 한다.[24]

　대승 중관학中觀學의 관점에서 볼 때, 보살의 근기가 서로 차별이 있기 때문에 수증修證 또한 돈점의 빠르고 늦음이 있을 수 있다. 하근기보살은 차제점수의 수행을 거쳐 최후에 구경의 경지에 도달할 수 있고, 상근기보살은 일념발심一念發心에 바로 반야바라밀과 상응하여 보살 십지과정을 일시에 뛰어넘어 청정 불경계佛境界에 도달할 수 있다는 것이다.
　이와 같은 초발심시에 무상정등각無上正等覺을 얻는다는 교설은 대승불교의 일념성불一念成佛과 일일성불一日成佛 사상으로 발전하게 되는데, 이 둘은 대승경전에서 중요하게 설하고 있는 교설이다.

　　보살은 십지 가운데서 사신족四神足을 갖추고 있다. 무엇을 사신족이라 하는가? ……다시 신족神足은 일념一念이라 이름 한다. 보살이 이 신족을 얻은 자는 시방 무량중생으로 하여금 일념에 성불(一念成佛)하게 한다. 다시 신족神足은 장엄莊嚴이라 이름한다. 보살이 이 신족을 얻은 자는 일일一日 가운데 모든 불국토를 장엄하게 되니, 모두 일시성불一時成佛이라 한다.[25]

---

24)『摩訶般若波羅蜜經』권2. "有菩薩摩訶薩, 初發心時, 上菩薩位, 得阿惟越致地. 舍利弗, 有菩薩摩訶薩, 初發心時, 便得阿耨多羅三藐三菩提, 轉法輪, 與無量阿僧祇衆生作益厚已, 入無餘涅槃. ……舍利弗, 有菩薩摩訶薩, 初發心時, 與般若波羅蜜相應, 與無數百千億菩薩, 從一佛國至一佛國, 爲淨佛國土故.『大正藏』제8권, p 226下.

속질(速疾 : 신속)성제가 있다. 보살이 이 성제聖諦를 얻으면 능히 일체 중생으로 하여금 손가락 퉁기는 찰나에 모두 불도를 이루게 하니, 무한·무량·무수의 일일성불一日成佛을 하게 한다.[26]

위의 증문에서 제시한 일념성불一念成佛, 일일성불一日成佛설은 모두 이근보살(利根菩薩 : 상근기보살)의 대지혜의 입장에서 설한 것이다. 근성根性이 서로 다르기 때문에, 즉 보살의 지혜가 서로 다른 차별이 있으므로 상근기 보살은 일념一念 혹은 일일一日에 부처를 성취할 수 있지만, 하근기의 둔근인은 무수겁無數劫의 점차 수행을 거친 연후에야 비로소 성불할 수 있는 것이다.

대승반야학大乘般若學에서는 반야바라밀은 육바라밀 가운데 하나의 바라밀이 아니라, 전前 오바라밀을 모두 융섭融攝한 지혜를 증득한 바라밀을 말한나.

그래서 부처의 일체지一切智를 획득하기 위하여 반야바라밀을 위주로 하는 보살행을 실천해야 하고, 이 바라밀의 실천은 지혜의 증득證智을 중요시하는 원시불교의 특성을 회복하는 것이라고 말할 수 있다. 이러한 일념성불, 일생성불을 설하고 있는 대승경론의 대

---

25) 『菩薩瓔珞經』 권3. "菩薩在十地中具四神足, 云何爲四. …… 復有神足名曰一念, 菩薩得此神足者, 盡令十方無量衆生一念成道. 復有神足名曰莊嚴, 菩薩得此神足者, 一日之中盡共莊嚴諸佛國土, 同字同時一時成道. 『大正藏』 제16권, p 33下.
26) 上同. p 39上. "速疾聖諦, 菩薩得此聖諦者, 能使一切衆生彈指之頃盡成佛道, 無限無量不可稱數一日成佛."

승선을 청정선淸淨禪이라고 통칭한다. 이러한 대승선大乘禪을 『능가경』에서는 "여래장자성청정선如來藏自性淸淨禪" 혹은 "여래선如來禪"이라 부르고 있다.

> 무엇을 여래선如來禪이라 하는가? 여래의 지위에 들어 여래의 지혜덕상을 자각하여(自覺聖智) 삼종락三種樂에 머묾을 행하여, 중생의 부사의不思議한 일을 성취함을 여래선이라 한다.27)

여래선은 선수행의 최고 경지로서 여래가 증득한 바의 선(如來所證得之禪)을 의미하며, 여래의 경계를 증득함은 범부와 이승, 보살의 수증한 바와는 구별하여 최상승선最上乘禪이라고 하는 것이다. 그러므로 『보살영락경』에 "여래선은 결코 세속선世俗禪이 아니며, 아라한 벽지불선이 아니며 초지, 이지, 내지 십지보살선이 아니다. 무슨 까닭이냐? 이러한 선은 유한하지만 여래선은 유한함이 없기 때문이다."라고 설하고 있는 것이다. 즉 대승불교의 선법禪法 가운데 여래선이 최상승선이라고 하는 것은 오직 제불여래만이 능히 증득한 바의 선이기 때문이다.

종밀은 일찍이 『도서』에서 "자심이 본래 청정함을 단박에 깨달아 이 깨달음에 의해 닦는 선이 최상승선이며 또한 여래청정선이라 부

---

27) 『楞伽阿跋多羅寶經』 권제2. "云何如來禪. 謂入如來地, 行自覺聖智相三種樂住, 成辦衆生不思議事, 是名如來禪. 『大正藏』 제16권, p 492上.

른다. 달마 문하에 면밀히 서로 전해져 내려 온 선이 바로 여래선이다."라고 주장하고 있다.

이와 같이 『능가경』에서는 최고의 경지인 여래선법如來禪法을 제시했을 뿐만 아니라, 전문적으로 여래가 일체 중생의 번뇌를 제거함에 대한 수증이론修證理論을 동시에 제시하고 있는데 이러한 수증의 방법은 점漸인가, 돈頓인가를 비유를 들어 설명하고 있다. 『능가경』은 이른바 "사점사돈四漸四頓"설을 설하고 있다.

> 일체 중생의 자심 가운데 있는 번뇌를 정제함에 점인가, 돈인가? 부처님이 대혜에게 말하기를 점차로 정제淨除하는 것이지 단박에 정제하는 것이 아니다(漸淨非頓). ……비유하여 말하면 도예가가 모든 그릇을 만들 때 점차로 조금씩 만드는 것이지 한꺼번에 다 만드는 것이 아닌 것처럼, 여래가 일체 중생의 자심 번뇌를 정제시키는 것도 이와 같아서 점차로 소멸시키는 것이지 단박에 이루는 것이 아니다. ……예를 들어 말하면 밝은 거울에 일체 모양 없는 색상이 단박에 나타나는 것처럼 여래가 일체 중생의 마음 가운데 번뇌를 정제하는 것도 이와 같아서 무상 청정경계가 단박에 나타난다. 마치 해와 달이 일체 색상을 단박에 비추어 나타나게 하는 것처럼 여래가 중생의 자심에 나타난 번뇌의 병을 떠나게 하기 위함도 이와 같아서 단박에 부사의지혜의 최승경계를 나타낸다.[28]

위의 인용문에서 『능가경』은 중생이 번뇌를 소멸하고 구경각을 이루는데 있어서 돈頓, 점漸의 두 방면에 걸쳐 논술하고 있다. 먼저 마치 도예가가 그릇을 만들 때처럼 중생이 자심의 번뇌를 정제淨除하는 것도 점차 이루어지는 점정비돈漸淨非頓의 점수법漸修法을 말하고 있다. 아울러 밝은 거울(明鏡)에 일체의 색상色相이 일시에 비추어지는 것과 같이, 또한 일월이 삼라만상을 비출 때 일시에 한꺼번에 비추는 것을 예로 들어서 돈현비점頓現非漸의 돈오법頓悟法을 동시에 설하고 있다. 이와 같이 점과 돈의 예를 각각 네 가지를 들고 있다고 해서 사점사돈四漸四頓설이라고 말한다.

이러한 다른 종류의 사점사돈의 설법을 수증론상에서 어떻게 이해해야 옳을까? 일반적으로 대부분의 학자는 능가선에서 제기하는 수증론은 인도불교의 전통에 입각하여 "점수돈오漸修頓悟"라고 말한다. 그러나 『능가』 등 대승 경론에서 설하고 있는 수증론은 돈과 점의 양 방면을 아우르는 수증방법이라 할 수 있다. 즉 점수漸修, 돈오頓悟, 점수점오漸修漸悟, 점수돈오漸修頓悟, 돈오점수頓悟漸修, 돈오돈수頓悟頓修 등의 돈점수증론頓漸修證論을 함께 제시하고 있다고 보아야 한다. 수행자의 근기가 서로 차별이 있기 때문에 어떤 중생

---

28) 『楞伽經』 권제2. "云何淨除一切衆生自心現流爲頓爲漸耶. 佛告大慧, 漸淨非頓. ……譬如陶家造作諸器, 漸成非頓, 如來淨除一切衆生自心現流, 亦復如是, 漸淨非頓. ……譬如明鏡頓現一切無相色像, 如來淨除一切衆生自心現流, 亦復如是, 頓現無相無有所有淸淨境界, 如日月輪頓照顯示一切色像, 如來爲離自心現習氣過患衆生, 亦復如是, 頓爲顯示不思議智最勝境界. 『大正藏』 제16권, p 485下~486上.

은 닦아도 바른 깨달음을 얻지 못하고(修而非悟), 어떤 중생은 점차 닦아 점차로 깨달을 수 있고(漸修漸悟), 어떤 보살은 점차 닦아 단박에 깨달을 수 있고(漸修頓悟), 어떤 보살은 단박에 닦아 단박에 증득(頓悟頓修)할 수도 있을 것이다.

 이렇듯 대승불교에서는 다양한 돈점의 수증론을 제시하고 있음을 알 수 있다. 그러나 원시불교, 부파불교, 대승불교를 관통하는 수증론은 역시 점차 수행하여 단박에 불경계에 들어간다는 "점수돈오漸修頓悟"에 주안점을 두고 있다고 보아야 할 것이다.

2. 중국 초기불교의 돈점논쟁

1) 대돈오와 소돈오의 논쟁

중국 초기불교 시기에 반야학般若學이 매우 흥했으며, 동진시대부터 또한 열반불성涅槃佛性사상이 유행하기 시작하였다. 반야의 공空사상과 불성의 유有사상이 회통되어 "중도불성中道佛性"사상을 낳게 된 것은 대승불교의 전통으로 중국 초기불교사상에도 그대로 전승되어 많은 영향을 끼쳤다.

남북조시대 도생道生은 이러한 중도불성의 사상적 기초 위에 "돈오성불론頓悟成佛論"을 제출하게 된다.『고승전』에 의거하여 도생의 돈오성불설을 살펴보기로 하자.

도생이 이미 깊이 사유하기를 오래하여 언어 문자 밖의 소식을 철저히 깨달아 감탄하여 말하기를, 형상으로써 뜻을 궁진하되 뜻을 얻으면 형상을 잊는다. 말로써 이치를 설명하되 이치를 깨달으면 말을 쉰다. 불교의 경전이 인도로부터 전해졌기 때문에 번역하는 사람의 오류가 겹쳐 문의가 매끄럽지 못해서 본래의 뜻을 알기가 어려웠다. 고기를 잡으면 통발을 잊는다는 말이 비로소 말과 도의 관계를 잘 표현했다.

그래서 진眞과 속俗을 교열하고 인과因果를 궁구하여 선불수보(善不受報
: 선은 과보를 받지 않는다)설을 세워 돈오성불을 주장하였다.29)

도생법사에 의해 돈오성불론이 제기됨에 따라 당시 불교계에는 오랜 기간 동안 격렬한 돈점논쟁이 진행된다. 남북조시대에 처음으로 시작된 이 돈점논쟁은 대략 두 방면에서 진행되는데, 첫째는 소돈오小頓悟와 대돈오大頓悟의 논쟁이며, 두 번째는 돈오頓悟와 점오漸悟의 논쟁이었다.

소돈오小頓悟를 주장하는 이는 모두 육가六家이다. 一 승조법사, 二 지도림법사, 三 진안타법사, 四 사통법사, 五 광산원법사, 六 도안법사 등이다. 이들 법사들은 칠지七地 이상에서 무생법인無生法忍을 깨닫는다고 수장한다. 축노생법사는 내돈오를 주장하였다.30)

대돈오와 소돈오의 논쟁이 처음 시작된 시기는 남북조 시기이다. 도생의 돈오성불설로 제기되어진 돈점논쟁은 이 시대 불교계의 최대 화두로 등장했다. 이 때 도생은 이미 불교계에서 일천제성불설

---

29) 『高僧傳』. "生旣潛思日久, 徹語言外 乃喟然嘆白: 夫象以盡意, 得意則象忘. 言以詮理, 入理則言息. 自經典東流, 譯人重阻, 多守滯文, 鮮見圓義. 若忘筌取魚, 始可與言道矣. 於是校閱眞俗, 研思因果, 乃立善不守報, 頓悟成佛."『大正藏』제50권, p 366下.
30) 『三論游意義』. "用小頓悟師有六家也. 一肇師, 二支道林師, 三眞安埵師. 四邪通師, 五匡山遠師, 六道安師也. 此師等云, 七地以上, 悟無生忍也. 合年天竺道生師, 用大頓悟義也."『大正藏』제45권, p 121下.

(一闡提成佛說 : 일천제도 성불한다는 설)의 주장으로 인해서 소위 "고명독발(孤明獨發 : 빼어난 식견과 출중한 발명)"의 유수한 대덕의 위치에 있었다.

중국불교에서 돈오사상은 도생이 대돈오를 주장하기 전에 이미 다른 논서論書에 언급되고 있었다. 예를 들어 같은 시대의 승조는 『반야무지론』에서 돈점의 이치를 판별했고, 조금 앞선 동진시대에 지도림, 도안 등에 의해 십주삼승설十住三乘說과 돈오설이 이미 천명된 바 있었다.

이러한 논사들의 돈오사상에 대한 발명은 그 당시에 드디어 소돈오와 대돈오의 논쟁이 유발되는 계기를 제공하게 되었다. 돈점논쟁을 언급하고 있는 『조론소肇論疏』의 내용을 살펴보기로 하자.

돈오에는 서로 다른 두 종류의 해석이 있다. 첫째 축도생법사가 제기한 대돈오이다. 모름지기 돈오라고 하는 것은 불성의 이치가 나뉘어질 수 없음을 밝혀(明理不可分), 깨달음이 구극에 이름을 말한다. 둘이 아닌 깨달음이라야 나눌 수 없는 이치에 부합될 수 있다. 이(理 : 불성)와 지(智 : 반야)를 함께 깨달음(理智兼釋)을 돈오라 한다. …… 둘째 소돈오는 지도림법사가 주장한 것으로서 보살이 점차로 수행하여 칠지七地에 이르러 무생법인無生法忍을 증득함을 말한다. 석도안법사가 말했다. 대승보살의 무루지혜를 마하반야라 칭하는데 이는 칠지에서 증득하는 것이다. 광산원법사가 말하기를, 이승二乘은 아직 무유중도無有中道를 얻지 못했으나, 칠지에 이르러서야 비로소 무생인無生忍을 얻을 수 있다고 했다. 지안타법사가 주장했다. 삼계의 모든 번뇌는 칠지에 처음으로 무생법인을 증득해 일시에 돈단頓斷하여 보살이 진리를 깨달을 수 있게 된다. 승조법사 또한 소돈오의小頓悟義에 동조했다.31)

위의 문장에서 알 수 있듯이 칠지에 돈오(七地頓悟)한다고 주장하는 것을 소돈오小頓悟라고 하고, 깨달음의 단계를 인정하지 않고 구경각에 돈오(佛地頓悟)한다는 주장을 대돈오大頓悟 라고 한다.

먼저 소돈오의 주장을 살펴보기로 하자. 중국불교사에서 지도림, 도안, 혜원, 승조 등에 의해 돈오의 종지가 천명되기 시작했다. 그런데 실제로는 지도림법사가 최초로 돈오설을 제시했는데, 그가 언급한 돈오는 소돈오의小頓悟義를 말하는 것이다. 『세설 · 문학편주』에 보면 "「지법사전」에 설하기를 법사는 십지十地를 연구했는데 칠지七地에 돈오한다."라고 주장하였다. 여기서 지법사支法師는 지도림支道林을 지칭하는 말이다. 동진시대 십지 관련 경론이 대량으로 번역되는데, 『점비일체지덕경』, 『대지도론 · 발취품』, 『십주비바사론』 등이 여기에 해당된다.

『조론소』에서는 소돈오에 대해 이렇게 관련 해석을 하고 있다.

---

31) 『肇論疏』. "頓悟者, 兩解不同. 第一竺道生法師大頓悟云, 夫稱頓者, 明理不可分, 悟語極照. 以不二之悟, 符不分之理. 理智兼釋, 謂之頓悟. ……第二小頓悟者, 支道林師, 於七地始見無生. 彌天釋道安師云, 大乘初無漏慧, 稱摩訶般若, 卽是七地. 遠師云, 二乘未得無有, 始於七地方能得也. 埵法師云, 三界諸結, 七地初得無生, 一時頓斷, 爲菩薩見諦也. 肇法師亦同小頓悟義." 『續藏經』 제150책, p 425右下.

『석론』제49권에 이르기를, 버림(捨 : 끊는다는 의미)에는 두 종류가 있는데 첫째 번뇌를 버려 보시를 행함이요, 둘째 번뇌를 버려 도를 얻음이다. 이와 같이 번뇌를 버리는 것(捨結)으로써 버림(捨)을 삼는 것이다. 둘째의 번뇌를 버리고 득도하는 인연에서 칠지七地에 이르러서야 능히 번뇌를 끊을 수(捨結) 있다고 한다. 앞 시대의 명승대덕들 가운데 소돈오를 주장하던 이는 이 문장을 증거로 들고 있다.32)

이것은 소돈오론자들이 칠지돈오七地頓悟를 주장하는 근거를 『대지도론』에서 설하고 있는 "칠지에 이르러 능히 번뇌를 끊을 수 있다(至七地乃能捨結)."고 하는 문장에 두고 있음을 설명하고 있다.33)

지도림 등은 대승보살이 발심하여 점진적 수행을 거쳐 칠지인 원행지遠行地에 이르러 비록 공행功行은 아직 원만구족하지 못했더라도 이미 일체 번뇌를 단박에 끊어서 진리의 전체를 깨달아 무생법인無生法忍을 증득한다고 여기고 있다. 이 무생법인과 불지佛地와는 결코 차별이 없기 때문에 칠지 수행에 돈오할 수 있다고 주장하는

---

32) 『肇論疏』. "『釋論』第四十九卷云, 捨有二種, 一捨結行施, 二捨結得道. 此以捨結爲捨, 與第二捨結因緣, 至七地乃能捨結. 中代明德, 執小頓悟者, 執此文." 『續藏經』 제150책, p 425右下.

33) 그런데 『대지도론』은 지도림, 도안이 입멸하고 난 뒤 구마라집에 의해 번역되었다. 그러므로 승조나 혜원 등이 혹 『대지도론·발취품』의 영향을 받았을 수는 있겠다. 그러나 지도림, 도안 등의 돈오학설은 결코 『대지도론』에 의거하고 있다고 할 수 없다. 지도림은 전문적으로 십지사상을 연구하였으며, 또한 돈오는 칠지에 있다고 주장한 분이다. 아마도 지도림의 돈오관념의 연원은 십지계 경론과 유관하리라 보는 것이 타당하다.

것이다. 그러나 칠지돈오 이후 반드시 삼위(三位 : 팔지~십지)를 진수進 修하여야만 최후에 원만청정한 불과경계佛果境界에 도달할 수 있다 는 것이다.

그런데 이들은 칠지돈오 이후에 진수하는 삼지三地의 수행은 닦음이 없는 닦음(無修之修)이라고 항변하고 있다. 결국 반드시 십지에 오름이 필요하지만 가장 관건이 되는 계단은 오직 칠지에서 팔지로의 비약이라 할 수 있다. 이른바 칠지는 원행지遠行地로서 환절(環節 : 인식전환)의 계단이다. 칠지보살에 이르면 도혜道慧를 구족하여 무생법인을 얻게 됨을 『무량의경서』는 이렇게 논술하고 있다.

> 지공(支公 : 지도림)은 무생법인을 논했는데, 수행자가 칠지에서 도혜를 구족하게 되고 십지에 이르면 모름지기 불지를 이루게 된다. 칠지와 십지는 그 공능에서 차이가 있지만 깨달음에 있어서는 하나이다.[34]

지도림이 생각하기에 수행하여 제 칠지에 도달하면 이미 무생법인의 지혜를 갖추기 시작하여 제 십지에 이르러 무량한 공덕을 구족하게 된다. 칠지와 십지는 수증단계에서 엄연한 차이가 존재하지만 무상실상無相實相의 진여불성眞如佛性을 관조하는 지혜의 견지에

---

34) 『無量義經序』. "支公之論無生, 以七住爲道慧陰足, 十住則群方與能, 在迹斯異, 語照則一." 여유상 譯釋, 『出三藏記集』, 佛光, p 229.

서 보면 분명 하나의 지혜로써 원만히 일체를 비추어 제법의 미혹을 일시에 끊을 수 있기 때문에 칠지돈오七地頓悟가 타당하다는 것이다.

대승불교의 일반적 견해에 비추어 보면 발심하여 성불하기까지는 삼아승지겁의 수행이 필요하다. 다시 말하면 초지보살이 견도見道를 시작으로 범부를 뛰어넘어 성인의 지위에 들기(超凡入聖) 위해서 육지六地 이하에서 꾸준히 점차 수행하여 칠지에 도달하여 무생의 법인(無生法忍)을 깨달은 진여경계眞如境界에 들어간다. 이는 육지 이하의 보살은 매 계단마다 새로운 수행을 더하여(新起的漸修) 칠지에 이르러서야 모든 번뇌를 단박에 끊고(諸結頓斷), 불생불멸不生不滅의 도리를 깨우친다는 것이다.

즉 칠지에 이르러 문득 무생법인을 깨달으니 돈오인 것이다. 따라서 돈오는 칠지에 있다고 주장하는 것이다. 그러므로 『무량의경서』에서 "무생법인을 깨달음은 생사가 다하는 연고로 그 깨달음은 반드시 돈頓이어야 한다."[35] 라고 하였다.

다음으로 도생법사가 제시한 대돈오의大頓悟義를 고찰해 보기로 하겠다. 이를 위해서 앞에서 열거한 도생의 돈오에 대한 설법을 다시 한 번 음미해 보도록 하자. 도생이 정의한 돈오는 불성의 이치가 나뉘어 질 수 없음을 밝혀(明理不可分) 깨달음이 구경究竟에 이름

---

35) "無生之證, 生盡故其照必頓."

을 말한다. 구경에 이른 깨달음은 둘일 수 없다. 이러한 구경의 깨달음이라야 나눌 수 없는 이치에 부합될 수 있다.

또한 이(理 : 불성)와 지(智 : 반야)를 함께 깨달음(理智兼釋)이 돈오이다."라고 하였다. 인용문 가운데 주목할만한 말은 "돈오"이어야 하는 당위인 "이불가분(理不可分 : 이치는 나뉘어 질 수 없다)"이라는 구절이다. 여기서 말하는 이理는 이법理法, 불성佛性 진여眞如를 가리키는 말이다. 『조론소』에 이에 연관되는 내용이 설해져 있다.

> 법이란 이실(理實 : 진리의 실상)을 말한다. ……진리를 깨닫는다는 것은 자연히 일체제불의 경계에 부합하는 것이다. 일체중생 모두가 자연히 계합하는 것은 아니다. 그러므로 법을 불성이라 한다.36)

법성法性이란 제법실상諸法實相, 진여불성眞如佛性의 이법理法을 말하는 것이다. 진여실상眞如實相의 이법은 나누어 질 수 없기(不可分) 때문에 최고의 지혜로 투과하여 생사불이生死不二의 경계를 얻음이 바로 나눌 수 없는 이치에 계합하는 것이다.

이와 같이 이(理 : 불성)가 나뉘어 질 수 없는 것이라면 오(悟 : 깨달음) 또한 점오漸悟의 계단으로 나뉘어 질 수 없기 때문에 일시에 전체를 단박에 요달了達할 수밖에 없다. 이것이 바로 반드시 돈오頓悟이

---

36) 『肇論疏』. "法者, 理實之名也. ……夫體法者, 冥合自然一切諸佛. 莫不皆然, 所以法爲佛性也." 上同. p 549.

어야 하는 이유이다. 점오의 계단으로 나뉘어 질 수 없다고 하는 것은 돈오는 칠지七地에서 이루어지는 것이 아니라 십지十地 이상의 구경원만 경지(佛地)에서만이 가능하다는 역설이다.

이렇게 하여 도생은 "이불가분理不可分"의 도리를 들어 돈오의 근거를 삼고 있다. 그리고 "이지겸석理智兼釋"이라는 말에서 이理란 불성을 가리키는 말이며, 지智란 지혜 즉 반야를 말함이다. 즉 "불성과 반야를 함께 깨닫는다."는 것은 제법실상의 이理인 불성을 돈오하기 위해서는 반드시 반야지혜를 투과하여야만 가능하다는 말이다.

그런데 사실은 불성의 이理 가운데는 반드시 지혜를 갖추고 있기 때문에 지혜를 훈습하면 불성을 보는 것이요, 불성을 보게 되면 지혜는 자연히 훈습되어지는 것이다. 그러므로 "불성과 지혜를 함께 깨닫는 것(理智兼釋)이 돈오"라고 말하는 것이다. 이러한 이지理智를 깨닫는 데에는 단계를 두고 점차로 깨달아 나아갈 수 없다. 오직 단박에 완정完整하게 이루어져야 하는 것이다.

그래서 『변종론』에서는 "적(寂 : 불성)과 감(鑑 : 지혜)은 미묘하여(寂鑑微妙), 계급을 허용하지 않는다(不容階級)."라고 말하고 있다. 여기서 적寂이란 깨달은 바의 경계(所悟之境)이니 공적空寂한 불성의 이치(佛性之理)를 나타낸 말이다. 그리고 감鑑이란 능히 깨닫는 지혜(能悟之慧)이니 거울의 비춤(鑑照)과 같은 반야지혜(般若之智)를 가리키는 말이다.

이러한 이리와 지智가 교묘하게 계합하는 경계가 미묘微妙한 돈오의 경지이다. 한 번 깨달으면 두 번 다시 깨달을 필요가 없기 때문에 "계급을 허용하지 않는다(不容階級)."라고 말하는 것이다.

바꾸어 말하면 능관能觀의 반야지般若智와 소증所證의 실상리實相理를 융합한 이지불이理智不二의 경지가 바로 이지겸석理智兼釋이요, 또한 "법신전제(法身全濟 : 법신을 온전히 드러냄)"이다.

그러나 이 또한 모두 방편설법으로 돈오한 무상실상無相實相 가운데는 반야지혜般若智慧, 실상지리實相之理, 여래법신如來法身의 삼자는 모두 평등하여 무차별이다. 만약에 소증의 이치(所證的理)와 능관의 지혜(能觀的智)의 차별상에 집착한다면 제법실상의 중도진여中道眞如를 제대로 돈오할 수 없다. 그러므로 "이지겸석理智兼釋"이 돈오頓悟라고 설하는 것이다.

도생은 구마라집을 스승으로 모시고 반야학의 현지玄旨를 터득함과 동시에 한편으로 열반불성학涅槃佛性學을 선양하였다. 그러므로 고명독발의 돈오성불론頓悟成佛論을 제창하게 되었으니, 이것은 실로 대승의 반야공종般若空宗과 열반불성涅槃佛性 사상의 회통적 융합이라 말할 수 있다.

도생법사가 주창한 대돈오의 핵심 논제는 나누어 질 수 없는 이치인 진여실상眞如實相을 깨닫는데 있어서 차제의 단계가 있다면 이는 아직 구경의 경지가 아니므로, 십지 이전에는 돈오할 수 없고 오직 십지 이후 금강위(金剛位 : 佛地)에서만 돈오할 수 있다고 삼론종의 길장吉藏은 다음과 같이 서술하고 있다.

> 도생이 주장한 돈오의 의미는 오직 불지위佛地位에서만 미혹의 번뇌를 완전히 끊을 수 있으므로 불지위 이전에는 번뇌를 완전히 끊을 수 없다. 그러므로 불佛을 각覺이라 부르는 것이다. 부처의 경계에 이르기 전에는 완전한 깨달음을 얻을 수 없다.[37]

> 과보란 변화무상한 장場이다. 생사는 큰 꿈의 경계이다. 생사로부터 금강심金剛心에 이르기까지 모두 환몽幻夢이다. 금강심의 최후 일념最後一念에 활연대오豁然大悟하여 다시 더 깨달을 바가 없게 된다.[38]

번뇌미혹을 단박에 끊으면 부처요, 미혹번뇌를 단박에 끊지 못했으면 중생이다. 도생은 불지佛地 이전에는 근본적으로 돈오가 있을 수 없으며, 다만 생사의 대몽지경大夢之境에 처해 있는 것이며, 반드시 십지금강심十地金剛心 이후에야 활연대오豁然大悟하여 얻을 바 없는(無所得) 대열반大涅槃의 경지에 들 수 있다고 말한다.

---

37) 吉藏, 『大乘玄論』 제9. "生公用頓悟義, 唯佛斷惑, 爾前未斷, 故佛名爲覺, 爾前未覺." 『大正藏』 제45권, p 60下.
38) 吉藏, 『二諦義』 卷下. "果報是變謝之場, 生死是大夢之境, 從生死至金剛心, 皆是夢, 金剛後心, 豁然大悟, 無復所境也." 『大正藏』 제45권, p 111下.

그러므로 그는 반복하여 "금강金剛 이전에는 모두가 대몽이며 금강 이후에야 대각을 이룬다."[39] 라고 주장하고 있다. 도생의 설법에 의거하면 이른바 "금강심金剛心" 이전, 즉 칠지七地를 포함하여 어떠한 지위에서도 모두 깨달음이 없다고 주장한다. 이것은 그가 칠지돈오설七地頓悟說을 인정하지 않는다는 반증이며 금강심 이전의 경지는 모두 다 큰 꿈 가운데 있는 점수漸修로 이해하고 있다는 것이다.

이상에서 살펴본 바에 의거하여 소돈오小頓悟와 대돈오大頓悟의 정의를 다시 한 번 정리해 보도록 하자. 지도림 등이 주장한 소돈오는 칠지돈오七地頓悟를 제기하고, 칠지에 무생법인無生法忍을 증득하여 자동으로 삼위(三位 : 八地, 九地, 十地)를 진수進修하여 최후에 불지위佛地位에 오른다는 주장이다.

이에 반해 대돈오는 불지돈오佛地頓悟로서 보살이 초지로부터 점차로 수행하여 금강심의 최후 일념에서 일시에 돈오한다는 주장이다. 여기서 소돈오와 대돈오가 주장하고 있는 최대의 핵심문제는 "칠지돈오七地頓悟"냐?, "불지돈오佛地頓悟"냐?의 "경지론境地論"적 논점이라고 할 수 있다. 그리고 양자 모두 돈오 이전에 점수가 필요함을 인정하는 동일한 관점을 유지하고 있다.

그러면 도생이 견지하고 있는 돈오 이전의 점수에 대하여 논술해 보도록 하자. 도생은 소돈오론자들이 그랬듯이 결코 점수를 부정

---

39) 『三論遊意義』, "金剛以還, 皆是大夢, 金剛以後, 皆是大覺." 『大正藏』 제45권, p 121下.

한 것이 아니다. 돈오 이전의 점수를 강조하고 있는 그의 사상을 여러 전적을 통해 구체적으로 살펴보자.

견해見解는 깨달음이요, 문혜聞慧는 믿음이다. 신해信解는 참된 것이 아니라서 깨달음이 발현되면 믿음은 사라진다. 진리는 자연히 발현되나 만약에 스스로 닦지 않는다면 깨달음은 스스로 생기는 것이 아니라 반드시 점차 수행에 의거해야 한다. 신해에서는 미혹이 남아 있으나 깨달음으로써 미혹을 끊는다. 깨달음의 경계는 비춤이 있고 믿음(수행)은 만품(萬品 : 수행의 결과 얻어지는 다양한 지위)을 이룬다. 그래서 십지의 보살과 사과四果의 성문도 모두 성인이 깨달은 이치에 가까운 것이다. 그러므로 수행자는 스스로 수행하여 멈춤이 없어야 한다.[40]

번뇌를 뛰어넘었으되(깨달았으되) 불지위에 머물지 않음이 보살이다. 이러한 깨달음을 밝히기 위해서는 반드시 유학有學의 점수를 쌓아 무학無學의 경지에 들어가야 한다.[41]

여기에서 도생은 돈오를 성취하기 이전에 점수를 강조하고 있음을 볼 수 있다. 다시 말하면 그가 비록 돈오를 주장하고 있지만 점

---

40) 『肇論疏』. "見解名悟, 聞慧名信. 信解非眞, 悟發信謝, 理數自然. 如果就自零, 悟不自生, 必籍信漸. 用信僞惑, 悟以斷結. 悟境停照, 信成萬品, 故十地四果, 蓋是聖人提理今近, 使夫者自强不息." 上同. p 425.
41) 『法華經疏·湧出品』. "又踊出非佛, 而是菩薩者, 明此悟分, 必須積學義至無學也." 『續藏經』 제150책, p 409右上.

수의 방편수행을 폐기하지 않고 있다는 것이다.

그러므로 『대반열반경집해』에서 "수행이라고 하는 것은 비유하자면 안전하게 천천히 물에 들어가는 것과 같다. 상락아정常樂我淨의 열반락을 닦으려고 한다면 방편의 수행을 폐기해서는 안 된다."라고 주장하고 있으며, 『무량의경서』에서도 도생의 돈점관에 대해 다음과 같이 진술하고 있다.

> 도생공이 말하기를, ……나무를 베는 것을 비유하면, 처음 나무를 벨 때 조금씩 점차로(漸) 베어야 한다. 무생의 깨달음은 생사가 다한 연고로 그 깨달음은 반드시 돈頓이어야 한다.[42]

도생법사는 나무를 베는 참목의 비유(斬木之喻)를 들어 점수와 돈오를 설명하고 있다. 나무를 처음 베기 시작할 때 한 자 힌 자 조금씩 점차로 베기 시작하여 나중에 최후 마지막 한 번에 완전히 베어지는 것처럼, 보살이 점차로 수행하여 금강정위金剛定位에 이르러 마지막 일념에 단박에 깨달아 드는 것이다.

다시 말하면 나무를 베는 비유는 먼저 나무가 있음(有)의 사사를 전제로 하기 때문에 반드시 점차(漸修)의 지위를 밟아야 한다. 그러나 무생에 대한 증오證悟는 없음(無)의 이理를 대상으로 하기 때문

---

42) 『無量義經序』. "生公云, ……斬木之喻, 木存故尺寸可漸; 無生之證, 生盡故其照必頓."
『出三藏記集』, 上同. p 229.

에 반드시 돈오頓悟해야 하는 것이다. 양자에 있어서 전제와 대상은 확연히 다르지만, 전자의 점수와 후자의 돈오가 교묘하게 결합하기 때문에 "점수돈오"의 수증론이 성립되는 것이다.

여기에서 우리가 알 수 있는 것은 도생의 돈오성불론은 대승불교의 점수돈오사상을 계승하고 있으며, 비록 돈오의 함의가 뒷날 남종 돈오선과는 다른 의미가 있지만 중국 선종사상에 미친 영향은 결코 홀시할 수 없다고 할 수 있겠다.

2) 돈오와 점오의 논쟁

도생이 『돈오성불론』을 지어 돈오성불을 주장하여 당시의 불교계를 풍미하게 되자, 이에 반대하는 학자 집단이 나타나기 시작했는데 그 대표적인 사람이 혜관慧觀과 담무참曇無讖 등이다.

혜관은 『점오론漸悟論』 담무참은 『명점론明漸論』을 각각 저술하여 점오성불漸悟成佛을 천명하고 돈오설을 반박하기에 이른다. 이때 도생의 제자 도유, 보림, 법보 등은 스승의 유지를 계승하여 대돈오大頓悟설을 홍양하고 있으며, 특히 류송문제劉宋文帝 재위 기간에 도육을 입궁시켜 궁중에서 돈오의頓悟義를 강설하게 하였다.

그리고 사령운謝靈運 또한 도생의 돈오설을 옹호하며 『변종론』을 저술하여 중국인과 이인(夷人 : 외국인)의 자질이 다름을 주장하고, 서역인인 불타 등은 깨달음을 얻기 위해 반드시 장기간의 수행을 주장하고 있지만, 중국의 성인은 일거에 승의(勝義 : 가장 심오한 도리 즉 진여불성)와 일체됨을 깨달을 수 있다고 주장하였다. 이러한 일련의 사건이 바로 중국 불교역사상 제기 되어진 제 1차 돈점논쟁의 제 2편에 해당한다.

그러면 돈오와 점오의 논쟁에 대하여 구체적으로 살펴보기로 하자.

논에 이르기를, 삼승三乘이 실상을 깨달음에 대해 묻고 있다. 말하기를, 삼승이 동일하게 실상을 깨우쳐 도를 얻는데 실상의 이理가 셋입니까? 셋을 깨닫기 때문에 그 과果도 셋입니까? 실상은 필경공畢竟空일 따름인데 어떻게 셋으로 나누어 질 수 있습니까? 만약에 실상의 이리가 하나라면 하나를 깨닫는데 그 과는 셋일 수 있다는 것인데, 어떻게 하나를 깨달음이 셋을 이룰 수 있습니까? 답하기를, 실상은 오직 하나일 수밖에 없지만 그것을 깨달음에 세 가지 연이 있을 따름이다. 수행자가 공空을 깨달음에 그 깊고 얕음이 있으며 수행자의 근기에 세 가지 종류가 있는 것이다.43)

---

43) 『名僧傳鈔』. "論曰, 問三乘見解實相, 曰, 經云, 三乘同悟實相而得道, 爲實相理有三耶. 以悟三而果三耶. 實相唯空而已, 何應有三. 若實相理一, 以悟一而果三者, 悟一則不應成三. 答曰, 實相乃無一可得, 而有三緣 行者悟空有深淺, 因行者而有三." 『續藏經』제134책, p 8右上.

승조법사의 『열반무명론』에서는 다음과 같이 설하고 있다.

열반이란 이미 번뇌를 모두 끊은 곳이며, 육경六境 밖에 초월하여 들지도 나지도 않는 현묘한 도를 깨달아 독존하는 자리이니, 이는 곧 이성(理性 : 진여불성)을 궁진한 구경의 도로써 그 작용이 미묘하기 그지없다. ……만약에 열반의 경지가 하나라면 셋으로 상응할 수 없다. 열반의 경지가 셋으로 나뉘어진다면 이는 구경의 경지가 아니다. 구경의 도에 오르내림에 차별이 있어 여러 경전에 이설이 있으니 어떻게 하면 올바르게 이해할 수 있겠는가? 무명자가 대답하기를, 구경묘도(究竟之道)의 이(理 : 體)에는 차등이 없다. ……중생은 여러 종류라서 근기가 모두 같을 수 없기 때문에, 지혜에 깊고 얕음이 있고 덕행에 두텁고 얇음이 있으므로 피안에 도달함에도 높고 낮음의 다름이 있을 뿐 어찌 피안의 경지에 다름이 있을 수 있겠는가? 열반을 성취하는 수행자 자신의 근기의 차별이 있어서 여러 경전에서 그 근기에 따라 다르게 설하고 있으니 그 이치가 어긋남이 없다.44)

위의 증문을 참조해 보면 점가(漸家 : 점오를 주장하는 자)들은 한결같이 모두 실상의 이理를 전제하고, 또한 이 실상의 이는 오직 하나임

---

44) 『肇論』. "涅槃旣絶圖度之域, 則超六境之外, 不出不在而玄道獨存, 斯則窮理盡性, 究境之道, 妙一無差, 理其然矣. ……若涅槃一也, 則不應有三. 如其有三, 則非究竟. 究竟之道, 而有升降之殊, 衆經異說, 何以取中耶. 無名云, 然究竟之道, 理無差也. ……夫以群生萬端, 識根不一, 知鑑有深淺, 德行有厚薄, 所以俱之彼岸昇降不同, 彼岸豈異. 異自我耳. 然則衆經殊辯, 其致不乖." 『大正藏』 제45권, p 159下~160上.

을 주장하고, 동시에 이러한 실상을 깨우침에 있어서 깊고 얕음의 차이가 있어서 수행자 또한 삼승三乘의 차별이 있다고 설하고 있는 것이다. 여기서 점가 역시 돈가(頓家 : 돈오를 주장하는 자)와 마찬가지로 "이불가분理不可分"의 도리를 인정하고 있음을 볼 수 있다. 단지 이 도리를 깨닫는 수행자의 근기가 서로 다르기 때문에 이 깨달음을 점차수행의 중간 단계에 두고서 점오를 주장하고 있는 것이다. 즉 성문, 연각의 이승은 이승의 깨달음이 있고, 보살은 보살의 깨달음이 있고, 제불은 제불의 깨달음이 있음을 설명하고 있다.

여기에 대항하여 돈오론자들은 점오에 대해 비판을 가하고 있다. 그 대표적인 인물이 사령운으로서 『변종론』을 지어 도생의 돈오론을 옹호하는 한편 점오론을 신랄하게 비판하고 있다. 사령운의 주장을 한 번 들어 보도록 하자.

승유가 묻기를, 도생의 돈오성불론에 의거하면 구경의 도는 정미현묘精微玄妙하여 점차의 계급에 의지하지 않고 단박에 깨닫는 것이다. 수학자로 하여금 다만 철저히 번뇌를 멸진하여 자연히 해탈성불을 얻도록 한다. 번뇌를 멸진하는 수행의 계단이 있는데 어찌 단박을 말하는가? 만약에 성불의 도에 의거하여 번뇌를 제거한다면 이것 역시 일종의 점오가 아닌가?

대답하기를, 번뇌를 아직 완전히 멸진하지 못했다면 해탈성불은 결코 이루어질 수 없다. 번뇌를 완전히 제거해야만 성불할 수 있다. 번뇌를 완전히 소멸하여 열반에 계합하려고 한다면 번뇌를 소멸하기 위해 교敎에 의거해야 한다. 아직 각종 번뇌를 완전히 탈각시키지 못한 때의 학습과 수행은 여전히 깨달음이라고는 할 수 없다. 다만 번뇌를 완전히 소멸하고 깨달음을 얻은 이후라야 해탈열반을 논할 수 있는 것이지, 그 이전에는 오로지 부단한 수행이 필요할 뿐이다. 차제가 있는 점오는 어리석은 범부의 말이며 돈오는 최고의 경지에서 얻는 것이다.45)

사령운 역시 도생의 견해와 마찬가지로 불지돈오佛地頓悟 이전의 단계에서는 결코 돈오할 수 없음을 주장하고 있다. 즉 돈오 이전의 깨달음은 온전한 구경각究竟覺으로 인정할 수 없다는 입장을 확고히 견지하고 있다. 돈오 이전의 점오는 인정할 수 없기 때문에 이 때의 점오는 점수로 보아야 하며, 돈오는 다만 구경의 경지에서만 가능하다고 주장하고 있다.

도생법사나 사령운은 경지론境地論적 입장에서 돈오를 설명하고 있는 것이다. 돈오에 대한 이러한 경지론적 이해는 뒷날 한국불교의 돈점논쟁에 지대한 영향을 미치고 있음이 확실하다. 그런데 사령운은 돈오를 설명함에 하나의 비유를 들고 있는데 주의해 볼 필

---

45) 『廣弘明集』 권제18. "僧維問, 承新論法師, 以宗極微妙, 不容階級, 使夫學者, 窮有之極, 自然之無. 若有符契, 何須言無也. 若資無以盡有者, 焉得不謂之漸悟耶. 初答, 夫果旣未盡, 無不可得, 盡累之弊, 始可得無耳. 累盡則無, 誠如符契, 將除其累, 要須傍敎. 在有之時, 學而非悟, 悟在有表, 托學以至. 但階級敎愚之淡, 一悟得意之論矣." 『大正藏』 제52권, p 225中.

요가 있다.

남방을 성인의 경지로 보고 북방을 어리석은 범부의 지위라고 한다면, 북방을 등지고 남방을 향해 있는 것은 북방에 머물러 움직이지 않는 것과 똑같지 않으며, 또한 이미 남방에 도달한 것과도 같지 않다. 그러나 오직 남방으로 얼굴을 향하고 있어야만 종국에 남방에 도달할 수 있고, 북방을 등지고 있다는 것은 북방에 머물러 움직이지 않는 것이 아님을 의미한다. 북방에 머물러 있지 않기 때문에 우매한 범부의 지위를 벗어날 수 있고, 남방을 향해야 남방에 도달할 수 있기 때문에 능히 성인의 깨달음을 얻을 수 있다.[46]

북방에 머물러 있음은 중생의 무명번뇌에 그대로 안주하여 생사윤회를 거듭하고 있음을 뜻한다. 북방을 등지고 남방을 향한은 생사를 벗어나고자 발심함을 의미하며, 남방을 향해 나아감은 점차 수행하여 번뇌를 소멸해 가는 점수漸修를 의미한다. 그리고 남방에 완전히 도달함은 생사를 돈오하여 부처의 경계(佛境界)에 들어감을 나타낸다.

사령운은 돈오를 설명함에 있어서 북방을 등지고 남방을 향해 한 걸음 나아감은 이미 남방에 도착함을 전제로 하고 있기 때문에 한

---

46) 上同. "且南爲聖也, 背北向南, 非停北之謂, 向南背北, 非至南之稱. 然向南可以至南, 背北非是停北. 非是停北, 故愚可去矣. 可以至南, 故悟可得矣." p 225下.

걸음이 마지막 걸음을 여의지 않고, 마지막 걸음 역시 한걸음을 떠나 있는 것이 아니라고 설명하여 돈오는 점수를 인(因)으로 하여 이루어지며(漸中頓), 점수 또한 돈오를 전제하여 이루어짐(頓中漸)을 설명하고 있다. 이는 이후 남종선에서 하택신회가 돈오의를 설명할 때 활용한 "구층대九層臺의 비유"와 맥을 같이 하고 있다.

이상의 논쟁에서 돈가는 돈오를 주장하고 있지만 돈오 이전의 점수에 의거하고 있으며, 점가 또한 얻을 바 없는 실상의 이치(實相之理)는 하나라고 인정하고 있으나 다만 실상을 깨달음에 깊고 얕음(深淺)이 있고, 수행자의 근기에 차별이 있기 때문에 반드시 점차 깨닫는 계단을 통과하여 구경의 불경계에 도달한다는 것이다.

돈가는 비록 돈오 이전의 점진적 단계를 긍정하고 있지만, 이 점진적 계단은 점오가 아닌 점수로 규정되어야 한다는 것이므로 그들이 주장하는 수증론은 점수돈오漸修頓悟가 된다.

그리고 점가도 이미 최고 깨달음(究竟覺)의 경지를 인정한다면 중간의 환절(인식전환)의 계단(漸悟) 역시 최종의 구경각은 아닌 것이 분명해 진다. 그들의 입장에서 보면 깨달음은 하나의 "불가분不可分"의 불리佛理를 깨닫는 것이기 때문에, 구경의 깨달음(頓悟) 이전의 중간 단계는 모두 점차 닦음(漸修)의 범주에 속한다. 만약 점가가 중간의 계단(漸悟)을 점수로 이해한다면 그들의 주장 역시 점수돈오漸修頓悟가 된다.

그러면 문제의 관건은 아직 돈오 이전의 점진적 계단이 깨달음(悟)인가, 닦음(修)인가? 불지佛地의 구경각 이전에 점진적 깨달음(漸悟)을 인정하느냐, 인정하지 않느냐? 에 달려 있다.

결론적으로 남북조시대 돈점논쟁의 핵심은 첫째는 칠지七地에 무생법인無生法忍을 돈오하느냐(小頓悟), 아니면 금강심金剛心의 최후 구경에 돈오하느냐(大頓悟)의 경지론적 증오證悟의 문제이고, 둘째로 깨달음은 일시에 단박에 이루는 것이냐, 아니면 점진적 차제를 거쳐 단계적으로 이루어지느냐의 수증 방법론상의 문제에서 비롯된 것이다.

제2장

돈오선과 남돈북점의 논쟁

1. 북종의 돈점수증관

　북종선北宗禪은 장강長江 이북에서 선법禪法을 편 신수神秀를 필두로 한 여러 선사들의 선사상을 통칭하는 말이다. 그러나 일반적으로 신수와 그의 직계 선사들의 선사상을 북종선이라 칭하고 있다. 여기서는 신수의 선사상을 중심으로 돈점에 대한 관점과 그들이 내세운 이념선離念禪에 대해 중점적으로 파악해 보기로 한다.
　북종선사상을 이해하기 전에 우선 북종선을 대표하는 신수대사에 대한 평가를 『단경』류의 종파주의적 틀 속에서 벗어나 객관적이고도 역사적 사실의 입장에서 재인식할 필요가 있다. 남종선의 시각에서 편집되어 중국 조사선의 성전聖典이 되어버린 『단경』에 등장하는 신수상神秀相은 깨달음을 얻지 못해 종문 밖으로 내쳐진 형편없는 선사로 각인되어 있음이 사실이다. 이것은 우리의 안목이 혜능, 마조, 임제, 대혜, 태고로 이어지는 남종의 전등사傳燈史에 의거한 종파 이데올로기에 편향된 인식의 문제이다. 먼저 인구에 회자되고 있는 『단경』의 게송부터 살펴보기로 하자.

　　　身是菩提樹　몸은 보리수요

心如明鏡臺　마음은 명경대와 같다
時時勤拂拭　항상 부지런히 털고 닦아
莫使有塵埃　티끌이 묻지 않게 하라.

菩提本無樹　보리는 본래 나무가 없고
明鏡亦非臺　명경 역시 대가 아니다
佛性常淸淨　불성은 항상 청정한데
何處有塵埃　어디에 티끌이 묻겠는가?

　너무나 잘 알려진 돈황본 『단경』에 나오는 신수와 혜능의 게송이다. 단경의 기록대로라면 신수의 게송은 본지풍광本地風光을 밝히지 못한 게송이며, 다른 이가 염송하게 되면 겨우 삼악도三惡道는 면하게 되는 정도여서 홍인의 인가認可를 받지 못해 정통 사법계승嗣法繼承에서 밀려나게 되는 계기가 된 심게心偈이다. 반면 혜능의 게송은 본래면목本來面目에 계합한 오도송으로서 행자行者의 신분에서 일약 선종의 정통 6대조사로 격상되는 계기가 된 심게心偈이다.
　그리고 신수의 게송에는 이른바 "시시근불식時時勤拂拭"의 표현으로 인해 점수漸修를 상징하며, 혜능의 게송에는 뒷날 종보본宗寶本, 덕이본德異本 등에서 전구轉句가 "불성상청정佛性常淸淨"에서 "본래무일물本來無一物"로 바뀌지면서 돈오를 나타내는 명구로 알려져 있다. "항상 부지런히 털고 닦는다."는 입장은 일정 부분 점수漸修를 강조하고 있으며, "불성은 항상 청정하다." 혹은 "본래 한물건도 없다."는 말은 본래성불本來成佛의 입장에서 돈오頓悟를 강조하고 있는 것이 사실이다.

그러나 신수게송의 진위여부는 차치하고, 혜능의 게송은 오도悟道의 경지로 인가를 받고 신수의 게송은 인가를 받지 못했다는 사실은 『단경』이 남종南宗에 의한 의도적 편집으로 볼 수 있기 때문에 사실 액면 그대로 신뢰하기 어렵다.

설사 신수선사의 게송이 진실로 신수의 작품이라 하더라도 오늘날 평범한 안목으로는 오悟, 불오不悟의 기준을 찾기가 어렵다. 다만 전체적 내용으로 볼 때 혜능의 게송은 신수의 게송에 대한 대응(안티)으로 제출되었기 때문에 만약에 신수의 게송이 없다면 그 가치가 반감될 수도 있다.

이는 신수의 게송이 전제되어질 때 혜능의 게송은 더욱 의미가 깊어지고 살아있는 게송이 될 수 있다. 즉 신수의 점수漸修적 수행이 전제되지 않는다면 혜능의 돈오頓悟적 깨달음의 빛은 약해질 수밖에 없다.

이런 맥락에서 일찍이 법안종의 영명연수는 『종경록宗鏡錄』에서 "대감혜능은 외짝 눈 갖춤에 그치고(大鑑止具隻眼), 대통신수는 두 눈을 원만히 밝혔다(大通則雙眼圓明)."라는 말로 신수의 점수선과 혜능의 돈오선을 회통하고 있다. 아울러 종문 밖으로 내쳐진 북종 신수의 지위를 복권하는 계기를 마련하고 있다.

그리고 남종에서 비판하고 있는 "몸은 보리수(身是菩提樹), 마음은 명경대(心如明鏡臺)"라고 하는 구절을 신심이원론(身心二元論)으로 해석하는 것은 20세기 초 돈황에서 발견된 북종 관련 많은 전적에 의해 북종의 선사상이 새롭게 조명됨에 따라 사상적 편향임이 드러나게 되었다.

신수의 저작으로 혹은 최소한 북종 계열의 저작으로 확실시 되는 『대승무생방편문(大乘無生方便門)』에 의거해 "마음과 색이 함께 멸함이(心色俱滅), 바로 무일물이며(卽無一物), 대보리수이다(是大菩提樹)."라는 내용이 알려지면서, 심색이 곧 무일물(色心無一物)이라는 내용은 명백하게 이원론을 부정하고 있다고 보여지기 때문이다.

남종의 본래무일물(本來無一物) 일구는 사실 혜능에 의해 처음 사용되어진 것이 아니라, 황벽희운에 의해 최초로 사용된 명구로 알려져 있다. 그러나 이미 북종에 의해 "심색구멸(心色俱滅), 즉무일물(卽無一物), 시대보리수(是大菩提樹)"라는 구절이 언급되고 있음을 간과해서는 안 된다.

사실 신수는 달마선의 전통인 능가선(楞伽禪)에 철저했을 뿐만 아니라 동산법문(東山法門)의 일행삼매(一行三昧)를 계승한 선종의 정통 6대조사의 한 사람으로서, 훗날 측천무후의 부름을 받고 "삼제의 국사(三帝國師 : 세 황제의 국사)이며, 이경의 법주(二京法主 : 장안, 낙양의 法主)"

가 된 대선사였다.

『능가사자기楞伽師資記』에는 스승 홍인의 말을 빌어서 말하기를, "나와 신수가 『능가경』을 논함에 현리가 통쾌하여 반드시 많은 이익이 있었다."라고 찬탄하고 있으며, 장설이 찬한 『대통선사비문』에도 "신수는 『능가』를 봉지하여 그 심요心要를 체득하였다."라고 기술하고 있다. 신수는 『능가』의 심요心要를 그 선사상의 본령으로 삼고 있음을 알 수 있다.

그리고 『능가사자기』에는 신수의 북종선법은 직접 도신, 홍인의 동산법문東山法門을 계승하고 있으며, 특히 달마선의 안심법문安心法門 계통의 자심본유自心本有의 청정심을 깨닫는 여래청정선如來清淨禪의 입장을 견지하고 있다고 주장한다.

> 측천무후가 신수선사에게 묻기를, 전해 받은 바 법은 어느 가家의 종지宗旨입니까? 답하기를, 기주 동산법문東山法門을 계승하고 있습니다. 다시 묻기를, 어느 경전에 의거하고 있습니까? 『문수설반야경』의 일행삼매에 의거합니다. 무후가 찬탄하여 말하기를, 만약에 수도修道를 논한다면 다시 동산법문을 초과함이 없다. 신수대사는 홍인대사의 문인으로 그 선지禪旨가 분명하다.[47]

---

47) 『楞伽師資記』. "則天大聖皇后問神秀禪師曰, 所傳之法, 誰家宗旨. 答曰, 禀蘄州東山法門. 問, 依何典故. 答曰, 依『文殊說般若經』一行三昧. 則天曰, 若論修道, 更不過東山法門. 以殊是忍門人, 便成口實也." 『佛光大藏經・禪藏』, 佛光, p 44.

그러면 북종선의 수증관을 구체적으로 살펴보자. 신수선사 역시 대승불교의 전통인 "자성청정自性淸淨"의 입장에서 식망수진(息妄修眞 : 번뇌 망념을 여의고 진여본성을 닦음)의 "관심법문觀心法門"을 강조하고 있다. 『신수비명神秀碑銘』에 그의 선사상에 대해 이렇게 기술하고 있다.

그 개설한 선법의 대략을 살펴보면 전념專念으로써 번뇌를 여의고, 힘을 다해 마음을 모은다. (수행에) 들어감에는 범부와 성인의 성품에 차별이 없고, 깨달음의 수행에는 앞뒤가 없다. 선정禪定에 들기 전에 모든 인연을 놓아버리고, 지혜를 발휘한 뒤에는 일체가 모두 진여眞如이다.[48]

신수의 선수증은 "식심息心", "섭심攝心" 위주이 "유정발혜(由定發慧 : 선정으로부터 지혜를 발휘함)"이다. 이른바 "전념으로써 번뇌를 여의고(專念以息想), 힘을 다해 마음을 모은다(極力以攝心)."는 것은 신수선사상의 핵심인 동시에 달마계 능가선의 수행전통이다.

그리고 "범부와 성인의 성품에 차별이 없다."라는 것은 달마의 "범부와 성인이 동일한 진성을 가지고 있다(凡聖含生, 同一眞性)."는 안심법문安心法門의 내용이고, "수행에는 앞뒤가 없다(行無前後)."라고

---

48) 『唐玉泉寺大通神秀禪師碑銘幷序』. "爾其開法大略, 則專念以息想, 極力以攝心. 其入也, 品均凡聖, 其到也, 行無前後. 趣定之前, 萬緣盡閉, 發慧之後, 一切皆眞." 『全唐文』 권231.

하는 것은 "모든 인연을 놓아버림(萬緣盡閉)"을 내용으로 하는 식심息心, 섭심攝心의 관심수행을 통과하여 구경에 "일체가 모두 진여(一切皆如)"인 깨달음의 경계에 도달함을 가리킨다.

중생의 본래성불本來成佛의 모습이 현실적으로는 무명업장無明業障에 가려 불성을 드러내지 못하기 때문에 관심수행觀心修行을 통해 불지견佛知見을 계발해야 한다. 본각本覺의 본래태本來態가 무명에 가려진 중생은 불각不覺의 현실태現實態이며, 수행을 통한 불성의 발현은 시각始覺의 가능태(可能態 : 未來態)라고 할 수 있다.

북종의 선법은 본각의 본래태보다 불각의 현실태의 입장에서 시각의 가능태를 지향하고, 인심人心에서 불심佛心을 회복해야 하기 때문에 반드시 관심간정觀心看淨의 수행이 강조될 수밖에 없다. 이것을 일러 "선정으로부터 지혜를 발휘한다(由定發慧)."라고 말한다. 훗날 대혜종고가 간화선을 제창할 때 본각에 의한 시각을 강조한 것과 일맥상통한다.

하택신회가 돈오선운동頓悟禪運動을 전개할 때 북종선법을 정의하여 "마음을 모아 선정에 들고(凝心入定), 마음을 머물러 깨끗함을 보며(住心看淨), 마음을 일으켜 밖을 비추고(起心外照), 마음을 거두어 안으로 깨닫는다(攝心內證)."라고 한 것은 대체로 타당한 견해이다. 만약에 북종의 정혜관定慧觀이 이른바 유정발혜由定發慧[49]만 강조한다면 남종이 제창한 정혜등지定慧等持와는 수증가풍修證家風상 큰

상이점이 될 것이다.

이러한 관점에서 『단경』에 기록된 신수의 게송은 관심수증을 중요시하는 신수의 선사상을 "항상 부지런히 털고 닦아라(時時勤拂拭)."고 표현했다. 이 점수방편漸修方便은 좌선관심坐禪觀心을 의무로 하는 북종선의 특징을 잘 나타내고 있다.

종밀의 『원각경대소초』에서 북종선사상을 "불진간정拂塵看淨, 방편통경方便通經"이라고 요약하고, 그 수행법은 좌선관심이라고 주장하고 있다. 『대승무생방편문』에서도 "오방편문五方便門"을 설하고 있는데 가장 핵심은 첫 번째 방편문으로 "부처의 바탕을 총체적으로 밝힌다(總彰佛體)."는 항목인데, 이 수행문을 또한 이념문離念門이라고도 한다. 신수는 이념(離念 : 망념을 여윔)을 성불의 본질로 파악하며, 또한 선수행의 중심개념으로 삼고 있다.

그러므로 깨끗함을 보는(看淨) 좌선방편을 통하여 망념을 떠나고 본심을 깨달아(離念了心) 본각本覺에 돌아갈 수 있다고 주장한다. 『대승무생방편문』에서 "방편을 배우는 목적은 성불에 있다. 성불은 각자의 정심의 체(淨心體)로써 이룰 수 있다. 이 정심의 체는 밝은 거

---

49) 일반적으로 북종의 선법은 유정발혜(由定發慧 : 선정으로부터 지혜를 발현함)만을 설하고 정혜등지定慧等持는 설하지 않았다고 주장하는 이가 있으나, 사실은 『대승무생방편문』에서는 "부동不動으로 정혜를 총섭하고 아울러 정중유혜(定中有慧 : 선정 가운데 지혜가 있고), 정혜쌍등(定慧雙等 : 정혜를 함께 닦음)의 정定을 보살의 정정正定이라 말하고, 성문 연각의 유정무혜(有定無慧 : 선정 가운데 지혜가 없음)와 선미禪味에 탐착한 사정邪定과 명확히 구분하고 있다.

울(明鏡)과 같으며, 시작이 없는 옛날로부터 만상을 비추고 있지만, 일찍이 더럽혀지지(染着) 않았다. 지금 이 정심의 체(淨心體)를 깨닫기 위해 방편을 배운다."라고 설하고 있다.

이어서 "각성(覺性 : 깨달음의 성품)이 바로 정심의 체인데, 지금까지 깨닫지 못했기 때문에 망심妄心이 각심覺心을 부리었고, 오늘 깨달았기 때문에 각심이 망심을 부리게 된다. 따라서 정심의 체를 간看하게 한다. 전후, 상하의 시방十方 및 고요하고 시끄럽고, 밝고 어두움을 행주좌와에 함께 간看한다. 각심覺心은 주인으로서 망심을 부리기 때문에 마음을 쓰는 방편을 배워 시방세계를 투철히 간하여(透看) 무염無染에 이르니 이것이 깨달음이다."라고 설하고 있다.

이상의 내용은 북종선의 좌선방편에 대한 요지를 설한 것이다. 여기서 정심체淨心體란 깨달음의 당체인 청정본각淸淨本覺, 즉 일체 망념이 일어나지 않는(念不起) 본래의 자성청정심을 가리키는 말이다.

북종선에서는 이러한 정심체를 깨닫기 위해 망념을 여의고 그 정심체를 간看하는 것으로 좌선을 삼고 있다. 즉 티끌과 먼지 같은 번뇌망념을 부지런히 제거하여 밝은 거울과 같은 정심의 본체를 깨닫기 위해 행주좌와에 끊임없이 간하는 "불진간정拂塵看淨"의 간심법(看心法 : 觀心法)으로 좌선을 삼는 것이다. 북종선을 간정선看淨禪, 청정선淸淨禪, 혹은 이념선離念禪이라 정의하는 이유가 여기에 있다.

『대승무생방편문』에 다음과 같이 이념선離念禪에 대해 설하고 있다.

마음을 움직이지 않아, 생각(망념)을 떠나서 (망념을) 일으키지 않으므로(離念不起), 보리는 마음으로 얻을 수 없고, 색(몸, 경계)을 움직이지 않아, 생각을 떠나서 일으키지 않으므로, 보리는 몸으로도 얻을 수 없다. 몸과 마음이 함께 움직이지 않고, 적멸은 보리가 모든 상相을 멸하므로, 또한 몸과 마음은 함께 생각을 떠났다(身心俱離念). 생각을 떠났으니 즉시 구경원만 보리이다.[50]

신수의 북종에서 "마음의 본체(바탕)는 생각을 떠났다(心體離念).", "생각(망념)을 떠나서 (생각을) 일으키지 않는다(離念不起)."라고 하는 이념離念의 함의는 첫째 정심체淨心體, 즉 깨달음의 당체인 청정본각淸淨本覺의 상태를 가리키는 말이며, 둘째 청정본각을 드러내기 위한 수행인 "망념을 여의고 정념을 구한다(離妄念而求淨念)." 즉 "번뇌를 여의고 보리를 구한다(離煩惱而求菩提)."라는 의미로 사용된 말이다.

이렇게 번뇌망념을 떠나는 점수를 통하여 최후에 청정보리심을 얻는 수증방법은 먼저 점수하여 나중에 돈오하는 "점수돈오漸修頓悟"법이다. 그런데 이 선법은 매우 용이하게 번뇌망념煩惱妄念과 보

---

50) "心不動, 離念不起, 菩提不可以心得. 色不動, 離念不起, 菩提不可以身得, 身心俱不動, 寂滅是菩提滅諸相故, 又身心俱離念, 即是圓滿菩提." 『大正藏』 제85권, p 1275.

리정념菩提正念이라고 하는 이원화二元化의 함정에 빠질 위험이 있다. 즉 청정보리심을 실체화實體化하는 경향에 빠지기 쉽다는 것이다. 이른바 "번뇌를 떠나서 보리를 얻는다."는 말에서 "떠남(離)"은 번뇌가 본래 공성空性이므로, 공한 줄 알면 번뇌가 그대로 보리라는 의미인 것이다.

번뇌가 공한 줄 알아 번뇌를 보리로 돌려쓴다(轉用)는 의미로 전미개오轉迷開悟의 뜻인데, 북종은 섭심의 구체적 내용으로 삼독(三毒 : 탐진치)을 삼취정계三聚淨戒로, 육적(六賊 : 안의비설신의식)을 육바라밀로 돌려쓸 것을 주장하고 있다.

떠남(여읨)을 이렇게 이해하지 않고 번뇌와 보리의 영역이 따로 있어서 번뇌(오염)의 영역을 떠나서 보리(청정)의 영역으로 들어간다고 생각하면 번뇌와 보리를 이원화二元化한 것이며, 아울러 번뇌의 영역 너머 존재하는 절대청정의 보리영역(절대적 자아, 주인공, 아트만)을 실체화實體化 혹은 신비화神秘化하게 되어 중도연기설과 무아설에 위배되어 영원히 해탈하지 못한다.

남종 돈오선이 북종 점수선을 공격할 때 바로 이러한 망정妄淨, 체용體用의 "이원화二元化"와 청정본심의 "실체화實體化" 문제가 가장 본질적인 문제로 제기되었으며 사실 점수설 그 자체는 외형적인 문제인 것이다. 이러한 본질적 문제는 비단 남돈북점南頓北漸만의 문제가 아니라 시대를 초월하여 언제 어디서나 제기되어질 수 있는 문제이다. 마치 오늘날 간화선 수행자가 자나 깨나 한결같은(寤寐一如) 화두일념의 경지를 넘어 소소영영昭昭靈靈한 주인공을 찾는 것이 구경각究竟覺이라 착각한다면 이 또한 같은 우를 범하는 것이다.

그러나 남종선이 북종선을 이렇게 규정하여 비판하였다고 하여 북종선법의 내용 자체가 반드시 그렇다는 것은 아니다. 어느 시대를 막론하고 자파의 종지에 철두철미하지 못한 선수행자는 있게 마련이다. 사실 선법의 전통에서 보았을 때 남종선보다 오히려 북종선법이 달마선의 전통을 충실히 계승하고 있다고 볼 수 있다. 아마도 정법을 벗어난 북종의 일부 삿된 선류禪流들을 향해 가해진 공격이라고 보는 것이 타당할 것이다.

북종선 역시 전통불교의 견해를 이어받아, 수행인의 자성은 본래 청정하지만(心性本淨) 단지 객진번뇌에 오염되었기(客塵所染) 때문에 망심이 허환虛幻임을 관하여 자심이 본정本淨함을 알아, 최후 일념정심一念淨心에 도달하여 단박에 구경법신究竟法身경계에 들어간다고 주장하고 있다. "단박에 구경법신을 체득한다(頓得究竟法身)."라는 것은 돈오법문頓悟法門에 속하는 언어 표현이다.

그러므로 신수선사는 "제불 여래가 입도入道의 대방편에 의거하여 일념정심一念淨心하면 단박에 불지를 초월한다."[51] 라고 하는 돈오법문을 제기하고 있는 것이다. 이것으로 미루어 보아 신회가 북

---

51) 『大乘無生方便門』. "諸佛如來, 有入道大方便, 一念淨心, 頓超佛地." 上同. p 1273下.

종과 정통을 다툴 때 신수북종을 향해 "사승은 방계요(師承是傍), 법문은 점수이다(法門是漸)."고 한 말이나, 종밀이 "북종 선법은 전부 점수법이요, 돈은 전혀 없다(北宗全漸無頓)."라고 한 말은 결코 일백 퍼센트 합당한 주장은 아니다. 그러므로 장설 또한 『대통선사비』를 통해 "일념이 불신을 단박에 깨달으니(一念頓悟佛身), 누가 그 위대한 분인가! 실로 대통(大通 : 신수)선사 그분이다."라고 찬하고 있다. 다만 북종선에서는 돈오의 깨달음보다 점수의 수행을 더욱 강조하고 있을 따름이다.

북종은 돈오를 전제로 한 철저한 "점수"를 강조하고 남종(신회)은 점수를 전제하되 지위점차 地位漸次를 단박에 뛰어넘는 "돈오"에 무게를 두는 가풍의 차이가 두드러지고 있는 것이다.

2. 혜능의 돈오선 제창

　북종의 청정선법淸淨禪法[52]은 신수, 혜능 멸후 일정 기간 상당히 발전된 모습으로 영향력을 발휘하고 있었다. 이미 살펴보았듯이, 북종의 청정선은 애초에 그 자체에 국한성을 가지고 있었으니, 청정심의 실체화 문제와 수증방법의 형식화 및 규범화라고 할 수 있다. 만약에 북종 청정선을 올바르게 수행하지 못하고 청정심을 실체화 한다거나 수행의 규범화 및 형식화에 노출된다면, 수행 과정상의 신심身心활동에 있어서 일정한 구체적 규범을 요구하게 된다. 따라서 선수행자로 하여금 마음을 모아 선정에 들게 하고(凝心入定), 마음을 관하고 청정을 보게 하는(觀心看淨) 등의 수행상相을 통해 자재해탈의 경계를 얻고자 한다.
　그러나 마음의 청정을 관觀하기를 요구하지만 실제로 마음을 모종의 구체적 인식 대상으로 파악하려 하기 때문에 관하면 관할수록 내심의 망념을 보태는 결과를 가져오게 되어, 진정한 마음의 청정을 얻지 못하게 된다. 이것이 망심과 진심, 현실과 이상을 이원화

---

[52] 『歷代法寶記』에 설하기를, "동경 하택사 신회화상은 매월 단壇을 세워 사람들을 위해 설법하였는데, 북종의 청정선淸淨禪을 파하고 남종의 여래선을 세웠다."라고 하였다. 이와 같은 남종의 비판적 입장을 떠나서 북종의 선법은 대승선을 계승한 청정선이라고 할 수 있다.

하는 관심선법의 한계성일 수 있다. 망심이 본래 공空하여 그대로 청정한 것이 진심인데 망심을 다 제거하고 그 너머에 새로이 나타나는 청정한 진심을 구하려고 한다면 구할수록 망념(구하려는 마음)을 증가시키게 되는 것이다.

이러한 배경하에 혜능선사는 혁신적 해탈법문을 제창하게 되니, 바로 남종 돈오선頓悟禪이다. 그리고 혜능선사는 달마선과 동산법문의 돈오적 특색을 계승하고 나아가 반야성공般若性空과 열반불성涅槃佛性을 융합한 기초 위에 대승불교와 중국불교 각 종파가 공히 제시한 "자성청정自性淸淨"을 실천적인 선禪으로 회통하고 있다.

실로 돈오선의 실천관건은 일상생활 가운데 견문각지의 즉각적인 일념(當下之心)을 어떻게 현실 인생의 고통으로부터 해탈하느냐의 문제에 있다. 즉 이러한 해탈론은 시종 '어떻게 수행하고 어떻게 깨달을 것인가?' 라는 실천문제를 강조하고 있다.

대승불교의 보살사상은 수행을 통하여 인생의 생로병사에 대한 해탈을 획득하는 원시불교의 종교적 실천정신을 회복하는데 그 기초를 두고 있다. 혜능 돈오선의 핵심이론 역시 현실인생의 당하지심(當下之心: 지금 여기 목전의 일념)의 해탈을 둘러싸고 전개되고 있다. 그러므로 그 실천 수증 또한 "자성청정"의 이론 기초 위에 "일념해탈一念解脫", "돈오성불頓悟成佛"설을 수립하고 있다.

1) 돈오선의 기초이론 - 견성성불見性成佛

(1) 자성청정自性淸淨 - 식심견성識心見性

현재 선학계에서 혜능선사상의 특색에 대한 평술은 대략 두 가지로, 불성론佛性論과 반야론般若論으로 나뉜다. 그러나 혜능선사상은 불성과 반야의 회통을 이론기초로 하여 건립되었다. 여기서 말하는 불성과 반야는 열반불성(涅槃佛性 : 有)사상과 반야성공(般若性空 : 空) 사상을 의미한다.

이른바 열반불성은 일반적으로 유종有宗의 사상체계에 속하며, 이 종에서 강조하는 것은 "일체중생은 모두 불성을 갖추고 있다(一切衆生悉有佛性)."라고 하는 것이다. 불성은 불佛의 본성이자 중생성불의 내재근거이며 우주만법의 본성이며 여래장如來藏, 법신法身, 법성法性, 진여眞如 등으로 불리기도 한다. 일체중생이 본래 청정한 여래법신을 갖추고, 부처와 중생의 체體가 둘이 아니라는 "불성본유佛性本有"사상은 중생이 본래의 불성을 깨달음으로 부처를 이루게 한다. 이것이 견성성불見性成佛이다.

이른바 반야성공이란 공종空宗의 핵심사상이다. 공종은 일체제법이 모두 연기로 존재함으로 무자성無自性이며, 무자성이므로 바로 공空이라는 것이다. 중관학파는 "팔불중도八不中道"로 제법실상諸法實相을 설명하는데, 있음도 아니요 없음도 아닌 "비유비무非有非無"

의 반야공관을 닦아 사람들로 하여금 진공묘유眞空妙有의 중도실상을 깨우치게 한다.

적지 않은 선종사상 연구자들이 열반불성과 반야성공은 화회和會되어질 수 없는 전혀 다른 사상체계라고 말하고 있다. 또한 혜능의 돈오선법이 전형적인 "진상유심眞常唯心53)"의 불성론이며, 그 전법종지는 반야성공이 아니고 전적으로 열반불성론에 속해있다고 주장하지만, 이는 정확한 관점이 되지 못한다. 혜능의 돈오선사상은 "자성청정"으로 불성과 반야의 두 사상을 통합하고 있다.

이른바 자성청정은 불성과 반야를 융합한 중도불성을 나타내는 말로서 중도불성에의 정관, 즉 중도정관을 통과하여야만 견성성불 할 수 있다는 것이다. 돈오선은 실상무상實相無相과 심성본정心性本淨을 융합한 전통의 "자성청정"설을 계승하고, 아울러 "식심견성識心見性"의 돈오법문을 제시하였다.

『단경』에 나타난 혜능선사의 전체 선사상은 "견성성불"을 둘러싸고 전개되고 있다. "견성見性"이란 혜능의 언어로 개괄해 보면 "돈오견불성頓悟見佛性", 즉 "돈견중도불성頓見中道佛性"이 된다. 바꾸어 말하면, 견성이란 중도정관을 닦아 중도불성을 깨닫는다는 의미가 되는 것이다.

자성청정의 중도불성관을 "불성상청정佛性常淸淨"의 게송을 이용

---

53) "진상유심眞常唯心"설이란 중생의 일상적 번뇌 망상의 마음 너머 진실로 상주하는 실체(實體: 아트만)적 마음이 존재한다고 보는 설.

해 살펴보자.

> 보리본무수菩提本無樹, 명경역비대明鏡亦非臺,
> 불성상청정佛性常淸淨, 하처유진애何處有塵埃

"불성상청정佛性常淸淨"의 일구는 돈황본 이후에 편집된 여러 본의 『단경』에 "본래무일물本來無一物"이라는 말로 바뀌게 된다. "불성이 항상 청정하다."는 말이나, "본래 한 물건도 없다."는 말 둘 다 반야무소득般若無所得, 무집착의 중도불성을 나타내는 말이지만, "불성이 항상 청정하다(佛性常淸淨)."는 말은 언뜻 하나의 절대적 청정의 실체가 있는 것으로 오해되어질 수 있는 소지가 있다. 그래서 훗날 남종선의 후예들에 의해 "본래 한 물건도 없다(本來無一物)."는 어구로 고쳐지게 된 것이다. 반야중관학의 사상에 의거하면, "청정淸淨"과 "필경공畢竟空"은 동의어이다.

『단경』의 법문에 의거하면, 불성상청정 이외에 "인성본정人性本淨", "자성본정自性本淨", "본성자정本性自淨", "세인성본자정世人性本自淨" 등의 여러 종류의 설법 또한 모두가 자성청정을 가리키는 말이다. 이것은 혜능의 돈오선이 중관의 반야성공般若性空으로 자성청정(불성청정)을 이해하고 있는 근거이다. 혜능은 이러한 사상에 입각하여 견성성불의 이론을 제시하고 있는 것이다.

아래의 법문은 모두 자성과 지혜를 융회하여 "심성본정心性本淨, 객진소염客塵所染"의 도리를 설명하고 있다.

이와 같이 일체법은 모두 자성에 있다. 자성이 항상 청정함이 마치 일월이 항상 밝으나 단지 구름에 가려 위는 밝고 아래는 어두워 일월성신을 볼 수 없으나, 홀연히 바람이 불어 운무가 흩어지면 삼라만상이 일시에 모두 나타나는 것과 같다. 세인의 성품이 청정함이 마치 맑은 하늘과 같으니, 지혜는 해와 달과 같아 항상 밝게 빛난다. 밖으로 경계에 집착하여 망념의 구름이 덮혀 자성이 밝게 빛나지 못한다. 그러므로 우연히 선지식을 만나 진정한 정법을 열어 보여 미망을 떨쳐버리고 내외가 명철하여 자성 가운데 만법이 모두 나타나니 일체법이 자성에 있음을 청정법신이라 부른다.[54]

『단경』에서 혜능은 자신의 선법을 해설할 때 『보살계경(범망경)』이 설한 바 "계戒란 본래 자성이 청정하다(戒, 本源自性淸淨)"라는 구절을 두 번씩이나 인용한 것은 돈오선법의 이론과 실천 모두 자성청정설로 기초를 삼고 있음을 보여주는 것이다. 자성청정설은 선종

---

54) 敦煌本 『壇經』. "如是一切法, 盡在自性. 自性常淸淨, 日月常明, 只爲雲覆蓋, 上明下暗, 不能見日月星辰, 忽遇惠風吹散卷盡雲霧, 萬像森羅, 一時皆現. 世人性淨, 猶如淸天, 慧如日, 智如月, 智慧常明. 於外着境, 妄念浮雲蓋覆, 自性不能明. 故遇善知識開眞正法, 吹却迷妄, 內外明徹, 於自性中, 萬法皆現, 一切法在自性, 名爲淸淨法身." (이후 『壇經』이라는 표기는 모두 돈황본 『壇經』을 지칭함)

(남종돈오선)의 수행법문과 해탈이론의 근거이자 이론 토대임을 알 수 있다.

종밀의 『도서都序』 가운데서도 자성청정은 달마 이래 선종이 일관되게 중시하는 사상이라고 주장하고 있다.

> 만약 자심이 본래 청정함을 단박에 깨달으면 원래 번뇌는 없고 무루지성이 본래 스스로 구족하여 이 마음이 곧 부처여서 필경 다름이 없다. 이것에 의거하여 수행하는 것이 최상승선이다. 또한 여래청정선이라 하며, 일행삼매라 하며, 진여삼매라 한다. 이것은 일체 삼매의 근본으로 만약에 생각생각에 수습하면 자연히 점차로 백천삼매를 얻게 된다. 달마문하에서 서로 전하여 내려온 것이 바로 이 선禪이다.[55]

종밀선사는 "자심이 본래 청정함을 단박에 깨달아(頓悟自心本來淸淨)", 이 깨달음에 의거해 닦는 것이 최상승선의 종지일 뿐 아니라, 달마문하에 서로 전해 내려 온 여래청정선의 기본 관점이라고 주장하고 있다. 이것은 돈오선이 확실히 자성청정의 사상을 계승하고 있음을 증명하는 것이지만, 비록 달마로부터 신수의 북종에 이르기까지 설한 자성청정, 즉 진심眞心, 청정심淸淨心과는 그 수증내용이

---

[55] 『都序』 卷一. 『中國佛敎資料選集』 第二卷 第二册, "若頓悟自心本來淸淨, 元無煩惱, 無漏智性本自具足, 此心卽佛, 畢竟無異, 依此而修者, 是最上乘禪. 亦名如來淸淨禪, 亦名一行三昧, 亦名眞如三昧. 此是一切三昧根本, 若能念念修習, 自然漸得百千三昧. 達摩門下展轉相傳者, 是此禪也." p 423.

다르다.

전통의 자성청정설은 그 내용이 "심성본정心性本淨, 객진소염客塵所染"설에 입각하여 주객主客의 구분이 있어 심성은 본래 있는 것(本有)이며 주체적인 것인데 반해, 번뇌는 밖에서 온 것(外來)이며 객체적인 것으로 파악하고 있다. 다만 객체적인 번뇌를 점진적으로 제거하여야만 주체적인 심성이 활연히 청정성을 획득하게 된다고 하는 것이다.

그러나 혜능선사의 선법에서는 결코 주객의 분별이 없어서 심성과 번뇌의 일원성一元性을 고취하고 있다. 다시 말하면 이른바 본래 청정(本淨)한 심성과 객진의 번뇌가 본질상 하나이기에, 청정(本淨)한 심성과 오염된 망심을 당하지심當下之心으로 통일하고 있다.

해탈론에서 보면 혜능은 분명 불성론자佛性論者라고 할 수 있다. 그는 현실적인 한 사람의 해탈에 대한 관심으로부터 출발하여, 모든 사람이 불성을 가지고 있기 때문에 모든 중생이 성불할 수 있다고 주장한다. 그러나 혜능이 말한 불성이란 청정 실체로서의 불성이 아니라 반야실상으로서의 불성이기 때문에 "진상유심론자眞相唯心論者"가 아니다. 『조계대사전』 가운데 아래와 같이 설하고 있다.

대사가 말했다. 『열반경』에 설하기를, 명明과 무명無明에 대해 범부는 둘로 보지만 지자智者는 그 성품이 둘이 아님을 요달한다. 둘이 아닌 성품(無二之性)이 곧 실다운 성품(實性)이다. 실상實相이란 것은 곧 불성이다. 불성은 범부에 있어서 줄지도 않고 성현에 있어서 늘지도 않으며, 번뇌에 의해 더럽혀지지도 않고 선정에 의해 깨끗해지지도 않는다. 단멸하지 않고 항상하지도 않으며, 오지도 않고 가지도 않는다. 또한 중간 및 내외도 아니어서 생하지도 않고 멸하지도 않는다(不生不滅). 성(性 : 성품)과 상(相 : 모양)이 상주하여 항상 변함이 없다.56)

혜능선사가 이해한 불성이란 "성품이 본래 생멸이 없고(不生不滅)", "단멸하지도 않고 항상하지도 않는(不斷不常)" 중도불성中道佛性의 진여본성인 것이다. 즉 중도실상을 단박에 깨달아(頓悟) 사람들의 망념의 집착을 타파하여 문득 견성성불하게 하는 것이다.

이것이 중도정관中道正觀을 단박에 수행하여(頓修), 중도불성을 단박에 깨닫는(頓悟) 돈오선頓悟禪이다. 또한 돈오성불이란 "불이지법不二之法"의 중도정관을 깨달음을 통하여 불지견佛知見을 얻는 것임을 명확하게 설명해 주고 있다. 중도불성을 깨닫는 것은 중도정관의 수습을 통해야 실현될 수 있는 것이므로, 중도정관을 수행하고 중도불성을 깨닫는 것이 돈오선의 수증修證 관건이라 할 수 있다.

혜능이 제시한 자성청정이란 명제는 이미 강력한 "실천적 언어"

---

56) 上同. "大師云, 『涅槃經』云, 明與無明, 凡夫見二, 智者了達, 其性無二, 無二之性, 卽是實性. 實相者, 卽是佛性. 佛性, 在凡夫不減, 在聖賢不增, 在煩惱而不垢, 在禪定而不淨, 不斷不常, 不來不去, 亦不中間及內外, 不生不滅, 性相常住, 恒不變易."

로 이루어져 있다고 하겠다. 그가 입멸 이전에 제자들을 향해 본종의 돈오종지를 잃어버리지 말 것(不失本宗)을 부촉할 즈음, 소위 "오온五蘊", "십이처十二處", "십팔계十八界" 등의 삼과법문三科法門과 "삼십육대三十六對"의 불이법문不二法門을 강조하고 있다.

내가 멸도한 후에 너희들은 각각 한 지방의 지도자가 될 것이다. 내가 너희들에게 법 설하는 것을 가르치니 근본 종지(本宗)를 잃지 않게 하라. 삼과법문三科法門을 들고 삼십육대三十六對를 잘 활용해서 나오고 들어감에 곧 양변을 여의어 일체법을 설하되 성품과 모양(性相)을 떠나지 않게 하라. 만약 어떤 사람이 법을 물으면 말을 다 쌍雙으로 해서 모두 대법對法을 취하여 가고 오는 것이 서로 인因이 되게 하여 구경에는 두 가지 법(二法)을 다 없애고 다시 가는 곳마저 없게 하라.

삼과법문이란 음陰·계界·입入이다. 음은 오음五陰이요, 계는 십팔계十八界요, 입은 십이입十二入이다. 어떤 것을 오음이라 하는가? 색음色陰·수음受陰·상음想陰·행음行陰·식음識陰이다. 어떤 것을 십팔계라 하는가? 육진六塵·육문六門·육식六識이다. 어떤 것을 십이입이라고 하는가? 바깥의 육진(六塵 : 六境)과 안의 육문(六門 : 六根)이다. 어떤 것을 육진이라 하는가? 색성향미촉법色聲香味觸法이다. 어떤 것을 육문이라 하는가? 안이비설신의眼耳鼻舌身意이다.

법의 성품이 안식眼識·이식耳識·비식鼻識·설식舌識·신식身識·의식意識의 육식六識과 육문과 육진을 일으키고 자성은 만법을 포함하니,

함장식含藏識이라고 이름한다.

　생각을 일으키면 곧 식識이 작용하여 육식이 생겨 육문으로 나와 육진을 본다. 이것이 삼三·육六은 십팔十八이다. 자성으로부터 삿됨(邪)이 나와 열 여덟 가지 삿됨이 일어나고, 자성이 바름(正)을 포함하면 열 여덟 가지 바름이 일어난다. 악의 작용을 지니면 곧 중생이요, 선이 작용하면 바로 부처이다.57)

　혜능선사는 설하기를, "이 삼십육 대법을 알아서 쓰면 일체의 경전에 통하고 출입에 곧 양변을 떠난다. 어떻게 자성을 일으켜 작용하는가? 삼십육 대법이 사람의 언어와 더불어 함께 하지만, 밖으로 나와서는 모양에서 모양을 떠나고, 안으로 들어와서는 공空에서 공을 떠나니, 공에 집착하면 오직 무명만 기르고 모양에 집착하면 오직 사견만 기르게 된다.58)"라고 하였다.

　그리고 "만약 악의 작용을 지니면 곧 중생이요, 선이 작용하면 바로 부처이다. 작용은 무엇으로 말미암는가? 자성의 대법으로 말

---

57) 『壇經』. "吾滅度後, 汝各爲一方頭, 吾敎汝說法, 不失本宗. 擧三科法門, 動用三十六對, 出沒卽離兩邊, 說一切法, 莫離於性相. 若有人問法, 出語盡雙, 皆取法對, 來去相因, 究竟二法盡除, 更無去處. 三科法門者, 陰界入. 陰是五陰, 界是十八界, 入是十二入. 何名五陰. 色陰受陰想陰行陰識陰是. 何名十八界. 六塵六門六識. 何名十二入. 外六塵, 中六門, 何名六塵. 色聲香味觸法是. 何名六門. 眼耳鼻舌身意是. 法性起六識, 眼識耳識鼻識舌識身識意識, 六門六塵, 自性含萬法, 名爲含藏識. 思量卽轉識, 生六識, 出六門, (見)六塵, 是三六十八. 由自性邪, 起十八邪, 含自性(正), (起)十八正."
58) 上同. "此三十六對法, 解用通一切經, 出入卽離兩邊. 如何自性起用. 三十六對, 共人言語, 出外於相離相, 入內於空離空, 著空卽惟長無明, 著相惟長私見."

미암는다.59)"라고 하였다. 즉 이러한 중도실상행中道實相行을 활용하여 돈오법문을 널리 선양할 것을 당부하고 있다.

이런 관점에서 보면 혜능은 불이중도법문을 십분 중시하여, "망심이 곧 진심(妄心卽眞心)"이며, "번뇌가 곧 보리(煩惱卽菩提)"이며, "세간이 곧 출세간(世間卽出世間)"이며, "생사가 곧 열반(生死卽涅槃)"이라는 불이법문不二法門을 강조하고 있다.

그러면 어떻게 해야만 자성청정심을 깨달을 수 있는가? 혜능은 명료하게 말하기를 "식심견성識心見性"해야 바로 성불할 수 있다고 했다. 선사는 자기의 본래 마음을 바로 아는 것이 식심이며, 불성이 본래 청정하고, 깨달음의 당체가 두렷이 밝음이 견성이라고 설명하고 있다.

> 자성의 마음자리가 지혜로써 관조하여 안과 밖이 사무쳐 밝으면(內外明徹) 자기의 본래 마음을 알고(識自本心), 만약 본래 마음을 알면 이것이 바로 해탈이다.60)

> 너의 본래 성품이 허공과 같으니 한 물건도 볼 것이 없는 줄 요달하면 이것을 바른 견해라 하고, 한 물건도 알 것이 없는 줄 사무치면 이것을 참된 앎이라 한다. 푸르고 누름, 길고 짧음이 있지 않으니 다만

---

59) 上同. "若含惡用卽衆生, 善用卽佛, 用由何等. 由自性對."
60) 宗寶本『壇經』. "自性心地, 以智慧觀照, 內外明徹, 識自本心, 若識本心, 卽是解脫."

본원이 깨끗하고, 깨달음 자체가 두렷이 밝음(圓明)을 보는 이것을 성품을 보아 부처를 이룸(見性成佛)이라 하고 또한 여래의 지견이라 한다.[61]

견성성불이란 결코 중생의 번뇌 너머에 있는 절대 청정의 성품을 깨달아서 부처를 이루는 것이 아니다. 본래 성품이 허공과 같으므로 일체 만법이 공한 줄 요달하여 취할 것도 없고, 공 역시 공함으로 일체 법을 버릴 것도 없는 즉색즉공卽色卽空의 중도실상中道實相이기에 그대로가 진공묘유眞空妙有의 본래 모습이다.

그러므로 한 물건도 볼 것이 없는 줄 아는 것이 정견이 되며, 한 물건도 알 것이 없는 줄 체득하는 것이 진정한 앎이 되는 것이다. 그러기에 혜능은 "한 법도 얻을 바가 없지만(無一法可得), 모름지기 능히 만법을 건립한다(方能建立萬法).[62]"라고 설한다.

그런데 『단경』의 이러한 설법을 자세히 늘여다보면 심心과 성性을 구분해서 설명하고 있음을 알 수 있다. 이른바 "식심견성識心見性"이라고 했을 때, 심은 무엇이며 성은 무엇을 가리키는가. 사실 전통의 설법에 의거하면, 성性은 심心의 체體요, 심心은 성性의 용用[63] 이라고 할 수 있다. 다시 말하면, 성性은 체로서 무선무악無善無惡하

---

61) 上同. "汝之本性, 猶如虛空, 了無一物可見, 是名正見, 無一物可知, 是名眞知, 無有靑黃長短, 但見本源淸淨, 覺體圓明, 卽名見性成佛, 亦名如來知見."
62) 上同. "若悟自性, 亦不立菩提涅槃, 亦不立解脫知見, 無一切法可得, 方能建立萬法, ……是名見性."

며, 심心은 용用으로서 유선유악有善有惡하다. 즉 성은 진여본성을 가리키며, 심은 사람의 지금 당장의 마음(當下之心)을 가리킨다.

우리의 성품은 선악을 초월한 진여본성이므로 진여본성을 단박에 깨달으면 바로 부처를 이루게 된다. 반면 우리의 마음은 성품의 작용으로서 생멸상이 있다. 단 생멸상을 여의면 상이 그대로 성이다. 따라서 성상일여性相一如의 경지에서 보면 성性이 심心이요, 심이 그대로 성이 되는 것이다. 그래서 혜능은 식심견성이 해탈성불이라고 주장하고 있는 것이다. 여기서는 아는 것(識)과 알려지는 것(境)도 없고, 보는 것(見分)과 보여지는 것(相分)도 없어서 다만 자성자심의 자아관조自我觀照일 뿐이요, 자아현현自我顯現일 따름이다.

기실 사람의 망환妄幻의 마음은 본래 무자성無自性인데 어디에 볼 수가 있겠는가. 볼 수 있다고 한다면 필시 하나의 실체가 있는 것이다. 만약 실체를 승인한다면 바로 마음의 즉진즉망卽眞卽妄의 중도성상中道性相에 위배된다. 이런 의미에서 이른바 식심견성은 철저히 성性과 심心의 중도성을 관철하고 있는 것이다. 다시 말하면 진

---

63) 불교에서 말하는 체용설體用說은 근본적으로 체용일여體用一如를 원칙으로 한다. 체를 본체本體라고 하고 용을 작용(作用 : 現象)이라고 한다면, 본체를 작용 혹은 현상 너머에 존재하는 불변의 실체로 보는 것이 아님에 유의하여야 한다. 비유하여 체는 몸통이며 용은 몸짓이라고 하자. 몸짓은 몸통의 나타남인 작용이요 현상이며, 또한 몸통은 몸짓 전체를 아우르는 바탕이 된다. 그러므로 몸통이 그대로 몸짓이며, 몸짓이 그대로 몸통이다. 또한 물과 물결에 비유하여도 마찬가지로 물은 체요, 물결은 용이라고 한다면, 물을 떠나 물결이 있을 수 없고 물결을 떠나 물을 말할 수 없다. 몸통이 몸짓이요(體가 用이요), 물결이 그대로 물이다(用이 그대로 體다). 이것을 체가 그대로 용이요, 용이 그대로 체가 되는 "즉체즉용卽體卽用" 혹은 "체용일여體用一如"라고 말한다.

여본성과 현실망념을 융합한 중도일심中道一心의 입장을 표현한 말이다. 그래서 식심識心이라 해도 좋고, 견성見性이라 해도 좋다. 단지 모두 중도일심을 체오한 돈오해탈의 방법론일 뿐이다.

그러나 한편으로 생각하면 아무래도 견성이란 말은 본체의 진여본성 방면을 강조한 말이며, 식심이란 말은 응용의 현실망심 방면을 강조한 말이다. 그러므로 식심견성은 보리와 번뇌, 진제와 속제의 불이의 성품(不二之性 : 中道佛性)을 표현한 말이다.

돈오선의 체계에서 진여본성과 현실망념은 본질상(본체상) 전적으로 동일한 것으로 현재의 일념심(當下一念心)으로 융합되어지고 있다. 즉 진성(자성)과 망심(자심)의 일원화는 돈오선이 초월적인 정신실체를 추구하는 것이 아니라, 사람들의 일상 생활상에서 상용하는 현실적 마음(當下之心)의 해탈문제를 둘러싸고 전개되고 있다는 것을 말한다.

그런데 그가 비록 사람의 현실망념과 진여본성의 무이지성無二之性을 강조한다고 하더라도 중생들의 무명작용의 입장에서 보면 진여본성과 번뇌망심은 기본적으로 다른 것이다. 번뇌망심을 진여본성으로 전환하기 위해서는 반드시 진여체상眞如體上에 구족한 자연지自然智를 발휘하여야만 한다. 따라서 그는 특별히 본각의 마음(本覺之心)을 고양하고 있다.

자기 색신 가운데 삿된 견해와 번뇌와 어리석음과 미망에 본래 깨달음의 성품을 스스로 가지고 있다. 다만 본래 깨달음의 성품이 있으므로 바른 견해(正見)로 제도하는 것이다. 이미 바른 견해인 반야의 지혜를 깨달아서 어리석음과 미망을 없애버리면 중생들 저마다 스스로 제도한 것이다.[64]

혜능선사는 반야지혜의 공용으로써 심성본정心性本淨을 해석하고, 반야지혜로써 자심의 본성을 삼고 있으니, 이것이 본래의 심성본각 心性本覺인 것이다. 이른바 심성본각이란 중생의 마음에 본래 지니고 있는 깨달음으로 신령스럽고 어둡지 않아 항상 밝게 알며 무량 공덕을 갖추고 있다. 이것은 그가 반야실상설을 이용해 심성과 본각을 회통하고 있으며, 자성에 본래 갖춘 반야지般若智를 강조한 것이다.

선지식아, 나의 이 법문은 팔만사천의 지혜를 쫓는다. 무엇 때문인가? 세상에 팔만사천의 진로(塵勞 : 번뇌)가 있기 때문이다. 만약 진로가 없으면 반야가 항상 있어서 자성을 떠나지 않는다. 이 법을 깨달은 이는 곧 무념無念, 무억無憶, 무착無着이어서, 거짓되고 허망함을 일으키지 않으니 이것이 곧 진여의 성품이다. 지혜로써 보고 비추어 모든 법을

---

[64] 上同. "自色身中邪見煩惱, 愚癡迷妄, 自有本覺性. 只本覺性, 將正見度. 旣悟正見般若之智, 除却愚癡迷妄, 衆生各各自度."

취하지도 아니하고 버리지도 않나니, 곧 성품을 보아 불도를 이룬다.[65]

혜능이 제시한 "마하반야바라밀법"은 반야성공般若性空과 불성의 유(佛性之有)를 긴밀하게 회통하고, 자성청정의 중도반야공관中道般若空觀으로써 사람의 우치미망을 타파하고 있다. 또한 자성본각과 현실인심을 일체화一體化시켜서 자성자심自性自心이 더 이상 볼 수 있다거나 깨끗하게 할 수 있는 그 어떤 실체로서의 "진심眞心"이 아님을 천명하고 있다.

그래서 생각생각 가운데서 해탈의 근원을 무념(無念 : 망념이 없음), 무억(無憶 : 헤아림이 없음), 무착(無着 : 집착이 없음)의 일념심一念心으로 지향시키고 있다. 이러한 무념, 무억, 무착의 일념심을 기초로 일으킨 수행은 바로 선수행을 일상생활 가운데서 "생각하되 생각함이 없고(念而無念), 생각함이 없되 생각하는(無念而念)" 닦음이 없는 닦음(無修之修)으로 융회하고 있다.

그런데 여기서 하나 주의해야 할 대목은 "지혜로써 보고 비추어(觀照) 모든 법을 취하지도 아니하고 버리지도 않나니(不取不捨), 곧 자성을 보아 불도를 이룬다."라는 구절이다. "취하지도 않고, 버리지도 않는다(不取不捨)."는 어구는 『반야경』 가운데 자주 등장하고

---

65) 上同. "善知識, 我此法門, 從八萬四千智慧. 何以故. 爲世有八萬四千塵勞. 若無塵勞, 般若常在, 不離自性. 悟此法者, 卽是無念無憶無着, 莫起誑妄, 卽自是眞如本性. 用智惠觀照, 於一切法, 不取不捨, 卽見性成佛道."

있다.

> 제법 가운데서 취하지도 않고 버리지도 않으며 내지 열반 또한 취하지도 않고 버리지도 않는다.[66]

> 반야바라밀은 크게 진귀한 보배이니, 법에서 집착하지도 않고 취하지도 않는다.[67]

『반야경』은 반야바라밀, 즉 반야는 일체법으로 표현되어질 수 없고, 일체법을 여의고서도 표현되어 질 수 없다고 설한다. 수행자가 "불취불사不取不捨"의 지혜경계를 얻게 되면 바로 제법실상을 깨달아 갖가지 망념에 물들지 않으므로 번뇌에 속박되지 않는다. 혜능은 반야지혜의 불취불사不取不捨의 묘용을 불성에 회통시켜 불성 자체의 얻을 바 없음(無所得)을 나타내고 있다. 따라서 종보본 『단경』에서는 다음과 같이 불취불사의 해탈열반을 제시하고 있다.

> 만약 자성을 깨달으면 보리열반을 세우지 않으며, 또한 해탈지견도 세우지 않는다. 한 법도 얻을 바 없으나 모름지기 능히 만법을 건립한

---

66) 『摩訶般若波羅蜜經』卷第一, "於諸法中無取無捨, 乃至涅槃亦無取無捨." 『大正藏』第八卷, p 537下.
67) 上同. "般若波羅蜜是大珍寶, 於法無所着無所取." p 553上.

다.68)

이른바 "한 법도 얻을 바 없음(無一法可得)"이 불취(不取 : 취하지 않음)를 가리키고, "모름지기 능히 만법을 건립함(方能建立萬法)"이 불사(不捨 : 버리지 않음)를 가리킨다. 지혜가 있는 보살은 자성청정(生死卽涅槃)의 도리를 통달하여, 세간을 버리지도 않고 열반을 취하지도 않으니, 즉 생사에 머물지도 않고(無住生死) 또한 열반에도 머물지 않는다(無住涅槃). 이것이 진정한 반야바라밀행이다. 그러므로 말하기를, "이 법을 깨닫는 이는 반야법을 깨닫는 것이며 반야행을 수행하는 것이다."69) 라고 하였다. 이것은 혜능이 자성청정의 종교실천, 즉 반야바라밀행을 십분 강조하고 있는 것이다.

혜능이 반야행을 수행할 것을 강조하고 있다는 것은 자연히 자성체상自性體上의 반야지혜를 강조하는 것이 된다. 즉 반야지혜로써 자성청정을 해석하고 있는 것으로서 그는 심성 본원의 공적함(心性本源空寂)을 강조한다.

사람 마음의 부사의한 본원공적本源空寂은 삿된 견해를 떠났으니 곧 일대사인연이다.70)

---

68) 宗寶本 『壇經』. "若悟自性, 亦不立菩提涅槃, 亦不立解脫知見. 無一法可得, 方能建立萬法."
69) 『壇經』. "悟此法者, 悟般若法, 修般若行."
70) 上同. "人心不思本源空寂, 離却邪見, 卽一大事因緣."

혜능선사가 생각하기에 사람의 마음은 본래 공적(空寂 : 淸淨)하여 얻을 바 없으며 집착할 바가 없다. 다만 상에서 상을 떠나고(於相離相) 공에서 공을 떠나면(於空離空) 바로 중도정관을 얻게 되며, 바로 불지견을 개시오입開示悟入하게 된다. 심성이 본래 공적함으로 불성은 자심 가운데 생각생각에 끊어지지 않고 집착 없는 가운데서 실현되는 것이지, 하나의 청정실체가 존재하는 것은 결코 아니다.

마음의 한량(心量)은 넓고 커서 마치 허공과 같으나 빈 마음으로 앉아 있지 말라. 곧 무기공無記空에 떨어진다. 허공은 능히 일월성신과 산하대지와 일체 초목과 악한 사람과 착한 사람과 악한 법과 착한 법과 천당과 지옥을 그 안에 다 포함하고 있다. 세상 사람의 자성이 빈 것도 또한 이와 같다.[71]

혜능은 마음이 공무(空無 : 비어서 아무 것도 없음)하다거나 허망하다는 것을 인정하지 않고 있다. 만약에 빈 마음으로 앉아 공심선空心禪을 닦고 있다면 반드시 무기공無記空에 떨어짐을 경고하고 있다. 마음을 허공에 비유한 것은 허공처럼 "상에서 상을 떠나는(於相離相)" 무집착無執着과 "공에서 공을 떠나는(於空離空)" 무소득無所得을 표현한 말이다. 지옥과 천당이 허공이라는 마음속의 일이므로 지옥에서 지

---

71) 上同. "心量廣大, 猶如虛空, 莫空心坐, 卽落無記空. (虛空)能含日月星辰, 大地山河, 一切草木, 惡人善人, 惡法善法, 天堂地獄, 盡在空中. 世人性空, 亦復如是."

옥을 여의니 무집착이요, 천당에서 천당을 떠나니 무소득이다.

청정심으로서 청정심을 본다는 것은 눈으로써 눈을 볼 수는 없는 것과 마찬가지다. 돈오선에서 불성이란 불생불멸不生不滅의 필경공畢竟空을 내용으로 하는 하나의 가명에 지나지 않는다. 그러므로 혜능은 청정이란 반야성공의 무형상無形相임을 강조하고 있다.

> 선지식아, 밖으로 일체 모양相을 떠남이 상이 없음(無相)이다. 다만 능히 모양을 떠나면 성품의 체가 청정하니(性體清淨), 이것이 모양 없음(無相)으로 체를 삼는 것이다.[72]

청정한 자성본체는 본래 무상無相, 무작無作, 무착無着이다. 성품의 체가 청정한 까닭에 성품(性)은 공적空寂하다. 공적한 성품의 체 상體上에 반야지혜가 있다. 따라서 "심성본각心性本覺"이라고 설하는 것이다. 혜능은 불성을 깨달음의 성품(覺悟之性)으로 해석하여 "부처(佛)란 깨달음(覺)이다."[73] 라고 했다. 자성은 본래 깨달아 있으며, 반야는 자성을 떠나 있지 않다.

> 보리반야의 지혜는 세상 사람들이 본래부터 스스로 지니고 있는 것이다. 즉 마음이 인연에 미혹하면 스스로 깨닫지 못하는 것이다. 반드

---

72) 上同. "善知識, 外離一切相, 是無相. 但能離相, 性體清淨, 是以無相爲體."
73) 上同. "佛者, 覺也."

시 큰 선지식의 가르침을 구하여야 견성할 수 있다. 선지식아, 깨닫게 되면 바로 지혜를 이룬다.[74]

혜능 역시 전통의 "심성본정설心性本淨說"을 계승하고, 자성의 반야지혜의 기초 위에 "심성본각설心性本覺說"을 제시하고 있다. 이러한 의의에서 "일체 중생이 모두 불성을 가지고 있다(一切衆生皆有佛性)."는 명제는 "일체 중생이 모두 각성을 가지고 있다(一切衆生皆有覺性)."는 말과 동일한 명제가 된다, 즉 중생이 곧 부처(衆生是佛)라는 불성본유佛性本有, 불성본각佛性本覺의 사상을 역설하였다.

전통의 설법(북종선 포함)인 "심성본정설心性本淨說"은 "본정本淨"에 치중하여 닦음(修)을 강조하고, 혜능이 제시한 "심성본각설心性本覺說"은 "본각本覺"에 중점을 두어 깨달음(悟)을 강조하고 있다. 중생이 본래 부처이기 때문에 자성이 본정(自性本淨)하고 자심이 본각(自心本覺)함을 단박에 깨달으면 바로 불지佛地를 돈증頓證할 수 있다. 이는 성품(性)과 마음(心)의 관계를 불성佛性으로 통일시키고 있다.

> 세상 사람들의 자기 색신은 성城이요, 눈·귀·코·혀·몸은 곧 성城의 문門이니 밖으로 다섯 문이 있고 안으로 뜻의 문이 있다. 마음은 곧 땅이요, 성품은 곧 왕이니 성품이 있으면 왕이 있고, 성품이 감에 왕은 없다. 성품이 있음에 몸과 마음이 있고 성품이 감에 몸과 마음이

---

74) 上同. "菩提般若之智, 世人本自有之, 卽緣心迷, 不能自悟, 須求大善知識示道見性. 善知識, 遇悟卽成智."

무너진다. 부처는 자기의 성품이 지은 것이니, 몸 밖에서 구하지 말라. 자기의 성품이 미혹하면 부처가 중생이요, 자기의 성품이 깨달으면 중생이 곧 부처이다.[75]

이른바 "마음이 곧 땅이요(心卽是地), 성품이 곧 왕(性得是王)"이라는 땅과 왕의 비유는 자칫 "성심이원론性心二元論"으로 오해되어 질 수 있는 언어 표현이다. 그러나 여기서 말한 성性과 심心은 체용불이體用不二의 관계로 이해해야 한다. 즉 체(몸)가 용(몸짓)이요, 용이 체가 되는 즉체즉용卽體卽用의 입장에서 보면, 즉성즉심卽性卽心으로 성상상즉性相相卽의 논리가 성립하게 되어 성性, 심心과 자성自性, 자심自心은 모두 불성佛性의 다른 표현이 되는 것이다. 혜능은 불성을 사람 각자의 구체적 인성人性으로 귀납시키고 있다.

세상 사람의 성품(世人性)은 본래 스스로 청정하여, 만법은 자성 가운데 있다.[76]

사람의 성품(人性)은 본래 청정하나 망념에 의해 진여를 가리게 되

---

75) 上同. "世人自色身是城, 眼耳鼻舌身, 卽是城門. 外有五門, 內有意門. 心卽是地, 性卽是王, 性在王在, 性去王無. 性在身心存, 性去身心壞. 佛是自性作, 莫向身外求. 自性迷佛卽衆生, 自性悟衆生卽是佛."
76) 上同. "世人性本自淨, 萬法在自性."

었다.[77]

　　삼세 모든 부처님과 십이부경전은 모두 사람의 성품(人性) 가운데 본
래 스스로 구족하여 있다.[78]

　　여기서 설하고 있는 인성人性은 성인의 성품을 말하는 것이 아니
라, 세속인의 성품의 본질을 말하는 것이다. 이와 같은 불성佛性의
인성화人性化는 돈오선의 하나의 특징이다. 이것은 진여본성의 체용
관계로서 본유불성本有佛性과 현실인심現實人心을 해석하고 현실인의
해탈을 강조하고 있는 것이다. 즉 체가 그대로 용인 "즉체즉용卽體
卽用"의 각도에서 인심人心이 곧 불성佛性임을 체현하는 것이니, 중
생이 본래 부처(衆生本來是佛)임을 일깨워 주고 있다.
　　이러한 일련의 돈오선사상은 현실인의 해탈문제를 집중적으로 조
명하는 "인간불교人間佛敎"를 제창하고 있다. 그런데 위의 예문에서
이미 보았듯이 돈오선은 이러한 불성과 인성의 일체화를 기초로 하
여 "자성이 만법을 포함하고 있다(自性含萬法)."라는 사상을 전개시
키고 있다.

　　세상 사람들의 성품(世人性)은 본래 스스로 깨끗하여 만법이 자기의

---

77) 上同. "人性本淨, 爲妄念故, 蓋覆眞如."
78) 上同. "三世諸佛, 十二部經, 在人性中, 本自具有."

성품에 있다. 모든 악한 일을 생각하면 곧 악을 행하고, 모든 착한 일
을 생각하면 바로 착한 행을 닦게 된다. 이와 같이 모든 법이 다 자성
에 있어서 자성은 항상 깨끗함을 알아라. ……안과 밖이 사무쳐 밝아
자기의 성품 가운데 만법이 다 나타나니, 모든 법에 자재한 성품을 청
정법신淸淨法身이라 이름한다.[79)]

 혜능은 결코 진심불성과 우주만법을 진실의 존재로 긍정하지 않
았다. "만법이 자성에 있다."고 한 것은 자성과 진성 그 어디에도
실체가 없어서 자성은 만법에 의한 자성이며, 만법은 자성에 의한
만법이라는 것이다. 『기신론』의 "마음이 일어난 즉 만법이 일어나
고(心生卽種種法生), 마음이 멸한 즉 만법이 멸한다(心滅卽種種法滅)."는
설법이 바로 이 점을 설명하고 있는 것이다.
 불성은 안(육근)에 있는 것도 아니요, 밖(육진)에 있는 것도 아니
며, 안과 밖의 중간(육식)에 있는 것도 아니다. 또한 불성은 안을
떠나서 있는 것도 아니며, 밖을 떠나서 있는 것도 아니며, 안과 밖
의 중간을 떠나서 있는 것도 아니다. 그러므로 안과 밖이 사무쳐
밝아 자기의 성품 가운데 만법이 다 나타나니, 모든 법에 자재한
성품을 청정법신淸淨法身이라 한다.

---

79) 上同. "世人性本自淨, 萬法在自性. 思量一切惡事, 卽行於惡, 思量一切善事, 便修於善行, 知
 如是一切法, 盡在自性, 自性常淸淨. ……內外明徹, 於自性中, 萬法皆見, 一切法自在性, 名爲
 淸淨法身."

만약에 "만법이 자성 가운데 있다."는 말을 이와 같이 이해한다면 색심이원론色心二元論에 떨어지지 않으며, 또한 진상유심설眞常唯心說에도 떨어지지 않게 된다.

혜능 선법의 관건은 자성해탈에 있다. 자성은 일체를 구족하고 있으며, 자성이 부처이며, 자심에 부처가 있으므로 "자성을 깨달으면, 또한 계정혜를 세우지 않는다."80) 라고 말한다.

결론적으로 혜능선사가 제출한 자성청정설은 심성론과 성불론의 이론기초이다. 이것은 돈오선의 기본사상이며, 중도정관을 깨닫는 실천사상을 내포하고 있다. 돈오선사상의 식심識心, 견성見性과 돈오頓悟, 해탈解脫은 모두 같은 범주에 속하는 언어표현들이다. "식심견성識心見性"은 성과 심을 회통하는 수증론이며 해탈론인 동시에 종교실천행으로 사람들의 구체적인 현실생활에서 일념해탈을 구현시키고 있다. 이것이 혜능이 제시한 인간불교人間佛敎사상이다.

(2) 정혜등定慧等과 일행삼매一行三昧

혜능은 불이법문의 관점에서 "정혜등定慧等"사상을 제시하고 있다. 혜능의 정혜관定慧觀을 요해하려면 먼저 그의 선정사상을 고찰해 보아야 한다.

---

80) 上同. "得悟自性, 亦不立戒定慧."

이 법문 가운데 어떤 것을 이름하여 좌선이라 하는가? 이 법문 가운데는 일체 걸림이 없어서, 밖으로 모든 경계 위에 생각이 일어나지 않는 것이 앉음(坐)이며 안으로 본래 성품을 보아 어지럽지 않는 것이 선禪이다. 어떤 것을 이름하여 선정이라 하는가? 밖으로 모양을 떠남이 선禪이요, 안으로 어지럽지 않음이 정定이다. 설사 밖으로 모양이 있어도 안으로 성품이 어지럽지 않으면 본래 스스로 깨끗하고 스스로 정定이다. 다만 경계에 부딪침으로 말미암아 부딪쳐 곧 어지럽게 되나니, 모양을 떠나 어지럽지 않는 것이 곧 정이다. 밖으로 모양을 떠나는 것이 곧 선이요, 안으로 어지럽지 않는 것이 곧 정이니, 밖으로 선禪하고 안으로 정定하므로 선정禪定이라고 이름한다.[81]

여기서 혜능의 선정에 대한 탁월한 견해를 볼 수 있다. 달마계의 다섯 조사 모두 명확하게 좌선에 반대하지 않았으나, 혜능은 좌선에 집착하는 것을 명확하게 반대하고 있다. 먼저 "일체 경계에서 생각을 일으키지 않음이 앉음(坐)이며, 본성을 보아 어지럽지 않음이 곧 선禪"이라고 주장하여 좌선에 대해 새로운 규정을 하고 있다. 또한 "밖으로 모양을 떠나는 것이 선禪이요, 안으로 어지럽지 않음이 정定"이라고 전제하고, "밖으로 선禪하고 안으로 정定"하는 것이 진정한 선정禪定이라는 새로운 선정 모델을 제시하고 있다.

---

81) 上同. "此法門中, 何名坐禪. 此法門中, 一切無碍, 外於一切境界上, 念不起爲坐, 內見本性不亂爲禪. 何名爲禪定. 外離相曰禪, 內不亂曰定. 外若有相, 內性不亂, 本自淨自定. 只緣境觸, 觸卽亂, 離相不亂卽定. 外離相卽禪, 內不亂卽定. 外禪內定, 故名禪定."

이러한 선정관에 의거하면, 형식상의 앉음(坐)과 앉지 않음(不坐)에 집착할 필요가 없어서, 응당히 생각생각 가운데 스스로 본성이 청정함을 보는 것이 관건이 된다. 그러므로 말하기를, "만약 (생각 가운데) 생멸이 없는 것이 여래청정선이며, 제법이 공함이 곧 앉음이다."[82] 라고 하였다.

이것으로 혜능의 돈오선은 반야성공과 열반불성을 "생각 생각에 청정(空)을 보는(念念見淸淨)" 새로운 좌선법으로 회통하고 있고, 이러한 좌선관에 입각하여 북종이 제시한 "간심간정看心看淨"의 좌선관을 비판하고 있다.

선지식아, 이 법문 가운데 좌선은 원래 마음에 집착하지 않고 또한 깨끗함에도 집착하지 않는다. 또한 움직이지 않음도 말하지 않나니, 만약 마음을 본다고 말한다면, 마음은 원래 허망한 것이며 허망함이 허깨비와 같은 까닭에 볼 것이 없다. 만약 깨끗함을 본다고 말한다면 사람들의 성품은 본래 깨끗한 것인데 허망한 생각으로 진여가 덮인 것이므로 허망한 생각을 여의면 성품은 본래대로 깨끗하다. 자기의 성품이 본래 깨끗함은 보지 않고 마음을 일으켜 깨끗함을 보면 도리어 깨끗하다고 하는 망념(淨妄)이 생긴다.

망상은 처소가 없다. 그러므로 본다고 하는 것이 도리어 허망한 것임을 알아라. 깨끗함은 모양이 없거늘, 도리어 깨끗한 모양을 세워서

---

82) 『曹溪大師傳』. "若無生滅, 而是如來淸淨禪, 諸法空, 卽是坐."

이것을 공부라고 말하면 이러한 소견을 내는 이는 자기의 본래 성품을 가로막아 도리어 깨끗함에 묶이게 된다.

 만약 움직이지 않는다는 것은 모든 사람의 허물을 보지 않는 것이 성품이 움직이지 않는 것이다. 미혹한 사람은 자기의 몸은 움직이지 아니하나 입만 열면 곧 사람들의 옳고 그름을 말하나니, 도와는 어긋나 등지는 것이다. 마음을 보고 깨끗함을 본다(看心看淨)는 것은 도리어 도를 장애하는 인연이다.[83]

혜능이 생각하기에 "마음을 보고 깨끗함을 본다(看心看淨)."라고 했을 때의 마음은 허망된 마음(妄心)이니, 마음은 본래 허망하고 허깨비 같아 실다움이 없다(虛幻無實). 만약에 깨끗함을 보려고(看淨) 하면 사람의 마음은 본래 공하여 얻을 바가 없는 것(空無所得)이다. 따라서 깨끗하다(淨)는 것은 형상이 없는 공空을 가리키니, 그것을 대상화하여 볼 수 있다는 것은 상대적인 깨끗함의 모양(淨相)에 떨어진 것이다. 이것 또한 일종의 깨끗함의 망념(淨妄)이며, 깨끗함의 모양(淨相)에 집착하는 것은 본성을 장애하여 도리어 깨끗함의 속박(淨縛)을 받게 된다.

---

83) 『壇經』. "善知識, 此法門中, 坐禪元不着心, 亦不着淨, 亦不言不動, 若言看淨, 人性本淨, 爲妄念故, 蓋覆眞如, 離妄念, 本性淨, 不見自性本淨, 心起看淨, 却生淨妄. 妄無處所, 故知看者, 却是妄也. 淨無形相, 却立淨相, 言是功夫, 作此見者, 障自本性, 却被淨縛. 若不動者, 不見一切人過患, 是性不動. 迷人自身不動, 開口卽說人是非, 與道違背, 看心看淨, 却是障道因緣."

그러므로 혜능선사는 "간심간정"의 북종선법은 본성청정을 깨닫지 못할 뿐만 아니라, 오히려 보리를 장애한다고 주장하고 있다. 그는 또한 수선修禪은 단지 "일체 번뇌망념은 비록 자성에 있으나 "본자청정本自淸淨", "본자구족本自具足"한 자성은 "항상 부지런히 털고 닦아서(時時勤拂拭), 티끌과 먼지 묻지 않게 하라(莫使有塵埃)."고 하는 식의 마음을 일으켜 깨끗함을 보려고 하는(起心看淨) 관심수행이 필요하지 않다고 본 것이다.

그는 또한 북종 및 전통의 좌선에서 직면한 번뇌 망념은 단지 무자성(無自性 : 本源空寂)의 대상일 뿐이라고 강조하고 있다. 하나의 허환무실虛幻無實한 망심에 대한 닦음(修)은 다만 허망된 수행(妄修)이 될 수밖에 없을 뿐이다. 다만 스스로 본심을 알게 되면 바로 본성을 보아 돈오성불할 수 있다고 본 것이다. 이것이 "본심을 알지 못하면 법을 배워도 이익이 없다."[84]는 돈오선의 큰 특징이다.

혜능은 선정을 행주좌와行住坐臥의 일상으로 실현시키고 있는데, 이것은 그가 지혜(慧)로써 선정(定)을 섭수함(以慧攝定)으로 해서, 정혜를 무념의 마음(無念之心)으로 통일시키고자 한다. 이로써 돈오선의 정혜에 대한 견해는 "정혜무별定慧無別", "정혜불이定慧不二" 혹은 "정혜등定慧等"이라고 한다.

---

84) 上同. "不識本心, 學法無益."

선지식아, 나의 이 법문은 정과 혜로써 근본을 삼으니, 첫째로 미혹하여 정과 혜가 다르다고 말하지 말라. 정과 혜는 체體가 하나여서 둘이 아니다. 곧 정은 혜의 체體요 혜는 정의 용用이니, 곧 혜가 작용할 때 정이 혜에 있고, 곧 정이 작용할 때 혜가 정에 있다. 선지식아, 이 뜻은 곧 정혜가 하나(定慧等)라는 것이다.[85]

혜능이 생각하기에 선정은 지혜의 본체(體)이며 지혜는 선정의 작용(用)으로서 양자는 서로 의존하여 어느 하나를 폐기할 수 없는 것이다. 선정만 있고 지혜가 없으면 어리석은 선정(痴定)이요, 반대로 지혜만 있고 선정이 없으면 미친 지혜(狂慧)가 된다. 그가 주장하는 당하의 무념(當下無念)은 당체가 공하여 필경공이므로, 이때에 일체의 분별이 없기 때문에 의당 정혜의 분별마저도 없게 되니, 정혜가 동시에 나누어질 수 없는 일념의 깨달음을 구족하고 있음으로 정혜는 하나(定慧等)라고 하는 것이다.

선지식아, 정과 혜는 무엇과 같은가? 등불과 그 빛과 같다. 등불이 있으면 곧 빛이 있고 등불이 없으면 곧 빛이 없으므로, 등불은 빛의 체體요, 빛은 등불의 용用이다. 이름은 비록 둘이지만 체는 둘이 아니다. 이 정혜의 법도 또한 이와 같다.[86]

---

85) 上同. "善知識, 我此法門, 以定慧爲本. 第一勿迷言定慧別, 定慧體一不二, 卽定 是慧體, 卽慧是定用. 卽慧之時, 定在慧, 卽定之時, 慧在定. 善知識, 此議卽是定慧等."

혜능은 등불과 그 빛의 관계를 비유로 들어 정혜일체定慧一體를 설명하고 있다.

즉 선정일 때 당연히 지혜가 있고 지혜일 때 당연히 선정이 있는 것이다. 그러므로 설하기를, "도를 배우는 사람은 짐짓 먼저 선정에 들어 지혜를 발한다거나, 먼저 지혜를 내어 선정을 발한다고 하여 선정과 지혜가 각각 다르다고 말하지 말라."87) 고 주의를 주고 있다.

계속해서 설하기를, 만약에 이러한 견해를 내는 사람은 법에 두 가지 모양을 내는 것이 된다. 즉 입으로는 착함을 말하면서 마음이 착하지 않으면 선정과 지혜를 함께 함이 아니요, 마음과 입이 함께 착하여 안과 밖이 한 가지면 정혜가 하나가 되는 것과 같다고 하였다.

이런 논리에 의거하여 혜능은 북종이 주장한 "좌선습정坐禪習定"을 비판하고, 또한 "도는 마음으로 깨닫는 것인데 어찌 앉음에 있겠는가?"88) 라고 주장하였다.

신수스님은 계정혜를 말하기를, '모든 악을 짓지 않는 것을 계戒라 하고, 모든 선을 받들어 행하는 것을 혜慧라 하며, 스스로 그 뜻을 깨

---

86) 上同. "善知識, 定慧猶如何等. 如燈光, 有燈卽有光, 無燈卽無光. 燈是光之體, 光是燈之用, 名卽有二, 體無兩般, 此定慧法, 亦復如是."
87) 上同. "學道之人作意, 莫言先定發慧, 先慧發定, 定慧有別."
88) 上同. "道由心悟, 豈在坐也."

끊이 하는 것을 정定이라고 한다. 이것이 곧 계정혜이다.' 라고 합니다. 대사께서 말씀하셨다. ……마음의 땅에 그릇됨이 없는 것이 자성의 계요, 마음의 땅에 어지러움이 없는 것이 자성의 정이요, 마음의 땅에 어리석음이 없는 것이 자성의 혜이다.[89]

신수화상이 제시한 이른바 "제불통계諸佛通誡"는 실제상 전통불교의 해석에 의한 계정혜삼학의 기본정신임과 동시에, 북종이 주장한 관심간정觀心看淨을 위주로 하는 수선修禪원칙이다. 이에 반해 혜능이 천명한 계정혜는 자성심지의 각도에서 설한 삼학등지三學等持요, 삼학일체三學一體이다. 이것이 바로 돈오선이 설한 심지법문心地法門인 것이다. 여기서 아울러 주장하는 것은 신수가 설한 계정혜삼학은 하근기의 사람들을 위한 것이며, 혜능이 설한 자성계정혜는 상근기인이 자성을 깨닫기 위한 것이다.

너의 스승(신수)이 말한 계정혜는 작은 근기의 사람들에게 권하는 것이요, 나의 계정혜는 높은 근기의 사람들에게 권하는 것이다. 자기의 성품을 깨달으면 또한 계정혜도 세우지 않는다.[90]

---

89) 上同. "秀和尙言, 戒定慧, 諸惡莫作, 名爲戒, 諸善奉行, 名爲慧, 自淨其意, 名爲定. ……大師言, ……心地無非自性戒, 心地無亂自性定, 心地無癡自性慧."
90) 上同. "汝師戒定慧, 勸小根諸人, 吾戒定慧, 勸上根人, 得悟自性, 亦不立戒定慧."

돈오선법의 입장에서 보면, 사람의 자성에는 그릇됨도 없고 어지러움도 없으며 어리석음도 없다. 생각마다 지혜로 관조하여 항상 법의 모양을 떠났는데 무엇을 세우고 파할 것이 있겠는가. 자성을 단박에 닦으면(頓修) 되는 것이다. 세우고 파하면 생멸이며, 세움에 집착하면 차제 점수에 떨어지게 된다. 그러므로 세우지 않는다고 말하는 것이다.

이것은 자성계정혜가 반야실상의 경지에서 세우되 세우지 않는 도리를 설명한 것이다. 자성은 본래 그릇됨과 어지러움 및 어리석음이 없기 때문에 생각생각에 반야지혜로 관조함으로써 상근보살은 점차가 아닌 단박에 중도실상의 이치에 계합하는 것이다.

일반적으로 주장하기를 남북종의 정혜관에는 많은 차이가 있다고 한다. 즉 북종의 정혜관은 이른바 "선정발혜先定發慧"의 관점이라고 알고 있다.

그런데 북종의 정혜관을 자세히 살펴보면 정혜쌍등定慧雙等을 동시에 주장하고 있다. 『대승무생방편문』에 부동不動으로 정과 혜를 통섭하고 있음을 볼 수 있다. 아울러 정중유혜定中有慧, 정혜쌍등定慧雙等의 정定을 보살의 바른 정(正定)이라고 주장하고, 이승인二乘人의 유정무혜有定無慧와 선미禪味에 탐착하는 등의 삿된 정(邪定)과 구별하고 있다. 정혜쌍등과 정중유혜의 교설은 신심부동(身心不動 : 몸과 마음이 움직임이 없음), **이념즉각**(離念卽覺 : 망념을 여의면 곧 깨달음)으로부터 얻어지는 필연의 결과이다.

신수 북종의 심성본각心性本覺에 의거한 정혜쌍등의 논리는 혜능 남종의 정혜관과 별반 차이가 없다. 정혜의 상의상즉相依相卽은 사실상 중국 선종의 보편적인 이론이며, 정혜쌍수定慧雙修는 남북종선이 공통으로 강조한 법문이다.

그러나 북종이 정정正定일 때 곧 지혜문이 열린다고 설하고 있기는 하지만, "이념離念", "부동不動"의 정정正定의 경지에 이르기 위해서는 반드시 일정한 형식상의 수선방편을 의지해야 한다. 그러므로 반드시 관심간정의 점차적 수행을 통과해야 하는 것이다.

이러한 북종의 관심이념觀心離念, 정혜쌍등定慧雙等은 여전히 마음이 있어야 관할 수 있으며(有心可觀), 선정이 있어야 들어갈 수 있으며(有定可入), 지혜가 있어야 발현할 수 있으니(有慧可發), 이 또한 집착한 바가 된다.

그러므로 혜능은 "보리는 본래 청정(공)하여 마음을 일으킨 즉시 망념이다."[91] 라고 비판하고 있다. 신회 역시 "중생은 본래 스스로의 마음이 청정(공)하다. 만약 다시 마음을 일으켜 닦음이 있으면 바로 망심이므로 해탈을 얻을 수 없다."[92] 라고 하였다. 남종 돈오

---

91) 上同. "菩提本淸淨, 起心卽是妄."
92) 楊曾文 編教, 『神會和尙禪語錄』, (이하 약칭 『神會語錄』. 『神會語錄』의 구체적 내용은 중요하게 「壇語」, 「定是非論」, 「般若頌」, 「顯宗記」, 「雜徵義」 등으로 이루어져 있다.) "衆生本自心淨, 若更欲起心有修, 卽是妄心, 不可得解脫." (1996년, 中華書局), p 85.

선은 반야무소득으로써 핵심사상을 삼고 있어서 임운(任運 : 마음에 맡겨 행함)으로 수행하고 무증無證으로 증득한다.

이로써 남북종 간의 정혜관의 차이는 결코 정혜등定慧等이냐 정혜별定慧別이냐의 문제가 아니고, 그들의 정혜를 수습하는 태도의 차이라고 할 수 있다.

혜능이 제창한 이러한 정혜관은 일종의 닦음이 없는 닦음인 무수지수無修之修의 색채가 농후하다. 돈오선의 닦음이 없는 닦음(無修之修)에 내포된 양층兩層의 의미를 살펴보기로 하자.

첫째, 자오자수自悟自修의 의미이다. 이른바 자오자수란 자성자도自性自度에 입각해서 해설한 수행관이다. 혜능의 관점에 의거하면, 자성자도를 성취한 수행자는 상근인에 속하며, 이러한 사람은 법을 들으면 언하에 바로 자성청정의 구경경계를 단박에 깨닫게 된다. 따라서 어떠한 점차의 수행과정도 필요하지 않게 되니, 이러한 수증관을 돈오돈수頓悟頓修라 한다. 돈오돈수의 수증은 주체적 자신을 원동력으로 삼을 뿐 결코 자신 이외의 역량에 의지하지 않는다.

> 선지식아, 자기의 성품이 스스로 깨끗함을 보아라. 스스로 닦아 스스로 지음이 자기 성품인 법신이며, 스스로 행함이 부처의 행이며, 스스로 짓고 스스로 이룸이 부처님의 도이다.[93]

---

93) 上同. "善知識, 見自性自淨, 自修自作, 自性法身, 自行佛行, 自作自成佛道."

만약 스스로 깨달은 이라면 밖으로 선지식에 의지하지 않는다. 밖으로 선지식을 구하여 해탈 얻기를 바란다면 옳지 않다. 자기 마음속의 선지식을 알면 곧 해탈을 얻는다. 만약 자기의 마음이 삿되고 미혹하여 망념으로 전도되면 밖의 선지식이 가르쳐 준다 하여도 스스로 깨닫지 못할 것이니, 마땅히 반야의 관조를 일으키라. 잠깐 사이에 망념이 다 없어지는 것이 곧 자기의 참 선지식이라 한 번 깨달음에 곧 부처를 알게 된다.[94]

돈오돈수의 상근인은 타력의 수행을 필요로 하지 않는다. 다만 스스로의 마음에 갖추고 있는 잠재능력을 발휘하면 바로 깨달아 해탈할 수 있다. 이것이 자오자수의 수증론이다. 그는 자오자수의 또 다른 표현으로 "불가외수不假外修"[95] 란 말을 쓰고 있는데 불가외수란 바깥 수행을 빌리지 않음이다. 즉 스스로 닦고 스스로 깨달을 뿐(自修自悟) 마음 밖의 어떠한 수행도 보탤 필요가 없다는 것이다.

그 단박 깨닫는 가르침(頓敎)을 듣고 밖으로 닦는 것을 빌리지 않고 오

---

94) 上同. "若自悟者, 不假外善知識, 若取外求善知識, 望得解脫, 無有是處. 識自心內善知識, 卽得解脫. 若自心邪迷, 妄念顚倒, 外善知識, 卽有敎授, 不得自悟, 當起般若觀照, 刹那間, 妄念俱滅, 卽是自眞正善知識, 一悟卽知佛也."
95) 돈황본 『단경』 원본에는 "불신외수不信外修"로 되어 있다. 그러나 여러 중국 선학자들이 교석하기를 不信外修는 不假外修로 고쳐져야만 그 뜻이 원만히 통한다고 하고 있다. 본서에서는 교석본에 따라 不假外修로 고쳐 논의를 전개하고자 한다.

직 자기의 마음에서 자기의 본성으로 하여금 항상 바른 견해를 일으키면 번뇌 진로의 중생이 모두 당장에 깨달음을 다해 마칠 것(當時盡悟)이다.[96]

이른바 "외수外修"란 자수자오自修自悟의 상대적인 의미인 마음 밖을 향해 닦음을 구하며(向外求修), 마음 밖을 향해 부처를 구하는 것(向外求佛)을 말한다. 혜능은 자오자수로 수양과 실천의 지표로 삼고 있다. 이것이 돈오선법 수습의 근본 내용이다. 오로지 이 근본 환절環節을 잘 파악하여야만 바로 신속하게 깨달아 성불의 효과를 얻을 수 있다. 그래서 이와 같은 수행체계를 돈교頓敎라고 부르는 것이다. 이러한 돈교의 수증은 밖으로 닦는 모든 형식적인 수행상을 배격하고 다만 내심 초월의 "식심견성"을 추동할 뿐이다.

그런데 혜능은 비록 자오자수自悟自修를 강조하고 있기는 하지만 하근 중생을 위해 또한 바깥 선지식의 지도를 완전히 배척하고 있는 것은 아니다.

만약 스스로 깨닫지 못하는 이는 모름지기 큰 선지식을 찾아서 지도를 받아 자성을 보아야 한다. 어떤 것을 큰 선지식이라 하는가? 최상승법이 바른 길을 바로 가리키는 것임을 아는 것이 큰 선지식이며 큰 인연이다. 이는 이른바 교화하고 지도하여 부처를 보게 하는 것이니,

---

96) 上同. "聞其頓敎, 不假外修, 但於自心, 令自本性, 常起正見, 煩惱塵勞衆生, 當時盡悟."

모든 착한 법이 다 선지식으로 말미암아 능히 일어난다. 그러므로 삼세의 모든 부처님과 십이부 경전들이 사람의 성품 가운데 본래부터 스스로 갖추어져 있다고 말할지라도, 능히 자성을 깨닫지 못하면 모름지기 선지식의 지도를 받아서 자성을 보아야 한다.[97]

혜능의 견해에 준하면 대선지식은 무소득의 최상승법을 깨달아 돈오해탈의 정로를 바로 일러주는 자이다. 바깥 선지식의 효용은 자신의 깨달음을 보조해 주는 것이다. 단 이러한 효용은 외재적 기연조건을 제공하고 성숙시켜 주는데 그치는 것이다. 진정한 깨달음 자체는 필경 스스로 닦고 스스로 깨달음(自修自悟)으로 발현되어질 수밖에 없다. 만약 바깥 선지식의 계발만을 바라고 집착한다면 영원히 견성성불할 수 없을 것이다.

넷째, 개성個性을 발휘하고 고정직 획일성을 배제하는 것이다. 혜능은 돈오선의 수행은 규범화規範化되고 모식模式적인 수행을 배격하고 수행자 개인의 개성을 중시해야 한다고 여겼다. 종교의 실천수행은 응당히 개성적인 것이지 고정된 규칙과 통일된 모델이 정해져 있는 것은 아니다.

돈오선의 자성자도自性自度의 각도에서 보면 수선은 전통적인 규

---

[97] 上同. "若不能自悟者, 須覓大善知識示導見性. 何名大善知識. 解最上乘法, 直示正路, 是大善知識, 是大因緣. 所謂化導, 令得見佛. 一切善法, 皆因大善知識能發起. 故三世諸佛, 十二部經, 云在人性中, 本自具有, 不能自性悟, 須得善知識示導見性."

정성과 일률적인 수행을 거부하고 있다. 그래서 "각자 스스로 수행하라(各各自修)." 혹은 "각자 스스로 제도하라(各各自度)."고 주장하고 있다.

자성자도의 체험은 개인의 소질, 근기와 바깥 기연조건의 차이 때문에 사람마다 성性과 심心을 발휘하여 나타나는 형식 또한 통일적일 수 없다.

어떤 것을 자기의 성품(自性)을 스스로 제도한다(自度)고 하는가? 자기 육신 속의 삿된 견해와 번뇌와 어리석음과 미망에 본래 깨달음의 성품을 스스로 가지고 있으므로 바른 생각으로 제도하는 것이다. 이미 바른 생각인 반야지혜를 깨달아서 어리석음과 미망을 없애 버리면 중생들 각자 스스로 제도하는 것이다. 삿됨이 오면 바름으로 제도하고, 미혹함이 오면 깨달음으로 제도하고, 어리석음이 오면 지혜로 제도하고, 악함이 오면 착함으로 제도하며, 번뇌가 오면 보리로 제도하니, 이렇게 제도하는 것을 진실한 제도라고 한다.[98]

혜능은 자성청정의 기초 위에 중생의 자성자도自性自度, 자오자수自悟自修의 수증원칙을 수립하여, 자성의 반야지혜로 중생의 우치미망을 타파하는 것이 진정한 제도라고 주장하였다. 사람들이 일상생

---

98) 上同. "何名自性自度. 自色身中, 邪見煩惱, 愚癡迷妄, 自有本覺性, 將正見度. 旣悟正見, 般若之智, 除却愚癡迷妄, 衆生各各自度. 邪來正度, 迷來悟度, 愚來智度, 惡來善度, 煩惱來菩提度, 如是度者, 是名眞度."

활 가운데서 생각생각 망념에 집착하지 않고 본각의 마음을 나타내어, 수행상相에 집착하지 않아서 일념과 진여본각이 상응하면 일거수 일투족이 모두 수행상이 되는 것이다.

만약에 혜능의 무수지수를 이렇게 이해한다면, 무수無修는 수행이 필요 없다는 말이 아니라 규정성이 없고 집착성이 없는 수행을 요구하고 있는 것이다. 『단경』의 곳곳에는 "이것을 의지해 수행하라依此修行.", "노력하여 법을 의지하여 수행하라努力依法修行.", "생각생각에 부처의 행을 수행하라念念修行佛行.", "오직 바라건대 자기 스스로 깨끗함을 닦아라但願自家修淸淨.", "이 게송을 의지해 수행하라依此頌修行."는 등등 수없이 많은 수행에 대한 당부가 기록되어 있다.

그리고 『단경』 말미에 혜능이 문도들에게 법을 부촉할 때 "무릇 제도하기를 서원하고 수행하고, 수행하되 어려움을 만나면 물러서지 않고, 괴로움을 만나서도 능히 참아 복과 덕이 깊고 두터워야만 모름지기 이 법을 전할 것이다."라고 하여 끝까지 수행에 대한 당부를 놓지 않고 있음을 볼 수 있다.

어쨌든 혜능이 제시한 돈오돈수는 돈오선 수증의 핵심 종지로서 상근인을 위한 대치설법임과 동시에 경지론境地論적 입장에서 구경의 깨달음만이 진정한 깨달음임을 천명하고 있는 것이다.

다른 한편으로 혜능은 이러한 무수지수無修之修를 수행함에 있어 일행삼매一行三昧를 제시하고 있다.

    일행삼매란 일상시에 가거나 머물거나 앉거나 눕거나(行住坐臥) 항상 곧은 마음(直心)을 행하는 것이다. 『정명경』에 설하기를, '곧은 마음이 도량이요(直心是道場), 곧은 마음이 정토이다(直心是淨土).'라고 하였다. 마음에 아첨하고 굽은 생각을 가지고 입으로만 곧음을 말하지 말라. 입으로는 일행삼매를 말하면서 곧은 마음으로 행동하지 않으면 부처님의 제자가 아니다. 오직 곧은 마음으로 행동하여 모든 법에 집착하지 않는 것을 일행삼매一行三昧라고 한다.[99]

    이른바 "직심直心"이란 평직平直한 마음이다. 즉 일상생활 가운데서 행주좌와의 언제 어디서나 일체법에 대해 집착함이 없고 오염되지 않는 평등하고 정직한 마음이다. 다시 말하면, 일행삼매를 수행하는 사람은 일체 경계를 대하여 모든 분별심을 내지 않고 항상 곧은 마음을 행하는 것이다. 수행방면에서 말하면 이러한 일행삼매는 무념無念, 무상無相, 무주無住의 무수無修가 되는 것이다.

    혜능의 일행삼매는 4조 도신의 일행삼매설을 계승하였으되 『유마경』의 직심설을 인용해 관심석하고 있는 것이다. 『유마경』에 설해진 직심설법은 다음과 같다.

---

[99] 上同. "一行三昧者, 於一切時中, 行住坐臥, 常行直心是. 『淨名經』云, 直心是道場, 直心是淨土. 莫心行諂曲, 口說法直, 口說一行三昧, 不行直心, 非佛弟子. 但行直心, 於一切法, 無有執着, 名一行三昧."

물어 말하되, 거사께서는 어느 곳으로부터 오십니까? 답하여 말하되, 나는 도량으로부터 옵니다. 도량이란 어떤 곳입니까? 곧은 마음이 도량이니(直心是道場), 허망과 거짓이 없기 때문입니다.100)

부처님께서 말씀하시되, 착하다 보적아, 능히 모든 보살을 위하여 여래의 정토행을 묻는구나. 자세히 들어라. ……보적아, 마땅히 알아라. 곧은 마음이 보살의 정토이니(直心是淨土) 보살이 성불할 때 아첨하지 않는 중생이 와서 그 국토에 태어난다.101)

여기서의 직심은 정직하여 허망되고 거짓됨이 없어 아첨하지 않는 마음이다. 즉 지혜가 있는 보살은 일체 제불신과 중생신이 평등하여 둘이 아님(平等無二)을 통달하여 차별상이 없으므로, 행주좌와(行住坐臥) 어묵동정(語默動靜)간에 순일하고 곧은 마음이 되어 도량을 떠나지 않으니 곧바로 정토를 이루게 되는 것이다. 『유마경』의 이 설법에 대해 승조는 일찍이 다음과 같이 해설하고 있다.

마음을 닦아 도에 나아가 어지러움이 없는 경계가 바로 도량이다. 만약 표심標心이 주主가 되고 만행이 장場이 되려면 마음을 초월하지

---

100) 『維摩經』「菩薩品」. "問言, 居士從何所來. 答我言, 吾從道場來. 我問, 道場者何所是. 答曰, 直心是道場. 無虛假哉."
101) 『維摩經』「佛國品」. "佛言, 善哉寶積, 乃能爲菩薩, 問於如來淨土行, 諦聽, 諦聽. ……寶積, 當知直心是菩薩淨土, 菩薩成佛時, 不諂衆生來生其國."

못하니, 도를 스스로 닦는 것이 진정한 도량이다. 어찌 가까운 집에서 한가한 경지를 모르고 멀리서 적멸의 경지를 구하는가. 직심이란 안으로 마음이 진실하고 곧으며 밖으로 허망하고 거짓됨이 없는 것이다.[102]

승조법사가 궁극적으로 말하고자 하는 진정한 도량이란 "안으로 마음이 진실하고 곧으며 밖으로 허망하고 거짓됨이 없는" 스스로의 마음이 참된 도량이다. 그러므로 단지 마음이 어지럽지 않는 경지가 되면 그대로 도량에 들어감이다. 혜능은 승조의 이런 직심설을 계승하고, 여기에 의거하여 북종 및 전통의 일행삼매를 비판하고 있다.

미혹한 사람은 법의 모양에 집착하고 일행삼매에 국집하여 앉아서 움직이지 않는 것이 일행삼매라고 한다. 만약 이와 같다면 이 법은 무정과 같은 것이므로 도리어 도를 장애하는 인연이다.[103]

기존의 일행삼매는 주요하게 앉아서 움직이지 않고 생각이 일어나지 않는 것을 소중히 여겼다. 그러나 혜능의 일행삼매란 일상에

---

102) 『注維摩詰經』. "修心進道, 無亂之境, 便是道場耳. 若能標心爲主, 萬行爲場, 不越方寸, 道自修者, 乃眞道場也. 曷爲近舍閑境, 而遠求空地乎. 直心者, 謂內心眞直, 外無虛假." 『大正藏』 第三十八卷, p 363.
103) 上同. "迷人著法相, 執一行三昧, 直心坐不動, 除妄不起心, 卽是一行三昧. 若如是, 此法同無情, 却是障道因緣."

서 항상 직심을 행하는 것이 된다. 전 생활 영역에서 행주좌와 일체가 하나의 큰 삼매의 덩어리가 되어 생활 따로 삼매 따로가 아닌 일상 그대로가 삼매가 되는 것이 혜능의 일행삼매이다. 우주 법계가 그대로 삼매이니 법계삼매法界三昧요, 일상생활 그대로가 삼매이니 일상삼매日常三昧이다.

천태지자는 일찍이 "상좌삼매常坐三昧, 상행삼매常行三昧, 반좌반행삼매半坐半行三昧, 비행비좌삼매非行非坐三昧"의 사종삼매를 설한바 있다. 전통의 일행삼매를 좌선위주의 상좌삼매로 규정한다면, 행주좌와에 걸림없이 항상 삼매를 현전하는 혜능의 일행삼매는 상좌삼매를 떠나지 않는 비행비좌의 삼매가 될 것이다.

따라서 어떤 사람이 앉아 움직이지 않는 것으로 일행삼매를 수행한다고 하거나, 말로만 일행삼매를 설하고는 직접 행동으로 옮기지 않는 미혹한 사람은 모두 불제자가 아니라고 단언하고 있다. 진정한 부동不動은 무정의 부동이 아니라 "움직이는 가운데 움직이지 않는(動而不動) 삼매"인 것이다.

그러므로 설하기를, "만약 움직이지 않는 행(不動行)을 닦는다면 무정의 움직이지 않음과 같다. 진정한 움직이지 않음을 보려면 움직이는 가운데 움직이지 않음이 있다."[104] 라고 주장하였다.

초기 선종에서 구나발타라가 제시한 생각이 일어남이 없다는 뜻

---

104) 上同. "若修不動行, 同無情不動, 若見眞不動, 動上有不動."

의 "염불기念不起"를 오해하여 일체 바깥 경계에 대하여 한 생각도 일어나지 않는 것으로 수행을 삼는 자들을 향해 혜능은 마치 목석과 같이 움직이지 않는 죽은 마음이라고 비판한 것이다. 그래서 "만약 움직이지 않는 행(不動行)을 닦는다면 무정의 움직이지 않음과 같다."라고 말한 것이다. 수행을 한다는 것은 바위나 고목이 되자는 것이 아니기에 오래 앉아 있는 것으로 최상승이라 여긴다면 암묵선嚴默禪이요, 고목선枯木禪이 될 것이다.

혜능의 견해에 따르면, 염불기란 일체 경계를 대하여 생각이 일어나되 물들지 않는 마음이다. 즉 일체 법에 취함도 없고 버림도 없어(不取不捨) 일어나되 일어나지 않고(起而不起) 일어나지 않되 일어나는(不起而起) 무생선無生禪의 마음을 말하는 것이다. 그러므로 "만약 진정한 움직이지 않음(眞不動)을 보려면 움직이는 가운데 움직이지 않음이 있다."라고 말하는 것이다. 이것이 진정한 의미상의 "염불기念不起"선법의 일행삼매一行三昧이다.

이런 일행삼매사상을 왕유는 『육조능선사비명六祖能禪師碑銘』에서 개괄하기를, "선정은 들어갈 바가 없고(定無所入), 지혜는 의지할 바가 없네(慧無所依). ……손 들고 발 내려놓음이(擧手下足) 항상 도량에 있었네(常在道場)."라고 찬탄하고 있다. 일거수 일투족의 일상 전체가 항상 도량을 벗어나지 않는다고 하는 사상은 필연적으로 생활선生活禪 불교로의 계발啓發을 추동하여, 세간의 일상생활 가운데서 해탈할 수 있게 하는 것이다.

    법(진리)은 원래 세간에 있어서, 세간에서 세간을 벗어나니, 세간을 떠나지 말고 밖에서 출세간의 법을 구하지 말라. [105]

이 뜻은 세간과 출세간의 구분을 타파하여 세간과 출세간은 그 장소와 환경에 있는 것이 아니라, 그 사람의 정신적 태도와 수행의 경지에 있다는 것이다. 마찬가지로 속인俗人과 진인眞人의 구별은 마을에 살고 란야蘭若에 거居함에 있는 것이 아니다. 사람의 삶 자체가 탈속脫俗이냐 탐물貪物이냐에 달려 있다고 하겠다. 즉 삿된 견해에 물들어 있으면 세간이요, 바른 견해가 출세간이다. 수행자는 마땅히 삿됨(邪)과 바름(正)을 동시에 뛰어 넘어 속진俗眞 그 어디에도 걸림이 없어야 한다.

세간과 출세간의 불이不二는 세간의 일반인도 일상생활 가운데서 수행할 수 있으며 깨달음을 성취할 수 있는 문이 개방되어 있음을 의미한다. 돈오해탈은 시간과 장소, 세간과 출세간을 망라하여 일상생활 언제 어디서나 실현되어질 수 있는 사건이다.

혜능의 수행과 해탈에 대한 이러한 태도는 아마도 그 자신이 득법 이후 오랜 기간 거사(속인)의 모습으로 숨어 지내던 생활 배경

---

105) 上同. "法元在世間, 於世出世間, 勿離世間上, 外求出世間."

과도 연관이 있다고 짐작된다. 아마도 그가 적극적으로 『유마경』의 세출세간世出世間이 둘이 아니라는 불이不二의 실천사상을 강조하고 있는 것도 우연은 아닐 것이다. "만약 수행을 하고자 한다면 집에서도 얻을 수 있다. 굳이 절에서 하지 않아도 된다."[106] 라고 설하여, 수행에 있어서 재가在家와 재사在寺의 영역을 타파해서 재가와 출가가 따로 없음을 천명한 것이다. 이것이 혜능의 "가사일여家寺一如"사상이다.

돈오선의 전체 사상체계의 뜻을 이해하면 본래 집(家 : 집착, 욕망)이 없는데(無所得, 無執着) 어디에 재가在家와 출가出家가 있겠는가. 행주좌와의 일상생활 자체가 정혜의 발현이요, 일행삼매의 실현이다. 혜능이 제창한 이러한 돈오선의 사상과 실천은 이후 조사선 시대에 꽃핀 생활선의 발전에 지대한 영향을 미치고 있다.

2) 돈오선의 수증修證과 실천

(1) 돈오돈수頓悟頓修 와 일념성불一念成佛

불교의 수증론에서 가장 큰 관심은 고통의 현실에서 어떻게 깨달음의 해탈을 실현하느냐에 있다. 이미 살펴보았듯이 혜능선사는

---

106) 上同. "若欲修行, 在家亦得, 不由在寺."

『단경』에서 "자성청정自性淸淨"의 기초 위에 돈오성불사상을 제창하고 있다. 그래서 돈오는 혜능의 해탈수증관의 가장 핵심요소이며 심지어 돈오성불頓悟成佛은 남종선 고유의 상징어가 되어 버렸다.

비록 돈오설이 혜능에 의해 가장 먼저 제창된 것은 아니라 하더라도, 혜능의 돈오설은 그 입론立論의 기초로부터 내용에 이르기까지 가히 독창적이라 할 수 있다. 그의 돈오성불사상은 결코 전통불교에서 주장한 바의 점수돈오가 아니라 "돈오돈수"의 수증론이다.

> 선지식아, 법에는 단박 깨달음과 점차 깨달음이 없으나, 사람에게 영리하고 우둔함이 있다. 미혹하면 점차로 계합하고, 깨달은 이는 단박에 닦는다. 자기의 본래 마음을 아는 것이 본래의 성품을 보는 것이다. 깨달으면 원래 차별이 없으나 깨닫지 못하면 오랜 세월을 윤회한다.[107]

> 어떤 것을 점漸과 돈頓이라고 하는가? 법은 한 가지로되 견해에 더디고 빠름이 있다. 견해가 더딘 즉 점이요, 견해가 빠른 즉 돈이다. 법에는 점과 돈이 없으나 사람에게는 영리함과 우둔함이 있는 까닭으로 점과 돈이라고 이름한다.[108]

---

107) 上同. "法無頓漸, 人有利鈍, 迷人漸契, 悟人頓修, 自識本心, 自見本性, 悟卽元無差別, 不悟卽長劫輪廻."
108) 上同. "何名漸頓. 法卽一種. 見有遲疾. 見遲卽漸. 見疾卽頓. 法無漸頓, 人有利鈍故, 名漸頓."

『단경』에서 혜능은 "법에는 돈점이 없으나(法無頓漸), 사람에게 예리함과 둔함이 있다(人有利鈍)."라는 견해를 유지하고 있다. 즉 불법은 일미一味의 법이나 다만 불법을 받아들이는 사람의 근성에 차별이 있다는 것이다. 하근기인은 깨달음이 비교적 느려서 반드시 오랜 세월 닦아서야 비로소 불성을 얻을 수 있고, 상근기인은 언하言下의 일찰나에 바로 깨달아 들 수 있어 점차의 계단을 그치지 않는다. 이것이 돈과 점의 구분인데, 이는 곧 사람의 근기에 따라 돈점의 방편설법을 나누고 있다.

이와 같이 혜능은 근기론根機論의 각도에서 돈법頓法은 상근기중생을 위한 설법이며, 점법漸法은 하근기중생을 위한 설법으로 나누어 제출하고 있는 것이다. 이러한 관점은 전통의 돈점설법과 맥을 같이 하고 있다.

혹자는 혜능의 선법은 오로지 돈오만 설하고, 점수는 결코 설하지 않았다고 생각하고 있다. 그러나 혜능이 제출한 돈오의 "돈頓"에는 두 가지 의미가 있다. 첫째는 돈점을 함께 제출한 상대적인 돈(漸中頓 : 漸修頓悟)이며, 둘째는 오悟와 수修를 아우르는 절대적인 돈(頓中頓 : 頓悟頓修)이다. 먼저 상대적인 점중돈漸中頓에 대해 살펴보자.

소근기小根機의 사람은 이러한 돈교의 설법을 들음에 있어서 마치 대지의 초목의 근성과 같이 스스로 작다고 생각하는 자와 같아서, 비록 큰 비의 윤택함을 맞아도 모두 다 스스로 넘어져 크게 성장하지 못하는 것처럼 소근기의 사람도 이와 같다. 만약에 반야지혜를 갖추게 되면 대지혜인大智慧人과 또한 차별이 없다. (소근기의 사람은) 어떠한 법을 들어도 즉시에 깨닫지 못하고 삿된 인연의 장애됨이 무거워 번뇌의 뿌리가 깊어진다. 예를 들어 큰 구름이 해를 덮었을 때 바람이 불지 않으면 해가 나타나지 못하는 것과 같다. 반야지혜가 적은 일체 중생은 스스로 미혹심(번뇌)에 갇혀 밖으로 부처를 찾아 자성을 깨우치지 못하니 이것이 바로 소근기인이다.109)

혜능의 돈오법문은 반야의 지혜가 있는 상근기上根機의 사람을 위한 설법이다. 그렇다면 이른바 "어떠한 법을 들어도 즉시에 깨닫지 못하는 사견의 장애가 무거운" 둔근기의 사람은 중생의 본성인 반야지혜를 어쩔 수 없이 점차 닦아(漸修) 깨닫는 과정이 필요할 수밖에 없다.

배우는 사람은 참아야(忍) 한다. 말하기를, 인내로 무생無生을 얻어 무아의 경지가 이루어진다. (인내는) 초발심에서 가르침의 첫 번째로 삼는다.110)

---

109) 上同. "少根之人, 聞說此頓敎, 猶如大地草木根性自小者, 若彼大雨一沃, 悉皆自倒, 不能增長. 小根之人, 亦復如是. 有般若之智之, 與大智之人, 亦無差別, 因何聞法卽不悟, 緣邪見障重, 煩惱根深. 猶如大雲, 皆覆於日, 不得風吹, 日無能現. 般若之智, 亦無大小, 爲一切衆生, 自有迷心, 外修覓佛, 未悟自性, 卽是小根人."

너희들은 이 게송을 정성을 다해 외워라. 이것에 의거해 수행하면 혜능과 더불어 천리를 떨어져 있더라도 항상 혜능과 가까이 있는 것이요, 이것을 수행하지 않으면 혜능과 마주하고 있더라도 천리 떨어져 있는 것이다. 각각 스스로 (열심히) 수행하라, 법은 사람을 기다리지 않는다. ……그러나 법을 얻으려는 자는 오로지 수행할 것을 권한다. 논쟁은 승부의 마음이니 도道와는 크게 위배된다.[111]

이른바 인내하며 수행하는 것은 점수적 수증론에 속한다. 출가나 재가를 막론하고 둔근의 하근중생은 모두 반드시 점수의 과정을 통해 깨달음으로 나아가는 것이 인지상정이다. 이것이 점중돈漸中頓인 점수돈오이다. 깨달을 때는 단박 계합하여 점차가 없지만, 깨닫기 전에는 점차적인 수행에 의거할 수밖에 없다. 그러므로 "자기의 성품을 단박 닦아라. 세우면 점차가 있으나, 계합하면 세우지 않는다."[112] 라고 설하고 있다.

그러면 둔근중생은 도대체 무엇을 수행해야 한다는 것일까? 혜능은 입적 바로 직전 문도들을 향해 최후의 설법을 할 때 다음과 같이 부촉하고 있다.

---

110) 上同. "乃敎人以忍, 曰 : 忍者, 無生方得, 無我始成. 於初發心, 以爲敎首."
111) 上同. "汝等盡訟取此偈, 依此修行, 去慧能千里, 常在能邊; 此修行, 對面千里. 各各自修, 法不相待. ……但得法者, 只勸修行, 諍是勝負之心, 與道違背."

마치 내가 하루 동안 한 가지로 일시에 단정히 앉아서 오로지 움직임도 없고 고요함도 없고(無動無靜), 생도 없고 멸도 없고(無生無滅), 감도 없고 옴도 없고(無去無來), 옳음도 없고 그름도 없고(無是無非), 머묾도 없고 감도 없어(無住無往) 편안히 적정함이 바로 대도大道이다. 내가 죽고 난 뒤 다만 수행에 의거하기를 공히 내가 하루 동안 한 가지로 수행한 것처럼 하여라. 내가 세상에 있을 때 너희들이 교법에 어긋난다면 내가 더 오래 머물러도 이익이 없다.113)

소위 "무동무정無動無靜, 무생무멸無生無滅, 무거무래無去無來, 무시무비無是無非, 무주무왕無住無往의 대도大道는 "중도실상中道實相"을 표현한 말이다. 여기서 "내가 하루 동안 한 가지로 일시에 단정히 앉아"라고 말한 것은 좌선에 의한 수행을 말하는 것이다. 하근중생과 상근중생도 모두 공히 중도정관中道正觀을 수습하여 중도불성中道佛性을 깨닫는 것이다. 그래서 혜능이 돈오선의 종지를 천명할 때

---

112) 上同. "自性頓修, 立有漸次, 契亦不立." 사실 이 부분의 경문은 매우 중요하다. 돈황본 『단경』 원문에는 自姓頓修, 立有漸, 此契以不立.("자기의 성품을 단박 닦아라. 세우면 점차가 있으나, 이 계합하면 세우지 않는다.")라고 되어 있다. 그런데 종보본과 혜흔본 등에는 "自性自悟, 頓悟頓修, 亦無漸次, 所以不立一切法."이라고 바뀌었다. 돈황본에 대해 일본의 스즈키박사는 "亦無漸次, 所以不立."이라고 교석하고, 성철선사는 "自性頓修, 立有漸, 此所(契)以不立."이라고 교석하여, "자기의 성품을 단박 닦으라. 세우면 점차가 있으니 그러므로 세우지 않느니라."고 해석하였다. 선학자들 간에 의견이 분분하나 본서에서는 돈황본 『단경』의 전체 맥락에서 볼 때, "自性頓修. 立有漸次, 契亦不立."이라고 교석한 중국의 郭朋선생의 설이 타당성이 있다고 보고, 그것을 그대로 인용하고 이론을 전개하였음을 밝혀둔다.

113) 上同. "如吾在日一種, 一時端坐, 但無動無靜, 無生無滅, 無去無來, 無是無非, 無住無往, 坦然寂靜, 卽是大道. 吾去已後, 但依修行, 共吾在日一種. 吾若在世, 汝違敎法, 吾住無益."

"돈점 모두 무념無念, 무상無相, 무주無住의 법문을 세운다."라고 말하고 있다.

다음으로 혜능은 "돈점 모두 세움(頓漸皆立)"이라는 기초 위에 더 나아가 오수悟修를 아우르는 절대적인 돈頓을 주장하고 있다. 이 돈頓은 점법과 상대되지 않는 절대적인 "돈중돈頓中頓"을 의미한다.

> 내가 홍인화상의 처소에서 한마디 말을 듣고 대오하여 진여불성을 단박에 깨달았다(頓見眞如佛性). 그러므로 나의 교법이 후대에 유행할 때 학도자로 하여금 보리를 단박 깨닫게 하고, 또한 스스로 하여금 본성을 단박 깨닫게 하여라.[114]

> 자신의 성품을 자신이 깨달아야 하는데, 단박에 깨닫고 단박에 닦아서(頓悟頓修), 또한 점차의 지위를 세우지 않으므로 일체 법을 세우지 않는다. 제법이 적멸한데 어떻게 차제가 있겠는가?[115]

위에서 설한 "진여불성을 단박에 깨달음(頓見眞如佛性)"은 혜능 돈오선법의 심지법문心地法門이다. 이 가운데 "단박 깨달음(頓見)"은 "돈오돈수"를 가리키는 말이다. 상근기보살은 "돈견불성"함에 차제

---

114) 上同. "我於忍和尙處, 一聞言下大悟, 頓見眞如佛性. 是故將此教法, 流行後代, 令學道者頓悟菩提, 令自本性頓悟."
115) 『六祖法寶壇經・頓漸品』. "自性自悟, 頓悟頓修, 亦無漸次, 所以不立一切法, 諸法寂滅, 有何次第."

점수가 필요하지 않아서 단도직입單刀直入으로 일찰나에 구경의 불경계에 돈입頓入한다. 이것이 돈오돈수이다. 이러한 돈오돈수의 수증방법이 혜능이 천명한 진정한 의미의 돈오법문이다. 『단경』의 법문을 더 들어보도록 하자.

그러므로 알아라. 깨닫지 못하면 부처가 곧 중생이다. 일념에 깨달으면 중생이 바로 부처이다. 일체 만법이 모두 자신 가운데 있는데 어찌 자심으로부터 진여본성을 단박에 드러내지 않는가. 『보살계경』에 말하기를, 나의 본원은 원래 자성이 청정하다. 마음을 깨닫고 성품을 보아 스스로 불도를 이루어라. 『정명경』에 이르기를, 즉시에 활연대오하여 본심을 돌이켜 얻는다고 하였다.[116]

『단경』에서 "돈견진여불성頓見眞如佛性", "돈현진여불성頓現眞如佛性"이라고 말했을 때의 "진여불성"은 "중도불성中道佛性"을 지칭하는 말이다. 혜능은 중도불성을 돈오하면 바로 스스로 불도를 이룰 수 있다고 말한다. 중생이 심성을 돈오하면 불경계佛境界로 들어간다. 즉 돈오 이전은 중생이요, 돈오 이후에는 부처인 것이다. 이러한 의미에 비추어 보면 혜능의 돈오설은 몇 가지의 특성이 있다.

---

116) 『壇經』. "是故不悟, 卽是佛是衆生 : 一念若悟, 卽衆生是佛. 故知一切萬法, 盡在自身中, 何不從於自心, 頓見眞如佛性.『菩薩戒經』云: 我本原自性清淨. 識心見性, 自成佛道.『淨命經』云: 卽時豁然, 還得本心."

첫째, 돈오는 찰나지간에 실현되는 깨달음이다. 돈오 자체에는 일체의 시간성과 공간성이 배제되지만 중생의 인식에서 보면 깨달음 전후에 분명 찰나의 순간 개념이 게재되어 있다.

미혹한 즉 오랜 세월을 지나고, 깨달은 즉 찰나지간에 이루어진다.[117]

찰나지간에 망념을 함께 소멸하면, 바로 스스로의 진정한 선지식으로서 한 번 깨달음에 즉시 불지佛地에 도달한다.[118]

이것은 일반적인 인식활동처럼 하나하나의 점진적 계단을 거쳐 순차적으로 이해하는 것이 아니고, 시간상으로 신속하게 순간적으로 완성하여 "앞생각이 미혹하면 중생이요, 뒷생각에 깨달은 즉 부처"[119] 라는 말과 같다.

둘째, 돈오는 단 한 번(一次)에 완정完整하게 전체 진여의 이치를 파악하는 것이지, 국부적이며 유루有漏함이 없는 것이다. 이것을 『단경』에서는 다음과 같이 표현하고 있다.

자기의 마음 가운데 스스로의 성품이 항상 정견을 일으켜 일체 사

---

117) 上同. "迷來經累劫, 悟則刹那間."
118) 上同. "刹那間, 妄念俱滅, 卽是自眞正善知識, 一悟卽至佛地."
119) 上同. "前念迷卽凡, 後念悟卽佛."

견, 번뇌, 진로의 중생을 당시에 단 한 번에 완정한 깨달음(當時盡悟)을 이룬다. 마치 큰 바다가 일천 강물을 받아들여 작은 강물, 큰 강물이 한 몸으로 합해지는 것이 곧 견성과 같다.120)

여기서 말하는 "당시진오當時盡悟"는 차제가 없는 완정完整한 깨달음의 경계를 표현한 말이다. 만약에 자성 혹은 자심을 완정하게 깨닫지(盡悟) 못했다면 이것은 돈頓이 아니고 점漸이다.

도생법사는 일찍이 수행이 십지十地 이상의 금강심金剛心에 이르러서 완정한 무생의 이치(無生之理)를 깨닫는다고 주장한 바 있다. 불성의 당체當體는 나누어질 수 없는 성질의 것이기 때문이다. 이러한 전체적이고 불가분성不可分性인 금강의 이치(理)는 반드시 한 번에 전면적으로 파악하여야만 되는 것이지 결코 한 걸음씩 근접하여 조금씩 체득해 나가는 것이 아니다. 이러한 혜능의 "당시진오當時盡悟"는 도생의 대돈오의大頓悟義와 상통하는 말이다.

셋째, 돈오는 평상심平常心의 일념一念 위에서 자심의 본성을 깨닫는 것이다. 즉 중생의 일상생활의 견문각지見聞覺知의 즉각적인 마음(當下之心 : 一念) 위에서 중생의 망심을 돌이켜 부처의 진심을 체득하는 것이다.

---

120) 上同. "但於自心, 令自性常起正見, 一切邪見煩惱塵勞衆生, 當時盡悟. 猶如大海衲於衆流, 小水大水合爲一體, 卽是見性."

그러므로 마음과 중생과 부처는 본질적인 면에서 하나이다(心佛及
衆生是一體). 이러한 의미에서 혜능은 일념수행一念修行을 매우 강조
하고 있다.

> 일념을 수행하면 자신이 부처와 같다.[121]

> 깨닫지 못하면 곧 부처가 중생이요, 일념을 깨달으면 곧 중생이 부
> 처이다.[122]

혜능대사가 천명한 "일념수행一念修行"이란 중생과 제불의 차별을 단지 일심一心의 미오迷悟에 있다고 보고, 미迷와 오悟의 차이는 다만 일념지간一念之間에 있으므로 일찰나一刹那에 "전미개오轉迷開悟"하는 것이 돈오선이 강조하는 수선방법이다.

이것은 점수와 서로 대립되는 돈수지돈頓修之頓으로서, 돈오지돈頓悟之頓과 같으며 일찰나지간에 일념상응으로 깨달음이 완성되는 것이므로 점수의 계단이 필요하지 않아서 오직 미혹한 즉 점차로 계합하며, 깨달은 사람은 단박에 닦아 계합할 수 있는 것이다.

이 내용은 대승불교의 일념해탈一念解脫, 일념성불一念成佛사상을 직접 계승한 말이다. 혜능의 돈오돈수의 수증이론은 모두 이러한

---

121) 上同. "一念修行, 自身等佛."
122) 上同. "故知不悟, 即佛是衆生：一念若悟, 即衆生是佛."

"일념의 수증"으로 귀결되고, 돈오돈수의 실현은 "일념상응一念相應"의 비약적 인식전환을 의미하고 있다. 그래서 신회는 일찍이 "다만 돈문頓門을 드러냄은 오직 일념상응에 있으므로 실로 다시 점수의 계단을 거치지 않는다."라고 말하고 있다. 여기서 우리는 일념수행과 일념해탈은 혜능의 "돈오돈수" 수증론의 심지법문이며, 남종선의 핵심종지라는 결론을 도출해 낼 수 있다.

(2) 무념無念 · 무상無相 · 무주無住

혜능은 이러한 일념성불(수오일시)의 관점 위에 돈오선의 종교실천방법, 즉 무념無念, 무상無相, 무주無住의 구체적 수행방편을 제시하였는데, 이를 삼무三無사상이라 부른다. 이 삼무사상은 혜능 돈오선의 실천사상의 핵심이라고 할 수 있다. 그러므로 『단경』에 이르기를,

> 선지식아, 나의 이 법문은 예로부터 돈과 점 모두가 무념으로 종으로 삼고(無念爲宗), 무상으로 체를 삼으며(無相爲體), 무주를 본으로 삼는(無住爲本) 것을 세운다.123)

여기서 말하는 종宗, 체體, 본本은 모두 심요心要란 의미이며 돈오선은 무념으로 종지를, 무상으로 본체를, 무주로 근본을 삼는다.

---

123) 上同. "善知識, 我此法門, 從上已來, 頓漸皆立無念爲宗, 無相爲體, 無住爲本."

혜능은 이른바 삼무三無사상으로 돈오선의 실천체계의 지위를 표명하고 있다. 따라서 그는 일체중생이 근기와 깨달음의 높고 낮음에 관계없이 모두 무념, 무상, 무주의 심요법문을 수습해야 함을 역설했다.

먼저 "무념위종無念爲宗"의 무념이란 결코 아무 생각이 없는 상태가 아니다. "무념이란 생각하되 생각하지 않는 것이다."124) 자기 마음의 중도불성의 본원 그대로의 생각인 것이지, 바깥 경계를 향하여 망념을 일으키는 것이 아니다.

그러므로 "일체 경계에 오염되지 않는 것을 무념이라 이름한다. 스스로의 생각(自念)에 경계를 떠나서 법에 생각을 일으키지 않는다."125) 라고 하였다. 스스로의 생각(自念)이란 자심自心, 자성自性, 즉 진여본성眞如本性을 가리킨다. 중생 각자의 진여본성에는 전혀 바깥 경계의 집착상이 없다.

> 없다(無)라고 하는 것은 어떤 일이 없다는 것이며, 생각한다(念)는 것은 어떤 물건을 생각하는 것인가? 없다는 것은 두 가지 상(二相)의 모든 번뇌가 없다는 것이요, 생각한다는 것은 진여본성을 생각한다는 것이다."126)

---

124) 上同. "無念者, 於念而不念."
125) 上同. "於一切境上不染, 名爲無念. 於自念上離境, 不於法上生念."
126) 上同. "無者無何事, 念者念何物. 無者無二相諸塵勞, 念者念眞如本性."

무념이란 생멸生滅, 유무有無, 진속眞俗 등 변견邊見의 망념을 없애고, 자심의 진여본성을 생각한다는 것이다. "진여란 생각의 체體요, 생각이란 진여의 용用이기 때문에 진여본성이란 중도불성을 가리키는 것이며, 혜능은 중도불성의 각도에서 진여의 체와 정념의 용을 해석하고 있다. 그러면 사람들이 일상생활에서 어떻게 무념의 상태를 견지해야 하는가?

어떤 것을 무념이라고 하는가? 무념이란 모든 법을 보되 그 모든 법에 집착하지 않으며, 모든 곳에 두루하되 그 모든 곳에 집착하지 않고 항상 자기의 성품을 깨끗이 하여 여섯 도적들로 하여금 여섯 문으로 달려나가게 하나 육진 속을 떠나지도 않고 물들지도 않아서 오고 감에 자유로운 것이다. 이것이 곧 반야삼매이며 자재해탈이니 무념행이라고 이름한다. 온갖 사물을 생각하지 않음으로써 항상 생각이 끊어지도록 하지 말라. 이는 곧 법에 묶임이니 곧 변견이라고 한다. 무념법을 깨달은 이는 만법에 다 통달하고, 무념법을 깨달은 이는 모든 부처의 경계를 보며, 무념의 돈법을 깨달은 이는 부처의 지위에 이른다.127)

혜능은 육문(六門 : 六根), 육진(六塵 : 六境), 육적(六賊 : 六識)의 불리

---

127) 上同. "何名無念. 無念法者, 見一切法, 不着一切法, 遍一切處, 不着一切處, 常淨自性, 使六賊, 從六門走出, 於六塵中, 不離不染, 來去自由, 卽是般若三昧, 自在解脫, 名無念行. 莫百物不思, 常令念絕, 卽是法縛, 卽名邊見. 悟無念法者, 萬法盡通, 悟無念法者, 見諸佛境界, 悟無念頓法者, 至佛地位."

불염不離不染으로 무념수행을 설명하고 있다. 『반야심경』의 설법에 의거하면, 본래 안이비설신의가 없으므로(無眼耳鼻舌身意) 인식주관인 육근六根이 공空하고, 본래 색성향미촉법이 없으므로(無色聲香味觸法) 객관대상인 육진六塵이 공空하고, 인식주관과 객관대상이 접촉하여 생산된 인식활동인 육식六識마저도 공空한 것(無眼界乃至無意識界)이다.

이러한 필경공畢竟空의 상태를 일러 자성청정, 중도불성이라고 한다. 생각(念:認識)은 육근과 육진을 떠나 있는 것도 아니고(不離根塵), 육근과 육진 속에 있는 것도 아니다(不卽根塵). 그러므로 생각은 있되 그 생각을 짓는 작자는 없는 것(有念而無作念者)이다. 『잡아함경』이 설한 중도제일의공(第一義空), 즉 "업보는 있으나 (그 업을 지은) 작자는 없다."128) 라고 하는 말이 이 내용을 설명한 것이다.

그래서 수선납자는 안으로 마음을 얻을 바 없으며(無所得), 바깥 경계 또한 집착할 것이 없으며, 안팎의 중간의 법도 역시 분별할 것이 없으니 자연히 무념의 경계를 얻게 된다. 즉 보되 보지 않고, 보지 않되 보며, ……분별하되 분별하지 않고 분별하지 않되 분별하니, 곧 "떠나지도 않고 물들지도 않는(不離不染)" 경지이다. 이것이 바로 생각하되 생각하지 않는(念而不念) 무념의 법문이다. 따라서 혜능이 설하기를, "안과 밖으로 사무쳐 밝아서(內外明徹) 자기의 본래 마음을 알면(識自本心) 곧바로 해탈이다(卽是解脫)."라고 하였다.

---

128) 『雜阿含經』卷第十三. "有業報而無作者." 『大正藏』第二卷, p 92下.

사람들은 복잡한 일상생활 가운데서 한 생각도 일어나지 않게 할 수는 없다. 그래서 혜능은 일어나는 생각을 "생각생각에 반야로 관조하여 항상 법상法相을 떠나게"[129] 하고 있다. 이러한 무념은 "모든 법을 보되 그 모든 법에 집착하지 않으며, 모든 곳에 두루하되 그 모든 곳에 집착하지 않는" 자성청정의 중도불성이다. 그래서 무념을 수행한다는 것은 중도정관을 수행하는 것이며, 무념을 깨닫는다는 것은 중도불성을 깨닫는 것이다. 중도불성을 깨닫는 것이 돈오성불이다. 그러므로 "무념으로 종지로 세운다(立無念爲宗)."고 주장하는 것이다.

혜능선사가 제시한 바의 무념법문의 최종 목적은 사람들이 견문각지見聞覺知하는 생활 가운데서 반야삼매인 무념행無念行을 실천하게 하여, 집착의 속박을 제거하여 불경계佛境界의 해탈을 얻게 하는 것이다. 무념의 법으로 하여금 무념의 실천행으로 나아가게 하는 것이 돈오선의 실천수행방법이다.

다음으로 어떤 것이 무상법문無相法門인지 살펴보도록 하자. "무상이란 모양(相)에서 모양을 떠나는 것이다."[130] 라는 말에는 양층의 함의가 있다. 첫째 "무릇 모양 있는 것은(凡所有相) 모두 다 허망하다(皆是虛妄). 제법의 성품은 공하여 만법이 모두 성性, 심心으로부터

---

129) 『壇經』. "念念般若觀照, 常離法相."
130) 上同. "無相者, 於相而離相."

생겨났다. 성, 심은 허공과 같으므로 모양이 없다(無相)."라고 말한다. 이는 모든 법의 성품이 공하다(諸法性空)는 것이다.

둘째 실상무상實相無相이니, 성품의 본체가 청정하다(性體淸淨). 이것은 무상실상, 즉 중도실상으로 성품의 본체가 청정한 자심을 해석한 것이다. 그러므로 설하길, "밖으로 모든 모양(相)을 떠난 것이 무상이다. 다만 모양을 여의기만 하면 자성의 본체는 청정하다. 그러므로 무상無相으로 본체를 삼는다."131) 라고 하였다.

이러한 무상은 방법론상에서 무념론 가운데의 "생각하되 생각하지 않는다(念而不念)."라는 관점과 같아서 완전히 서로 부합되는 것이다. 즉 이 둘 다 중도불성으로 자심을 해석하고 있는 것이다. 제법성공의 토대위에 내외의 모든 모양에 집착하지 않고 중도불성을 체현할 것을 천명하고 있다. 이것은 혜능 선법이 반야성공般若性空을 매우 중시하고 있음을 반영한 것이다.

사람의 마음이 사량하지 않으면 본래의 근원이 비고 고요하여 삿된 견해를 떠난다. 이것이 곧 일대사인연이다. 안팎이 미혹하지 않으면 곧 양변兩邊을 여읜다. 밖으로 미혹하면 모양(相)에 집착하고 안으로 미혹하면 공空에 집착한다. 모양에서 모양을 여의고 공에서 공을 떠나는 것이 곧 미혹하지 않는 것이다. 그러므로 이 법을 깨달아 한 생각에

---

131) 上同. "外離一切相, 是無相, 但能離相, 性體淸淨, 是以無相爲體."

마음이 열리면 세상에 출현하는 것이다.132)

혜능선사가 생각하기에 양변의 사견邪見을 여의어 내외內外에 미혹하지 않는 중도불성을 나타내면, 이것은 불지견佛知見을 개시오입開示悟入하는 일대사인연一大事因緣과 똑같다. "한 생각에 마음이 열리면 세상에 출현한다. 마음에 무엇을 여는가? 부처님의 지견을 연다."133) 이것은 사람들이 일상생활에서 안팎에 미혹이 없는 무상수행無相修行을 철저히 관철시키고 있음을 설명하고 있는 것이다. 무상수행을 관철하기 위해서는 반드시 반야지혜를 통과해야 한다. 이것이 반야행이다.

어떤 것을 반야라고 하는가? 반야는 지혜이다. 모든 때에 있어서 생각나다 어리석지 않고 항상 지혜를 행하는 것을 반야행이라고 한다. 한 생각이 어리석으면 반야가 끊기고 한 생각이 지혜로우면 곧 반야가 생겨난다. 마음 속은 항상 어리석으면서 '나는 닦는다.' 라고 스스로 말한다. 반야는 형상이 없으니 지혜의 성품이 바로 그것이다. 134)

---

132) 上同. "人心不思, 本源空寂, 離却邪見, 卽一大事因緣. 內外不迷, 卽離兩邊, 外迷著相, 內迷著空, 於相離相, 於空離空, 卽是不迷, 悟此法, 一念心開, 出現於世."
133) 上同. "一念心開, 出現於世. 心開何物, 開佛知見."
134) 上同. "何名般若. 般若是智慧. 一切時中, 念念不愚, 常行智慧, 卽名般若行. 一念愚, 卽般若絕, 一念智, 卽般若生. 心中常愚, 自言我修. 般若無形相, 智慧性卽是."

진정한 무상삼매無相三昧는 반야행을 닦음을 통과해야만 성취될 수 있다. 무상실상은 반야지혜의 성품이기 때문이다. 혜능은 일반 생활 가운데서 무상행을 수지하는 것 이외에 또한 종교수행상 응당히 무상계無相戒, 무상참회無相懺悔, 무상삼귀의無相三歸依 등의 무상수행을 확립할 것을 강조하고 있다.

　　혜능대사가 대범사 강당의 높은 법좌에 올라 마하반야바라밀법을 설하고 무상계無相戒를 주었다.[135]

"무상無相이란 상相에서 상을 떠난 것"일 때, 무상계無相戒의 계체戒體 또한 구체적 계상戒相에 집착할 수 없다. 혜능은 계율의 형상을 타파하여 모든 외재적인 수행에 대해 마땅히 모양에 집착하지 않고 수행의 형식성을 배척하고 "자성수행自性修行"을 고양하고 있다. 이것이 자성계율, 자성참회, 자성귀의 등을 중시하는 무상수행이다.

　　선지식아, 모두 마땅히 자기의 몸으로 무상계無相戒를 받되 다함께 혜능의 입을 따라 말하라. 선지식들로 하여금 자기의 삼신불을 보게 하겠다. '나의 색신의 청정법신불에 귀의하오며, 나의 색신의 천백억

---

[135] 上同. "惠能大師, 於大梵寺講堂中, 昇高座, 說摩訶般若波羅蜜法, 授無相戒."

화신불에 귀의하오며, 나의 색신의 당래원만보신불에 귀의합니다.'라고 하라. 색신은 집이므로 귀의한다고 말할 수 없다. 향하는 삼신은 자기 속에 있고 세상 사람이 다 가진 것이다. 미혹하여 보지 못하고 밖으로 세 몸의 부처를 찾고 자기의 색신 속의 세 성품의 부처는 보지 못한다.[136]

선지식아, 과거의 생각과 미래의 생각과 현재의 생각이 생각마다 우치와 미혹에 물들지 않고, 지난날의 나쁜 행동을 일시에 영원히 끊어서 자기의 성품에서 없애 버리면 이것이 곧 참회이다. ……무엇을 이름하여 참회라 하는가? 참懺이라고 하는 것은 종신토록 잘못을 짓지 않는 것이요, 회悔라고 하는 것은 과거의 잘못을 아는 것이다. 악업을 항상 마음에서 버리지 않으면 모든 부처님 앞에서 입으로 말하여도 이익이 없다. 나의 이 법문 가운데는 영원히 끊어서 짓지 않음을 이름하여 참회라 한다.[137]

선지식아, 깨달음의 양족존께 귀의하며, 바름의 이욕존께 귀의하며, 깨끗함의 중중존께 귀의하라. ……부처란 깨달음(覺)이요, 법이란 바

---

[136] 上同. "善知識, 惣須自體, 以受無相戒, 一時逐惠能口道. 令善知識, 見自三身佛, 於自色身, 歸依淸淨法身佛, 於自色身, 歸依千百億化身佛, 於自色身, 歸依當來圓滿報身佛. 色身是舍宅, 不可言歸, 向者三身在自法性, 世人盡有. 爲迷不見, 外覓三身如來, 不見自色身中三性佛."

[137] 上同. "善知識, 前念後念及今念, 念念不被愚迷染, 從前惡行, 一時永斷, 自性若除, 卽是懺悔. ……何名懺悔. 懺者終身不作, 悔者知於前非. 惡業恒不離心, 諸佛前, 口說無益, 我此法門中, 永斷不作, 名爲懺悔."

름(正)이며, 스님이란 깨끗함(淨)이다. 자기의 마음이 깨달음에 귀의하여 삿되고 미혹이 나지 않고 적은 욕심으로 넉넉한 줄 알아 재물을 떠나고 색을 떠나는 것을 양족존兩足尊이라고 한다. 자기의 마음이 바름으로 돌아가 생각생각에 삿되지 않으므로 곧 애착이 없으니, 애착이 없는 것을 이욕존離欲尊이라고 한다. 자기의 마음이 깨끗함으로 돌아가 모든 번뇌와 망념이 비록 자성에 있어도 자성이 물들지 않는 것을 중중존衆中尊이라고 한다.[138]

일체 모든 수행은 자성을 떠나지 않아서 밖으로 수행을 빌리지 않는다. 따라서 일체 외재적인 수행에 대한 집착을 배척하는 것이다. 혜능은 비록 수계, 귀의, 참회, 발원 등의 의식을 빌리기는 하지만, 그러나 그 수행상에 집착하지 않고 모든 수행의식을 자성으로 귀납시키고, "자성을 깨달으면 또한 계정혜도 세우지 않는다."라고 강조하고 있는 것이다.

끝으로 돈오선이 주창한 무주법문無住法門에 대한 『단경』의 기록을 보자.

　머무름이 없다(無住)는 것은 사람의 본래 성품이 생각마다 머무르지

---

138) 上同. "善知識, 歸依覺兩足尊, 歸依正離欲尊, 歸依淨衆中尊. ……佛者覺也. 法者正也, 僧者淨也. 自心歸依覺, 邪迷不生, 少欲知足, 離財離色, 名兩足尊. 自心歸正, 念念無邪故, 即無愛着, 以無愛着, 名離欲尊. 自心歸淨, 一切塵勞妄念, 雖在自性, 自性不染着, 名衆中尊."

않는 것이다. 앞의 생각과 지금의 생각과 뒤의 생각이 생각생각 서로 이어져 끊어짐이 없으니, 만약 한 생각이 끊어지면 법신이 곧 육신을 떠나게 된다. 순간순간 생각할 때에 모든 법 위에 머무름이 없으니, 만약 한 생각이라도 머무르면 생각마다 머무는 것이므로 얽매임이라 부른다. 모든 법 위에 생각생각이 머무르지 않으면 곧 얽매임이 없는 것이다. 이것이 머무름이 없는 것으로 근본을 삼는다(無住爲本)는 것이다.[139]

이른바 "머무름이 없다는 것은(無住者) 사람의 본래 성품이다(爲人本性)."라고 하는 무주無住 역시 사람의 심성을 두고 하는 말이다. 이러한 무주無住에는 대략 두 가지 뜻이 포함되어 있다. 첫째는 생각의 본질 속성상의 무주를 설명한 것이다. 이것은 즉 사람의 진여 본성은 일체 모양(相)에 대한 집착으로부터 벗어나 있으므로 두 가지 모양(二相)에 머무르지 않고 실상무상實相無相에 머문다. 이것이 자심무상自心無相의 각도에서 무주를 해설한 것이다.

그러므로 승조는 『조론』 가운데서 제시하기를, "모름지기 존재하지 않는 무(無 : 空)로써 법을 보는(觀法) 자는 법의 실상을 알았다고 말할 수 있다. 봄(觀)이 있되 취하는 모양(相)이 없다. 성인의 마음은 머무는 바 없이 머무는 것이다."라고 하였다.

---

139) 上同. "無住者, 爲人本性, 念念不住, 前念今念後念, 念念相續, 無有斷絕. 若一念斷絕, 法身卽是離色身. 念念時中, 於一切法上無住, 一念若住, 念念卽住, 名繫縛. 於一切法上, 念念不住, 卽無縛也. 是以無住爲本."

둘째, 생각의 인식 속성에서 무주無住를 설명하고 있다. 진여본성은 본래 청정(공)하여 모양이 없지만(無相), 그 자심이 작용한 일념은 생각마다 머물지 않아서 생각생각 상속하여 단절이 없다. 한 모양(一相)에 머물지 않는 생각, 이것은 자심무념自心無念의 각도에서 해설한 무주無住이다. 만약에 사람의 지금 쓰고 있는 이 마음(當下之念)에서 한 생각이 머물면 생각생각이 머물러 순간순간 생각마다 속박되게 된다. 그러므로 생각마다 전도몽상에 머물지 않고, 생각마다 중도실상의 해탈상을 나타낸다.

도는 마땅히 통하여 흘러야 한다. 어찌 도리어 정체할 것인가? 마음이 (법에) 머물러 있지 않으면 곧 통하여 흐르는 것이요, 머물러 있으면 곧 속박된 것이다.[140]

전해져 내려오기를 혜능이 오조 홍인 문하에서 『금강경』의 "마땅히 머무는 바 없이(應無所住) 그 마음을 내라(而生其心)."는 구절에 이르러 언하에 바로 크게 깨달았다[141]고 한다. 이른바 "마땅히 머무는 바 없이(應無所住) 그 마음을 내라(而生其心),"는 것은 반야성공般若性空사상으로 무주無住를 설명한 것을 표현한 말이다.

---

140) 上同. "道須通流, 何以却滯. 心不住在, 卽通流, 住卽被縛."
141) 惠昕本 『壇經』. "爲慧能說 『金剛經』, 恰至應無所住而生其心, 言下便悟."

『유마경』 가운데서 "머물지 않음이 근본이라는 것으로부터(從無住本) 일체법을 세운다(立一切法)."라는 법문에 대해 천태지자가 『유마경약소維摩經略疏』에서 해석하기를, "중생의 무명이 중도를 덮고 있음을 보는 것을 이름하여 머물지 않음이 근본(無住本)이라고 한다. 만약 중도를 보면 곧 색色과 계界 등이 없는 것과 같다. 중도무명中道無明이 중생이 미혹을 해탈하는 근본이다. 그러므로 무주를 근본으로 모든 법을 세운다고 말한다142)." 라고 하였다.

여기서 지자는 무명이 법성을 의지하고 있다(無明依法性)는 중도실상의 측면에서 무주를 해석하고 있다. 즉 보살은 무명의 생사를 떠나지 않고 중도의 열반경계를 얻는다. 혜능이 설한 바의 무주사상도 이러한 설법의 영향을 받았을 가능성이 매우 크다. 아니면 최소한 『금강경』의 중도실상사상의 계발에 영향을 받았을 것이다. 이렇게 이해한다면 "응무소주應無所住 이생기심而生其心"의 뜻은 진여본성의 무주상無住相의 바탕(體) 위에서 진일보하여 자심의 작용인 머물 바 없는 마음(用)을 제시했다고 볼 수 있다. 이것은 진여본성의 체體와 자심수연自心隨緣의 용用으로서 즉체즉용卽體卽用의 불일불이不一不二의 중도를 표현하고 있는 것이다.

대승보살은 지혜로써 생사에 머물지 않고, 또한 자비로써 열반마

---

142) 『維摩經略疏』. "觀衆生無明覆於中道, 名無住本. 若見中道, 卽無色界等也. 中道無明是衆生源解惑之本."

저도 머물지 않는다. 지혜와 자비는 진여본성의 체용관계, 즉 일체 양면一體兩面이다.

이러한 지혜와 자비를 함께 닦는 "비지쌍운悲智雙運"사상은 대승불교의 핵심실천이다. "마땅히 머문 바 없이(應無所住) 그 마음을 낸다(而生其心)."라고 하는 구절 가운데, "응무소주"는 지혜가 발현되는 바탕에서만, "이생기심"은 자비가 발휘되는 기본 위에서만 수행될 수 있을 것이다.

이런 의의에서 보면 비지쌍운은 혜능의 발심과 깨달음의 근원이 된다고 할 수 있겠다. 돈오선이 제시한 무주법문은 대승보살의 비지쌍운의 실천행으로서의 무주행無住行이 되는 것이다. 무주행은 보살의 육도만행(六度萬行 : 육바라밀의 실천)이다. 혜능은 무소득의 최상승행으로 무념행, 무주행을 개괄하고 있다.

> 일만 가지 법을 다 통달하고(萬法盡通) 일만 가지 행을 갖추어(萬法具備) 일체를 떠남이 없으되 오직 법의 모양을 떠나고, 짓되 얻는 바가 없는 것(無所得)이 최상승이다.143)

가장 으뜸임을 찬탄하여 최상승법을 수행하면 결정코 성불하여, 감도 없고 머무름도 없으며(無住) 내왕 또한 없으니, 이는 정과 혜를 함께

---

143) 上同. "萬法盡通, 萬法具備, 一切無離, 但離法相, 作無所得, 是最上乘."

닦아 일체법에 물들지 않는다.144)

돈오선에서 최상승행은 보살 육도만행이요, 반야바라밀행이다. 이것이 『금강경』이 설한 "응무소주 이생기심"의 정신소재이다. 그래서 명말 우익藕益은 『금강경발金剛經跋』 가운데서 언급하기를,

> 『금강경』의 큰 종지는 '응무소주應無所住 이생기심而生其心'이라는 한 마디로 충분히 가릴 수 있다. 무릇 무주(無住 : 머물지 않음)란 바르게 말하면 응당히 머무는 것이요, 생심(生心 : 마음을 냄)은 바르게 말하면 마음을 항복받는 것(降心)이다. 또한 생심이란 두 글자는 특별히 공부功夫에 착수하는 것이다. 외도와 범부는 세상을 벗어날 마음을 내지 않기 때문에 생사에 머물고, 성문 연각은 널리 교화할 깊은 마음을 내지 않음으로 항상 열반에 머물며, 오직 보살만이 육진에 머물지 않고 육도(六度 : 육바라밀)를 행하는 연고로 능히 이와 같이 머물라고 가르치니, 이름하여 제일의(第一義)의 머묾이라 하고, 또한 불지에 머무는 것이라 이름한다. ……만약 마음을 내어(生心) 육바라밀을 닦지 않는다면 단멸상에 머무는 것이다. 따라서 이 경을 음미하여 실상으로 체體를 삼고, 무주로 종宗을 삼는다고 한다.145)

우익의 법문은 이른바 "응무소주 이생기심"에 내포된 뜻(內涵)은

---

144) 上同. "讚最上, 最上乘法修行, 定成佛, 無去無住無來往, 是定慧等, 不染一切法."

보살의 육도만행, 즉 무주행이라는 것을 증명해 주고 있다. 혜능은 이러한 무주의 수행이 일상생활 가운데서 오직 반야바라밀을 통해서만 얻어지는 무소득의 일념해탈이라고 주장하고 있다.

> 미혹한 사람은 입으로 외고 지혜로운 이는 마음으로 행한다. 생각할 때 망념이 있으면 그 망념이 있는 것은 진실로 있는 것이 아니다. 생각마다 행하면 이것이 진실로 있다고 한다. 이 법을 깨달은 이는 반야의 법을 깨달은 것이며 반야의 행을 닦는 것이다. 닦지 않으면 곧 범부요, 한 생각 수행하면(一念修行) 자신과 부처는 동일하다. ……마하반야바라밀은 가장 높고 가장 으뜸이며 제일이라, 머무름도 없고 가고 옴도 없다. 삼세의 모든 부처님이 다 이 가운데로부터 나와 큰 지혜로써 저 언덕에 이르러 오음의 번뇌와 진로를 타파하여 가장 높고 가장 으뜸이며 제일이다.[146]

돈오선의 사상 체계에서 보면 무념無念, 무상無相, 무주無住의 삼무

---

145) 『明藕益大師文選·金剛經跋』. "『金剛經』大旨, 應無所住而生其心一語, 蓋無住, 正所謂應住, 生心, 正所謂降心也. 而生心二字, 尤爲下手功夫. 以外凡不生出世心, 故恒住生死. 二乘不生上弘下化深心, 故恒住涅槃. 唯菩薩不住六塵而行六度, 故能如所教住, 名第一義住, 亦名住於佛住. ……若不生心修六度, 則住斷滅相矣. 故予嘗爲此經, 以實相爲體, 無住爲宗也."

146) 『壇經』. "迷人口念, 智者心行. 當念時有妄, 有妄卽非眞有, 念念若行, 是名眞有. 悟此法者, 悟般若法, 修般若行. 不修卽凡, 一念修行, 自(法)身等佛. ……摩訶般若波羅蜜, 最尊最上第一. 無住無去無來, 三世諸佛, 從中出, 將大智慧到彼岸, 打破五陰煩惱塵勞, 最尊最上第一."

三無는 자성청정심으로 통일시킬 수 있다. 혜능의 설법에 의거하면 일체법과 일체경계一切境界가 공히 자성이 일으킨 망념에 대한 집착의 산물이며, 자성이 기용起用한 결과이다.

이것은 만법이 자성에 있음으로 만법에 대해 집착한 바가 없기 때문에 마땅히 내심으로부터 자성이 본래 스스로 구족함을 체득하여 일단 망념진로를 제거하면 자심은 단박에 진여본성을 드러내어 '자성 가운데 만법이 다 나타나는 경계'를 증득할 것이다. 즉 이것이 스스로의 마음이 마음에 맡기니(任運) 모든 법을 취하지도 않고 버리지도 않는(不取不捨) 무집착의 경계이다. 이것은 또한 자성청정의 무념, 무상, 무주의 종교실천의 경계이기도 하다.

사실상 혜능선사의 삼무사상은 해탈, 반야, 법신의 실천 경계로 회귀시켜진다. 즉 "무념의 종지(無念之宗)는 해탈을 말한 것이며, 무주의 근본(無住之本)은 반야를 말한 것이며, 무상의 본체(無相之體)는 법신을 말한 것이다."[147]

혜능의 돈오는 결코 이理에 대한 깨달음이 아니고, 자심자성의 나타남이다. 그런 까닭에 이러한 돈오는 깨닫는 주체(能)와 깨달아지는 객체(所)가 나뉘어 질 수 없고, 주체와 객체(能所)를 당하의 일념(當下一念)으로 통일시켜 구경에 일념해탈一念解脫을 실현한다. 이러

---

147) 契嵩,『六祖大師法寶壇經贊』. "無念之宗, 解脫之謂也. 無住之本, 般若之謂也. 無相之體, 法身之謂也."

한 스스로의 성품(自性)에 대한 스스로의 깨달음(自悟), 즉 일념해탈의 강조는 혜능의 돈오선 수증론의 특징을 이루고 있다. 이것이 반야실상으로 열반불성을 회통하여 형성된 돈오해탈이다.

결론적으로 혜능 선법의 사상과 실천을 경전의 사상적 연원에서 논하면, 『금강경』의 반야와 『열반경』의 불성사상을 융합하여 『유마경』의 불이중도不二中道의 실천행으로 회통하고 있다. 돈오선은 자성청정사상의 실천체계이다.

3. 신회와 남돈북점南頓北漸의 논쟁

1) 돈오선(육조현창)운동

혜능선사를 돈오선운동의 제창자라고 한다면 신회선사는 이 운동의 확립자라고 말할 수 있다. 즉 신회는 스승 혜능을 선종의 육조六祖로 옹립하는 운동을 전개하는 한편, 혜능의 돈오선법頓悟禪法을 선양하는데 일생을 헌신했다. 전자를 육조현창운동六祖顯彰運動이라 한다면, 후자는 돈오선운동頓悟禪運動이라 말할 수 있다.

혜능이 제창한 돈오법문頓悟法門은 신회의 선학 가운데 똑같은 설법을 찾을 수 있다. 이러한 사실은 신회가 매우 충실히 혜능의 돈오법문을 계승하고 있으며, 신회선법의 연원은 혜능선이라는 것을 증명한다.

이러한 운동은 저작활동과 무차대회無遮大會 등의 선회禪會를 통하여 북종을 향해 전면적인 공격을 취한 연후에야 실현될 수 있었다. 이러한 사실을 선종사에서는 "남돈북점南頓北漸의 논쟁"이라고 부른다.

신회는 분명하게 돈오선법을 견지하는 동시에 혜능으로부터 계승한 돈오선의 기본개념에 대해 내외경전에서 그 근거를 찾는 노력을 다해 혜능 돈오선의 기본사상을 진일보하게 논리화論理化, 체계화體系化하기에 이른다.

한편으로 신회는 선법禪法의 상세한 개념에서는 결코 혜능의 기존 학설에 얽매이지 않고 새로운 개념을 도입하고 있는데, 예를 들어 "자성청정自性淸淨", "무념無念", "돈오頓悟" 등의 논제를 설명할 때 모두 혜능의 관점보다 더욱 발전적이고, 창조적인 면을 보이고 있다. 이것이 신회의 돈오설에 충분한 주의를 기울이는 이유이다.

사실 현재 불교계에는 혜능, 신회의 돈오선에 대한 잘못된 두 가지 인식이 존재하고 있다. 첫째는 돈오선을 혜능의 선으로만 국한시키려는 것이다. 이는 돈오선의 사상과 지위가 혜능의 제창에 이어 신회의 신명을 바친 돈오선운동에 의해 확립되었음을 간과하는 데서 오는 단견短見이다.

둘째는 『단경』과 혜능선사상을 신회 계통에서 가탁假託했다는 설이다. 이것은 혜능을 폄하하고 아울러 신회선사상의 연원이 『단경』사상이라는 것을 부정하는데서 오는 견강부회牽强附會이다.[148] 아래에서 신회에 의해 발기된 돈오선운동(육조현창운동)을 자세히 살펴보기로 하자.

혜능화상이 멸도한 후에 북종의 점교가 크게 흥하여 남종의 돈문頓

門을 널리 전파하는데 장애가 되었다. ……천보天寶 초에 하택신회가 낙양에 당도하여 돈문을 크게 전파하니 비로소 북종신수 문하는 '사승은 방계요(師承是傍), 법문은 점수(法門是漸)'임을 드러냈다. 이리하여 두 종파가 함께 유행하니 당시 사람들은 그 종지의 다름을 가려보고자 했다. 그러므로 남종, 북종의 이름으로 불려짐이 이로부터 시작되었다.149)

하택화상은 육조혜능의 사법이다. ……심인을 전수받은 이후 동도 낙양에서 교화하며 남북종의 종지를 판정判定하여 "남능북수南能北秀"라 명명했다. 신회의 현창으로부터 조계일문曹溪一門은 비로소 천하에 가득하게 되었다.150)

---

148) 혜능 멸후 당장은 하택신회 계통이 정통 후계를 담당하였다. 그러나 마조시대에 이르러 하택종과 홍주종 사이에 남종의 정통성 확보를 위한 경쟁이 치열하게 전개되었다. 그 경쟁에서 하택종이 소멸하고 홍주종 계통이 선종의 정통지위를 확보하게 된다. 이러한 연유에 의해 이후 홍주종(혹은 석두종) 계통에서 편집한 종보본, 혜흔본 등 『단경』에서는 하택을 지해종사知解宗師로 격하시키고 있다. 특히 홍주종을 계승한 임제종 계통(양기파)에 사법嗣法의 연원을 두고 있는 한국 선종에서는 하택에 대한 인식은 늘 "하택은 지해종사로서 조계의 적자가 되지 못했다." 라는 딱지가 붙은 상태를 넘어서지 못했다. 그러나 20세기 초 돈황에서 『단경』이 출현하고 그 외 구전으로 전해오던 하택신회의 많은 저작이 발굴됨으로 인해서 선학계에서는 그에 대한 재평가가 이미 이루어진 상태이다. 그럼에도 불구하고 아직까지 한국불교에서는 잘못된 고정관념에 사로잡혀 선종사에 대한 객관성을 상실한 채 하택을 폄하하는 경향이 있다. 본서에서는 이제까지 잘 알려지지 못했던 신회의 선사상을 비교적 자세히 소개함으로 그에 대한 편견을 불식시키고 향후 그의 선사상에 대한 많은 조명이 이루어지기를 기대한다.
149) 宗密, 『中華傳心地禪門資承襲圖』, "(慧)能和尙滅度後, 北宗漸敎大行, 因成頓門弘傳之障, ……天寶初, 荷澤(神會)入洛, 大播斯門, 方顯(神)秀門下師承是傍, 法門是漸. 旣二宗雙行, 時人·欲揀其異, 故標南北之名, 自此而始."
150) 『祖堂集』 권3. "荷澤和尙嗣六祖, ……自傳心印, 演化東都, 定其宗旨, 南能北秀. 自神會現揚, 曹溪一枝, 始芳宇宙."

육조 멸후 이십년간 조계의 돈오종지(頓旨)는 형오荊吳에 침체되고, 숭악의 점수문(漸門)은 진락秦洛에 성행하였다. (신회가) 드디어 서울에 들어와 천보 4년에 모름지기 남능南能의 돈종頓宗과 북수北秀의 점교漸敎를 판정(定)하였다. 이에 『현종기』를 지어 세상에 널리 성행하였다.[151]

선종의 여러 가지 전적에 나타난 내용을 종합해 고찰해보면 확실히 신회의 노력에 의해 남북 양종의 선禪이 "남능북수南能北秀"로 판정되었으며, 동시에 혜능일파의 남종돈오법문이 넓게 선양되고 있었다. 『원각경대소』의 기록에 의거하면, "신회는 먼저 북종의 신수를 삼년간 모셨는데, 신수대사가 칙령에 의해 입경하면서 화상은 영남의 혜능화상에게 왔다."[152] 라고 하였다. 신수선사 역시 이렇게 말하고 있다.

소주에 대선지식이 있는데 원래 동산 홍인대사의 부촉이다. 불법은 모두 그곳에 있으니 너희 등 모든 사람 가운데 스스로 해결하지 못하는 이는 그곳에 가서 의심을 해결하도록 하여라. 반드시 불가사의하여 곧 불법의 종지를 알 것이다.[153]

---

151) 『傳燈錄』第五「神會傳」. "(六)祖滅後二十年, 曹溪頓旨沈廢於荊吳, 嵩岳漸門盛行於秦洛. (神會)乃入京, 天寶四年, 方定兩宗(原注 : 南能頓宗, 北秀漸敎). 乃著 『顯宗記』, 盛行於世."
152) 『續藏經』 十四卷, "(神會)先事北宗(神)秀三年. 秀奉勅追入, 和尙遂往岺南(慧能)和尙."
 p 553.

이것에 의거하면 신회는 신수의 인도에 의해 조계문하에 이르러 혜능의 은혜에 힘입어 개오하게 된 것임을 알 수 있다. "신회는 예를 올리고 바로 문인이 되어 조계산중을 떠나지 않고 항상 좌우에 있었다."154) 『조계대사전』에 따르면 신회가 조계에 이르러 득법하는 인연을 이렇게 묘사하고 있다.

> 대사가 대중을 위해 처음 법을 열고 말하기를, '나에게 법이 있는데 이름도 없고 글자도 없으며, 눈도 없고 귀도 없으며, 몸도 없고 뜻도 없으며, 말할 수도 없고 볼 수도 없으며, 머리도 없고 꼬리도 없으며, 안도 없고 바깥도 없으며 또한 중간도 없어 가지도 않고 오지도 않으며, 푸르지도 누렇지도 붉지도 희지도 검지도 않으며, 있지도 않고 없지도 않으며, 원인도 아니고 결과도 아니다.
>
> 대사가 대중에게 물었다. 이것이 무슨 물건인가? 대중들은 서로서로 쳐다보고 감히 대답을 못했다. 이때에 하택사 소사미 신회가 있었는데 나이 비로소 열 세 살이었다. 대답하기를, 이것은 부처의 본원입니다. 대사가 물었다. 어찌하여 본원이라 하는가? 사미가 대답하기를, 본원이라는 것은 모든 부처의 본래 성품입니다.
>
> 대사가 말하기를, 내가 이름도 없고 글자도 없다고 설했는데 어떻게 불성이라 말하여 명자名字가 있는가? 사미가 말하기를, 불성은 명자가

---

153) 『神會語錄』「定是非論」. "韶州有大善知識, 元是東山弘忍大師咐囑, 佛法盡在彼處. 汝等諸人如不能自決了者, 向彼決疑, 必是不可思議, 即知佛法宗旨."
154) 『壇經』. "神會作禮, 便爲門人, 不離曹溪山中, 常在左右."

없으나 화상이 묻기 때문에 이름을 세운 것입니다. 바로 명자가 있을 때 곧 명자가 없습니다. 대사가 사미를 수차례 때렸다. ……

야간에 이르러 대사가 사미에게 물었다. 내가 너를 때릴 때 불성도 받아들였느냐? 답하길, 불성은 받아들이지 않았습니다. 대사가 묻기를, 너는 아픔을 아느냐? 사미가 대답하기를, 아픔을 압니다. 대사가 물었다. 네가 이미 아픔을 알았다면 어떻게 불성은 받아들이지 않았다고 말하느냐? 사미가 대답하였다. 어찌 목석과 같겠습니까? 비록 아프긴 하지만 심성은 받아들이지 않았습니다.

대사가 사미에게 말하길, 마디마디를 잘라낼 때 진심과 원한이 일어나지 않음이 이름하여 받아들이지 않음이다. 내가 몸을 잊는 것을 도를 삼아 방아를 찧었지만 고통으로 여기지 않았으니 이름하여 받아들이지 않음이다. 네가 지금 맞았으되 심성이 받아들이지 않고 모든 감촉을 받아들이니, 너는 지혜로 참된 정수삼매正受三昧를 증득하였다. 사미가 비밀스럽게 부촉을 받았다.[155]

불성문제를 통과하여 혜능은 신회의 개오를 인가하고 비밀리에

---

155) 『曹溪大師傳』. "大師爲大衆開法門曰, 我有法, 無名無字, 無眼無耳, 無身無意, 無言無示, 無頭無尾, 無內無外, 亦無中間, 不去不來, 非靑黃赤白黑, 非有非無, 非因非果. 大師問大衆, 此是何物. 大衆兩兩相看, 不敢答. 時有荷澤寺小沙彌神會, 年始十三. 答, 此之佛之本源. 大師問, 云何是本源. 沙彌答曰, 本源者, 諸佛本性. 大師云, 我說無名無字, 如云何言佛性, 有名字. 沙彌曰, 佛性無名字, 因和問故立名, 正名字時, 卽無名字. 大師打沙彌數下. ……至夜間, 大師問沙彌, 我打如時, 佛性受否. 答云, 佛性無受. 大師問, 汝知痛否. 沙彌答, 知痛. 大師問, 汝旣知痛, 云何道佛性受否. 沙彌答, 豈動木石. 雖痛而心性不受. 大師語沙彌曰, 節節支解時, 不生嗔恨, 名之無受. 我忘身爲道, 踏碓直至跨脫, 不以爲苦, 名之無受. 汝今被打, 心性不受, 汝受諸觸, 汝智證得眞正受三昧. 沙彌密受咐囑."

부촉하였음을 알 수 있다. 『단경』 또한 혜능의 십대 제자 가운데 오직 신회만이 "선善 불선不善 등 비방과 칭찬에 움직임이 없다."라고 승인하고 있다. 비교적 종파 대립에서 초연한 입장에 있는 『역대법보기歷代法寶記』 역시 신회가 "천하의 학도자를 위해 그 종지를 정定"한 지위를 긍정하고 있다. 당시의 불교계에서는 모두 신회가 혜능의 법통을 계승하였음을 공인하고 있었음을 알 수 있다.

혜능 원적 후 신회는 몇 년 동안 행각을 하였음을 전하고 있다. 그 후 개원 8년(720년) 남양 용흥사에 주지함을 안배 받았다. 『송고승전宋高僧傳』에 기록하기를,

> 조계에 수년을 의탁하고 후에 명승고적을 찾아 순례하였다. 개원 8년 칙령으로 남양 용흥사에 주지를 임명 받았다. 계속해서 낙양에서 선법을 크게 행하여 명성이 크게 발휘되었다.156)

신회선사는 남양에서 대략 십년 가까이 주석하였으므로 "남양화상南陽和尙"이라는 별칭이 있다. 그는 남양 용흥사에서부터 남종 돈오선법을 선양함을 전개함과 아울러 홍인이 혜능에게 전법부의傳法付衣하였다는 오조 적통설을 주장하는 육조현창운동을 시작하였다. "남양이 왕 조공에게 세 수레(三乘)의 뜻을 답함으로 인해서 이름이

---

156) 『宋高僧傳』. "居曹溪數載, 後遍尋名迹. 開元八年, 勅配住南陽龍興寺. 續於洛陽, 大行禪法, 聲彩發揮."

점차 명현이란 말을 듣게 되었다."[157]

당시의 여러 전적의 내용을 종합해 보면, 북종의 신수와 그의 문하 보적이 "삼제의 국사요(三帝國師), 이경의 법주(二京法主)"로서 장안, 낙양을 중심으로 한 제도권帝都圈불교를 장악하고 있을 때, 저 남쪽 오랑캐의 땅 변방에서 조용히 선법을 펴고 있던 혜능일파의 적사嫡嗣를 표방하며 감히 "남돈북점南頓北漸"의 도전장을 던지며 낙양으로 진출한 이가 다름 아닌 하택신회였다.

사실 남북양종의 선법을 모두 수학한 신회의 입장에서는 남북종선의 장단점을 누구보다 자세히 비교할 수 있었기 때문에 법주法主와 국사國師로서 당시 조야에 그 영향력이 심대한 북종의 수장인 신수와 그 제자 보적普寂을 향해, 자기 스승 혜능이 홍인의 정통 계승자라고 주장할 수 있었던 것이다.

정확히 개원 22년 (734년) 신회는 활대의 대운사에서 "무차대회"를 거행하여, 장안과 낙양에 이름이 알려져 있고 해외까지 지명도가 있는 북종의 숭원법사를 상대하여 변론을 진행하였다. 이 때 "천하의 학도자를 위해 종지를 정하고, 천하의 학도자를 위하여 시비를 가릴 것"[158]을 선포하였다.

그러면 신회가 당시 국사인 북종의 보적을 향해 "육조현창운동"

---

157) 『圓覺經大疏鈔』. "因南陽答王趙公三車義, 名漸聞於明賢."
158) 「定是非論」. "爲天下學道者定(宗)旨, 爲天下學道者辨是非."

의 도전장을 낸 진정한 뜻은 어디에 있는가? 신회는 『남종정시비론』에서 북종을 대표하는 숭원법사를 향해 이렇게 주장하고 있다.

이 때 화상은 숭원법사와 참석한 모든 사람을 향해 말했다. 이렇게 말하는 것을 나무라지 말라. 세간에서 선禪을 가르치고 배우는 많은 자들이 뒤섞여 어지러움이 극에 달해서(極其繚亂) 마왕파순과 외도들이 그 가운데 숨어 있지 않나 두려울 정도이며, 또 많은 학도자들이 정법을 소멸시키지(滅於正法) 않나 의심스럽다. 그러므로 이와 같이 (시비를 가려) 판정하고자 한다.[159]

신수선사가 멸도 한 이후 이십여 인의 사법제자가 선禪을 설해 사람을 가르치고 있으나 정식으로 전수받고 부촉을 받은 이가 없어서 제대로 선을 말하는 이가 없다. 그리고 또 이 이십여 인의 문하에 수백 인이 나와서 선禪으로 사람을 지도하는데 대소가 없고, 스승과 제자의 도리가 없고(無師資情), 서로 명리를 다투니(共爭名利), 원래 전해 받은 바가 없어 정법을 문란케 하고(亂於正法), 모든 학도자를 미혹하게 하여 불법이 쇠멸하기에 이르렀다.[160]

---

159) 『壇語』, 「南宗定是非論」. "爾時和尙又語遠法師及諸人等, 莫怪作如此說, 見世間敎禪者多於學禪者, 極其繚亂. 恐天魔波旬及諸外道入在其中, 惑諸學道者滅於正法, 故如此說."
160) 上同. "從秀禪師已下出, 將有二十餘人說禪敎人, 幷無傳授咐囑, 得說只沒說; 從二十餘人已下, 近有數百人說禪敎人, 幷無大小, 無師資情, 共爭名利, 元無稟承, 亂於正法, 惑諸學道者, 此滅佛相也."

신회선사의 주장 가운데서 사람의 이목을 끄는 대목은 "정법을 소멸시키고(滅於正法), 서로 명리를 다툰다(共爭名利)."라는 구절이다. 비록 신수는 이미 원적하였으나 당시의 선종은 신수일파의 북종천하北宗天下로서 "장안과 낙양의 양경 사이에는 모두 신수의 북종뿐이다(兩京之間, 皆宗神秀)."라고 전하고 있을 정도였다.

신수가 멸도한 후에 그 문하에서 보적이 정통 사법제자가 되어 육조신수의 명예를 빌어 스스로 제 칠조七祖의 지위에 올라 북종의 정통이 되었다. 그런데 보적선사는 원래 홍인의 제일 사법嗣法이었던 법여法如의 제자였다가 그가 일찍 세상을 떠나자, 다시 신수의 문하로 옮겼기 때문에 신수와 법여를 동시에 육조로 신봉하고자 하였다. 보적 일문의 독수일종(獨樹一宗 : 홀로 한 종파만이 수립됨)이 된 정황 아래 신수문하의 다른 제자들, 즉 의복, 경현, 거방, 지봉 등은 모두 보적의 이러한 행태를 못마땅하게 여겼다.

이로 인해서 신수문하의 직계 제자, 심지어 재전 제자들의 수백 명에 이르는 문손들까지 모두 자칭 정통 전법 계승인이라 주장하며 개법입종開法立宗하여 선을 설하여 사람들을 가르치고 있었다.

이러한 상황에서 북종 내부의 사법계통嗣法系統의 문란과 개당開堂하여 선을 설하여 사람을 가르치는(說禪敎人) 자들의 "공쟁명리(共爭名利 : 서로 명리를 다툼)"로 말미암아 당시의 선종 내부에 "어지러움이 극에 이른(極其繚亂)" 목불인견目不忍見의 형세가 연출되었다.

그런데 당시 개당설법開堂說法하는 대다수의 북종문인들은 모두 돈교를 멀리하고 좌선坐禪 위주의 점교漸敎에 경도된 선법을 펴고 있었다. 그러므로 종밀은 이렇게 말하고 있다. "당시에 점교漸敎가 크게 흥하고 돈종頓宗은 침체하게 되어 (신회의) 의무는 (頓으로써 漸을) 대치하는데 있었다."161)

이러한 시대배경 아래에 신회선사는 "무차대회無遮大會"를 개최하여 공개적으로 북종에 도전하여 남종이 달마선종의 정통이며, 정통의 선법은 돈오선이라고 주장하게 된다. 이것을 선종사에서는 "활대의 종론(滑臺宗論)"이라 부른다.

당시 다수 북종선의 무리들이 깨달음을 중요하게 여기지 않고 상대적으로 형식상의 좌선에 몰입하며 선정주의禪定主義에 빠진 점수선 위주로 선법을 펴나가고 있었던 것도 사실이다. 신회가 생각하기에 이러한 북종 점수선은 대승의 요의법문了義法門이 아니며, 정법을 훼멸시키는 외도의 마설魔說이라고 단정했기에 마땅히 비판을 가해야 했다. 그래서 신회는 자신의 돈오선운동이 대승을 선양하고 정법을 세우는데 목적이 있다고 주장하게 된다.

금일에 무차대회를 개최함은 공덕을 위함이 아니요, 천하의 학도자들로 하여금 시비是非를 바로 가리게 하고, 천하의 용심자들로 하여금

---

161) 『圓覺經大疏抄』. "當時漸敎大興, 頓宗沈廢, 務在大治之說."

정사正邪를 판별케 함이다.162)

오직 돈교법頓敎法을 전하며, 세상의 삿된 종(邪宗)을 부수기 위함이다.163)

군왕이 의혹이 있어 이단을 보내와 살폈다. 정법을 중흥하기 위해 사람들로 하여금 본성을 깨닫게 하기 위하여 이 논을 세운다.164)

이것은 신회가 돈오선운동(육조현창운동)을 진행하는 기본정신이 "파사현정破邪顯正", "정법중흥正法中興"의 대승정신을 대내외에 천명하고 있는 것이다.

그러므로 신회는 "내가 스스로 시비是非를 가리고 그 종지宗旨를 정하고자 함이다. 내가 이제 대승을 선양하고 정법을 건립하여 일체 중생들로 하여금 들어서 깨우치게 하는데 어찌 신명을 아끼겠는가!"165) 라고 외치고 있다. 신회의 입장에서 볼 때 남종 돈오법문이 대승정법大乘正法이며 북종 점수법문은 소승사법小乘邪法인 것이다.

따라서 신회는 점문사법漸門邪法을 혁파하고 돈문정법頓門正法을 건립하고자 했던 것이다. 『남종정시비론』에서 숭원법사가 "신수와

---

162) 『壇語』, 「定是非論」. "今日設無遮大會, 非爲功德, 爲天下學道者定是非, 爲天下用心者辨邪正."
163) 上同. "唯傳頓敎法, 出世破邪宗."
164) 上同. "郡王有惑, 異端來詳. 正法中興, 人將識本. 所以修論."
165) 上同. "我自料簡是非, 定其宗旨. 我今爲弘揚大乘, 建立正法, 令一切衆生知聞, 豈惜身命!"

혜능은 같은 스승 문하의 동학同學인데 어떻게 가르치는 선법이 다릅니까?"라고 묻자 신회는 단호하게 "같지 않다(不同)."라고 대답하면서 다음과 같이 다름의 이유를 설명하고 있다.

신수선사는 사람들에게 "마음을 모아 선정에 들게 하고(凝心入定), 마음을 머물러 깨끗함을 보게 하고(住心看淨), 마음을 일으켜 밖을 비추고(起心外照), 마음을 거두어 안으로 증득케 하라(攝心內證)."고 가르치고 있기 때문에 다르다.166)

신회의 대답을 듣고 숭원법사가 다시 묻기를, "무슨 연고로 혜능선사는 이렇게 가르치지 않습니까?"라고 하자, 그는 "이것은 조복심調伏心이다."라고 주장한다. 신회는 이렇게 비판하고 나서 혜능 남종의 선법은 조복調伏이나 불조복不調伏의 이원적二元的 경지를 초월하는데 있다고 설하고 있다.

신회는 북종의 선법을 이른바 "응심입정凝心入定, 주심간정住心看淨, 기심외조起心外照, 섭심내증攝心內證"으로 그 수증요점을 규정하고, 이것은 소승의 조복심調伏心에 머무는 법이라고 폄하한다.

이른바 "불조복심不調伏心"은 생사에 집착하는 중생의 마음이며, "조복심調伏心"은 열반에 집착하는 성문의 마음을 의미한다. 그러므

---

166) 上同. "今言不同者, 凝心入定, 住心看淨, 起心外照, 攝心內證, 緣此不同."

로 신회는 "무주생사無住生死, 무주열반無住涅槃", 즉 지혜로써 생사에도 머물지 않고, 자비로써 열반마저도 버리는 대승보살행(무주묘행)의 입장에서 북종의 선법을 조복심에 편향되어 공적열반을 탐닉하는 성문의 소승법이라고 비판하고 있는 것이다.

그러므로 신회선사는 "마음을 조복하는 것과 조복하지 않는 이 두 가지 법을 떠난 것이 곧 남종 혜능의 수행이다."라고 말한다. 신회는 신수일파를 닦는 모습과 조복하는 모습에 떨어진, 즉 수행상修行相에 떨어진 삿된 수행자로 공격하면서 『단어』에서 이렇게 비판하고 있다.

> 마음의 바탕이 비어 고요하니 비어 고요한 바탕에서 앎을 일으켜 세간의 푸름과 누름 붉고 흰 것을 잘 분별하면 이것이 지혜이며, 분별망념이 일어남을 따라가지 않으면 이것이 선정이다. 만약 마음을 모아 정에 들면 무기공無記空에 떨어지며, 선정에서 나온 뒤에는 마음을 일으켜 일체 세간의 함이 있는 모습을 분별하여 이것을 지혜라 하지만 경에서는 그것을 망령된 마음이라 한다. 이러한 수행법에서는 지혜일 때 선정이 없고, 선정일 때 지혜가 없다. 이렇게 이해하는 자는 모두 번뇌를 떠나지 못한다. 마음을 모아 선정에 들고, 마음을 머물러 깨끗함을 보며, 마음을 일으켜 밖을 비추고, 마음을 거두어 안으로 깨친다면 이것은 해탈의 마음이 아닐뿐더러 또한 법에 묶인 마음이니 중도의 작용이 아니다.[167]

여기서 신회가 주장하는 선정은 항상 지혜에 바탕을 두고 있는 선정을 말한다. 선정이 깨달음에 이르기 위한 방편수행이 된다든가, 선정에 들었을 때에는 지혜가 발휘되나 선정에서 나온 뒤에는 지혜가 없어져 버린다면 이것은 진정한 정혜등지의 수행이라고 할 수 없다.

신회는 북종 신수선의 "마음을 모아 선정에 든다(凝心入定)"라는 것은 선정이 지혜를 얻기 위해 마음을 안정시키기 위한 방편수단에 지나지 않는 것이라고 비판한다. 그리고 "마음을 머물러 깨끗함을 보고(住心看淨), 마음을 일으켜 밖을 비추고(起心外照), 마음을 거두어 안으로 깨친다(攝心內證)."라는 것은 보는 마음과 보여지는 마음, 비추는 마음과 비추어지는 마음, 깨치는 마음과 깨쳐지는 마음, 즉 능소(能所 : 主客)를 둘로 보는 변견에 떨어져 중도의 해탈을 얻을 수 없다고 단정하고 있다.

『단경』에서도 "마음은 공空하여 내외가 없고, 머무름과 움직임이 없기 때문에, 마음으로써 마음을 보려거나, 깨끗함으로써 깨끗함을 보려고 함은 외도법이다."라고 비판하고 있다.

수행이 수행을 위한 수행, 즉 방편에 떨어진 수행이 되지 않고

---

167) 『壇語』. "本體空寂, 從空寂體上起知, 善分別世間青黃赤白是慧, 不隨分別起是定. 只如凝心入定, 墮無記空. 出定已後, 起心分別一切世間有爲, 喚此爲慧, 經中名爲妄心. 此則慧是則無定, 定是則無慧, 如是解者, 皆不離煩惱. 住心看定, 起心外照, 攝心內證, 非解脫心, 亦是法縛心, 不中用."

깨달음의 원인이 되기 위해서는 깨달음의 현실적 구현이 있을 때 비로소 그 수행이 깨달음이라는 결과의 원인으로 작용할 수 있기 때문에, 깨닫기 이전이든 깨달은 이후에도 항상 지혜와 통일되지 못한 수행(선정)은 진정한 수행이 되지 못함을 지적하고 있다.

그리고 신회는 북종의 선법을 불조복不調伏의 성문법(聲聞法 : 소승법)이라고 비판하는 이유를 『유마경』의 "연좌설법宴坐說法"을 인용하여 설명하고 있다. 즉 『유마경』에 "마음을 안으로 머물게 하지 말고, 또한 밖에도 머무르게 하지 않는 것을 연좌라고 한다. 이와 같이 좌선하는 사람을 부처님은 인가한다."라고 하는 구절에 의거해서, 달마 이래의 6대 조사는 아무도 북종의 신수처럼 마음을 안팎으로 머물라고 가르친 적이 없다고 주장하면서, 남북종 선법이 근본적으로 다름을 밝히고 있다.

신회가 북종의 선법이라고 규정하고 있는 사구四句의 격언은, 사실 당시 달마로부터의 전통인 심불기心不起의 응주벽관凝住壁觀을 오해하여 사관邪觀에 빠져있는 무리들을 향한 비판이라고 봐야 한다. 그는 달마로부터 전래된 선불교의 근본정신은 대승의 "무주생사無住生死, 무주열반無住涅槃"의 무주묘행(無住妙行 : 보살행)이라고 보았다. 따라서 북종의 관심간정觀心看淨의 좌선방편이 지위점차地位漸次와 소승의 사법邪法에 빠져있는 점교의 수행(漸修)이라고 배척하고, 남종의 돈교는 마음을 조복하는 것과 조복하지 않는 이 두 가지 법을 떠난 대승보살의 무주행無住行, 즉 반야바라밀행의 실천이라고 주장한다.

혜능의 무념無念, 무상無相, 무주無住를 실천내용으로 하는 반야바라밀행을 신회는 "무념위종無念爲宗"의 종지로 정의하고, 이 무념으로 조복과 불조복을 일시에 뛰어넘어 각자의 본성을 단박에 자각하는 돈오견성頓悟見性이 혜능의 가풍이라고 주장하고 있다.

이와 같이 남돈북점의 돈점논쟁은 경지론적인 입장에서 진행된 남북조시대의 논쟁과 달리 소위 "사승은 방(師承是傍), 법문은 점(法門是漸)"이라는, 즉 선종육조의 지위를 다투는 법통논쟁과 대승의 돈교와 성문의 점교라는 선사상을 내용으로 다투는 논쟁이었음을 알 수 있다.

이른바 "사승은 방계"라는 말은 오조 홍인선사의 적사는 신수가 아니고 혜능이란 주장이다. 그러므로 남종이 정통이며, 북종은 직계가 아닌 방계라는 것이다. 이 점을 증명하기 위해 신회는 두 종류의 근거를 제시하고 있는데, 첫째가 "부법전의付法傳衣"의 역사적 사실, 즉 홍인이 혜능에게 법을 부촉하고 가사를 전한 것을 증거로 들고 있다. 둘째는 법통의 형식상의 문제로서 일대일인설一代一人說, 즉 한 대(一代)에 오직 한 사람에게만(一人) 법을 허락한다는 사자상승師資相承의 원칙을 들고 있다.

옛날로부터 서로 전해 부촉함이 있다. …… 당나라의 홍인선사는 동산에서 가사를 혜능선사에게 부촉하였다. 지금 육대를 거쳐 안으로 법을 전함으로써 깨달은 마음을 인가하고, 밖으로 가사를 전함으로써 종지를 정했다. 위로부터 서로 전하여 한 대 한 대 모두 달마의 가사로 신표를 삼았다. 그 가사가 지금 소주에 있으니 더욱 다른 이와 같이 할 수 없다.168)

신회선사는 "안으로 법을 전함으로써 깨달은 마음을 인가하고, 밖으로 가사를 전함으로써 종지를 정했다."라고 하는 이른바 "부법전의설"로 남종이 정통임을 천명하고 있다. 그는 이러한 사실을 신수도 승인한 바가 있다고 주장하였다. "신수선사가 세상에 계실 때 제 육대 전법가사는 소주에 있음을 가리킨 바 있으니, 입으로 자칭해서 제 육대의 수라고 하는 것이 아니다."169) 그는 거듭 주장하였다. 신수가 조정에 입내할 때 문도들에게 말하기를, "소주에 큰 선지식이 있다. 원래 동산의 홍인대사가 부촉한 것인데 불법은 모두 그곳에 있다."라고 하였다.

신수대사가 한 말의 진위 여부를 막론하고 신회가 확실히 신수의 명성과 영향력이 최고봉에 도달했을 때에 그를 떠나서 혜능에게 투

---

168) 「定是非論」. "從上已來, 具有相傳咐囑. ……唐朝忍禪師在東山, 將袈裟咐囑於慧能禪師. 經今六代, 內傳法契以印證心, 外傳袈裟以定宗旨. 從上已來, 一一欲達摩袈裟爲信. 其袈裟今見在韶州, 更不與人."
169) 上同. "秀禪師在日, 指第六代傳法袈裟在韶州, 口不自稱爲六代數."

신한 것은 사실이다. 그러므로 신회의 주장은 매우 설득력이 있어 보인다. 여기서 하나 주의할 만한 것은 당시 선문 역시 사자상승의 법통을 대단히 중시하고 있던 때이다. 이런 상황 아래 선문에 법통 시비, 즉 법통의 정正, 방傍을 정식으로 제출하였던 것이다. 이 문제는 일대일인一代一人 혹은 일대다인一代多人의 문제와도 직접적으로 연관되어 있다.

신회는 일대일인설을 주장하였지만 이후 선종의 사법嗣法 전개과정은 신회의 주장과는 정반대 방향으로 흘러 법통을 중시하는 정신은 이후 오가칠종의 독특한 종풍을 야기시켰다.

신회가 북종을 향해 "사승은 방계(師承是傍)"라고 주장한 이후 남종, 북종의 종명은 확연히 달리 인식되기 시작했다. 그러나 그는 더 나아가 신수 재세시에 이미 "남능북수南能北秀"란 말이 있었다고 주장하였다. 『남종정시비론』 가운데서 숭원법사가 "무슨 연고로 보적선사가 남종이라 칭하는 것을 불허합니까?"라는 물음에 대답하기를, "신수화상이 살아계실 때 천하의 학도자들이 두 대사를 남능南能, 북수北秀로 불렀다는 것은 천하가 다 들어 알고 있다."170) 라고 하였다.

여기서 알 수 있는 것이 신수, 혜능 때에 이미 남능북수라는 별호가 사용되었으며 활대의 종론(무차대회) 이후 남북종이라는 종명

---

170) 上同. "爲秀和尙在日, 天下學道者, 號此二大師爲南能北秀, 天下知聞."

이 확연하게 갈라지게 된 것이다. 신회는 거듭 주장하기를, "오직 남종이 보리달마의 '남천축일승종南天竺一乘宗'의 정통 사법을 계승했기 때문에 보적이 망령되이 남종이라 칭하는 것을 불허한다."고 하였다.

이른바 "법문은 점(法門是漸)"이라는 것은 남북 양종의 수증에 대한 방법론의 차이에서 나온 말이다. 기실 북종 선법은 관심간정觀心看淨의 수증방법으로써 방편통경方便通經의 점수법문에 주안점을 두고 있다는 것이 정설이다. 혜능의 "단도직입單刀直入, 직료견성直了見性"의 돈오법문과는 많은 부분에서 상이점이 발견된다.

　　이와 같은 교문이 어찌 불법이 아니겠습니까? 무슨 까닭에 불허합니까? 화상이 답하기를, 모두 돈점이 같지 않음으로 불허한다. 우리 육대의 대사들은 한 사람 한사람 모두 '단도직입(單刀直入)으로 바로 깨달아 성품을 본다(直了見性)'라고 말할 뿐 단계적인 점차를 말하지 않았다.171)

활대에서의 무차대회를 기점으로 이후 남북 양종 문하는 정통의 지위를 다투는 논쟁이 갈수록 첨예하게 대립되었다. "돈점 문하가 서로 보기를 원수 같이 하고, 남북종이 서로 적대하기를 초楚와 한

---

171) 上同. "如此敎門, 豈非是佛法. 何故不許. 和尙答, 皆爲頓漸不同, 所以不許. 我六代大師, 一一皆言, 單刀直入, 直了見性, 不言階漸."

漢같이 하였다."¹⁷²⁾ 이러한 상황 아래 천보 4년 (745년)에 신회가 병
부시랑 송정의 청에 의해 동도인 낙양에 들어왔다. 그는 낙양에 옮
겨 온 이후 하택사에서 법석을 열어 혜능의 돈오종지를 널리 선양
했다.

    신회가 낙양 하택사에 혜능의 진영당眞影堂을 세우고, 병부시랑 송
정에 부탁하여 비를 세우게 하였다. 신회는 그 서序에 종맥을 밝혔는
데, 여래로부터 서역의 모든 조사 외에 중국의 육대 조사의 진영을 그
려 모시었다. 대위 방관이 『육엽도서六葉圖序』를 지었다.¹⁷³⁾

    위에서도 밝혔듯이 돈오선의 종지를 진정으로 확립하고 널리 전
파한 것은 하택신회선사의 목숨 건 투쟁과 진력을 다한 교화를 통
하여 실현된 결과이다. 그래서 "조계의 요의了義가 널리 낙양에 퍼
지고, 하택의 돈문이 천하에 흐르게 되었다."¹⁷⁴⁾ 라는 말이 생겨난
것이다. 종밀은 일찍이 이렇게 말한 바 있다. "하택종은 전체가 조
계의 법일 뿐 별다른 교지가 아니다."¹⁷⁵⁾
    여기서 우리가 주목해야 할 것은 현재 선종사에서 공식화된 서천

---

172) 『都序』卷二. "頓漸門下, 相見如仇讐. 南北宗中, 相敵如楚漢."
173) 『宋高僧傳』. "(神)會於洛陽荷澤寺, 崇樹(慧)能之眞堂. 兵部侍郎宋鼎爲碑焉, 會序宗脈, 從如來河西域諸祖外, 震旦凡六祖, 盡圖繪其影, 大尉房琯作「六葉圖序」."
174) 『圓覺經大疏鈔』卷三之下. "曹溪了義, 大播於洛陽, 荷澤頓門, 派流於天下."
175) 『禪門師資承襲圖』第一. "荷澤宗者, 全是曹溪之法, 無別教旨."

28조, 통토(중국) 6조설은 하택신회에 의해 수립되었다는 사실이다. 선종 법통설의 기초라 할 수 있는 전법 계보를 신회가 완성하였다는 것은 그가 초기 선종사의 정초에 지대한 공헌을 하였다는 뜻이기도 하다. 그래서 심지어 호적은 중국 선종사에서 가장 위대한 인물이라고 극찬을 아끼지 않고 있는 것이다.

결론적으로 말하면, 신회의 돈오선운동은 단순한 이론투쟁이 아니라, 대승정신의 회복을 위한 실천운동이었다. 그는 이러한 대승정신의 발양을 바탕으로 돈오선운동 및 육조현창운동을 진행하였다. 이것은 혜능, 신회의 돈오선이 종교실천의 체계이지 결코 관념성의 이론체계가 아님을 증명하는 것이다.

2) 돈오선 지위의 확립

(1) 자성청정과 공적영지 空寂靈知

혜능은 "돈견자성청정 頓見自性淸淨"을 내용으로 하는 돈오선을 정립하였다. 신회의 돈오설 역시 기본적으로 혜능의 돈오법문을 계승하여 발전시키고 있다. 특히 견성성불 見性成佛의 관점도 혜능과 완전 일치하고 있다.

우리 육대의 대사들은 한 사람 한 사람 모두 '단도직입單刀直入으로 바로 깨달아 성품을 본다(直了見性)'라고 말할 뿐 단계적인 점차를 말하지 않았다. 학도자들은 모름지기 단박에 불성을 보아(頓見佛性) 점차적으로 인연을 닦아(漸修因緣) 이생을 떠나지 않고 해탈을 얻는다. ······ 단박 깨달아 불성을 보는 것도 또한 이와 같다.176)

신회는 달마계 선종의 육대 조사 모두가 이른바 "단도직입單刀直入 직료견성直了見性"을 주장하였으며, 수행자는 마땅히 "돈견불성頓見佛性 점수인연漸修因緣"177) 즉 깨달음에 점차적인 단계를 거치지 않고 단도직입으로 바로 깨달아 성품을 보아야 하며, 단박에 불성을 깨달아 점차적으로 보살의 육도만행을 닦아서 이생을 떠나지 않고 해탈을 성취해야 한다는 것이다.

여기서 밀하는 건싱은 "돈오건불싱頓悟見佛性"을 가리키는 것이나. 신회 선법의 관건 역시 그의 스승 혜능과 마찬가지로 "돈오불성(頓悟佛性 : 頓見佛性)"에 있다고 하겠다. 다만 혜능은 돈오돈수로써 일념성불一念成佛을 주장한 반면, 신회는 돈오점수적 가풍으로 일생성불一生成佛을 강조하고 있다.

---

176) 上同. "如此敎門, 豈非是佛法. 何故不許. 和尙答, 皆爲頓漸不同, 所以不許. 我六代大師, 一一皆言, 單刀直入, 直了見性, 不言階漸. 學道者須頓見佛性, 漸修因緣, 不離是生而得解脫. ······頓悟見佛性者, 亦復如是."
177) 이른바 "돈견불성頓見佛性 점수인연漸修因緣"의 내용을 두고, 혜능의 주장은 돈오돈수頓悟頓修인데 반해 신회의 주장은 돈오점수頓悟漸修라고 하여 크게 논란이 되었던 것이다. 이점에 관해서는 다음에 단락을 달리 해서 상세히 논해 보기로 하고 여기서는 생략하겠다.

이제부터는 종문에서 지혜종사라는 오명으로 종문 밖으로 내쳐져 턱 없이 낮게 폄하된 신회의 돈오선사상과 불성에 대한 견해를 자세히 살펴보겠다. 사실 한 사람의 종사를 비판하기 위해서는 그의 사상을 올바로 인식하고 난 뒤에 주체적으로 정당하게 평가해야 하는 것이지, 종파주의에 매몰된 역사인식으로 다른 사람의 견해를 무조건 추종해서는 선종사 발전에 큰 장애 요인으로 작용할 수 있다. 객관적이고 중도적인 안목으로 역사와 사상을 평가하는 균형된 자세는 수행자로서 갖추어야 할 기본 덕목이다.

신회는 그의 『어록』에서 불성에 대해 "본유금무설本有今無說"을 주장하고 있다. 중생이 본래 청정한 자성을 갖추고 있어서(本有), 부처의 본성(佛性)과 조금도 차이가 없다. 중생과 부처가 공통으로 가지고 있는 것이 바로 불성이다. 중생이 본래 불성을 갖추었지만 번뇌의 덮임으로 인해 불성을 발현하지 못하고 있기 때문에 "지금은 없다(今無)."라고 말하는 것이다.

불성이 없다는 말은 불성이 번뇌망념에 가려 드러나지 못하고 있을 뿐이고, 번뇌도 본래 없었던 것인데 다만 지금 임시로 존재한다는 것이다. 이것이 신회가 제시한 불성의 "본유금무설(佛性本有今無說)"설과 번뇌의 "본무금유설(煩惱本無今有說)"이다. 이 사상은 중생이 생사의 고통 현실속에서 번뇌의 공성空性을 철저히 깨달아 단번에 본래 갖추어진 청정불성을 회복한다는 의지표현이 담겨져 있다. 그는 이렇게 설하고 있다.

중생이 비록 자연불성自然佛性이 있으나 미혹되었으므로 깨닫지 못하고 있다. 번뇌의 덮인바 되어 생사에 유랑하여 성불하지 못하고 있다.[178]

부처가 있으나 없으나 성性과 상相은 항상 머문다. 모든 중생은 번뇌에 덮여 있으므로 열반을 보지 못하는 연고로 없다고 말한다. 항상 열반을 아는 것이 항상 법에 머무는 것이니, 본래 없고 지금 있는 것(本無今有)이 아니다. 불성이라는 것은 음陰·계界·입入이 아니므로 본래 없고 지금 있는 것(本無今有)이 아니고, 이미 있었고 아직 있는 것(已有還有)도 아니다. 좋은 인연으로부터 중생이 불성을 볼 수 있다. 불성을 볼 수 있는 까닭에 마땅히 본래 스스로 있음을 알아라.[179]

신회는 전통적인 "심성본정心性本淨 번뇌소염煩惱所染"의 토대 위에 불성의 뜻을 천석闡釋하고 있다. 아울러 『열반경』에서 주장하는 불성의 "본유금무설本有今無說"을 그대로 답습하고 있다. 중생의 본성이 본래 청정하다면 그들의 번뇌는 어디로부터 왔는가?

---

178) 『壇語』, 「雜徵義」. "衆生雖有自然佛性, 爲迷故不覺. 被煩惱所覆, 流浪生死, 不得成佛."
179) 上同. "有佛無佛, 性相常住, 以諸衆生煩惱覆故, 不見涅槃, 便謂爲無. 常知涅槃, 是常住法, 非本無今有. 佛性者, 非陰界入, 非本無今有, 非已有還有. 從善因緣, 衆生得見佛性, 以得見佛性故, 當知本自有之."

무명과 불성은 자연히 함께 생한다. 무명은 불성에 의지하고, 불성은 무명에 의지한다. 둘이 서로 의지함으로 있는 즉 일시에 있게 된다. 깨달으면 곧 불성이고 깨닫지 못하면 곧 무명이다.[180]

신회는 주장하기를, 일체 중생의 마음에는 완전히 다른 양면성이 존재하는데, 하나는 불성이요, 다른 하나는 번뇌(무명)이다. 이 양면성을 모두 갖추고 있기에 이것을 "일시에 있다(一時而有)."라고 하며 "상호 의존하고 있다(相依)."라고 한다. 불성과 무명의 차이는 깨달았느냐 깨닫지 못했느냐에 있으니, 깨달으면 곧 불성이요 깨닫지 못하면 곧 무명이다.

그러나 번뇌는 "본무금유本無今有"이므로 생사가 있고, 불성은 "본유금무本有今無"이므로 본래 생멸이 없다. 신회는 금과 금광의 비유로 불성과 번뇌의 관계를 설명하고 있다.

『열반경』에 설하기를, 마치 금과 금광이 일시에 있지만 금사金師를 만나 용광로에 제련하면 금과 광은 각자 있게 된다. 금은 백번을 제련한 것이며, 광은 만약 다시 제련하면 흙으로 변하게 된다. 금은 불성에 비유할 수 있으며 광은 번뇌에 비유할 수 있다. 번뇌와 불성은 일시에 있는 것이다.[181]

---

180) 上同. "無明與佛性, 俱是自然而生. 無明依佛性, 佛性依無明. 兩相依, 有則一時有. 覺了者卽佛性, 不覺了卽無明."

신회의 관점에서 보면, 번뇌는 인연화합의 가명이며 생멸이 있다. 반야지혜의 운용으로 번뇌를 제거하면 마치 광명이 어두움을 몰아내는 것과 같다. 불성은 허공과 같아서 제거할 수 없다. 밝음이 오든 어둠이 가든 혹은 어둠이 오고 밝음이 가든 아무 상관없이 항상 자신의 본래면목을 보지한다. 그러므로 그는 "불성은 항상함으로 마치 허공과 같아서 명암이 오고 감이 있지만 허공은 가고 옴이 없다"[182] 라고 설하고 있다.

(선)지식을 위해 간단히 말하면, 번뇌가 곧 보리의 뜻이다. 허공을 들어 비유하면 공성空性은 본래 움직임과 고요함이 없다. 밝음이 오면 밝은 집은 공하고, 어둠이 오면 어둠의 집이 공하여, 어둠이 공하면 밝음과 다르지 않고 밝음이 공하면 어둠과 다르지 않다. 허공은 밝음과 어둠이 스스로 오고 가나 허공은 본래 움직임이 없다. 번뇌와 보리의 그 뜻도 또한 그러하다. 미혹과 깨달음의 다름이 있으나 보리의 성품이 원래 (번뇌와) 다르지 않다.[183]

허공은 본래 밝고 어두움이 없어 항상함도 없고 항상하지 않음도

---

181) 上同. "『涅槃經』云, 如金之與礦, 一時俱生. 得遇金師, 爐冶烹煉, 金之與礦, 當時各自. 金卽百煉百精, 礦若再煉, 變成灰土. 金卽喩於佛性, 礦卽喩於煩惱. 煩惱與佛性, 一時而有."
182) 上同. "以佛性常故, 猶如虛空, 明暗有去來, 虛空無來去."
183) 『壇語』. "爲知識聊簡, 煩惱卽菩提義. 擧虛空爲喩, 如性空本無動靜, 明來是明家空, 暗來是暗家空, 暗空不異明, 明空不異暗. 虛空明暗自去來, 虛空本來無動靜. 煩惱與菩提, 其義亦然. 迷悟別有殊, 菩提性元無異."

없다. 밝음도 아니요 어두움도 아니어서 항상하지도 단멸하지도 않는다. 이와 같이 중도실상으로 불성과 번뇌의 관계를 설명하고 있다. 중생의 자성은 본래 청정하고 공적하여 미혹한 즉 번뇌요, 깨달은 즉 보리(불성)이다. 그러므로 번뇌와 보리는 원래 한 몸이요 둘이 아니다(一體無二). 오로지 불성에 대한 미오迷悟의 차별이 있을 뿐이니, 미혹하면 곧 번뇌요 중생이며, 깨달으면 곧 보리요 부처이다. 실제로 신회가 말한 바 중생과 부처가 평등한 본성이 곧 마음이다. 이것은 "중생심이 곧 불심이요, 불심이 곧 중생심이기"[184] 때문이다. 그러므로 "만약 깨닫지 못한 사람을 기준으로 논한다면 중생이 있고 부처가 있다. 그러나 그 깨달은 자의 입장에서 보면 중생심과 불심은 원래 차별이 없다."[185] 라고 주장했다.

여기서 주목할 것은 신회가 제시한 불성은 결코 중생심으로부터 독립된 모종의 실체가 아니라 "번뇌가 본래 공하여 드러난 본성"으로서의 불성이다. 이것을 혜능의 말로 하면 자성청정自性淸淨이요, 신회의 표현으로는 자성공적自性空寂이다. 자성청정, 자성공적의 중도실상의 입장에서 불성을 설명하니 곧 중도불성中道佛性이 된다.

또한 묻기를, 불성은 있습니까, 혹은 없습니까? 답하길, 불성은 변

---

184) 『雜徵義』. "衆生心卽是佛心, 佛心卽是衆生心."
185) 上同. "若約不了人論, 有衆生有佛. 若其了者, 衆生心與佛心, 元無別."

의(邊義 : 양변의 뜻)가 아닌데 어찌 유무를 묻는가? 거듭 묻기를, 변의가 아니라는 것은 무슨 뜻입니까? 답하길, 있는 것도 아니요 없는 것도 아님이 변의가 아니란 뜻이다. 다시 묻기를, 무엇이 있지 않는 것이며 어떤 것이 없지 않는 것입니까? 답하길, 있지 않다는 것은 있는 바를 말하지 않음이요, 없지 않다는 것은 없는 바를 말하지 않음이니, 둘 다 모두 얻을 수 없음으로 변의가 아니라는 것이다.[186]

불성이란 얻을(得) 수 없고 생生하는 것도 없다. 무슨 까닭인가? 색도 아니요 색 아님도 아니며(非色非不色), 긴 것도 아니요 짧은 것도 아니며(不長不短), 높은 것도 아니요 낮은 것도 아니며(不高下下), 생하지도 않고 멸하지도 않기(不生不滅) 때문이다. 생멸이 없으므로 항상한다고 말하고, 항상함으로 근본이라고 말한다.[187]

진여의 본체는 얻을 수 없기에 이름을 공空이라 한다. 능히 볼 수 있지만 본체를 얻을 수 없으며 담연하여 항상 공적하나 항사의 묘용이 있으므로 불공不空이라고 말한다.[188]

---

186) 上同. "又問, 佛性是有是無. 答曰, 佛性非邊義, 何故問有無. 又問, 何者是非邊義. 答曰, 不有不無, 是非邊義. 又問, 何者是不有, 云何是不無. 答曰, 不有者, 不言於所有, 不無者, 不言於所無, 二俱不可得, 是故非邊義."
187) 上同. "佛性者, 無得無生. 何以故. 非色非不色, 不長不短, 不高下下, 不生不滅故. 以不生滅故, 得稱爲常, 以常故, 得稱爲本."
188) 上同. "眞如體不可得, 名之空. 以能見不可得體, 湛然常寂, 而有恒沙之用, 故言不空."

신회는 혜능의 돈오선사상을 이어받아 『단경』에서 보다 그 뜻을 확연히 밝히고 있을 뿐만 아니라, 혜능 돈오선의 지평과 외연을 거듭 확대하고 있다. 그가 밝힌 불성의 뜻은 분명하게 반야의 공空과 불성의 유有를 융회한 중도불성임을 분명하게 밝히고 있다. 자성청정한 중도불성을 단박에 깨닫는 것이 돈오성불이다.

신회는 그의 『어록』 가운데서 혜능과 마찬가지로 중도불성의 의미로 자성청정이란 말을 자주 사용하고 있다. 예를 들면 "본자성청정本自性淸淨", "일체중생본래자성청정一切衆生本來自性淸淨", "중생본자심정衆生本自心淨" 등등 무수히 많다. 그런데 어떤 때에는 같은 의미로 자성청정 대신 자성공적自性空寂을 사용하고 있으며, 오히려 그것을 좀 더 강조하고 있는 것 또한 사실이다.

> 자성이 공적하여(自性空寂) 형상이 없다(無形相).
> 스스로의 본체가 본래 공적하다(自體本來空寂).
> 법의 성품이 본래 공적함을 스스로 본다(自見法性本來空寂).
> 본래 자성이 공적함을 요달한다(了本自性空寂).
> 성품과 모양이 공적하다(性相空寂).

여기서의 공적의 함의含義에 대해 종밀이 대신 설명해 주고 있다.

> 공空이란 모든 모양을 떠난다는 것(空却)이니, 마치 가려 없앤다는 말

과 같다. 적寂이란 실성實性이니 변동이 없다는 뜻이며, 비어서 아무것
도 없다(空無)는 것과는 다르다.[189]

신회와 종밀에 의거하면, 공空이란 일체제법의 형상을 멀리 여읜
다는 것이고, 적寂이란 적정하여 움직임이 없는 실다운 성품(實性)
을 말한다. 공적空寂이란 일체 제법의 형상을 초월한 적정 본체의
무상실상無相實相을 말한다. 공적이란 아무것도 없는 공무空無의 단
멸공斷滅空이 아니라, 일체 제법의 중도실상임을 알 수 있다.
 신회의 입장에서 보면, 공적은 "청정(空)"의 중도의中道義를 가리키
는 것이므로 자성공적은 자성청정으로 대신할 수 있게 된다. 그는
기본적으로 전통의 자성청정(자성공적)의 설법을 계승하고, 그 바탕
위에 지(知 : 앎)를 발휘하고 있다. 이것이 공적지지空寂之知, 혹은
공적영지空寂靈知이다.

　본래 바탕이 공적하다. 공적한 바탕위에 앎을 일으켜 세간의 청황적
　백을 잘 분별하니 이것이 지혜이다.[190]

　본래 공적한 바탕위에 스스로 반야지혜가 있어 능히 앎이 있으니 연
　기를 빌리지 않는다.[191]

---

189) 『禪門師資承襲圖』 卷三. "空者, 空却諸相, 猶是遮遣之言. 唯寂是實性, 不變動義, 不同空無也."
190) 『壇語』. "本體空寂, 從空寂體上起知, 善分別世間靑黃赤白, 是慧."

종밀은 『도서』 가운데서 하택종 선법에 상응하는 "현시진심즉성교顯示眞心卽性敎를 해설할 때 이렇게 주장하고 있다.

일체 중생이 모두 공적한 진심을 가지고 있는데, 시작이 없는 본래부터 성품은 스스로 청정하여 밝고 밝아 어둡지 않고(明明不昧) 밝게 깨쳐 항상 알아(了了常知) 미래제가 다하도록 항상 머물러 멸하지 않으니 이름하여 불성佛性이라 한다. 또한 여래장如來藏이라 이름하며, 심지心地라 이름한다.192)

여기서 일체 중생이 모두 가지고 있는 참 마음(眞心)을 두 방면으로 해석하고 있다. 한 방면은 자성청정한 공적의 바탕(體)이며, 다른 한 방면은 공적한 바탕 위의 "밝고 밝아 어둡지 않고(明明不昧) 밝게 깨쳐 항상 아는(了了常知)" 지혜이다. 이것은 체용관계로 참마음(眞心)을 해석한 것인데, 이러한 마음을 불성, 여래장, 심지라고 부른다.

신회와 종밀은 공적체상空寂體上의 지혜가 능히 아는 작용, 즉 지혜의 작용을 특별히 강조하고 있다. 그래서 하택종의 사상을 "지知의 철학"이라 부르기도 한다. 여기서의 "지知"는 지해(知解 : 알음알이)

---

191) 『雜徵義』. "本空寂體上, 自有般若智能知, 不假緣起."
192) 『都序』 卷二. "一切衆生皆有空寂眞心, 無始本來, 性自淸淨, 明明不昧, 了了常知, 盡未來際, 常住不滅, 名爲佛性, 亦名如來藏, 亦名心地."

가 아니라 공적체상의 반야지혜이다.

명백하게 청정공적은 바로 마음의 바탕(體)의 입장에서 설명한 것이며, "명명불매明明不昧, 요요상지了了常知"는 바로 마음의 작용(用)의 측면에서 말한 것이다. 따라서 마음의 참된 내용은 청정공적한 마음의 본체와 아울러 본체가 갖추고 있는 진실작용을 포함하고 있다.

이것은 자성청정의 중도불성은 결코 작용의 "영지(靈知 : 신령스럽게 앎)"를 초월해서 독립적으로 존재하는 본체의 공적空寂을 가리키는 것이 아니고, 공적의 영지(空寂之靈知), 영지의 공적(靈知之空寂)한 마음을 가리키는 것이다. 즉 즉체즉용卽體卽用의 체용일여體用一如를 적용하면 작용인 지혜를 초월해서 독립적인 본체로서의 청정심, 공적심은 존재하지 않는다는 것이다. 쉽게 말하면 사람의 진심은 공적한 가운데 신령스런 앎이 있고, 신령스런 앎이 그대로 공적한 것이다.

종밀이 『원각경대소초』 권 3에서 하택종을 칭하여 "적지지체寂知指體"라고 한 것이 바로 이 뜻이다. 여기서 적지寂知는 공적지지空寂之知, 공적영지空寂靈知를 가리킨다. 이른바 "공적지지空寂之知"의 "지知"는 일종의 청정무구淸淨無垢하고 영지불매靈知不昧한 지혜이며, 중생의 청정한 자성이 발휘한 자연지自然智를 말한다.

그러므로 이렇게 말할 수 있다. 신회의 돈오선법은 공적영지空寂

靈知로서 무상실상無相實相의 반야성공般若性空과 본유진성本有眞性의 열반불성涅槃佛性을 회통하고 있다. 신회는 '자정청정공적설'을 계승하고 있을 뿐만 아니라, 공적체상空寂體上의 자연지自然智를 더욱 강조하고 있다. 그는 특히 공적영지空寂靈知를 사람들의 현실 생활의 일념으로 발휘하고 있다.

지금 생사의 바다 가운데서 제불보살과 더불어 일념이 상응함을 얻어, 즉 일념에 상응하는 수행을 하면 곧 도를 아는 자이며, 곧 도를 보는 자이며, 곧 도를 얻는 자이다.193)

일체 중생은 마음이 본래 상相이 없다. 말한 바 상이란 것은 망심이다. 어떤 것이 망妄이냐? 뜻을 내어 마음에 머물고 공空을 취하고 깨끗함(淨)을 취하고 내지 마음을 일으키고 깨달음을 구하여 보리열반을 얻는 것은 모두 허망에 속한다. 다만 뜻을 내지 말고 마음에 스스로 사물(경계)이 없고, 곧 경계가 없는 마음이면 스스로의 마음은 공적하다. 공적한 바탕위에 스스로 있는 본래 지혜가 있으니, 앎의 비추는 작용이라 한다.194)

중생의 공적한 마음의 바탕위에 본래 자연지自然智가 있다. 이 공

---

193) 『雜徵義』. "今於生死海中, 與諸佛菩薩, 一念相應, 卽於一念相應修行, 卽是知道者, 卽是見道者, 卽是得道者."

적의 지혜는 본체에서 자연히 비추는 작용의 공능이다. 그러면 이 공적한 마음(空寂心)을 일상생활에서 어떻게 견지하느냐? 망념은 본래 자성이 없다(自性空). 자성이 없으므로 머물러 집착함이 없고, 집착이 없으므로 작의(作意 : 조작하는 마음)가 없고, 작의가 없으므로 망념이 곧 진념이다. 이것이 진眞, 망妄을 초월한 중도의 마음이다. 작의하지 않는 중도의 마음이 일상생활에서 견지하는 공적심이다. 자성청정의 중도불성사상이 신회 돈오선의 기본 이론이다.

(2) 돈오의 정의와 돈오점수

주지하는 바와 같이 돈오선은 원래 혜능이 제창한 선법 이론이지만, 혜능의 『단경』 가운데에는 돈오와 관련되는 해설을 거의 찾을 수 없다. 그러나 신회는 돈오에 대한 충분한 설명을 더하여 남종의 돈오선사상을 확립하는데 결정적 공헌을 하고 있다.

현대 중국의 철학자 호적은 『신회화상유집神會和尙遺集』에서 "신회선의 교의의 주요핵심은 돈오이다. 그는 혜능의 선법을 계승하고 있는데 그가 설한 돈오의 진정한 의미는 무엇인가? 현재 신회의 전적에 의거해 보면, 돈오란 어떠한 중간 환절(계단)을 경과하지 않고 단도직입單刀直入으로 불성의 이치를 체득하여 깨달음에 이르는 것

---

194) 上同. "但一切衆生, 心本無相. 幷是妄心. 何者是妄. 所作意住心, 取空取淨, 乃至起心求證, 菩提涅槃, 幷屬虛妄. 但莫作意, 心自無物, 卽無物心, 自心空寂, 空寂體上, 自有本智, 謂知以爲照用."

이다."라고 평하고 있다. 사실 신회의 돈오설은 기본적으로 혜능과 맥을 같이하고 있으나 또한 다르게 주장하는 부분도 볼 수 있다. 신회의 『어록』을 통하여 돈오에 대한 견해를 다각도로 조명해 보도록 하자.

발심에는 돈과 점이 있고, 미오迷悟에는 빠름과 더딤이 있다. 미혹한 즉 오랜 세월(累劫)이요, 깨달은 즉 찰나이다. ……비유를 들어 말하면, 한 줄기 실이 있는데 그 수는 헤아릴 수 없이 많다. 그것을 하나의 끈으로 엮어 나무판 위에 올려놓고 검으로 한번 내리쳐서 일시에 모두 끊을 수 있다면, 그 실의 수가 비록 많다고는 하나 한 번의 검을 이기지는 못하는 것과 같이 보리심을 발하는 것도 이와 같다. 진정한 선지식을 만나 선교방편으로써 진여불성을 바로 가리켜 금강의 지혜로 모든 번뇌를 한꺼번에 끊어 활연히 대오하여, 스스로 법성이 본래 공적함을 보아 구경각을 깨달아 무애자재하게 된다. 진여를 깨달을 때 만 가지 경계가 함께 끊어짐과 같이, 항사의 망념도 일시에 단박 끊어져서 무변의 공덕이 동시에 구비된다. 금강의 지혜가 발휘되는데 어찌 얻어지지 않겠는가?[195]

---

[195] 『雜徵義』. "發心有頓漸, 迷悟有遲疾, 若迷卽累劫, 悟卽須臾, ……譬如一綖之絲, 其數無量, 若合爲一繩, 置於木上, 利劍一斬, 一時俱斷. 絲數雖多, 不勝一劍. 發菩提心, 亦復如是. 若遇眞正善知識, 以巧方便, 直示眞如, 用金剛慧諸位地煩惱, 豁然曉悟, 自見法性本來空寂, 慧利明了, 通達無碍. 證此之時, 萬緣俱絕. 恒沙妄念, 一時俱斷. 無邊功德, 應時等備. 金剛慧發, 何得不成."

위에서 신회는 번뇌를 제거하고 문득 해탈을 얻는 것은 오직 찰나지간의 일로서 보검으로 한 타래의 실을 자를 때 한 가닥 한 가닥 여러 번에 걸쳐 끊는 것이 아니라 일시에 단박 끊는 것이라고 설하고 있다. 이것이 바로 일시에 활연대오하는 돈오돈수頓悟頓修이다.

이로 미루어 보아 신회의 돈오설은 혜능의 돈오법문을 그대로 계승하고 발전시키고 있다. 하지만 두 사람의 처해 있는 사회 환경이 다름으로 인해 일부문제의 표현에 있어서 약간의 일치하지 않는 부분이 있는 것 또한 사실이다.

신회선사는 『어록』에서 지덕법사의 "선사는 지금 중생을 가르침에 오직 돈오만을 고집 합니까? 어떻게 해서 소승으로부터 점차로 닦아 나아가지 않습니까? 아직 구층의 대에 오르지 못한 사람이 어찌 점차의 계단을 거쳐 올라가지 않습니까?"라는 물음에 대해 아래와 같이 대답하고 있다.

내가 단지 두려워하는 것은 오르는 곳이 높고 높은 구층대가 아니고, 여러분들 멋대로 오르는 계단이 흙더미나 돌무덤이 아닌가 하는 것이다. 만약에 오르는 곳이 튼실한 구층의 대라면 이것은 돈오의 뜻이다. 지금 돈오 가운데 점수(頓中漸)의 설법을 세우는 연고이다. 즉 구층대에 오름에 있어서 반드시 점차의 계단을 빌어서 올라가는 것과 같은데, 이것은 필경 점수 가운데 점수(漸中漸)를 세우는 것이 아니다.[196]

신회의 주장을 다시 정리해보면 흙무덤으로 된 구층 누각은 첫 번째 계단을 오름과 동시에 무너져 내림으로 인해서, 최후의 계단과 동일할 수 없다. 그러나 견실한 구층 누각은 첫 발을 내디뎠을 때 설사 최후의 계단에 도달한 것은 아니지만 최후의 계단을 떠나 있는 것 또한 아니다. 이미 확고한 구층 누각임을 돈오하고 난 뒤의 첫 발걸음이므로 첫 걸음이 마지막 걸음을 여읜 것이 아니며, 마지막 걸음이 첫 걸음을 떠나 존재하는 것이 아니다.

그러므로 신회가 여기서 주장하고 있는 점漸은 점수하여 돈오하는 차제수행의 점수가 아니고, 돈오한 연후에 세운 방편인연方便因緣으로써의 돈오점수頓悟漸修이다. 따라서 점수 가운데 점수를 세우는 것(漸中立漸)이 아니라, 돈오 가운데 점수를 세우는 것(頓中立漸)이라고 웅변하고 있다.

여기서 말하는 점漸은 무소득無所得의 진여불성을 돈오한 연후에 돈오를 실체화하여 집착하는 것마저도 버리고 다시 세우는 방편인연을 가리키는 것이다. 만약에 이러한 방편인연마저도 집착하지 않는다면, 이 점漸은 반야바라밀의 방편수행으로 전환되어 결국 돈오 가운데 돈수(頓中頓)를 실현하게 되는 것이다. 그러므로 신회는 "수행자는 반드시 단박에 불성을 깨우쳐 인연을 점수하여 이생을 떠나

---

196) 上同. "只恐畏所登者, 不是九層之臺, 恐畏漫登者, 土追胡冢. 若是實九層之臺, 此即頓悟義也. 今於頓中而立其漸者, 即如登九層臺也. 要借階漸, 終不向漸中而立漸義.

지 않고 해탈을 얻는다."197) 라고 설하고 있는 것이다.

위에서 살펴본 바에 의하면 신회는 단순하게 돈오점수만을 주장한 것이 아니라, 한편으로 점수돈오漸修頓悟, 돈오돈수頓悟頓修, 돈오점수頓悟漸修로 대표되어지는 전체 돈頓, 점漸의 개념을 두루 사용하고 있으며, 다른 한편으로 스승 혜능의 돈오돈수설頓悟頓修說을 최고의 수증강령으로 선양하고 있다.

따라서 현재 중국의 저명한 철학자 누우렬樓宇烈선생은 그의 『신회의 돈오설』에서 다음과 같이 주장하고 있다. "신회 역시 이러한 돈오돈수를 주장하고 있다. 그래서 필자가 생각하기에 신회의 "돈견불성頓見佛性, 점수인연漸修因緣"설은 혜능의 돈오돈수설의 토대 위에서 더 나아간 하나의 발전이지 모순이 아니다. 혜능은 돈오 이후 어떻게 해야 되는지에 대해 언급이 없기 때문에, 신회가 이 쪽 방면으로 보충하고 있는 것이다. 신회의 이러한 돈오점수설은 이후의 선종사에 미친 영향이 지대하다."

여기서 누우렬 선생은 신회의 돈오점수설을 혜능의 돈오돈수설 이후의 방향설정으로 해석하고 있다. 즉 돈오 이후에 중생을 향한 끊임없는 바라밀행의 실천을 점수로 규정하여 돈오설의 발전적 계승으로 이해하고 있는 것이다. 신회는 혜능의 돈오법문을 이어받아 돈오에 대해 여러 방면에 걸쳐 정의하고 또한 해석하고 있다.

---

197)「定是非論」. "夫學道者, 須頓見佛性, 漸修因緣, 不離是生, 而得解脫."

(一) 이(理 : 佛性之理)와 지(智 : 般若之智)를
함께 깨닫는 것이 돈오이며,

(二) 점차의 계단을 그치지 않고 깨달아
저절로 그러함이 돈오이며,

(三) 자심이 본래로부터 공적함이 돈오이며,

(四) 즉심卽心에 얻을 바 없음이 돈오이며,

(五) 즉심이 도道임이 돈오이며,

(六) 즉심에 머문 바 없음이 돈오이며,

(七) 법을 깨달은 마음에 있어서 마음에 얻을 바 없음이 돈오이며,

(八) 일체 법을 깨달으면 일체법이 돈오이며,

(九) 공空에 대해 들으면 공空에 집착하지 않고,
불공不空을 취하지도 않음이 돈오이며,

(十) 아我에 대해 들으면 아我에 집착하지 않고,
무아無我를 취하지도 않음이 돈오이며,

(十一) 생사를 버리지 않고, 열반에 드는 것이 돈오이다.[198]

여기서 신회선사는 돈오설의 주요 내용을 집중적으로 표현하여

---

198)「雜徵義」. "理智兼釋, 謂之頓悟. 并不由階漸(而解), 自然是頓悟義. 自心從本已來空寂者, 是頓悟. 卽心無所得者, 爲頓悟. 卽心是道爲頓悟. 卽心無所住爲頓悟. 存法悟心, 心無所得, 是頓悟. 知一切法, 是一切法爲頓悟. 聞說空, 不着空, 卽不取不空, 是頓悟. 聞說我, 不着(我), 卽不取無我, 是頓悟. 不捨生死而入涅槃, 是頓悟."

총 열한 개 방면에서 돈오의頓悟義를 정의하고 있는데, 돈오연구에 대단히 많은 편의를 제공하고 있다. 신회의 전체 돈오에 대한 정의는 모두 "중도불성中道佛性"의 기초 위에 표현되고 있으며, 중도불성에 대한 깨달음을 선의 실천으로 재구성하고 있다.

신회의 돈오의를 대략 네 개 부분으로 나누어 해설해 보도록 하겠다.

1) "이지겸석理智兼釋"
2) "불유계점不由階漸"
3) "자성공적自性空寂" 등의 중도의中道義
4) "불사생사이입열반不捨生死而入涅槃" 등의 "중도실천행中道實踐行."

1) "이지겸석理智兼釋" : "이理와 지智를 함께 깨달음이 돈오이다(理智兼釋, 謂之頓悟)."에서 "이지겸석"의 이론적 근원은 대승불교가 표방한 "이지일여理智一如"설에 있다. 그리고 이미 언급하였듯이 도생의 돈오성불론 가운데서 "이지겸석이 돈오다(理智兼釋是頓悟)."라는 말이 사용되고, 즉 불성과 반야를 함께 깨달음이 돈오라고 정의하고 있는 것이다. 이와 같이 신회의 "이지겸석설"은 기본적으로 대승불교의 이지일여설理智一如說과 도생의 이지겸석理智兼釋의 이론체계를 계승하고 있는 것이다.

신회는 『어록』에서 "자연지自然智와 무사지無師智가 있는데 이것을 발휘하면 도에 나아감에 빠르게 계합할 것이며, 밖을 향해 닦으면 도에 나아감에 더디게 계합할 것이다."라고 설하여, 불성의 이理로부터 발휘된 자연지와 무사지를 얻어야만 돈오할 수 있다고 주장하고 있다.

아울러 "일체 중생은 본래 열반불성涅槃佛性과 무루지혜無漏智慧를 갖추었지만 분별망상으로 말미암아 내외內外, 유무有無 등의 이견二見에 빠져 견성해탈을 이루지 못하고 있다."라고 말하고 하루빨리 자심을 돌이켜(回光返照) 불성의 이理와 무루의 지智가 상응(理智相應)하게 하여 영원히 불변하는 자성청정심自性清淨心을 얻어야 한다."라고 역설하고 있다.

위에서 설한 신회의 일련의 설법에 의거하면, "이지상응理智相應"의 이理는 일체중생이 본래부터 갖추고 있는 청정자성清淨自性, 즉 불성佛性을 가리키는 말이며, 지智는 청정자성에 본래부터 구족하고 있는 본각지지本覺之智, 즉 반야지혜, 무루지혜를 의미하는 말이다. "중생의 자심은 청정무구清淨無垢하여 스스로 대지혜광명大智慧光明을 갖추어 한량없는 세계를 비춘다."라고 설한 것이 바로 불성과 반야를 회통(理智相應)하는 중도불성中道佛性인 것이다. 그래서 "이와 지를 함께 깨닫는다(理智兼釋)."라는 것은 이지상응理智相應하는 중도불성을 깨닫는다는 의미가 되는 것이다.

이러한 능(能 : 주관)과 소(所 : 객관)가 합일되는 이지상응의 수증은 자심을 떠난 바깥으로의 수행을 의지하지 않으며(不假外修), 오직 스스로 닦고 스스로 증득해야 하며(自修自證), 자기의 성품을 자신이 증득해야 하는 것(自性自證)이다. 중도불성을 돈오하는 것으로 내용을 삼는 "이지겸석理智兼釋"은 신회가 확립한 돈오선의 근본요지라 할 수 있다. 신회의 이러한 관점은 "자심으로부터 진여본성을 단박 드러낸다(於自心頓現眞如本性)."라고 천명한 혜능과 완전히 일치하고 있음을 알 수 있다.

2) "불유계점不由階漸" : "점차의 단계를 거치지 않고 깨달아 스스로 그러함이 돈오이다(不由階漸, 自然是頓悟義)."라고 정의한 것에서 "점차의 단계를 거치지 않는다(不由階漸)."라는 것은 세상 사람들이 돈오에 대해 가장 이해하기 어려운 주요 특징 가운데 하나이다.

신회선사는 달마 이래로 육대대사六代大師는 한 사람 한 사람 모두 "단도직입으로 곧바로 깨달아 견성하여 점차의 단계를 말하지 않는다(單刀直入, 直了見性, 不言階漸)."라고 주장하고 있기 때문에 이에 대해 많은 논술을 하고 있다.

그리고 자연自然이란 도가道家 용어를 불교적인 해석을 도입하여 일체중생의 마음은 본래 청정공적淸淨空寂하며, 이 공적한 바탕 위에(空寂體上) 본래 반야지혜般若之智, 본각지혜本覺之智를 구족하여 있음을 모두 일괄하여 "자연自然"의 이치로 귀결시키고 있다. 이러한 자연의 이치를 돈오의 점차의 단계를 거치지 않음(不由階漸)의 근거로 삼고 있다. 자연불성自然佛性에 대한 신회의 설법을 들어보도록 하자.

중생은 본래 무사지無師智, 자연지自然智를 갖추고 있다. 중생은 자연지를 얻어 성불할 수 있다. 부처가 이 법을 펴서 중생을 교화하여 등정각을 이루게 한다. ……중생이 비록 자연불성自然佛性을 갖추고 있으나 스스로 미혹한 연고로 깨닫지 못한다. 즉 번뇌의 오염으로 인해서 생사에 유랑하고 성불하지 못한다.[199]

무명과 불성이 갖추어진 것은 자연히 생긴 것이다. 무명은 불성에 의한 것이며 불성은 무명에 의한 것이다. 양자는 서로 의지하여 있되 일시로 있음이다. 깨달은 즉 불성이요, 깨닫지 못한 즉 무명이다. ……불교에서 불성과 무명은 스스로 그러함(自然)을 갖추고 있다. 무슨 까닭이냐? 일체 만법이 모두 불성의 힘(佛性力)에 의거하고 있으므로 일체 만법은 모두 자연에 속하는 것이다.[200]

---

199)「雜徵義」. "衆生本有無師智自然智. 衆生承自然智得成於佛. 佛將此法展轉敎化衆生, 得成等正覺. ……衆生雖有自然佛性, 爲迷故不覺. 被煩惱所覆, 流浪生死, 不得成佛."
200) 上同. "無明與佛性, 俱是自然而生. 無明依佛性, 佛性依無明. 兩相依, 有則一時有. 覺了者卽佛性, 不覺了卽無明. ……如釋門中佛性與無明俱自然. 何以故. 一切萬法皆依佛性力故, 所以一切萬法屬自然."

자연불성自然佛性에 대한 관점은 일찍이 도생에 의해 제기된 바가 있었다. 도생은 "법을 체득한다는 것은 자연히 일체제불과 계합한다. 자연이 아니라고 말할 수 없기에 법을 불성이라 한다."라고 하고, 또 "조작이 있으므로 생멸이 있으나 본래 자연불성自然佛性을 얻으면 생멸이 없다."라고 말하고 있다.

도생의 말에 의거하면, 인도 아니요 과도 아닌(非因非果) 불성은 본래 인위적 조작을 할 수 없는 것이기 때문에 일어남도 없고 멸함도 없어서 자연히 항상한다. 그러므로 "자연自然"이라 칭한다는 것이다.

신회도 도생의 이러한 관점을 이어 이러한 자연불성自然佛性과 자연지혜自然智慧는 저절로 자연스럽게 성불을 하게 되어 있으므로 중생성불은 차제의 수행단계가 없다고 말하여 돈오성불의 당위성을 주장하고 있다.

중생이 본래 가지고 있는 자연불성과 자연지혜를 하나로 통일하여 심성의 본각으로부터 출발하여 공적영지空寂靈知를 세운다. 이렇게 본심은 공적한 것이므로 중생이 일단 이 공적의 지혜(空寂之智)를 깨달음과 동시에 바로 마음의 본래 상태를 회복하게 되는 것을 돈오해탈頓悟解脫이라고 한다면 어디에 점차漸次의 계단이 있을 수 있겠는가.

발심에는 돈점頓漸이 있고 미오迷悟에는 더딤과 빠름이 있다. 만약 미혹하면 오랜 겁이요 깨달으면 찰나刹那이다.201)

경에 말하기를, 중생이 견성하여 불도를 이루는 것이 마치 용녀가 찰나(須臾)에 보리심을 내어 바로 정각을 이룸과 같다.202)

그 해탈은 일순간(一瞬)에 삼계의 윤회를 벗어나는 것이다.203)

대승불교에서는 항사의 업장을 일념에 소제하고 성품의 바탕이 무생無生임을 깨달아 찰나에 성도한다고 가르친다.204)

신회는 수유須臾, 일순一瞬, 찰나刹那 등으로서 "점차의 계단을 거치지 않는" 돈오의를 정의하고 있다. 수유, 일순, 찰나 등은 오로지 돈오에 대한 효용성의 측면에서 기술되어진 표현들이다.

이로써 우리는 "점차의 계단을 그치지 않는다(不由階漸)."라는 말에는 다음과 같은 두 가지 함의가 있음을 알 수 있다. 첫째 시간상의 신속, 즉 찰나지간에 돈오를 완성한다는 것이며, 둘째는 전혀 단계를 인정하지 않고 일차에 완정完整하게 돈오를 파악한다는 것이

---

201) 上同. "發心有頓漸, 迷悟有遲疾. 若迷卽累劫, 悟卽須臾."
202) 上同. "經云, 衆生見性成佛道. 龍女須臾菩提心, 便成正覺."
203) 上同. "其解脫在於一瞬, 離循環於三界."
204) 上同. "如摩訶衍宗, 恒沙業障, 一念消除, 性體無生, 刹那成道."

다. 신회의 이러한 돈오의는 혜능의 그것과 완전히 일치하고 있다.
그러면 이러한 "점차의 계단을 그치지 않는" 돈오는 과연 종교 생활
상에서는 어떻게 실현되어 질 수 있을 것인가를 신회의 관점에서 알
아보도록 하자.

> 중생이 불지견佛知見에 들어간다는 경전의 뜻을 다만 돈문頓門으로
> 나타낸다면 오직 일념에 상응하여 실로 다시 점차의 계단을 거치지 않
> 는다.205)

> 지금 생사의 바다 가운데서 제불보살과 같이 일념에 상응함을 얻는
> 다는 것은, 즉 일념에 상응한 경계에서 수행함을 말함이니, 이는 도를
> 앎이요(知道), 도를 봄이요(見道), 도를 얻음(得道)을 말하는 것이다.206)

신회선사는 분명하게 주장하기를 수선의 생활상에서 "일념상응一
念相應"으로써 "점차의 계단을 거치지 않는" 돈오를 실현할 수 있다
고 한다. 이미 언급하였듯이 일념상응의 일념이란 지금 여기의 즉
각적인 마음(卽心)이다. 즉 "지금 여기"를 떠나서는 진리의 효용성
이 없다. 지금 여기의 일념이 곧 즉심卽心이기 때문에, 이 즉심이

---

205) 上同. "唯言衆生入佛知見, 約斯經義 只顯頓門, 唯在一念相應, 實更非由階漸."
206) 上同. "今於生死海中得與諸佛菩薩一念相應, 卽於一念相應處修行, 卽是知道者, 卽是見道
者, 卽是得道者."

진여본성과 계합함이 무념이다. 즉 무념이란 망념을 다 끊고 난 뒤에 나타나는 아무 생각 없음(寂靜)의 상태가 아니라, 일념이 공空함을 깨달아서, 생각하되 생각하지 않음(念而不念)의 경지를 나타내는 말이다.

따라서 일념상응이란 즉심무념卽心無念의 불경계佛境界이므로 즉심시불卽心是佛 혹은 즉심즉불卽心卽佛이라 말한다. 신회가 특별히 강조하고 있는 "일념상응"에 대해 좀 더 구체적으로 살펴보자.

> 상응이란 무념無念을 보는 것이다. 무념을 보는 것은 자성을 깨닫는 것이다. 자성을 깨닫는다는 것은 (자성이 공하여) 얻을 바가 없음(無所得)을 말하는 것인데, 이 얻을 바 없음을 깨닫는 것이 바로 여래선如來禪이다.207)

> 유有와 무無의 변견을 초월함을 중도中道라 하는데, 이 중도마저 버림이 바로 무념이다. 무념이 곧 일념이며, 일념이 곧 일체지一切智이다.208)

신회는 일념이 곧 무념을 가리키는 것이며, 상응이란 무념에 계

---

207) 上同. "相應義者, 謂見無念者 : 見無念者 謂了自性者 : 了自性者, 謂無所得. 以其無所得, 卽是如來禪."
208) 上同. "有無雙遣, 中道(亦)亡者. 卽是無念. 無念卽是一念, 一念卽是一切智."

합하는 것이며, 무념이란 유무有無의 변견을 떠나서 중도中道마저도
버리는 것이라고 말하고 있다. 다시 말하면 "일념상응"이란 생각
생각에(念念) 무념의 "자연불성自然佛性"을 깨닫는 것이니, 즉 무념법
無念法을 깨닫는 것이 돈오해탈이라고 말할 수 있다.

그러므로 "무념을 얻는 것이 바로 해탈이다(但得無念卽是解脫)."라고
말하고 있다. 그는 중생이 본래 가지고 있는 자연불성을 회복하는
방법을 일념, 즉 무념을 통하여 가능하다고 믿으며, 이 무념의 일념
상응은 차제수행次第修行을 거치는 것이 아니라 오로지 돈오에 의
거해야 한다고 설하고 있다.

신회는 이러한 일념상응의 토대위에 또한 "일념성불一念成佛", "일
생성불一生成佛"을 주장한다.

> 출세간의 부사의不思議함이란 십신十信 초발심에 일념상응一念相應하
> 여 바로 정각을 이룬다는 것이다. 불성의 이理에 상응함에 무슨 이상
> 한 일이 있겠는가? 이것을 돈오부사의頓悟不思議라 부른다.[209]

> 대승에서는 언하에 도를 깨닫는다고 말하는데 초발심시初發心時에
> 바로 불지佛地에 오르는 것이다. 과거 현재 미래도 없어서 필경에 해탈
> 한다.[210]

---

209) 上同. "出世間不思議者, 十信初發心, 一念相應, 便成正覺. 於理相應, 有何可怪. 此名頓悟不
思議."

지원이 묻기를, 일체 중생이 모두 수도를 말하고 있는데, 수도를 다 하지 못한 자도 일생에 성불할 수 있습니까? 화상이 답하길, 할 수 있다. 다시 묻기를, 어떻게 얻을 수 있습니까? 답하기를, 대승에서는 항사의 업장을 일념에 소멸하고 본성의 바탕이 무생無生임을 깨달아 찰나에 성불한다고 하였는데 어떻게 얻지 못하겠는가?[211]

신회선사는 대승불교의 "십신성불十信成佛"의 근거를 들어 돈오성불頓悟成佛을 설명하고 있다. 즉『화엄』의 초발심시변정각初發心時便正覺을 빌어와서 언하변오(言下便悟 : 한 마디 말 아래 바로 깨달음)를 내용으로 하는 일념성불, 일생성불은 신회의 선사상에 있어서 선禪과 화엄華嚴의 회통會通임과 동시에 혜능의 일념해탈 사상의 계승발전이다. 혜능, 신회 계통의 남종선南宗禪에서 천명한 일념해탈의 돈오법문은 일상생활의 평상심 가운데서 염념해탈念念解脫, 염념성불念念成佛을 실현해 나가는 것을 말한다.

3) "자성공적自性空寂" 등의 중도의中道義 : "자성공적自性空寂" 등의 내용으로 신회가 설한"(三) 자심이 본래로부터 공적함이 돈오이며, (四) 즉심卽心에 얻을 바 없음이 돈오이며, (五) 즉심卽心이 도道

---

210) 上同. "大乘言下悟道, 初發心時, 便登佛地. 無去來今, 畢竟解脫."
211) 上同. "智圓問 : 一切衆生皆云修道, 未審修道者, 一生得成佛否. 和尙答言 : 可得. 又問 : 云何可得. 答 : 如摩訶衍宗, 恒沙業障, 一念消除, 性體無生, 剎那成道. 何況不得耶.

임이 돈오이며, ㈥ 즉심卽心에 머문 바 없음이 돈오이며, ㈦ 법을 깨달은 마음에 있어서 마음에 얻을 바 없음이 돈오이며, ㈧ 일체법을 깨달으면 일체법이 돈오이다."라고 설한 부분에 대해 자세히 분석해 보도록 하자.

여기서 설한 바의 "자심이 공적함(自心空寂)", "마음에 얻을 바 없음(心無可得)", "마음이 도(心是道)", "마음에 머문 바 없음(心無所住)", "법을 깨달은 마음(存法悟心)", "일체 법을 앎(知一切法)" 등등은 모두 자성공적(自性空寂 : 自性淸淨)이라는 중도불성의 전제하에서 돈오선의 기본 특징을 설명하고 있는 말이다.

자성공적이란 일체 중생의 자성은 본래로부터 청정하고, 공적하여 자심 가운데서 한 법도 얻을 바 없으며(無所得), 머물 바 없는(無所住) 무자성無自性의 공성空性을 말한다.

즉 자성이 얻을 바 없음을 깨닫는 것이 도道이며, 이러한 도를 얻는 것은 일체 제법이 모두 공적한 중도실상中道實相을 깨닫는 것이다. 여기서 알 수 있는 것은 그가 말한 도는 불도佛道를 가리키며, 이 불도는 바로 중도불성을 깨닫는 것을 말한다. 수행자가 이러한 중도제일의中道第一義의 불성을 깨달으면 자성공적의 도리를 체득하는 길이다. 즉 자성공적을 체득함이 바로 돈오라고 주장한다. 그러므로 훗날 혜해는 돈오에 대해 "돈頓이란 돈제망념(頓除妄念 : 단박에 망념을 제거함)이요, 오悟란 오무소득(悟無所得 : 얻을 바 없음을 깨달음)"이라고 정의하고 있다.

4) "불사생사이입열반不捨生死而入涅槃" 등의 "중도실천행中道實踐行.": "중도실천행이 돈오이다."에 대하여 살펴보자. 위에서 신회는 "(九) 공空에 대해 들으면 공空에 집착하지 않고, 불공不空을 취하지도 않음이 돈오이며, (十) 아我에 대해 들으면 아我에 집착하지도 않고, 무아無我를 취하지도 않음이 돈오이며, (十一) 생사를 버리지 않고 열반에 드는 것이 돈오이다."라고 설하고 있다.

신회가 설한 이 세 가지 돈오의의 특징은 중도불성의 기초 위에서 중도실천행으로 돈오를 정의하고 있다. 즉 중도의 이론은 이론에서 그치는 것이 아니라 실천으로 전개되어야 진정한 의미의 돈오가 된다는 것이다.

그는 이를 설명하기 위해 『보살계경』의 설법을 예로 들고 있다. 중도란 양변을 초월하는 것이며, 이러한 중도는 양변으로 말미암은 것이지만, 양변을 초월한 것이 중도이듯이 중도마저도 집착하지 않아야 진정한 의미의 중도라고 주장하고 있다. 그리고 이것이 바로 제불의 해탈법신解脫法身이니 마치 허공이 양변兩邊과 가운데(中)마저도 없는 것(無中邊)이라고 비유하고 중도의를 이렇게 해석해야만 된다고 강조하고 있다. 허공이 일체를 비워 탕탕무애蕩蕩無碍한 경지에서 또한 일체를 포섭하고 있듯이 비우고 비워 일체에 집착하지 않는 무애자재無碍自在한 경지가 허공심虛空心으로 중도의를 비유하고 있다.

『화엄경』에 이르기를, "부처의 경계를 알려고 하는가(若人欲識佛境界)? 그 마음을 허공처럼 깨끗이 하라(當淨其意如虛空)."고 설하고 있다. 허공의 중도심이 불경계라면 우리는 중도정관中道正觀의 실천으로 진정한 돈오를 얻을 수 있다. 이와 같이 신회가 말한 중도의는 하나의 이론체계가 아니라 종교실천의 체계인 것이다.

이른바 "공에 대해 들으면 공空에 집착하지 않고, 불공不空을 취하지도 않음이 돈오이며, 아我에 대해 들으면 아我에 집착하지도 않고, 무아無我를 취하지도 않음이 돈오이며, 생사를 버리지 않고 열반에 드는 것이 돈오이다."라고 설한 것이 모두 중도실천행으로서 돈오를 해석한 부분이다.

그러므로 신회는 중도실천의 돈오의를 설명할 때 다른 한편으로 『유마경』의 "불이법문不二法門"의 내용을 근거로 삼고 있는 것을 볼 수 있다. 불이중도不二中道의 실천을 강조한 그의 말을 직접 들어보자.

『유마경』 가운데 말한 "도법道法을 버리지 않고 범부의 일을 실현한다."라는 것은 세간을 위해 가지가지 묘용을 나타낸다는 것이다. 경계에 대하여 생각을 내지 않음이 정혜를 함께 닦아 서로 떠남이 없는 것이다.[212]

---

212) 上同. "『維摩經』中不捨道法而現凡夫事, 種種運爲世間. 不於事上生念, 是定慧雙修, 不相去離."

여기서 인용한 "도법(道法 : 진여불성)을 버리지 않고 범부의 일을 실현하여 세간을 위해 가지가지 묘용을 나타낸다."라는 구절은 『유마경』의 제자품 가운데에 "연좌宴坐"에 대한 설명의 일부이다. 원문에는 "꼭 앉을 필요가 없음이 연좌이며, …… 도법을 버리지 않고 범부의 일을 실현함이 연좌이며, …… 번뇌를 끊지 않고 열반에 들어감이 연좌이다."라고 설하고 있다.

흔히 "연좌宴坐"란 좌선이나 선정을 닦는 것을 가리키는 말이다. 그러나 『유마경』에서 설하는 연좌란 선정을 닦는데 좌선이라는 고정된 격식에 얽매임이 없이 정혜불이定慧不二를 일상생활 가운데 실천하는 것임을 여러 가지 설법을 통해 표현하고 있다.

『유마경』의 연좌에 대한 해설 부분을 신회가 돈오의로 관심석觀心釋한 것은 선법의 수증으로 이루어지는 중도실천의 돈오는 세간을 떠나지 않은 일상생활 가운데서 실현해야 한다는 의미를 강조하고 있는 대목이다. 『유마경』의 인용문 바로 뒷부분에 나오는 "비록 속가에 머물지만 삼계를 탐착하지 않고, 처자와 함께 하지만 항상 범행梵行을 닦고, 권속이 있지만 항상 쾌락을 멀리한다. …… 비록 세속의 이익을 얻지만 희열로 삼지 않고, 사주四洲를 두루 돌아다녀 중생을 요익되게 하고, 정법으로 다스려 일체를 구호하고, 시정의 담론하는 곳에서 대승으로 인도하고, 모든 학당에 들어 초학자를 개도하고, 여러 음사淫舍에 들어 그 허물을 보이고, 주막에 들어 능히 그 뜻을 세운다."라는 유마거사의 보살실천행이 바로 이를 증명해 주고 있다. 대승보살은 여러 가지 유위업有爲業에 종사하는 세속의 일상생활 가운데서 "항상 범행을 닦고(常修梵行)", "중생을 요익되게 하는 것(饒益衆生)" 모두가 수행과 교화의 방편이 될 수 있는 것이다.

그러므로 언제 어디서나 지금 여기를 떠나지 않고 모두 무위無爲의 연좌, 즉 선정을 닦을 수 있다는 것이다. 여기서의 관건은 바로 "일체 경계에 대해 생각(妄念)을 내지 않는 것(不於事上生念)"이다.

다시 말하면 세속을 떠나지 않고 청정해탈을 얻는 것이며, 번뇌생사를 끊지 않고 보리열반을 얻음이니, 곧 일상생활 가운데서 불이중도행不二中道行을 실천하는 것이다. 신회는 이러한 돈오의 중도 실천행을 직접 "유위를 다함이 없고(不盡有爲), 무위에 머묾이 없다(不住無爲)."라는 격언으로 표현하고 있다.

> 유위를 다함이 없다는 것은 초발심으로부터 보리수에 앉아 등정각을 이루고 쌍림에서 열반에 들 때까지 그 가운데 일체 법을 하나도 버림이 없음이 유위를 다함이 없다는 것이며, 무위에도 머무름이 없다는 것은 공空을 수학하지만 공으로 깨달음을 삼지 않고, 무작無作을 수학하지만 무작으로 깨달음을 삼지 않으니, 이것이 바로 무위에도 머묾이 없다는 것이다.213)

이른바 "유위를 다함도 없고, 무위에 머묾도 없다."라고 하는 것은 세간을 버리지도 않고 출세간을 취하지도 않음이며(不捨世間, 不取出世間), 생사에 머물지 않고 또한 열반에도 머물지 않는(無住生死, 無住涅槃) 보살의 불이중도행不二中道行을 가리키는 말이다. 이러한 중도행은 또한 "위로 깨달음을 구하고(上求菩提), 아래로 중생과 하나 된다(下化衆生)."는 대승보살정신의 핵심소재라고 할 수 있다. 즉 대승보살은 "비지쌍운"(悲智雙運 : 자비와 지혜를 함께 닦음), "복혜겸수"(福慧兼修 : 복덕과 지혜를 같이 닦음)로써 중도행을 실현한다는 뜻이다.

이것으로 우리는 불이중도행不二中道行 즉 반야바라밀행이 신회가 제출한 돈오의의 심요법문心要法門임을 알 수 있다. 이와 같이 "불이중도행이 돈오"라는 사상은 오늘날 출가와 재가, 세간과 출세간이 엄격히 이분되고 있는 한국불교에 성찰의 계기를 제공하고 있다고 하겠다.

이상으로 논술한 돈오의를 한 마디로 개괄하면 "중도불성을 단박에 깨달아 생사를 여의지 않고 열반에 들어서 중생을 요익되게 하는 것(頓悟中道佛性, 不捨生死而入涅槃, 饒益衆生)"이라 할 수 있다. 이것은 진정한 돈오의 정의는 무주생사無住生死, 무주열반無住涅槃의 보살중도실천행菩薩中道實踐行임을 표현하고 있는 말이다.

---

213) 「定是非論」. "不盡有爲者, 從初發心, 坐菩堤樹, 成等正覺, 至雙林入涅槃, 於其中一切法悉皆不捨, 卽是不盡有爲; 不住無爲者, 修學空, 不以空爲證, 修學無作, 不以(無)作爲證, 卽是不住無爲."

3) 신회의 돈오선의 실천

(1) 무념위종 無念爲宗

신회선사의 선사상체계 가운데서 돈오해탈이 그 목적이라면 무념無念은 돈오에 이르기 위한 종교실천이라고 할 수 있다. 돈오는 돈견불성頓見佛性이며, 무념은 중도불성과 상응한 일종의 정신경계이기 때문에 양자는 또한 항상 서로 같은 수증의 지향점이 될 수밖에 없다. 즉 어떤 때는 무념에 다다른 경계 역시 종교 수행의 목적이 되는 것이다. 종밀은 『도서』 가운데서 신회 하택종의 선법의 중요성에 대해 아래와 같이 개괄하고 있다.

제법이 꿈과 같다고 모든 성인들이 한결같이 말씀하셨다. 그러므로 망념은 본래 고요(寂)하고 경계는 본래 공空하여 공적한 마음이(空寂之心) 신령스레 알아 어둡지 않다(靈知不昧). ……만약 선지식의 가르침을 얻어 공적한 앎(知)을 단박에 깨달으면, 앎(知) 또한 망념이 없고 형상이 없으니 누가 아상과 인상이 있겠는가? 모든 상相이 공함을 깨달아 마음이 스스로 망념이 없으니, 망념이 일어나면 곧 깨닫고(念起卽覺) 깨달은 즉 망념이 없게 된다(覺之卽無). 수행의 묘문은 오직 여기에 있다. 그러므로 비록 만행을 수행함을 갖추었지만 오로지 무념으로 종을 삼는다(無念爲宗).[214]

여기서 말한 "무념위종無念爲宗"은 하택신회 돈오선의 종교실천의 종지이다. 신회의 무념법문은 기본적으로 혜능사상을 계승하고 발전시킨 것이다. 그는 혜능이 설한 "나 스스로의 법문은 예로부터 돈점 모두 무념을 종지로 하고(無念爲宗), 무상을 본체로 하며(無相爲體), 무주를 근본으로 한다(無住爲本)."는 사상을 그대로 견지하고 있다.

그런데 신회의 관점에서 보면, 그 셋 가운데서 무념이 가장 중요한 근본이 되고 무상無相, 무주無住 모두가 무념으로 귀결되고 있다. 무념위종을 바탕으로 하여 신회의 돈오선의 실천사상을 자세히 살펴보면, 신회는 『어록』 가운데서 매우 구체적으로 해설하고 있음을 알 수 있다.

앞에서 "일념상응一念相應"에 대해 해석할 때 이미 "무념을 본다는 것은(見無念者) 자성을 요달하는 것이다(謂了自性)."라는 일구를 언급한 적이 있다. 다시 말하면, 만약 무념의 경계에 이르면 청정공적한 자성을 요달할 수 있다는 것이다.

여기서 말한 자성自性, 즉 사람 스스로의 성품이란 결국 무엇을 말하는지 신회의 입장에서 다시 해석해 보도록 하자.

---

214) 『都序』卷上之二. "諸法如夢, 諸聖同說, 故妄念本寂, 塵境本空, 空寂之心, 靈知不昧. …… 若得善友開示, 頓悟空寂之知, 知且無念無形, 誰爲我相人相. 覺諸相空, 心自無念, 念起卽覺, 覺之卽無, 修行妙門, 有在此也. 故雖備修萬行, 唯以無念爲宗."

묻기를, 없다는 것은 어떤 법이 없는 것이며, 생각한다는 것은 어떤 법을 생각하는 것입니까? 답하길, 없다는 것은 두 가지 법이 없다는 것이며, 생각한다는 것은 오직 진여를 생각하는 것이다. 다시 묻기를, 생각하는 것과 진여는 어떠한 차별이 있습니까? 답하길, 차별이 없다. 묻기를, 차별이 없음을 깨달았으면 무엇 때문에 진여를 생각한다고 말합니까? 답하길, 말한바 생각한다는 것은 진여의 작용이다. 진여라는 것은 곧 생각의 본체이다. 이러한 뜻으로 무념위종無念爲宗을 세운 것이다. 만약 무념을 보는 자는 비록 견문각지見聞覺知하지만 항상 공적하다.215)

이것과 혜능의 무념법문과는 대체적으로 동일한 체계이다. 『단경』에는 이렇게 설하고 있다.

없다는 것은 어떤 일이 없으며 생각한다는 것은 어떤 물건을 생각하는 것입니까? 없다는 것은 두 가지 상의 모든 번뇌를 떠났다는 것이며, 생각한다는 것은 진여본성을 생각한다는 것이다. 진여는 생각의 본체이며, 생각은 진여의 작용이다. 자성이 생각을 일으키면 비록 곧 견문각지見聞覺知하더라도 만 가지 경계에 오염되지 않고 항상 자재하다.216)

---

215) 石井本 『雜徵義』. "問, 無者無何法, 念者念何法. 答, 無者無有二法, 念者唯念眞如. 又問, 念者與眞如有何差別. 答, 亦無差別. 問, 覺無差別, 何故言念眞如. 答曰, 所言念者, 是眞如之用. 眞如者, 卽是念之體. 以是義故, 立無念爲宗. 若見無念者, 雖有見聞覺知, 而常空寂."

혜능, 신회 양사 모두 중도불성의 각도에서 무념법을 해석하고 있다. 즉 없다(無)는 것은 무유無有, 선악善惡, 번뇌와 보리 등 이원상二元相을 떠나는 것이며, 생각한다는 것은 오직 진여불성을 생각한다는 것이다. 그러므로 "무념이란 생각하되 생각함이 없다(於念而不念)."라고 정의하는 것이다. 이른바 "생각하되 생각함이 없다."라는 것은 생각하되 생각함이 없고(念而不念), 생각하지 않되 생각하는(不念而念) 중도정관을 가리킨다.

이것은 곧 마음에 맡겨 스스로 생각하되 망념이 일어나지 않는 것이다. 망념이 일어나지 않는다는 것은 아무 생각이 없다는 것이 아니라, 생각하되 경계에 물들지 않는다는 뜻이다. 사람들이 생활 가운데서 대상에 의거하여 생각생각에 유무, 선악, 애증, 취사의 두 가지 상을 일으키는 것이 곧 망념이다. 다만 무념법을 수행하여 망념이 자성이 없음을 단박에 깨달아 망념을 정념으로 전환하는 것이 곧 무념인 것이다.

다시 말하면 정념이 있고 망념이 없음이 무념이다. 이렇게 행하는 자는 반드시 "견문각지見聞覺知하는 가운데서 항상 공적하여" 걸림이 없는 삶을 영위할 수 있는 것이다. 이것이 일념 가운데서 중도불성의 선禪적 실천을 체현할 수 있는 것이다. 이와 같이 신회는

---

216) 『壇經』. "無者無何事, 念者念何物. 無者離二相塵勞, 念者念眞如本性. 眞如是念之體, 念是眞如之用. 自性起念, 雖卽見聞覺知, 不染萬境, 而常自在."

명확하게 중도실상을 깨닫는 것이 무념이라고 제시하고 있으니, 이 것이 곧 "무념을 보는 자는(見無念者) 자성을 깨닫는 것이다(謂了自性)."라고 말한 진의이다.

무엇이 무념인가? 유무를 생각하지 않고, 선악을 생각하지 않고, 유변제有邊際와 무변제無邊際를 생각하지 않고, 유한량有限量과 무한량無限量을 생각하지 않고, 보리를 생각하지 않아 보리로 생각을 삼지 않고, 열반을 생각하지 않아 열반으로 생각을 삼지 않는다. 이것이 무념이다. 무념이란 곧 반야바라밀이다. 반야바라밀은 곧 일행삼매이다.217)

무념을 보는 자는 육근에 오염이 없다. 무념을 보는 자는 불지견을 얻는다. 무념을 보는 것을 이름하여 실상이라 한다. 무념을 보는 것은 중도제일의제이다. 무념을 보는 자는 항사 공덕을 일시에 고르게 갖춘다. 무념을 보는 자는 능히 일체 법을 생한다. 무념을 보는 자는 능히 일체 법을 섭수한다.218)

신회선사가 생각하기에, 무념의 중도정관 가운데서는 마치 마음

---

217) 『定是非論』. "云何無念. 所謂不念無有, 不念善惡, 不念有邊際無邊際, 不念有限量無限量. 不念菩提, 不以菩提爲念. 不念涅槃, 不以涅槃爲念. 是爲無念. 是無念者, 卽是般若波羅蜜. 般若波羅蜜者, 卽是一行三昧."
218) 上同. "見無念者, 六根無染. 見無念者, 得向佛知見. 見無念者, 名爲實相. 見無念者, 中道第一義諦. 見無念者, 恒沙功德一時等備. 見無念者, 能生一切法. 見無念者, 能攝一切法."

속에 유무有無, 선악善惡, 생사生死 등의 이원적 관념이 없어서 자연히 취사取捨, 호오好惡, 애증愛憎 등이 없게 된다. 따라서 무념을 보는 자는 중도제일의제의 불경계에 도달하게 된다. 그러면 무념법문은 수행상에서 어떻게 구체적으로 실현할 수 있는가? 신회는 『어록』 가운데서 간단명료하게 설하고 있다.

    작의하지 않는 것이 곧 무념이다.[219]

그러면 소위 "작의하지 않는 것(不作意)"은 어떤 모양의 상태(어떤 경계)를 말하는가?

다만 작의하지 않아서 마음에 일어남이 없음이 참된 무념(眞無念)이다. 필경에 보는 것은 아는 것을 떠나지 않고(見不離知), 아는 것은 보는 것을 떠나지 않는다(知不離見). 모든 중생은 본래 상相이 없다. 지금 말하는 상相은 당연히 망념이다. 마음에 만약 상이 없으면 곧 불심이다. 만약 마음이 일어남이 없으면 식정識定이며 또한 법견자성정法見自性定이라 부른다. 마명대사가 말하기를, '만약 중생이 무념을 관하는 자는 바로 불지佛智를 성취한다.' 고 하였다. 그러므로 지금 말하는 바의 반야바라밀은 생멸문으로부터 진여문에 단박에 진입하여, 더욱 앞의 비춤과 뒤의 비춤과 멀리 간看하고 가까이 간함

---

219) 巴黎本 『雜徵義』. "不作意卽是無念."

이 없어져서 모두 이 마음이 없어지니, 내지 칠지 이전의 보살이 모두 단박에 뛰어넘어 오직 불심을 가리키니, 이 마음이 곧 부처이다.220)

　모든 지식아, 만약 수행의 지위를 배우는 자는 마음에 만약 생각 일어남이 있으면 곧바로 깨달아 비춘다. 생각이 일어남이 이미 없으면 깨달아 비춤은 스스로 없어지니 곧 무념이다. 무념이란 한 경계도 없다. 혹시 한 경계라도 있으면 곧 무념과 상응하지 못한다.221)

　일부러 조작하는 마음이 없음이 무념이다. 그래서 "작의하지 않는다(不作意)."라는 것은 "보는 것은 아는 것을 떠나지 않고(見不離知), 아는 것은 보는 것을 떠나지 않는(知不離見)." 경계라고 정의하고 있다. 이것은 육근六根, 육진六塵, 육식六識의 상호관계로서 중도 정관을 설명하고 있는 것이다. 즉 인식활동(六識 : 知)은 인식주체(六根 : 見)와 객관대상(六塵 : 境)을 떠나지 않고 존재한다.
　반대로 말하면 인식활동은 또한 인식주체와 객관대상이 결합한 곳에 존재하는 것도 아니다. 그러므로 "마음은 안(인식주체)에 있는 것도 아니고, 밖(객관대상)에 있는 것도 아니고, 안과 밖의 중간

---

220) 『壇語』. "但不作意, 心無有起, 是眞無念. 畢竟見不離知, 知不離見. 一切衆生, 本來無相. 今言相者, 幷是妄心. 心若無相, 卽是佛心. 若作心不起, 是識定, 亦名法見自性定. 馬鳴云, 若有衆生觀無念者, 則爲佛智. 故今所說般若波羅蜜, 從生滅門頓入眞如門, 更無前照後照, 遠看近看, 都無此心, 乃至七地以前菩薩, 都總驀過, 唯指佛心, 卽心是佛."
221) 『定是非論』. "諸知識, 若在學地者, 心若有念起, 卽便覺照. 起心旣滅, 覺照自亡, 卽是無念. 是無念者, 卽無一境界. 如有一境界者, 卽與無念不相應."

(인식작용)에 있는 것도 아니고, 안과 밖의 중간을 떠나 있는 것도 아니다."라고 한다. 이것은 육근, 육진, 육식, 즉 온蘊·처處·계界의 십팔계十八界라는 인식체계가 모두 본래 공空하고, 자성이 없다(無自性)는 뜻이다.

"생각(念)"이란 사람의 인식활동(작용)이 생각을 일으키든(念有起), 생각을 일으킴이 없든(念不起) 상관없이 자성이 없기에 공한 것이다. 따라서 "만약 생각이 일어남이 있으면 곧 바로 알음알이가 비춘다. 생각이 일어남이 이미 없으면 알음알이의 비춤은 스스로 없어지니 곧 무념이다."라고 말한 것이다. 이것이 진정한 의미에서의 "염불기念不起"의 무념상태이다.

만약 "마음으로써 마음을 보려는(以心看心)" 자는 마음에 자성이 없음을 알지 못하여 곧 멀리 보고 가까이 보려는(遠看近看) 망념이 일어난다. 만약 능히 무념을 성취한 자는 마음 가운데 객관 대상에 대한 집착이 없어서(無一境界), "생멸문으로부터 단박에 진여문으로 들어가" 불심의 경계에 도달한다. 그래서 신회는 분명하게 말하고 있다.

마음에 보리를 설함을 듣고 마음을 일으켜 보리를 취하고, 열반을 설함을 들으면 마음을 일으켜 열반을 취한다. 공空을 설함을 들으면 마음을 일으켜 공을 취하고, 깨끗함(淨)을 설함을 들으면 마음을 일으켜 깨끗함을 취하고, 정定을 설함을 들으면 마음을 일으켜 정을 취한다. 이 모든 것이 망심으로 또한 법의 속박(法縛)이며 또한 법의 견해(法見)이다. 만약 이렇게 용심을 지으면 해탈할 수 없어서 본래 스스로 적정심이 아니다. 열반에 안주하려면 열반의 속박에 매이고, 깨끗함에 머무르면 깨끗함의 속박에 갇힌다. 공空에 머무르면 공의 속박을 받으며, 정定에 머무르면 정의 속박을 받게 된다. 만약에 이와 같이 용심하면 모두 보리도의 장애를 받게 된다.[222]

보리를 설함을 들어도 보리를 취할 생각을 내지 않고, 열반을 설함을 들어도 열반을 취할 생각을 내지 않고, 깨끗함(淨)을 설함을 들어도 깨끗함을 취할 생각을 내지 않고, 공空을 설함을 들어도 공을 취할 생각을 내지 않고, 정定을 설함을 들어도 정을 취할 생각을 내지 않는다. 이와 같이 용심하면 곧 적정열반이다.[223]

여기서 알 수 있듯이, "작의한다(作意)."라는 것은 곧 마음을 일으킴이요, 마음을 일으킨다는 것은 곧 집착이며, 집착이 곧 망심이다. "작의 하지 않는다(不作意)"는 것은 아무 것도 생각하지 않는다는 것

---

[222] 『壇語』. "心聞說菩提, 起心取菩提. 聞說涅槃, 起心取涅槃. 聞說空, 起心取空. 聞說淨, 起心取淨. 聞說定, 起心取定. 此皆是妄心, 亦是法縛, 亦是法見. 若作此用心, 不得解脫, 非本自寂靜心. 作住涅槃, 被涅槃縛. 住淨, 被淨縛. 住空, 被空縛. 住定, 被定縛. 若作此用心, 皆是障碍菩提."
[223] 上同. ""聞說菩提, 不作意取菩提. 聞說涅槃, 不作意取涅槃. 聞說淨, 不作意取淨. 聞說空, 不作意取空. 聞說定, 不作意取定. 如是用心, 卽寂靜涅槃."

이 아니라, 마음을 일으켜서 두 가지 상(二相)의 경계에 집착하지 않는다는 것이다. 그래서 신회는 이렇게 말하고 있다.

> 작의함도 없고(無作意), 또한 작의하지 않음도 없다(無不作意). 만약 이와 같음을 얻는 것을 이름하여 상응相應이라 한다.224)

> 지금 용심을 말하는 것은 작의하는 것인가 작의하지 않는 것인가? 만약 작의하지 않는다면 곧 무지와 속됨을 분별함이 없으며, 만약 작의를 말하면 곧 얻는 바가 있다. 얻는 바가 있는 자는 곧 속박이 있으므로 어떻게 해탈을 얻을 수 있겠는가.225)

이른바 "작의한다(作意)."는 것은 얻는 바가 있는 망념이며, "작의하지 않는다(不作意)."는 것은 얻을 바가 없는 무념이다. 신회는 여기서 더 나아가 무작의無作意에 집착하는 것마저도 하나의 역시 변견이라고 말하고 있다. 따라서 작의하지도 않고 작의하지 않음도 없어야 정념이며, 또한 진정한 무념이라고 설하고 있다.
　이와 같은 논리는 그가 일찍이 주장한 "중도 또한 맞지 않다(中道亦不中)"고 한 것과 완전히 부합하고 있다. 그리고 "유와 무를 함께

---

224) 石井本『雜徵義』. "亦無作意, 亦無不作意. 若得如是者, 名爲相應也."
225) 上同. "今言用心者, 爲是作意不作意. 若不作意, 卽是聾俗無別. 若言作意, 卽是有所得. 以有所得者, 卽是繫縛, 何由可得解脫."

보내어 중도마저도 없어야 곧 무념이다."라고 했다. 여기서 "중도 또한 맞지 않다."고 한 말의 함의는 중도의 뜻은 하나의 이론체계가 아니고 종교실천행이라는 것이다. 이것으로부터 하나의 결론을 도출해 낼 수 있다. 신회가 말한 바의 "무념위종無念爲宗"의 설법은 사람들이 현실의 일상생활 가운데서 실천하는 반야바라밀의 중도행임을 강조하고 있는 것이다.

(2) 정혜등지定慧等持와 무주행無住行

신회선사는 이런 "염불기念不起"의 무념상태를 정혜등定慧等이라고 표현했다. 이른바 "염불기念不起"는 남종선사상의 기본 내용이다. 그가 말했다.

생각이 일어남이 없으니(念不起) 공하여 있는 바가 없음(空無所有)이 곧 바른 선정正定이다. 능히 봄에 생각이 일어남이 없으니 공하여 있는 바가 없음이 바른 지혜(正慧)이다. 만약 이와 같이 얻는다면 곧 선정일 때 지혜의 체라 부르고, 곧 지혜일 때 바로 선정의 용이다. 곧 선정일 때 지혜와 다름이 없고, 곧 지혜일 때 선정과 다름이 없다. 선정일 때 바로 지혜이며, 지혜일 때 바로 선정이다. 곧 선정일 때 선정이 없고, 곧 지혜일 때 지혜가 없다. 어찌된 까닭인가? 성품이 스스로 이와 같으므로 곧 정혜등학定慧等學이다. [226]

신회는 스승의 정혜등定慧等사상을 계승하고 나아가 정혜등을 돈오선의 실천행으로 승화시킬 것을 강조하였다. 그 역시 전통 선법과 북종 등에서 주장한 "선정후혜先定後慧", "유정발혜由定發慧"의 정혜관에 동의하지 않고 정혜불이定慧不二를 주장하였다. 신회는 "선정일 때 곧 지혜이며, 지혜일 때 곧 선정임"을 인정했을 뿐만 아니라, 선정일 때 선정이 없고, 지혜일 때 지혜가 없음을 주장하였다. 이것은 정혜는 닦을 수 없으며 구할 수 없다는 반야중도에 입각한 정혜관으로 매우 특출한 사상이다.

이렇게 "염불기念不起 공무소유空無所有"의 정혜등은 지혜로써 선정을 포섭한 것(以慧攝定)이니, 즉 선정을 닦지 않는 것으로 선정을 삼아서 선정을 전 생활 영역으로 확대하고 있다. 허공이 만물을 포섭하고 있듯이 일체 모든 삶이 그대로 선정 속에 있게 되는 것이다.

혜능과 같이 "지금 앉음(坐)이라 말하는 것은 생각이 일어나지 않는 것이 앉음이요(念不起爲坐), 지금 선이라고 말하는 것은 본성을 보는 것이 선이다(見本性爲禪)."라고 주장하고, 모든 생활 속에서 행하는 좌선을 강조하고 있다.

이와 같이 무념선법을 수지하는 것은 현실생활을 떠날 필요가 없

---

226) 上同. "念不起, 空無所有, 卽名正定. 以能見念不起, 空無所有, 卽名正慧. 若得如是, 卽定之時, 名爲慧體, 卽慧之時, 卽是定用. 卽定之時不異慧, 卽慧之時不異定. 卽定之時卽是慧, 卽慧之時卽是定. 卽定之時無有定, 卽慧之時無有慧. 何以故. 性自如故, 卽是定慧等學."

으며, 특별히 정하는 형식화, 정형화의 규범 또한 없다. 생각하되 생각함이 없음(念而不念)이 선정이며, 생각하지 않되 생각함(不念而念)이 지혜이다. 이러한 정혜사상은 기실 반야바라밀의 공무소유 空無所有와 일치하니, 즉 무소주(無所住 : 머무는 바가 없음)사상의 실수 實修다.

다만 스스로 본체가 적정함을 알아 공하여 있는 바가 없다. 또한 머물러 집착함이 없으며, 허공과 같아서 두루하지 않는 곳이 없으니 모든 부처님의 진여법신이다. 진여는 무념의 본체이다. 이와 같은 뜻이므로 무념으로 종지를 삼는다고 한다. 만약 무념을 보는 자는 비록 견문각지하더라도 항상 공적하다. 곧 계정혜삼학을 일시에 고르게 갖추니, 만행을 구비하여 여래의 지견과 동등하여 광대하고 심원하다.[227)]

신회에게 있어서는 무주와 무념은 동일한 것이다. 양자 모두 진여(중도불성)를 깨달은 상태를 표현한 것이기에, 여기서 "공무소유 空無所有, 역무주착 亦無住着"을 해석할 수 있다.

앞에서 이미 『유마경』 가운데서 "머물지 않음이 근본이라는 것으로부터(從無住本) 일체법을 세운다(立一切法)."라고 설했다. 이것에 대

---

227) 『壇語』. "但自知本體寂靜, 空無所有, 亦無住着, 等同虛空, 無處不遍, 卽是諸佛眞如身. 眞如是無念之體. 以是義故, 立無念爲宗. 若見無念者, 雖具見聞覺知, 而常空寂. 卽戒定慧學, 一時齊等, 萬行具備, 卽同如來知見, 廣大深遠."

해 승조는 『주유마경론注維摩經論』에서 해석하여 말하기를, "법은 자성이 없어서 인연의 감응으로 일어난다. 아직 일어나지 않았을 때에는 의지할 바를 알지 못하므로 머물 바가 없다(無所住). 머물 바가 없으므로 곧 유무有無가 아니다. 유무가 아니기에 유무의 근본이다. 머묾이 없는 즉 그 근원을 규명하고 다시 나오는 바가 없으므로 근본이 없다고 말한다. 근본이 없음이 사물의 근본이므로 일체 법을 세운다고 말한다."228) 라고 하였다.

다시 말하면 일체 제법은 인연 화합으로 있는 것인데 그 인연이 아직 발생하지 않을 때 아직 무엇이라 이름하지 못한다. 그러므로 머무는 바가 없다라고 말한다. 이것은 "있는 것도 아니요 없는 것도 아닌(非有非無)" 무상실상의 각도에서 무주를 설명한 것이다. 즉 머무는 바가 없으므로(無所住) 공하여 있는 바가 없고(空無所有), 공하여 있는 바가 없으므로 공하여 얻을 바가 없다. 중도불성은 본래 공하여 얻을 바가 없는 것이다. 공하여 얻을 바가 없으므로 머무는 바가 없다.

도생법사도 일찍이 "머묾이 없음은 곧 근본이 없다는 이치이다(無住卽是無本之理)."라고 주장했던 것이 바로 이 뜻이다. 이와 같은 맥락에서 신회 역시 이렇게 말하고 있다. "세존 멸후부터 서천 이십

---

228) 『注維摩詰經』卷六. "法無自性, 緣感而起, 當其未起, 莫知所寄, 故無所住. 無所住故, 則非無有, 非有無而爲有無之本. 無住則窮其原, 更無所出, 故曰無本. 無本而爲物之本, 故言立一切法也."

팔 조사가 공히 무주의 마음(無住之心)을 전했는데 동일하게 여래의 지견을 설한 것이다."229)

신회는 무념, 무주와 정혜등을 해석할 때 진여가 무념, 무주의 체이고, 자성의 체가 공적한 것을 정定이라 하고, 체상體上에 있는 자연지自然智가 능히 본적의 체를 비추는 것을 곧 혜慧라고 하였다. 그에게 있어서는 정혜불이定慧不二 사상은 무주無住를 나타내고 있다고 할 수 있다.

> 무주無住는 적정이며 적정의 본체는 곧 선정이다. 본체상에 자연지가 있는데 본래 적정한 본체를 능히 비추는 것이 지혜이다. 이것이 정혜등定慧等이다. 경에 공적한 가운데 비춤을 일으킨다고 설한 것이 이와 같은 뜻이다. 무주의 마음(無住心)은 아는 것을 떠나지 않고, 아는 것은 무주를 여의지 않는다. 마음이 머묾이 없음을 아는 것 이것 외에 다른 앎이 없다.230)

이것은 능지能知로써 공적의 본체상의 소지所知를 체득하는 것을 말한 것이다. 다시 말하면 체용일여의 관계에서 "지知"의 운용으로써 "지知"의 본래 상태를 깨닫는 것이다. 양자는 본래 일체一體이므로 서로 계합하는 것이다. 여기서 신회는 무주심의 공적체상에 지

---

229) 『顯宗記』. "自世尊滅後, 西天二十八祖, 共傳無住之心, 同說如來之見."
230) 『壇語』. "無住是寂靜, 寂靜體卽名爲定. 從體上有自然智, 能知本寂靜體, 名爲慧. 此是定慧等. 經云, 寂上起照. 此義如是. 無住心不離知, 知不離無住. 知心無住, 更無餘知."

견을 세움으로써 이것을 본래 지혜의 작용이라고 주장하고 있다. 이러한 사상은 『금강경』의 "응무소주應無所住, 이생기심而生其心"의 이론을 더욱 두드러지게 한 것이다. 그의 해석은 "응무소주는 본적本寂으로 체體이며, 이생기심은 본지本智로서 용用이다."231) 라고 했다.

경에 설하길, 다시 수보리야 모든 보살마하살이 응당히 이와 같이 청정심을 낼 것이다. 마땅히 색에 머물러 마음을 내지 말며, 마땅히 소리, 향, 맛, 감촉, 법에 머물러 마음을 내지 말 것이며, 마땅히 머문 바 없이(應無所住) 그 마음을 내라(而生其心). 다만 머묾 없는 마음(無住心)을 얻으면 곧 해탈을 얻는다. 232)

신회의 견해는 이른바 "응무소주"는 본지本智의 체로서 곧 선정이며 "이생기심"은 본적本寂의 작용으로서 지혜이다. 즉 정혜등의 무주행을 이용해 생사, 열반을 초월해서 보살만행을 성취하는 것이다. 그러므로 신회는 "무주묘행無住妙行"으로써 정혜불이와 정혜등지定慧等持를 천명하였으니, 이것은 돈오해탈을 의미하고 있다.

---

231) 巴黎本 『雜徵義』. "應無所住, 本寂之體, 而生其心, 本智之用."
232) 石井本 『雜徵義』. "(經云), 復次須菩提, 諸菩薩摩訶薩, 應如是生淸淨心. 不應住色生心, 不應住聲香味觸法生心, 應無所住而生其心. 但得無住心, 即得解脫."

각각 지극한 마음으로 선지식들로 하여금 돈오해탈을 얻게 한다. 만약 눈으로 색을 보면 일체의 색을 잘 분별하되, 분별하여 일으킴을 따르지 않아서 색 가운데서 자재를 얻고, 색 가운데서 해탈을 얻어서 색진삼매色塵三昧를 구족한다. …… 뜻으로 일체의 법을 분별하되, 분별하여 일으킴을 따르지 않아서 법 가운데서 자재를 얻고, 법 가운데서 해탈을 얻어서 법진삼매法塵三昧를 구족한다. 이와 같이 모든 근(六根)을 잘 분별하는 것이 본래 지혜(本慧)이며, 분별하여 일으킴을 따르지 않는 것이 본래 선정(本定)이다. 233)

만약 정혜쌍수의 묘행을 육근六根, 육진六塵의 활동, 즉 자심의 견문각지見聞覺知에 적용하면 근根, 진塵이 본래 청정, 공적하기 때문에 비록 견문각지가 있지만 분별작용에 집착하지 않는다. 즉 일체법을 잘 분별하지만 그 분별의 작용에 따르지 않는 것을 "분별하되 분별하지 않는다(分別而無分別)."라고 말한다.

선禪에서 말하는 무분별이란 판단정지로서의 무기공無記空의 상태가 아니라, 분별을 잘 하기 위한 무분별인 것이다. 무분별이란 일체 분별을 다 없애고 나타나는 공정空定한 상태가 아니다. 분별하고 판단하는 주체가 정말 법답게 분별하고 판단하게 하기 위한 무분별

---

233)『壇語』. "各各至心, 令知識得頓悟解脫. 若眼見色, 善分別一切色, 不隨分別起, 色中得自在, 色中得解脫, 色塵三昧足. ……意分別一切法, 不隨分別起, 法中得自在, 法中得解脫, 法塵三昧足. 如是諸根善分別, 是本慧, 不隨分別起, 是本定."

인 것이다. 즉 무분별지를 얻기 위한 방편으로 분별심을 끊는 것은 결코 아니다. 그래서 신회가 "육근이 잘 분별하는 것이 지혜이며, 분별하되 분별의 작용에 집착하지 않는 것이 선정"이라고 정의하고 있는 것이다.

신회선사의 정혜불이는 구경경계와 수행실천이 등식을 이루고 있다. 다시 말하면, 그 구경경계의 의의는 수행의 과정에 있으므로 사람이 일단 선정에 들면 이미 지혜를 획득하게 되는 것이다. 즉 육진삼매六塵三昧를 구족하게 되면 곧바로 돈오해탈을 얻는 것이다. 이것은 돈오해탈이 결코 일상생활을 떠나서 얻는 것이 아니라, 일반인의 물질과 정신생활 가운데서 정혜쌍수를 견지함으로써 일상생활 그대로가 일행삼매로 성취되는 것이다.

> 만약 정혜등을 실행하는 자는 불성을 본다고 말한다. [234]

> 정혜를 함께 닦는 자는 불성을 밝게 본다. [235]

신회는 『열반경』의 "제불세존이 정혜를 함께 닦아(定慧雙等) 불성을 밝게 보아(明見佛性) 밝게 깨달아 걸림이 없다." [236] 라는 일절一節

---

234) 石井本『雜徵義』. "若定慧等者, 名爲見佛性."
235) 『壇語』. "定慧等者, 明見佛性."
236) 『大般涅槃經』卷第二十八. "諸佛世尊, 定慧等學, 明見佛性, 了了無碍."

을 인용하여, "정혜를 함께 닦는 자는(定慧等者) 불성을 밝게 본다(明見佛性)."라는 명제를 주장하고 있다. 그는 정혜를 쌍수(定慧雙修)해야만 불성을 밝게 볼 수 있다고 말한다. 그러므로 그는 "지금 선정을 말하는 자는 체體를 얻을 수 없고, 지혜를 말하는 자는 능히 보는 것을 얻을 수 없다. 체는 담연하여 항상 공적하지만 항사의 묘용이 있으므로 정혜등학定慧等學이라 말한다."[237] 라고 주장하고 있다.

정혜를 등지(定慧等持)하게 되면, 얻을 수 없는 마음 본체와 능히 보는 작용의 경계를 수용하여 밝게 불성을 볼 수 있다고 하는 것은 능소일여(能所一如 : 主客一體)한 경계에서 담연공적湛然空寂한 마음자리를 견성(直指見性)이라고 하는 것이다. 전통에서 정과 혜를 선후로 구분하는 "선정후혜先定後慧"를 비판하고 정혜등학을 견지하고 있다.

망념를 떠나는(離念) 실천수행을 통하여 다시 본각지혜의 단계로 나아가는 정혜유별定慧有別의 수행으로써는 중생의 공적한 심체에 본유한 영지(空寂靈知)를 체득할 수 없다고 확신하였다. 정혜등학, 정혜등지란 정과 혜를 엄격하게 나눌 수 없다는 기본인식 위에서 정립된 사상이다. 따라서 당연히 수선인은 오로지 일체 사물이나 경계에 분별함이 없어야(無分別 : 無念修行)만이 정혜등定慧等, 명견불

---

[237]『定是非論』. "今言定者, 體不可得. 今言慧者, 能見不可得, 體湛然常寂, 有恒沙之用, 故言定慧等學."

성명견불성見佛性의 경지를 얻을 수 있다.

신회는 『유마경』에서 설하고 있는 "생사의 일상생활을 떠나지 않고 불법을 수증한다."는 법문을 특별히 상찬하고 있다. 예를 들어서 "도법을 버리지 않고 범부의 일을 나타낸다(不捨道法而現凡夫事).", "번뇌를 끊지 않고 열반에 든다(不斷煩惱而入涅槃)."라는 등의 연좌연좌宴座를 말할 수 있다. 그의 주장에 의하면, 사람들이 평상시에 종사하는 일체생활 전체가 그대로 선정수행으로 볼 수 있는데, 그 관건은 부딪히는 일 가운데서 분별망념을 일으키지 않는 것이니, 이것이 바로 정혜쌍수, 일행삼매인 것이다. 이러한 의의에서 그는 북종의 관심간정觀心看淨의 선법을 비판했던 것이다.

본체가 공적하며 공적한 본체에서 앎(知)을 일으켜 세간의 청황적백을 잘 분별하는 것이 혜慧이며, 분별하되 그 일으킨 분별의 작용에 따르지 않는 것이 정定이다. 오로지 마음을 모아 정에 들면(凝心入定) 무기공에 떨어진다. 정에서 나온 이후 마음을 일으켜 일체 세간의 유위를 분별하는 이것을 혜라고 부르지만 경 가운데서는 망심이라 이름하고 있다. 이것은 혜일 때 정이 없고, 정일 때 혜가 없다.
이렇게 이해하는 자는 모두 번뇌를 여읠 수 없다. '마음을 머물러 깨끗함을 보고(住心看淨), 마음을 일으켜 밖을 비추고(起心外照), 마음을 거두어 안으로 깨닫는다(攝心內證).'라고 하는 것은 해탈의 마음이 아니며, 또한 법에 속박하는 마음으로 쓸모가 없다. ……너희가 깊은 공정

空定에 들어간다고 하지 마라. 어찌된 까닭이냐? 대중들로 하여금 우둔하게 하는 연고이다. 만약 정에 들어가면 일체 모든 반야바라밀을 알지 못하기 때문이다.[238]

신회는 공적영지空寂靈知의 입장에 서서 "응심입정凝心入定, 주심간정住心看淨, 기심외조起心外照, 섭심내증攝心內證"을 관점으로 하는 북종선법을 비판하고, 정혜일여를 주장하였다. 이 사구는 신회가 규정한 북종선의 기본사상이다. 그는 일찍이 이러한 측면에서 남북양종의 정혜관의 상이점을 제시하였다.

그의 견해에 의거하면, 망념이란 진성이 인연경계와 서로 접촉한 이후에 생긴 현상이므로 무자성이며, 본래 공한 것이어서 홀로 독립적으로 존재할 수 없다. 그러나 북종선은 아직 망념의 무자성의 성품을 요해하지 못하여 다만 망념을 끊어 없앤 연후에 공정空定에 안주하게 함으로 해서 최종적으로 대중을 어리석게 만들어 반야바라밀을 알지 못하게 한다는 것이다.

이러한 선정은 지음이 있는 선정(有作定)으로서 "만약 유작선정을 수행하면 곧 인천의 과보일 뿐 무상보리와 상응하지 못한다."[239] 라

---

[238] 『壇語』. "本體空寂, 從空寂體上起知, 善分別世間靑黃赤白, 是慧. 不隨分別起, 是定. 只如凝心入定, 墮無記空. 出定以後, 起心分別一切世間有爲, 喚此爲慧. 經中名爲妄心. 此則慧時則無定, 定時則無慧. 如是解者, 皆不離煩惱. 住心看淨, 起心外照, 攝心內證, 非解脫心, 亦是法縛心, 不中用. ……汝莫入甚深空定, 何以故. 令大衆鈍故. 若入定, 一切諸般若波羅蜜不知故."
[239] 上同. "若修有作定, 卽是人天果報, 不與無上菩提相應."

고 하였다. 그러므로 그는 "유정발혜由定發慧"를 반대하고 "정혜등지定慧等持"를 주장하고 있는 것이다. 신회가 보았을 때 선정은 지혜가 있는 선정이어야 하는데 반해 북종선의 선정은 단지 깨달음을 얻기 위해 마음을 안정시키려는 방편수행에 그치는 것이었다. 이러한 사실은 북종은 행(行 : 수행)을 중시하고, 남종은 지(智 : 지혜)를 중시하는 종풍상의 차이에서 오는 필연의 결과이기도 하다.

결론적으로 신회는 "공적영지空寂靈知", "무념위종無念爲宗"의 양대 사상요점에서 북종의 정혜관을 비판하고 무념無念, 무주無住의 공적체상에 있는 지知를 강조하여, 공적空寂과 영지靈知를 통일하고 체용일여의 사상에 의거하여 정혜불이를 주장하였다. 그의 무념, 무주의 선법은 『유마경』이 설한 "불이법문不二法門"의 바탕 위에 설립된 종지라고 할 수 있다. 그 목적은 모든 선법의 이론체계를 "중도실천행中道實踐行"으로 귀납시키고자 함이며, 이것은 또한 정혜등지의 무주행을 실천하고자 함이다.

제3장

돈오선사상의 전개와 수증론

이미 앞장에서 살펴보았듯이, 혜능선사가 남종 돈오선을 징초定礎하고, 신회선사가 돈오선법頓悟禪法의 이론기초를 확립하였다. 남종 문하는 이러한 기초 위에 계속 전진하여 보다 적극적인 방식의 종교실천을 추동하며, 선종의 이론과 실천사상을 더욱 발전시켰다. 선종 오가선이 분립되기 전, 혜능의 돈오선은 하택, 홍주의 양종 중심으로 전개되었다. "조계(혜능)가 이미 입멸한 후 그 사법자는 신회, 회양이니, 또한 이종으로 나뉘었다."240) 그러므로 인순印順 법사는 그의 『중국선종사中國禪宗史』에서 이렇게 말하고 있다.

> 회창법난會昌法難 이전에 석두종(石頭)계의 흥성은 하택종과 홍주종에 비교할 수 없었다. 석두계의 사상은 또한 조계의 정종으로 여겨지지 않았다.241)

주지하는 바와 같이, 중당中唐 초기 혜능 남종선문의 하택, 홍주 이종은 선문의 정통성의 계승을 위한 투쟁을 전개하였기 때문에 "하택종과 홍주종이 서로 참상參商의 간격이 있다."라는 말이 회자되었다. 이 양대 종파는 비록 종통 법계상에서 경쟁관계에 있었지만, 다만 그 선사상에 있어서는 적지 않은 방면에 상호 교류와 삼

---

240) 賈餗, 「楊州華林寺大悲禪師碑銘并序」. "曹溪旣沒, 其嗣法者, 神會懷讓, 又析爲二宗."
241) 『中國禪宗史』 第八章 「曹溪禪之開展」. "在會昌法難(八四五)以前, 石頭一系的興盛, 是比不上荷澤洪州的. 石頭一系的思想, 也沒有被認爲曹溪的正宗."

투가 이루어지고 있었다.

중국의 불교학자 누우렬樓宇烈 선생은 「혜해의 『돈오입도요문론』을 읽은 수기」라는 논고에서 "종밀 이후 일반적으로 모두 마조도일의 홍주종과 신회의 하택종 간의 차이에 대해 비교적 주의를 기울였지만, 홍주종 혜해의 저작 가운데에는 양자의 사상이 서로 같은 부분이 많음"을 상기시키고 있다.

사실상 만약 신회가 혜능 돈오선의 기본사상을 확립하였다면, 홍주종과 하택종은 계속해서 돈오선의 실천사상을 발전시켰다고 할 수 있다. 본서에서는 홍주종과 하택종을 중심으로 돈오선사상의 전개에 대해 고찰하고자 한다. 특히 돈오선의 토대라 할 수 있는 자성청정의 중도불성의 입장에서 주로 양종의 돈오사상과 돈점수증 체계를 살펴보도록 하겠다.

1. 홍주종(조사선) 돈오선사상의 전개

1) 자성청정과 즉심즉불 卽心卽佛

마조의 홍주종 시대에 이르러 선의 황금기를 맞이하게 되는데 선종사에서는 이를 조사선이라고 한다. 특히 마조 홍주종 문하에 운집한 수많은 문인 가운데 당대를 풍미할만한 뛰어난 정안종사正眼宗師가 수없이 배출되고 다양하고 조직적인 선문禪門을 형성하게 되었다.

『조당집』에 의거하면 친승親承제자가 88인, 현도玄徒가 일천여명이며, 또한『전등록』에는 입실제자入室弟子가 139인이나 되며 그들은 각기 한 지방의 종주로서 행화行化를 펼치고 있었다고 전하고 있다.

마조 문하의 뛰어난 제자로는 지장智藏, 백장百丈, 남전南泉, 혜해慧海, 유관惟寬, 대의大義, 회휘懷暉, 방거사龐居士 등이며, 백장문하에 위산潙山, 황벽黃檗이 있고, 남전南泉 문하에 조주趙州 등이 각각 문도 천여명 혹은 일천오백여명 이상을 거느리고 행화하고 있었다.

홍주종의 개창자 마조도일馬祖道一은 혜능의 "돈오자성청정頓悟自性淸淨"사상을 이어받아 "즉심즉불卽心卽佛", "비심비불非心非佛", "평상심시도平常心是道"의 중도불성 사상체계를 발휘하였다. 홍주의 선법은 사람이 깨달아 해탈하는 심성근거와 어떻게 수행할 것이며, 또한 어떻게 응기교화應機敎化 할 것인가의 문제를 둘러싸고 전개되었다. 이것을 선학에서는 심성론心性論, 수증론修證論, 교화방법론敎化方法論이라 말한다.

이 세 방면에 걸쳐 홍주선을 집중적으로 천착해 보고자 한다. 먼저 심성론의 입장에서 홍주종의 중도불성사상에 대해 살펴보도록 하자. 마조의 불성사상의 연원은 『능가경』이 설한 여래장자성청정설如來藏自性淸淨說에서 시작되고 있다. 『종경록宗鏡錄』에는 마조의 선법에 대해 이렇게 평가하고 있다.

홍주 마조대사가 말하기를, 달마대사가 남천축국으로부터 와서 오직 대승일심의 법을 전했는데, 『능가경』으로서 중생심을 부합시킴으로써 이 일심의 법을 믿지 않을까 염려되었다. 『능가경』에 이르길, '부처님이 말씀하신 마음으로 종을 삼고(佛語心爲宗), 문 없음으로 법문을 삼는다(無門爲法門).'라고 하였다. 왜 부처님이 말씀하신 마음으로 종을 삼는가? 부처님이 말한 마음이란 마음이 곧 부처(卽心卽佛)라는 것이니, 지금 말하는 것이 바로 마음의 말이다. 그러므로 말하길, 부처님이 말씀하신 마음으로 종을 삼고, 문 없음으로 법문을 삼는다는 것은 본래 성품이 공空함을 통달하여 다시 한 법도 없다. 성품이 스스로 문이니 성품은 모양이 없음으로 역시 문도 없다. 따라서 문 없음으로

법문을 삼는다고 말한다.242)

마조선사는 『능가경』의 "부처님이 말씀하신 마음으로 종을 삼고(佛語心爲宗), 문 없음으로 법문을 삼는다(無門爲法門)."는 설법을 기초로 하여 "마음이 곧 부처(卽心卽佛)"라는 사상을 제시하였다. 이른바 "불어심위종佛語心爲宗 무문위법문無門爲法門"이 가리키는 것은 "본성공(本性空 : 본래 성품이 공함)", "성무유상(性無有相 : 성품에는 모양이 없음)"이라는 여래장자성청정如來藏自性淸淨이다.

"자성청정自性淸淨"이라는 명제는 혜능, 신회의 돈오선법의 기본사상이며, 홍주종은 자성청정의 중도불성의 토대 위에 또한 "즉심즉불(卽心卽佛 : 마음이 곧 부처)"을 강조하고 있다. 홍주종의 자성청정에 대한 견해를 아래에서 살펴보자.

> 마조대사가 말하기를, 너의 마음을 알려면 단지 지금 말하는 그것이 바로 너의 마음이다. 이 마음으로 부처를 지으니, 또한 실상법신불實相法身佛이라 하고, 또한 도道라고 부른다. ……지금 견문각지見聞覺知하는 이것이 원래 너의 본래 성품이며, 또한 본래 마음이라 부른다. 더욱 이 마음을 여의고 따로 부처가 없다. 이 마음은 본래 있고 지금도

---

242) 『宗鏡錄』 卷第一. "洪州馬祖大師云, 達摩大師從南天竺來, 唯傳大乘一心之法, 以『楞伽經』印衆生心, 恐不信此一心之法. 『楞伽經』云, 佛語心爲宗, 無門爲法門. 何故佛語心爲宗. 佛語心者, 卽心卽佛, 今語卽是心語. 故云, 佛語心爲宗, 無門爲法門者, 達本性空, 更無一法. 性自是門, 性無有相, 亦無有門. 故云, 無門爲法門."

있어서(本有今有) 거짓으로 조작된 것이 아니다. 본래 깨끗하며 지금도 깨끗하여서(本淨今淨) 닦을 필요가 없다. 자성은 열반이며, 자성은 청정하며, 자성은 해탈이며, 자성은 (번뇌를) 여의었기 때문이다. 이것이 너의 마음의 성품이며, 본래 스스로 부처이니, (밖을 향해) 따로 부처를 구할 필요가 없다.243)

자성이 본래 청정하여 담연공적湛然空寂하다. 즉 공적한 본체本體 가운데 이런 견해를 낼 수 있다. ……학인이 만약 마음에 물든 바 없어 망령된 마음이 일어나지 않아서, 아我라는 주관적 마음이 멸하면 자연히 청정하게 된다.244)

위에서 볼 수 있듯이 홍주종의 주요 선사들 역시 모두 자성청정, 즉 중도불성의 입장을 견지하고 있다. 사실상 혜능이 『단경』이 시게心偈에서 "불성상청정佛性常淸淨"을 표명한 이래 남종선은 줄곧 자성청정을 자종의 종지로 삼았다. 마조는 자성이 본래 청정하여 자연히 공적한데, 그 공적한 체상에 물듦이 없기 때문에 망심은 자성을 여의지 않아서, 일부러 조작하고 털고 닦을 필요없이 자연히 청

---

243) 『馬祖道一禪師語錄』. "馬祖大師云, 汝若欲識心, 秪今語言, 卽是汝心, 喚此心作佛, 亦是實相法身佛, 亦名爲道. ……今見聞覺知, 元是汝本性. 更不離此心別有佛. 此心本有今有, 不假造作. 本淨今淨, 不待瑩拭. 自性涅槃, 自性淸淨, 自性解脫, 自性離故. 是汝心性, 本自是佛, 不用別求佛."
244) 『頓悟入道要門論』. "爲自性本來淸淨, 湛然空寂, 卽於空寂體中, 能生此見. ……學人若心無所染, 妄心不生, 我所心滅, 自然淸淨."

정하므로 자성열반, 자성해탈이라 말하고 있는 것이다. 마조 홍주선법에서 소위 자성청정自性清淨, 자성열반自性涅槃, 자성해탈自性解脫 이 셋은 완전히 동어반복에 지나지 않는다.

특히 위의 인용문에서 주의해 볼만한 가치가 있는 것은 홍주종의 불성에 대한 "본유금유(本有今有 : 본래 있고 지금도 있음)", "본정금정(本淨今淨 : 본래 청정하고 지금도 청정함)"의 관점이다. 『열반경』의 설법에 의거해 하택은 불성은 "본유금무(本有今無 : 본래 있었으나 지금은 없음)"이고 또한 청정하며, 번뇌는 "본무금유(本無今有 : 본래 없었으나 지금은 있음)"이고 또한 오염되었다."라고 주장하였다.

그러나 마조선사는 지금 이 순간 보고 듣고 느끼고 아는(見聞覺知) 이것이 바로 우리의 본성이며 또한 본심이니, 다시 이 마음을 떠나 따로 부처가 없다고 말하고 있다. 따라서 불성이 곧 번뇌이며, 번뇌가 곧 불성이므로, 불성은 "본유금유本有今有", "본정금정本淨今淨"이라는 적극적 관점을 제기하고 있다. 이것은 홍주종 특유의 자성청정설을 표현한 말인데 "작용으로 성품을 삼는(作用爲性)" 입장에서 자성(불성)의 작용을 강조하고 있는 것이다.

홍주종의 심성론心性論 역시 혜능선과 마찬가지로 반야般若와 불성佛性의 융합인 자성청정自性清淨 즉 중도불성론中道佛性論임을 알 수 있다. 마조가 말한 "돈오본성頓悟本性"의 본성이 가리키는 것이 바로 중도불성中道佛性인 것이다.

반야바라밀이 자기의 불성이며 또한 대승이다. ……그러므로 실상
법신불實相法身佛이라 말하고, 청정법신 비로자나불이라 부르며, 허공
법신불이라 부른다. ……또한 성종性宗이라 부르고, 또한 공종空宗이
라 부르고, ……또한 제일의공第一義空이라 부른다.245)

중생이라 함은 상相이 있다. 상이 있다는 것은 이미 이루어짐과 허
물어짐이 있다. 불성이라 함은 상이 없는 것인데, 상이 없다는 것은
성품이 공空하다는 것이다.246)

다시 묻기를, 진여의 성품은 실로 공空이기도 하고 불공不空이기도
하다. 만약 불공이라고 말하면 곧 상이 있게 되며, 공이라고 말하면
곧 단멸에 떨어진다. 일체 중생이 마땅히 어떻게 수행하여 해탈을 얻
겠습니까? 답하길, 진여의 성품은 공이면서 불공이다. 왜 그러하냐?
진여의 체는 형상이 없어서 얻을 수 없기 때문에 이름하여 공이라고
한다. 그러나 공의 모양 없는 체 가운데에 항사의 묘용을 갖추고 있음
으로 곧 현상(事)에 응하지 않음이 없으니 이름하여 불공이라 한다.247)

---

245) 『百丈語錄』. "般若波羅蜜是自己佛性, 亦是摩訶衍. ……故云實相法身佛, 是名淸淨法身毘盧
遮那佛, 亦名虛空法身佛, ……亦名性空, 亦名空宗, ……亦名第一義空."
246) 『頓悟入道要門論』. "衆生者是有相, 有相者旣有成壞. 佛性者是無相, 無相者卽是空性也."
247) 上同. "又問, 眞如之性, 爲實空. 若言不空, 卽是有相, 若言空者, 卽是斷滅. 一切衆生, 當依
何修而得解脫. 答, 眞如之性, 亦空亦不空, 何以故. 眞如之體, 無形無相, 不可得也, 是名亦
空. 然於空無相體中, 具足恒沙之用, 卽無事無應, 是名亦不空."

홍주종 선사들이 제시한 불성이란 무상실상無相實相, 공역불공空亦不空, 반야바라밀般若波羅蜜, 제일의공第一義空, 자성공적自性空寂, 청정법신淸淨法身, 허공법신불虛空法身佛 등으로 모두 중도를 그 내용으로 설하고 있다. 이것은 혜능 돈오선의 불성론과 완전히 일치하고 있다.

『조계대사전曹溪大師傳』에서 일찍이 말하기를 "불성은 범부凡夫에 있어서 줄어들지도 않고, 현성賢聖에 있어서 늘어나지도 않는다. 번뇌에 있어서도 더럽혀지지 않고, 선정에 있어서도 깨끗해지지 않는다. 따라서 단멸斷滅하지도 않고 항상恒常하지도 않으며, 오지도 않고 가지도 않는다. 또한 중간 및 내외도 아니며, 생生하지도 않고 멸滅하지도 않아서, 모양과 성품이 상주常住하여 항상 변함이 없다."248) 라고 하였다.

그러므로 "모든 부처님이 중생들을 볼 때에 종일 생生해도 생함이 없으며(無生), 종일 멸滅해도 멸함이 없음(無滅)을 본다. 생도 없고 멸도 없음(無生無滅)이 곧 대승의 불과佛果인 것이다"249) 라고 말하는 것이다. 대주혜해大珠慧海 역시 제법의 불이중도不二中道적 관점에서 "이성공二性空"의 설을 주장하고 있다.

---

248) 『曹溪大師傳』. "佛性, 在凡夫不減, 在賢聖不增, 在煩惱而不垢, 在禪定而不淨, 不斷不常, 不來不去, 亦不中間及內外, 不生不減, 性相常住, 恒不變易."
249) 『宛陵錄』. "諸佛見衆生, 終日生而無生, 終日滅而無滅. 無生無滅, 卽大乘果."

이성(二性 : 두 가지 성품)이 공空함을 알면 바로 해탈을 얻으며, 이성이 공하지 않다고 알면 해탈을 얻지 못한다. 이것을 지혜라 부르며, 정사 正邪를 깨달았다 하며, 체용體用을 알았다 한다. 이성이 공한 즉 본체이며, 이성을 알면 곧 해탈이다. 다시 의심이 일어나지 않음이 곧 작용이다. 이성이 공하다는 것은 유有와 무無, 선善과 악惡, 애愛와 증憎이 일어나지 않음을 말하는 것이니 이를 일러 이성공二性空이라 한다.250)

홍주종은 자성청정을 법성이 본래 공하다(性性本空)는 불이중도不二中道로 이해하고, 더 나아가 "본래무일물(本來無一物 : 본래 한 물건도 없음)"설을 제시하기에 이른다. 황벽의 설법을 들어보기로 하자.

네가 만약 법이 있어서 설함을 본다면, 곧 음성으로 여래를 구함이다. 아我가 있음을 본다면 곧 머묾이다. 법法은 또한 무법無法이니 법은 곧 마음이다. 그러므로 조사가 말하기를 이 마음과 법을 부촉할 때 법과 법은 일찍이 그대로 법인데, 법도 없고 본래 마음도 없어야 비로소 법(객관)과 심법(주관)을 깨닫는 것이다. 실로 한 법도 얻을 바 없음을 도량이라 부른다. 도량이라는 것은 오직 모든 망견을 일으키지 않음이니, 법이 본래 공함을 깨달으면 공여래장空如來藏이라 부른다. 본래 한 물건도 없는데(本來無一物), 어디에 티끌이 있겠는가(何處有塵埃)? 이 가

---

250) 『頓悟入道要門論』. "知二性空, 卽是解脫, 知二性不空, 不得解脫, 是名爲智, 亦名了邪正, 亦名識體用. 二性空, 卽是體. 知二性空, 卽是解脫. 更不生疑, 卽名爲用. 言二性空者, 不生有無善惡愛憎, 名爲二性空."

운데 뜻을 깨닫게 되면 어느 곳이든 소요하리라.251)

몸이 공空하므로 법이 공하며, 마음이 공하므로 성품이 공한 것이다. 몸과 마음 모두 공하므로 성품도 공하다고 한다. 내지 천 갈래의 이설도 모두 너의 본심을 여의지 않는다. 마치 지금 말하는 보리菩提, 진여眞如, 불성佛性, 이승보살二乘菩薩 등 모두가 나뭇잎으로 황금이라 하고, 빈주먹 안에 보물이 있다고 말하는 방편설이다. 만약에 손바닥을 폈을 때 하늘이든 사람이든 일체대중은 모두 손바닥 가운데 한 물건도 없음을 본다. 그러므로 말하기를 "본래 한 물건도 없는데(本來無一物), 어디에 티끌이 있겠는가(何處有塵埃)"라고 하는 것이다. 이미 본래 물건이 없다면 과거, 현재, 미래에 본래 소유할 바가 없다. 따라서 수행자는 단도직입單刀直入으로 깨달아야 비로소 그 의미를 알 수 있다.252)

황벽희운黃檗希運선사는 "본래무일물本來無一物"로서 제법의 성품이 공空함을 설명하고, 또한 제법의 성품이 본래 청정함을 말하고

---

251) 『宛陵錄』. "汝若見有法可說, 即是以音聲求我. 若見有我, 即是處所. 法亦無法, 法即是心. 所以祖師云, 付此心法時, 法法可曾法, 無法無本心, 始解心心法. 實無一法可得, 名坐道場. 道場者, 只是不起諸見, 悟法本空, 喚作空如來藏. 本來無一物, 何處有塵埃. 若得此中意, 逍遙何所論."

252) 上同. "以身空故名法空, 以心空故名性空, 身心總空, 故命性空. 乃至千途異說, 皆不離你之本心. 如今說菩提眞如佛性二乘菩薩者, 皆指葉爲黃金, 拳掌之說. 若也展手之時, 一切衆生若天若人, 皆見掌中都無一物. 所以道, 本來無一物, 何處有塵埃. 本旣無物, 三際本無所有. 故學道人單刀直入, 須見者個意始得."

있다. 그는 제법의 성품, 즉 중생과 제불, 생사와 열반, 유위有爲와 무위無爲, 세간과 출세간 내지 육도六道와 사생四生, 산하山下와 대지大地, 유성有性과 무성無性 등 모두가 동일체同一體라고 보고 있다. 그 원인에 대해 황벽은 "같다고 말하는 것은 이름의 모양(名相)이 또한 공하기 때문이다. 유有도 공이요, 무無도 공이며 항하사 세계 모두가 원래 하나의 공이다"[253] 라고 설하고 있다.

황벽이 위에서 말한 "본래무일물本來無一物"과 『전심법요傳心法要』 가운데 말한 "이심전심以心傳心", 그리고 『완릉록宛陵錄』의 "직지인심直指人心, 견성성불見性成佛" 등의 설법은 선종의 핵심종지가 되어 이후 선종오가禪宗五家의 사상에 지대한 영향을 미치게 된다. 특히 "본래무일물, 하처유진애(本來無一物, 何處有塵埃 : 본래 한 물건도 없는데, 어느 곳에 티끌이 있겠는가)"라는 구절은 황벽에 의해 가장 먼저 사용되고 있으며, 이 후 종보본, 덕이본 등의 『단경』에서 모두 이 본래무일물本來無一物로서 돈황본 『단경』의 "불성상청정佛性常淸淨"의 구절을 대체하고 있다.

또한 황벽선사의 자성청정에 대한 해석은 확실히 남종의 대표성을 띠고 있는데, 남종선에서 보리菩提, 본각本覺, 진심眞心 등을 언급할 때 기본적으로 모두 "나뭇잎을 가리켜 황금이라고 하고(指葉爲黃金)", "빈주먹 안에 보물이 있다(拳掌之說)"고 설법한다.

---

253) 『宛陵錄』. "言同者, 名相亦空. 有亦空, 無亦空, 盡恒沙世界, 元是一空."

이것은 연기중도의 입장에서 실제로 있는 것을 가리키는 것이 아니다. 황벽이 본래무일물로서 제법의 실상인 반야성공般若性空, 중도불성中道佛性의 이론을 남종돈오법문에 철저하게 관철시킨 표현인 것이다. 뿐만 아니라 제법성공諸法性空, 보리菩提, 진여眞如, 불성佛性 등이 모두가 한 물건도 없으며(無一物), 공하여 얻을 바가 없으며(空無所得), 자심이 본래 청정하여 본래 부처라고 말하는 것이다.

홍주선에서 설한 본래무일물本來無一物의 청정심은 자연히 즉심즉불卽心卽佛의 사상노선으로 발전하게 된다. 마음도 공空이요, 부처 또한 공空으로서 하나이기에 마음이 곧 부처(卽心卽佛)인 것이다.

> 너희 등 모든 사람은 각자 자기 마음이 부처임을 믿어야 한다. 이 마음이 부처이니(此心是佛), ……마음 밖에 따로 부처가 없고(心外無別佛), 부처 밖에 따로 마음이 없다(佛外無別心).254)

> 이르기를, 어떻게 부처를 이룹니까? 답하기를, 이 마음이 부처이니(是心是佛), 이 마음으로 부처를 지어라(是心作佛).255)

> 마음이 부처이며(卽心是佛), 무심이 도이다(無心是道). 일어나는 마음, 움직이는 생각이 없고, 유무有無와 장단長短이 없고, 피아彼我와 능소能

---

254) 『馬祖道一禪師語錄』. "汝等諸人, 各信自心是佛, 此心卽佛, ……心外無別佛, 佛外別無心."
255) 『諸方門人參問』. "日, 如何得作佛. 師日, 是心是佛, 是心作佛."

所 등의 마음이 없어야 한다. 마음이 본래 부처이며(心本是佛), 부처가 본래 마음이다(佛本是心).[256]

사실 홍주종이 강조하는 "즉심즉불설卽心卽佛說"은 원래 마조에 의해서 처음 설해진 것이 아니고, 선사상사에서 훨씬 일찍이 거론되고 있다. 즉 『관무량수경』에서 "마음이 부처요(是心是佛), 마음이 부처를 만든다(是心作佛)."라고 설한 이래로 선종의 2조 혜가慧可가 "이 마음이 부처요(是心是佛), 이 마음이 법이다(是心是法)."라고 말하고 있다.

4조 도신道信 역시 『관무량수경』을 인용하여 "제불의 법신이 일체 중생의 심상心想에 들어가니, 이 마음이 부처다(是心是佛)", "마땅히 알아라. 부처가 곧 마음이며, 마음 밖에 따로 부처가 없다."라고 말하고 있다. "마음이 부처(是心是佛)"라고 하는 말은 중도불성사상으로서, 또한 줄곧 남종 돈오선법의 토대가 되어 왔다.

『단경』에서도 "내 마음에 스스로 부처가 있으며(我心自有佛), 스스로의 부처가 참 부처이다(自佛是眞佛)." 『조계대사전』에 또한 설하기를, "남방에 혜능선사가 있는데, 비밀스럽게 홍인대사로부터 의발을 전해 받아 법을 믿고 상승을 돈오하여 불성을 밝게 보았다. 지금 소주 조계산에 주석하며 중생들에게 깨달음을 보이고 마음이 부

---

256) 『宛陵錄』. "卽心是佛, 無心是道. 但無生心動念, 無有長短, 彼我能所等心. 心本是佛, 佛本是心."

처(是心是佛)라고 설하고 있다."257)

신회 또한 말하기를 "중생심이 곧 불심이며, 불심이 중생심이다. ……만약 그것을 깨닫게 되면 중생과 부처가 원래 차별이 없다."258) "마음에 상이 없으면 곧 불심이다. ……오직 불심을 가리키며 마음이 부처다(是心是佛)."259) 라고 하였다.

종보본 『단경』에는 법해가 처음으로 혜능을 친견하고 바로 "즉심즉불"의 뜻을 물었을 때 혜능이 대답하기를, "앞생각이 일어나지 않음이 마음이며, 뒷생각이 멸하지 않음이 부처이다. 일체 상相을 이룸이 마음이며, 일체 상을 떠남이 부처다."260) 라고 하였다.

이와 같이 "즉심즉불"사상은 혜능, 신회의 돈오선법의 핵심내용이며, 또한 불생불멸不生不滅의 중도불성을 그 내용으로 하고 있다. 홍주종은 적극적으로 이러한 돈오선법의 즉심즉불卽心卽佛사상을 계승하고, 나아가 "비심비불설非心非佛說" 혹은 "마음도 아니요(不是心), 부처도 아니요(不是佛), 물건도 아니다(不是物)."라고 주장하기에 이른다.

---

257) 『曹溪大師傳』. "南方有能禪師, 密受忍大師記傳, 傳達摩衣鉢, 以爲法身, 頓悟上乘, 明見佛性, 今居韶州曹溪山, 示悟衆生, 卽心是佛."
258) 石井本『雜徵義』. "衆生心卽是佛心, 佛心卽是衆生心. ……若其了者, 衆生與佛元無別."
259) 『壇語』. "心若無相, 卽是佛心. ……唯指佛心, 卽心是佛."
260) 宗寶本『壇經』機緣品第七. "前念不生卽心, 後念不滅卽佛. 成一切相卽心, 離一切相卽佛."

어떤 스님이 묻는다. 화상께서는 왜 "마음이 부처(卽心卽佛)"라고 말하십니까? 마조가 대답하기를, 애기의 울음을 달래기 위함이다. 묻기를, 울음을 그친 후에는 어찌 합니까? 대답하기를, 마음도 아니요, 부처도 아니다(非心非佛). 다시 묻기를, 이 두 종류를 제외한 사람이 오면 어떻게 가르칩니까? 대답하기를, 물건도 아니다(不是物). 묻는다. 홀연히 그런 경지에 있는 사람을 만나면 어찌 합니까? 대답하기를, 대도大道를 깨우치게 가르친다.261)

복우자재伏牛自在가 말하기를, 마조대사는 어떻게 제자를 가르치는가? 대답하기를, '마음이 부처(卽心卽佛)'라고 가르칩니다. ……이 외에 무슨 다른 말씀이 없으시든가? 대답하기를, '마음도 아니요, 부처도 아니다(非心非佛)'고 말하고, 혹은 '마음도 아니요(不是心), 부처도 아니요(佛是佛), 물건도 아니다(不是物).'라고 합니다.262)

사람들은 일반적으로 스스로의 마음이 본래 부처임을 깨닫지 못하고 밖을 향해 수행을 하고 깨달음을 구하므로, 마조는 이러한 잘못된 상황을 깨우치기 위하여 "즉심즉불卽心卽佛"이라고 말한 것이다.

---

261) 『傳燈錄』卷第六. "僧問, 和尙爲什麽說, 卽心卽佛. 師云, 爲止小兒啼. 僧問, 啼止後如何. 師云, 非心非佛. 僧云, 第二種人來, 如何指示. 師云, 向伊道, 不是物. 僧問, 忽遇其中人來時如何. 師云, 且敎伊體會大道."
262) 『傳燈錄』. "伏牛自在, 馬大師以何示徒. 對曰, 卽心卽佛. ……此外更有什. 言敎. 師曰, 非心非佛. 或云, 不是心, 不是佛, 不是物."

그러나 마조가 즉심즉불을 강조한 이후 즉심즉불의 밖으로 드러난 뜻에만 집착하고, 그 본의에 의해 수행하지 않는 풍토가 조성되자, 지해방편知解方便에 집착하는 것을 부수기 위해 "비심비불非心非佛"이라고 설하게 된 것이다.

다시 말하면 비심비불은 즉심즉불에 대응하여 제기한 일종의 부정어인 셈이다. 그 뜻은 주체의 인식활동(마음)은 인식주체와 주체가 인식한 객관대상에 의해 만들어진 허상에 불과한 것이다. 즉 인식활동은 인식주체에 있는 것도 아니요, 객관대상에 있는 것도 아니요, 그 둘이 합쳐지는데 있는 것도 아니다. 그렇다고 합쳐지는데 없는 것도 아니니, 인식은 세계의 인식이요, 세계는 인식의 세계일 뿐이다. 따라서 마음도 아니요 부처도 아니어서 마음이라 해도 틀리고 부처라 해도 틀리게 되는 것이다. 그러므로 또한 말하기를 "마음도 아니요(不是心) 부처도 아니요(不是佛) 물건도 아니다(不是物)."라고 하는 것이다.

이러한 주장은 대치실단對治悉檀의 방편에 집착하지 않음을 나타낼 뿐만 아니라, 부처라는 지견은 내외內外, 생멸生滅 등 두 가지 법(二法)인 변견에 치우침이 아니고, 불내불외不內不外, 불생불멸不生不滅의 불이중도不二中道의 법임을 설명하는 것이다. 따라서 훗날 문각文覺선사는 마음과 부처에 대해 아래와 같이 해석하고 있다.

마음이 곧 부처이며(即心即佛), 마음도 아니요, 부처도 아니다(非心非佛). 마음과 부처는 본래 공한데, 어찌 '이다(即), 아니다(非)'가 있겠는가? (공 또한) 공을 지키지 않으며, (마음의) 참된 근원은 스스로 통한다. 부처와 부처, 조사와 조사가 이것으로써 종지를 세웠다.263)

마음이 부처라고 해도 틀리고, 마음이 부처가 아니라고 해도 맞지 않다. 마음도 부처도 본래 공한 것인데 어디 "이고(即), 아니고(非)"가 있겠는가. 일체가 다 공空하지만 그 공 또한 공을 지키지 않고 색色으로 나타난다. 색이 그대로 공이요(色即是空), 공 또한 그대로 색이니(空即是色) 이를 일러 "즉색즉공即色即空"의 "진공묘유眞空妙有"라고 한다. 이것이 부처와 조사가 세운 종지이다. 백장회해 또한 즉심즉불, 비심비불의 명제에 대해 자신의 견해를 밝히고 있다.

수행하여 부처를 이룬다고 말하는 것은 닦음이 있고(有修) 깨달음이 있으며(有證), 이 마음이 부처(是心是佛)이며, 마음이 곧 부처(即心即佛)라고 하는 것은 부처님의 말씀이나 불요의不了義의 말이며, 가리지 않는 말이며, 총괄적인 말이며, 염예染穢법의 방편어이며, 따르는 비유어이며, 죽은 말이며, 범부에게 하는 말이다. 수행에 의지하지 않고 부처를 이룬다고 하는 것은 닦음이 없고 증득證得이 없으며, 마음도 아니요

---

263) 『御選語錄』 십구, 「覺生寺文覺禪師元信雪鴻」. "即心即佛, 非心非佛, 心佛本空, 即非何有. 能不守空, 眞源自通, 佛佛祖祖, 以此立宗."

부처도 아니다. 이 또한 부처님 말씀이며, 요의了義의 말이며, 가리는 말이며, 개별적인 말이며, 삼승의 가르침 밖의 말이며, 거스르는 비유어이며, 청정법의 방편어이며, 살아있는 말이며, 수행 계위에 있는 사람에게 하는 말이다. ……요의교了義敎는 가지는 것(持)이며, 불요의교不了義敎는 범하는 것(犯)이다. 불지위(佛地)는 가지고 범함이 없으니(無持犯), 요의와 불요의 둘 다 허용하지 않는다.264)

백장선사가 생각하기에, 이른바 "즉심즉불"은 범부를 위한 불요의(不了義 : 방편)의 방편법문이다. 그래서 도를 수행하여 부처가 된다는 것은 닦음도 있고 깨달음(有修有證)도 있는 것이다. 이른바 "비심비불"은 삼승교 밖에 설해진 요의(了義 : 진실)의 법문이다. 따라서 수행하여 부처가 된다는 것을 허용하지 않으니, 닦음도 없고 깨달음도 없다. 즉 본래 청정한 자성은 범부로서 미혹했을 때에도 줄어듦이 없고, 부처가 되어 깨달았을 때에도 늘어남이 없다.

그러므로 천진자성天眞自性은 본래 미혹된 바도 없고 깨달음도 없어 시방 허공계가 원래 나의 일심체一心體이니, 한 물건도 없음을 분명히 깨달으면 사람도 없고 부처도 없다. 이러한 부처의 경계는

---

264) 『百丈廣錄』. "說道修行得佛, 有修有證, 是心是佛, 卽心卽佛, 是佛說, 是不了義敎語, 是不遮語, 是總語, 是升合擔語, 是揀穢法邊語, 是順喩語, 是死語, 是凡夫前語. 不許修行得佛, 無修無證, 非心非佛, 亦是佛說, 是了義敎語, 是遮語, 是別語, 是百石擔語, 是三乘敎外語, 是逆喩語, 是揀淨法邊語, 是生語, 是地位人前語. ……了義敎是持, 不了義敎是犯. 佛地無持犯, 了義不了義盡不許也."

요의, 불요의 모두를 허용하지 않게 된다. 홍주종의 논리에 따르면 먼저 즉심즉불로 긍정하고, 이후에 다시 비심비불로 부정하고, 중도불이의 입장에서 또한 절대긍정으로 평상심시도平常心是道를 설하고 있다.

그런데 홍주선에서는 또한 즉심즉불卽心卽佛의 전제로 성즉시심性卽是心을 들고 있는데, 즉 진여자성(眞如本性)과 현실지심現實之心을 상호 융합시켜 즉성즉심卽性卽心이 된다고 보고 있다.

> 달마가 이 땅에 와서 양, 왜 두 나라에 이르기까지 혜가대사 한 사람만이 비밀리에 스스로의 마음을 믿어, 언하에 바로 마음이 부처임을 깨달아, 몸과 마음이 함께 없으니, 이를 일러 대도大道라 한다. 대도는 본래 평등하므로 중생과 성인의 성품이 동일한 진성眞性임을 믿어, 마음과 성품이 다르지 않아서, 성품이 곧 마음이니(卽性卽心), 마음과 성품이 다르지 않음을 조사(祖)라 한다.265)

여기서 주목할 점은 "성품이 곧 마음이다(卽性卽心)."라는 한 구절이다. 조사란 즉성즉심卽性卽心을 깨달은 사람이다. 그래서 황벽은 달마의 즉성즉심卽性卽心에 의거하여 즉심즉불卽心卽佛을 제출하고 있는 것이다. 아울러 홍주선은 자성청정이 자심청정이므로 즉심즉

---

265) 『宛陵錄』. "達摩來此土, 至梁魏二國, 只有可大師一人密信自心, 言下便會卽心是佛, 身心俱無, 是名大道. 大道本來平等, 所以深信含生同一眞性, 心性無二, 卽性卽心, 心不二性, 名爲祖."

불의 "즉심卽心"은 일반 사람의 현실의 마음(現實之心)이 아니고 자성청정을 깨달은 중도의 마음(中道之心)이라고 주장하고 있다.

여기서 우리는 혜능선으로부터 홍주선에 이르기까지 남종선에서 아직 해결되지 않은 하나의 문제에 부딪치게 된다. 즉 지금 여기서 쓰고 있는 이 마음(當下之心)의 이해 문제에 관한 것이다. 적지 않은 선학자들은 홍주선이 주장하는 "즉심즉불"의 "즉심"을 사람들이 지금 여기서 바로 쓰고 있는 마음, 즉 당하지심當下之心이라 이해하고 있다. 이 당하지심은 지금 당장의 현실의 마음(現實之心)인가, 아니면 지금 당장의 무념의 마음(無念之心)인가?

중생의 무명번뇌의 각도에서 보면 남종선에서 말하는 당하의 현실지심과 당하의 무념지심과는 동등하지 않다. 홍주선은 명확히 주장하기를, "직하에 자심이 본래 공함을 깨달아야(直下頓了自心本空) 곧 부처"를 이룰 수 있다고 한다. 이 말은 즉심卽心이 당하망심이 아니라, 당하무심을 가리키고 있다는 것이다. 이렇게 되면 평상심시도의 평상심은 일반 사람들의 중생심이 아니라 청정, 평등한 중도무심中道無心인 것이다. 그러므로 황벽은 이렇게 말하고 있다.

제불보살과 일체중생은 대열반의 성품으로 동일하다. 성품이 곧 마음이며, 마음이 곧 부처이다. 한 생각이 참됨을 떠나면 모두가 망상이다. 마음으로서 다시 마음을 구할 수 없고, 부처로서 다시 부처를 구할 수 없으며, 법으로서 다시 법을 구할 수 없다. 그러므로 수도인은 직하에 무심(直下無心)하여 묵묵히 계합하니, 마음에 얽매이면 즉시 어긋난다. 마음으로서 마음을 전하니 이것이 바른 견해(正見)이다.[266]

이른바 "마음으로서 다시 마음을 구할 수 없다(不可將心更求於心)."라는 것은 일찍이 신회가 북종의 관심선법觀心禪法을 공격하던 도구로 사용된 유명한 말이다. 홍주선은 여전히 "마음은 얻을 바가 없음(心無所得)"을 견지하면서 동시에 "직하무심설直下無心說"을 제기하고 있다.

여기서 황벽선사는 즉심即心과 무심無心을 서로 통일시키고 무심이 부처(無心即佛)라고 주장한다. 이는 "즉심即心"이 중도정심中道正心의 무심無心으로서, 번뇌에 오염된 현실의 마음(現實之心)이 아님을 증명한다.

이로부터 당하지심當下之心에는 두 가지 함의가 있음을 알 수 있다. 하나는 당하의 현실지심으로서 무명번뇌에 가린 망심을 가리키며, 다른 하나는 당하의 무념지심, 즉 무심을 말하고 있다. 남종선 가운데의 "즉심即心", "평상심平常心" 등은 모두 후자에 속하는 "직하무심"을 가리키는 말이다. 선수행자는 직하에 무심을 돈오하여야만 불경계에 도달할 수 있다. 마조는 일찍이 생즉무생生即無生을 내

---

266) 『傳心法要』. "諸佛菩薩與一切蠢動衆生同大涅槃性. 性卽是心, 心卽是佛, 佛卽是法. 一念離眞, 皆爲妄想. 不可以心更求於心 不可以佛更求於佛, 不可以法更求於法, 故修道人直下無心默契. 擬心則差, 以心傳心, 此爲正見."

용으로 하는 직하무심을 설하고 있다.

　보는 바의 색色은 모두 마음(心)을 보는 것이다. 마음은 스스로 마음일 수 없어, 색으로 인해 마음일 수 있다. 너에게 다만 수시로 말하기를 현상이 곧 이치이니(卽事卽理) 모두 얻을 바 없다. 보리의 도과道果도 이와 같다. 마음에 일어난 바를 이름하여 색色이라 한다. 색이 공한 줄 알므로 생生이 곧 불생不生이다. 만약에 이 도리를 깨닫게 되면 때에 맞춰 옷 입고 밥 먹을 수 있어 성태聖胎를 길러 자재하게 지낼 수 있다. 그 외에 무슨 다른 일이 있겠는가?267)

　위에서 말한 "보는 바의 색色은 모두 마음(心)을 보는 것이다. 마음은 스스로 마음일 수 없어서, 색으로 인해 마음이 있을 수 있다."라고 하는 것은 마음과 색, 색과 공을 서로 통일시켜 중도정심中道正心을 나타내고 있다.
　다시 말하면 마음은 스스로 마음이라 칭할 수 없어서 반드시 색(色 : 境)을 반연해서 생겨나고, 색은 스스로 색일 수 없어 반드시 마음으로 인해 나타난다. 마음이 생겨난 즉 색이 생겨나고, 마음이 멸한 즉 색이 멸하고, 마음과 색이 함께 멸하니 곧 얻을 바가 없게

---

267) 『馬祖道一禪師語錄』. "凡所見色, 皆是見心, 心不自心, 因色故有. 汝但隨時言說, 卽事卽理, 都無所碍. 菩提果道, 亦復如是. 於心所生, 卽名爲色. 知色空故, 生卽不生. 若了此意, 乃可隨時, 着衣喫飯, 長養聖胎, 任運過時. 更有何事."

된다(無所得).

그러므로 "마음이 일어난 즉 가지가지 법이 일어나고(心生則種種法生), 마음이 멸한 즉 가지가지 법이 멸한다(心滅則種種法滅)."라고 설한다. 이것이 바로 무소득無所得의 중도정심이다. 황벽은 이것을 해석하여 "이 마음은 나도 없고(無我) 주체도 없다(無主). 육근(眼, 耳, 鼻, 舌, 身, 意), 육진(色, 聲, 香, 味, 觸, 法), 육식(眼識 내지 意識)이 화합하여 생멸함도 또한 이와 같아서 십팔계十八界가 공하며, 일체 모두가 공하니 오직 본심이 탕연히 청정함이 있을 뿐이다." "반야는 지혜이니, 이 지혜가 곧 무상본심無相本心이다."[268] 라고 하였다.

여기서 말한 "이 마음은 나도 없고(無我), 주체도 없다(無主)."는 말의 뜻은 마음에 사량분별이 있으나, 사량분별은 본래 성품이 공하다. 본래 공하다는 것은 무분별無分別을 말한다. 분별망념은 본래 성품이 공하니 망념妄念이 곧 진념眞念이며 망아妄我가 곧 진아眞我다.

그러므로 "무소득無所得" 혹은 "무일물無一物"이라고 말한다. 이 무소득, 무일물의 본성을 억지로 가짜 이름을 세워 중도불성中道佛性이라 말하는 것이다. 신회와 혜해가 말한 "중도도 또한 없다(中道亦亡)."고 한 것이 바로 이 뜻이다.

이러한 불성이 바로 중도정심인 까닭에 즉성즉심卽性卽心으로부터

---

268) 『傳心法要』. "般若爲慧, 此慧卽無相本心也."

즉심즉불卽心卽佛을 거쳐 또한 즉인즉불卽人卽佛 사상에 이르게 되었다. 이와 같이 혜능, 신회에 의해 "즉심시불卽心是佛"이 제기되고, 그리고 홍주종 선사들에 의해 "즉심즉불卽心卽佛"이 강조되고 더 나아가 "즉인즉불卽人卽佛"을 주장하게 된다.

> 자고로 지금까지 부처는 다만 사람일 뿐이니 사람이 오직 부처이다 (人只是佛).[269]

> 조사가 서쪽에서 와서 일체 모든 사람이 부처라고 바로 가리켰다.[270]

> 중생이 곧 부처요(衆生卽是佛), 부처가 곧 중생이다.(佛卽是衆生)[271]

홍주선은 "성품을 여의고 부처가 없고, 마음을 여의고 부처가 없고, 사람을 여의고 부처가 없다. 자성自性, 자심自心, 자기自己가 본래 부처이니 사람마다 모두 불성이 있고, 사람마다 모두 부처"라고 역설한다. 이것은 자기가 본래 부처라는 철저한 믿음의 바탕 위에 선수행을 실천해야 함을 가르치고 있다. 이러한 믿음이 전제되지 않고서는 결코 참선 자체가 성립될 수 없으며, 깨달음 또한 담보할

---

269) 『百丈廣錄』. "自古自今, 佛只是人, 人只是佛."
270) 『傳心法要』. "祖師西來, 直指一切人, 全體是佛."
271) 『趙州語錄』. "衆生卽是佛, 佛卽是衆生."

수 없게 된다. 자기가 본래 부처임을 깨닫지 못하면 미혹하게 되며 자기가 본래 부처임을 요달함이 깨달음이다. 따라서 미혹한 즉 사람이 곧 범부요, 깨달은 즉 사람이 곧 부처이다.

이와 같이 철저하게 스스로를 비하하는 중생상을 소탕하여 주체적으로 자기가 본래 부처임을 자각하여, 자유자재의 참사람(無位眞人)을 수립하는 것으로 오가선문 이후의 수증풍토를 이루고 있다. 즉 홍주선의 "즉인즉불卽人卽佛"사상은 오가선五家禪 이후의 활발발한 조불祖佛[272] 사상으로 전개되는 토대가 되고 있다.

종합적으로 말하여 혜능, 신회의 돈오선이 "자성이 청정함을 돈오하는 것(頓悟自性淸淨)"을 주장하고, 아울러 당하무념當下無念의 중도불성을 강조하였다. 이어서 홍주선의 주요 특징 또한 혜능의 당하무념을 자성, 자심의 대용大用으로 삼아, 그 위에서 직하무심설을 발휘하고 있다. 그래서 인간의 가치를 더욱 두드러지게 하고 있다. 예를 들어 "무엇이 부처인가? 당하(지금 여기)의 사람이다."라고 말하니, 이것이 바로 즉심즉불, 즉인즉불사상이다.

---

272) 일반적으로 "불조佛祖"라고 하면 부처와 조사를 지칭하는 말이지만, 조사선에서 "조불祖佛"이라고 하면 조사의 부처 즉 부처인 조사를 말함이니 현재 살아있는 조사가 그대로 부처라는 뜻이 된다.

2) 무념수행無念修行 ― 무수무증無修無證

지금까지 선학계에서 홍주선의 수증관修證觀을 언급할 때 일반적으로 "도불용수(道不用修 : 도는 닦을 필요가 없다)", "평상심시도(平常心是道 : 평상심이 도다)" 등과 같은 어구를 사용한다. 사람들은 이러한 닦음이 없는 닦음(無修之修)의 수증관점을 최상승 조사선의 수증관이라 부른다. 홍주종 조사선의 닦음이 없는 닦음의 진정한 함의에 대한 분석을 통해 홍주선의 수증론에 대해 논의해 보자. 규봉종밀圭峰宗密은 『원각경대소초』 권삼에서 홍주의 선법을 아래와 같이 평하고 있다.

> 마음이 일어나면 생각이 움직이니 손가락을 튕기고, 기침을 하고, 눈썹을 치켜 올리는 등의 모든 행동(作爲)이 불성 전체의 작용으로 제이의 주재는 없다. ······ 사대의 몸을 자세히 살펴보면 모두 탐진貪嗔을 알지 못한다. 따라서 탐진번뇌는 모두 불성이다. 불성은 일체의 차별 경계가 아니면서, 또한 일체 차별 경계를 짓는다. 『능가경』에 말하기를, 여래장은 선善과 불선不善의 종자로 일체를 만들고 가득하게 하여 고苦와 락樂을 일으켜 받는 인자因子를 갖추고 있다. 또한 부처님은 마음을 말하였다(佛語心). 그리고 혹 불찰佛刹이 있거나, 미간을 움직이고, 웃고, 기침하고, 움직이는 모든 것이 불사佛事이다.
> 그러므로 부딪치는 모두가 도라고 말한다. 마음에 맡긴다(任心)는 것

은 업을 소멸하고 정신을 기르는 수행문의 도업道業을 말한다. 마음을 일으켜 악을 짓고 선을 닦지 않음은 수도하는 것이 아니다. 도가 곧 마음이다. 마음으로써 마음을 닦지 못하니, 악 또한 마음이라서 마음으로 마음을 끊지 못한다. 끊지 않고 만들지도 않아 임운자재任運自在하니 이를 일러 해탈한 사람이라 하고, 초월한 사람이라 한다. 법은 얽어 맬 수 없고, 부처는 만들지 못한다. 왜냐하면 심성心性 밖에 한 법도 얻을 수 없기 때문이다. 그러므로 마음에 맡김을 곧 수행이라 한다.273)

종밀이 보기에 홍주종이 제출한 선법은 마음을 일으켜 생각을 움직이는 탐진번뇌 및 선善·불선不善의 행위 등 모두가 불성이요, 도이다. 그러므로 마음에 맡기는 것(任心)이 수행이요, 그대로 맡겨서 자재함(任運自在)이 해탈이다. 이러한 "부딪치는 모든 것이 도(觸類是道)"라는 말의 근거는 『능가경』의 여래장자성청정설 가운데서 찾을 수 있다. 청정한 자성은 체體와 용用의 두 방면으로 나눌 수 있는데, 그 항사恒沙의 작용作用면에서 보게 되면 부딪치는 일체 모두(觸

---

273) 『圓覺經大疏』卷三之下. "起心動念, 彈指馨咳揚眉, 因所作爲, 皆是佛性全體之用, 更無第二主宰. ……四大骨肉一一細推, 都不解貪嗔, 故貪嗔煩惱并是佛性. 佛性非一切差別種種, 而能作一切差別種種. 意准『楞伽經』云, 如來藏是善不善因, 能遍與造一切, 起生受苦樂與因俱. 又云, 佛語心. 又云, 或有佛刹, 揚眉動睛, 笑欠馨咳, 或動搖等, 皆是佛事. 故云觸類是道也. 言任心者, 彼息業養神 (或云息身養道)之行門業. 謂不起心造惡修善, 亦不修道. 道卽是心, 不可將心還修於心. 惡亦是心, 不可以心斷心. 不斷不造, 任運自在, 名爲解脫人, 亦名過量人. 無法可拘, 無不可作. 何以故. 心性之外, 無一法可得. 故云但任心卽爲修也."

類)가 불성의 전체작용全體作用이다. 체용일여體用一如의 각도에서 보면 일체가 다 진실이다(一切皆眞). 이것이 종밀이 파악한 홍주선의 핵심이다.

일체가 진실임을 위주로 하는 홍주선은 지금 당장의 일거일동一擧一動, 일언일행一言一行으로부터 자기가 본래 부처이며, 임운자재任運自在한 자신 전체가 그대로 부처임을 깨닫게 한다. 이것은 작용으로 성품을 삼기(作用爲性) 때문이다.

홍주선의 작용으로 성품을 삼음에 대한 사상적 연원은 『전등록』 권3에 바라제가 왕을 위해 설한 게송에서 처음 볼 수 있다.

> 묻기를, 무엇이 부처입니까? 답하길, 성품을 보는 것이 부처입니다(見性是佛). …… 왕이 말하길, 성품은 어디에 있습니까? 답하길, 성품은 작용에 있습니다(性在作用). 왕이 말한다. 무슨 작용입니까? 바라제는 바로 게송을 설했다. 태에 있으면 몸이라 하고, 세상에 나오면 사람이라 하고, 눈에 있으면 보고, 귀에 있으면 듣고, 코에 있으면 냄새 맡고, 입에 있으면 말하고, 손에 있으면 잡고, 발에 있으면 달리고, 드러내면 세계에 가득하고, 거둬들이면 한 티끌에 들어가고, 깨달으면 불성인 줄 알고, 깨닫지 못하면 정혼精魂이라 부른다."[274]

---

[274] 『傳燈錄』 卷三. "問曰, 何者是佛. 答曰, 見性是佛. …… 王曰, 性在何處. 答曰, 性在作用. 王曰, 是何作用. …… 波羅提卽說偈曰, 在胎爲身, 處世爲人, 在眼曰見, 在耳曰聞, 在鼻辨香, 在口談論, 在手執提, 在足運奔, 遍觀俱該沙界, 收攝在一微塵, 識者知是佛性, 不識喚作精魂."

여기서 말하고 있는 "성품은 작용에 있다(性在作用)."라고 한 말의 뜻은, 수행자는 현실의 구체적 마음인 육식의 상相 가운데서 그 상을 생멸시키는 작용인 성性을 파악하는 것이 바로 견성見性이라는 것이다. 즉 지금 여기서 현전되는 일념(일심)의 모습(相)과 작용(性)의 양 방면에서 상(相 : 生滅相)을 여의고, 성(性 : 작용)을 바로 보는 것이 진정견해眞正見解를 얻는 견성이다.

다시 말하면, 우리의 일심 즉 마음이란 육식이 생멸하는 상相의 측면과 육식을 생멸시키는 작용인 성性의 양 측면이 불일불이不一不二의 관계로 이루어진 것이다. 따라서 상을 보면(見相) 미혹의 중생이요, 성을 보면(見性) 깨달은 부처가 되는 것이다. 즉 견상見相하면 중생이요, 견성見性하면 성불이다.

그러므로 일념(육식)의 생멸상生滅相 가운데서 바로 불생불멸不生不滅의 불성을 깨우치니 일념수행이요, 일념성불인 것이다. 따라서 일념 그대로가 무념이므로 일체의 견문각지見聞覺知가 불성의 전체 작용이 아님이 없다. 여기에 근거하여 홍주선은 "촉류시도觸類是道" 혹은 "일체개진설一切皆眞說"을 개진하고 있는 것이다.

이른바 "마음에 맡긴다(任心)."는 것이 마조가 말한 바의 "도불용수道不用修"와 "평상심시도平常心是道"라는 말이다. 즉 진리는 평상의 일용사 가운데서 마음에 맡겨 행하는 것(任心而行)으로 실현할 뿐 추호도 조작造作하고 취향(趣向 : 의도적으로 나아감)함이 없어야 하니, 일체가 도道 아님이 없는 연고로 "도는 닦을 필요가 없다(道不用修)."라고 하는 것이다.

도는 닦을 필요가 없다(道不用修). 다만 오염시키지 말라. 무엇을 오염이라 하는가? 생사심으로 조작취향造作趣向이 있으면 모두 오염이다. 만약 그 도를 바로 깨달으려면 평상심이 도이다(平常心是道). 평상심은 조작造作, 시비是非, 취사取捨, 단상斷常, 범성凡聖이 없음이다. 경에 말하기를, 범부행도 아니요, 현성행도 아닌 것이 보살행이다. 단지 지금 여기 행주좌와行住坐臥에 응기접물應機接物하는 모든 것이 도이다. 도는 바로 법계이니 내지 항사의 묘용이 있어 법계를 벗어나지 않는다. 만약에 그렇지 못하다면 어찌 심지법문心地法門이라 말할 수 있겠는가?275)

위에서 말한 바와 같이 마조와 홍주종에서 말하는 도道는 진여, 법성, 불성이며 선종이 설한 바의 자성, 자심, 즉 중도실상이다. 중도실상인 자심은 일부러 수행할 필요가 없고 다만 오염시키지 않으면 된다.

다시 말하면 범부는 이미 정한 목표의 추구와 포기가 있으니, 예

---

275) 『馬祖語錄』. "道不用修, 但莫汚染. 何爲汚染. 但有生死心造作趣向, 皆是汚染. 若欲直會其道, 平常心是道. 謂平常心無造作, 無是非, 無取捨, 無常斷, 無凡無聖. 經云, 非凡夫行, 非賢聖行, 是菩薩行. 只如今行住坐臥, 應機接物盡是道. 道即是法界, 乃至河沙妙用, 不出法界. 若不然者, 云何言心地法門."

를 들어 선善의 방편으로 추구하고 악惡의 방편으로서 버린다. 이를 위해 선정으로 공空을 관하고 정淨을 취하고 기타 밖을 향해 구함이 있으니, 이 모든 것이 중도자심中道自心에 대한 오염이다. 그러므로 황벽은 도불용수의 본연자심本然自心을 아래와 같이 묘사하고 있다.

> 앞생각이 범부요(前念是凡), 뒷생각이 성인(後念是聖)이라고 말하는 것은 마치 손을 뒤집는 것과 같으니, 이것은 삼승의 궁극이다. 우리 선종(洪州宗)에 의거하면 앞생각도 결코 범부가 아니요(前念且不是凡), 뒷생각도 결코 성인이 아니다(後念且不是聖). 앞생각도 부처가 아니요(前念不是佛), 뒷생각도 중생이 아니다(後念不是衆生). 그러므로 일체 색色은 부처의 색이요, 일체 소리는 부처의 소리이다.276)

홍주선의 "작용을 성품으로 삼는(作用爲性)" 임운자재任運自在의 색채는 혜능의 "앞생각이 미혹한 즉 범부요(前念迷則凡夫), 뒷생각에 깨달은 즉 성인(後念悟則聖人)"이라고 하는 체용유별(體用有別 : 체와 용을 분리함)적 관점보다 훨씬 앞서가고 있다. 즉 황벽선사의 주장에 따르면 혜능선은 미심迷心과 오심悟心을 사람의 지금 여기의 마음(當下之心 : 現在心)으로 귀납시키고 있지만, 이 당하지심은 아직 완전히 체

---

276) 『宛陵錄』. "如言前念是凡, 後念是聖, 如手翻覆一般, 此是三乘之極. 据我禪宗, 前念且不是凡, 後念且不是聖. 前念不是佛, 後念不是衆生. 所以一切色是佛色, 一切聲是佛聲."

용유별을 벗어나지는 못했다. 그러나 홍주선은 미오迷悟와 범성凡聖 마저도 분별하지 않는 자연의 마음(自然之心)을 더욱 강조하고 있는데, 이것이 "작용위성作用爲性", "촉류시도觸類是道"의 "전체즉용설全體卽用說"이다.

마조는 수도인이란 마땅히 평상심의 상태에서 자연스럽게 자심을 체득하여 해탈을 성취해야 하며 평상심은 조작造作, 시비是非, 취사取捨, 단상(斷常 : 斷見과 常見), 범성(凡聖 : 凡夫와 聖人)이 없는 상태를 가리킨다고 주장한다.

따라서 마조선사는 "일념이 망상이면 바로 생사심이요(一念妄想卽是生死心), 한 생각도 없으면 바로 보리심을 얻는다(無一念卽得菩提心)."고 분명하게 제시하고 있다. 혜능, 신회는 일찍이 "일체 경계에 물들지 않음을 일러 무념이라 하고, 또 작위作爲의 마음이 없음(不作意)이 무념"이라고 하는 등의 무념설법을 제기한 바 있다.

마조 역시 혜능, 신회와 마찬가지로 조작함이 없음이 무념이라고 정의하여, 무념은 남종선문의 수증의 근거이다. 닦아서 이루어지는 것이 아니고, 본래 그대로 전체가 부처의 작용인 것이다. 그러므로 "무수무증無修無證"이라고 말하는 것이다.

그런데 남종선이 제시한 무념법無念法, 즉 평상심이 도라고 하면 이 평상심은 과연 닦음의 범주에 포함 되는가, 그렇지 않은가? 적지 않은 선종사상 연구가들은 홍주종 선사들이 설한 "수행에 의지하지 않는다(不假修習)."는 류의 설법, 즉 마조의 "도불용수道不用修", 백장의 "무수무증(無修無證 : 닦음도 없고 깨달음도 없음)", 혜해의 "일체법무수(一切法無修 : 일체법은 닦음이 없음)", 황벽의 "불가수성(不假修成 : 닦아서 이룸을 빌리지 않음)" 등 모두를 일상의 좌선 등의 수행을 완전히 배척한다고 이해하고 있다.

여기에는 적지 않은 오해가 있다. 위의 인용문에서 어렵지 않게 볼 수 있듯이, 마조는 비록 도불용수를 강조하고는 있지만 "오염시키지 마라." 혹은 "조작하지 마라." 등의 내용으로 비추어 볼 때, 일반 사람이 도달하기에는 매우 어려운 수행요구를 포함하고 있다. 사실 사람들이 일념 가운데 각종 시비, 취사, 염정染淨 등의 의향과 희로애락喜怒哀樂의 감정 등을 끊는다는 것은 결코 쉬운 일이 아니다. 마조의 설법에 의거하면 "닦아서 이루는 것(修成)은 성문법聲聞法이요, 닦지 않는 것(不修)은 우인법(愚人法 : 중생법)이다. 그러므로 수도인은 마땅히 닦되 닦지 않고(修而不修), 닦지 않되 닦는(不修而修) 무념의 닦음(無念之修)을 수행해야 한다."라고 설하고 있는데 이런 수행은 결코 쉬운 일이 아니다.

기실 남종선이 행주좌와 어묵동정이 선禪 아님이 없다고 강조하여, 사람들에게 선의 근본정신을 일상생활의 구체적 활동에 관철시켜 본래 청정한 자성을 돈오하게 하여, 성품과 마음을 떠나 도를 구하고 부처를 구하는 망견을 부수려는 것이지, 결코 선문의 일상

수행인 좌선 등 수행을 완전히 부정하거나 배척하는 것은 결코 아
니다. 그러므로 혜해선사는 일찍이 이와 같이 말하고 있다.

묻는다. 근본을 닦는다는 것은 어떻게 닦는 것인가? 답한다. 오직
좌선하여 선정으로 얻는다. 『선문경』에 말하기를, 부처의 거룩한 지혜
를 구하기 위해서는 선정을 닦아야 한다. 만약에 선정이 없으면 번뇌
가 치성해 그 선근이 무너진다. 묻는다. 무엇을 선이라 하고, 무엇을
정이라 하는가? 답한다. 망념이 일어나지 않음이 선禪이요. 앉아서 본
성을 봄이 정定이다. 본성이라는 것은 너의 마음이 일어나지 않는 것
이며, 정이란 경계에 무심하여 팔풍에 움직이지 않는 것이다. ……만
약 이와 같이 정에 들면 비록 범부지만 바로 불지위에 들어간다.[277]

여기서 혜해는 "망념이 일어나지 않음이 선禪이요, 앉아서 본성
을 봄이 정定"이라는 무작선정無作禪定을 제시했을 뿐만 아니라, 또
한 좌선을 포함한 선정수행을 긍정하고 있다. 이러한 무작선정은
의심할 것 없이 혜능이 제기한 "밖으로 상을 여의는 것이 선이요(外
離相曰禪), 안으로 어지럽지 않는 것이 정(內不亂曰定)"이라는 선정사
상을 계승 발전시킨 것이다.

---

277) 『頓悟入道要門論』. "問, 夫修根本, 以何法修. 答, 惟坐禪, 禪定卽得. 『禪門經』云, 求佛聖
智, 要卽禪定. 若無禪定, 念想喧動, 壞其善根. 問, 云何爲禪. 云何爲定. 答, 妄念不生爲禪,
坐見本性爲定. 本性者是汝無生心, 定者對境無心, 八風不能動. ……若得如是定者, 雖是凡
夫, 卽入佛位."

혜해가 생각하기에, 이러한 무작선정 역시 좌선을 통해서 수지해야 하지만 앉음(坐)의 상에 집착하지 않아야 한다. 이것이 무념수증無念修證이다. 무념수증은 남종선 수증론의 핵심법문이다. 이러한 무념의 수행은 당연히 전부 일념 가운데서 깨달아야 한다.

어디로부터 닦아야 하는가? 답하길, 근본으로부터 닦아야 한다. 무엇을 근본으로부터 닦는다 하는가? 답하길, 마음이 근본이다. ……경에 이르기를, 성인은 마음을 구하고, 부처를 구하지 않는다. 어리석은 사람은 부처를 구하고, 마음을 구하지 않는다. 지혜 있는 사람은 마음을 조절하고, 몸을 조절하지 않는다. 어리석은 사람은 몸을 조절하고, 마음을 조절하지 않는다.『불명경』에 말하기를, 죄는 마음으로부터 일어나고 멸한다. 그러므로 선악 일체는 모두 자심으로부터 일어남을 앎으로 마음이 근본이라 한다.278)

혜해선사는 또한 강조하기를, "밖을 향해 닦음을 구하지 말고 밖을 향해 부처를 구하지 말라. 마음 밖에 닦음이 없고 마음 밖에 부처가 없다. 그러므로 한 생각 마음이 근본이다."라고 하고 있다. 만약에 진정으로 해탈하고자 한다면 먼저 반드시 한 생각의 마음을

---

278) 上同. "從何而修. 答, 從根本修. 云何從根本修. 答, 心爲根本. ……經云, 聖人求心不求佛, 愚人求佛不求心. 智人調心不調身, 愚人調身不調心.『佛名經』云, 罪終心生還從心滅, 故知善惡一切, 皆由自心, 所以心爲根本也."

깨달아야 한다. "이 도리를 알지 못하면 노력(功勞)을 허비하는 것이며, 바깥 모양을 향해 구하면 도리에 맞지 않다.『선문경』에 말하기를, 바깥 모양을 향해 구하면 비록 수천 겁이 흘러가도 끝내 이룰 수 없다. 안으로 마음을 깨달아 관하면 일념의 찰나지간에 바로 보리를 증득한다."[279]고 하였다.

이것은 남종돈오선의 수선 원칙이 형식상의 앉음(坐)과 앉지 않음(不坐)에 집착하지 않고, 행주좌와, 일체시一切時, 일체처一切處의 일상생활 모두가 일념심一念心의 좌선수행이 되는 것을 말하고 있다. 이것이 홍주선에서 강조하는 진정한 의미의 좌선이요, 수선이다. 혜능의 돈오선에서도 결코 좌선 자체를 부정한 것은 아니다. 다만 앉음에 대한 집착으로써의 좌선을 배제한 것이다. 사실상 일상수행 가운데 좌선수행은 선문의 일상사이다.

『조당집』에 의하면 백장회해의 "법당에서 좌선하여 사경四更에 이르렀다."라든가, 분양무업이 "걸을 때는 반드시 직시하고, 앉을 때는 가부좌로 하였다."든가, 장경대안이 "혹 선당에 앉아 집중하기를 통나무처럼 하고, 혹 동굴에 들어가 수십 개월 나오지 않았다."라든가, 동산양개의 "좌선", 설봉의존의 "지관좌선只管坐禪", 천황도오의 "일체를 폐관하고 선방에 고요히 앉아" 등등, 수없이 많은 좌선수

---

[279] 上同. "若不達此理, 虛費功勞, 於外相求, 無有是處.『禪門經』云, 於外相求, 雖經劫數, 終不能成. 於內覺觀, 如一念頃, 卽證菩提."

행의 기록이 전해지고 있다. 백장百丈, 무업無業, 대안大安, 양개良价, 설봉雪峯, 도오道悟 등은 모두가 조사선의 유명한 조사들이 아닌가!

그리고 법안문익선사 역시 그의 『종문십규론』에서 "요즘 사람들은 태만하고 쉽게 여겨 총림 가운데 들어오긴 했어도 열심히 참구하겠다는 마음을 게을리 한다."고 하여, 당시 수선납자들의 좌선수행을 게을리 함에 대해 경책하고 있다. 일부 수선자들이 남종선은 완전히 좌선을 부정하였다고 주장하고, 마치 좌선에 의거하여 수행하면 점문류漸門流에 떨어지는 것으로 여겼다.

그러나 좌선은 선수행자의 핵심 수행이며 선승의 입장에서는 생략할 수 없는 일과이다. 만약에 "즉심즉불", "도불용수" 등의 표면적 문자의에 집착하여 좌선 등 수행을 완전히 배격한다면 선종은 선종일 수 없고, 수선 또한 무념의 평상심을 유지하기 어렵다.

망념은 자성이 없어 마음으로조차 경계와 합하여 일어나기 때문에, 만약에 마음과 경계가 성품이 공한 줄 깨달으면(悟心境空性), 심과 경이 하나 되는(心境一如) 무념無念의 념念에 이르게 된다. 따라서 번뇌망념은 본래 청정보리이니, 곧 무념無念, 무심無心이 되는 것이다. 『전법당비傳法堂碑』에 백거이白居易가 무념의 수행에 대해 물었을 때, 유관이 분명하게 대답하고 있다.

첫 번째 묻기를, 선사라고 하면서 어떻게 법을 설합니까? 스님이 대답하기를, 무상보리란 것은 몸에서는 율律이 되고, 입으로 설하면 법法이 되고, 마음으로 행하면 선禪이 되어, 응용하면 셋이지만 실은 하나이다. ……율이 곧 법이고, 법은 선을 떠나 있지 않는데, 어찌 그 가운데서 망령되이 분별을 일으키는가?

두 번째 묻기를, 이미 분별이 없는데 어떻게 마음을 닦습니까? 스님이 답하기를, 마음은 본래 손상이 없는데 어찌 수리를 요하는가? 더럽고(垢) 깨끗함(淨)을 막론하고 일체에 생각을 일으키지 말라.

세 번째 묻기를, 더러움은 생각할 수 없고 깨끗함은 생각할 수 있습니까? 스님이 대답한다. 마치 사람의 눈에 한 물건도 머물 수 없는 것처럼 금가루가 비록 보배이나 눈에 넣으면 또한 병이 된다.

네 번째 묻는다. 닦음도 없고(無修) 생각함도 없으면(無念) 범부와 어떻게 다릅니까? 스님이 답한다. 범부는 무명이며, 이승二乘은 집착이다. 이 두 가지 병만 여의면 이것을 일러 참으로 닦는다(眞修)고 한다. 참으로 닦는다(眞修)는 것은 부지런함도 없고 잊음도 없다. 부지런한 즉 집착에 가깝고 잊은 즉 무명에 떨어진다.280)

---

280) 『全唐文』 卷678. "第一問云, 旣曰禪師, 何故說法. 師曰, 無上菩提者, 被於身爲律, 說於口爲法, 行於心爲禪, 應用有三, 其實一也. ……律卽是法, 法不離禪. 云何於中, 妄起分別. 第二問云, 旣無分別, 何以修心. 師曰, 心本無損傷, 云何要修理. 無論垢與淨, 一切勿起念. 第三問云, 垢卽不可念, 淨可念乎. 師曰, 如人眼睛上, 一物不可住. 金屑雖珍寶, 在眼亦爲病. 第四問云, 無修無念, 亦何異於凡夫耶. 師曰, 凡夫無明, 二乘執着, 離此二病, 是名眞修. 眞修者, 不得勤(按 : 或作 '動' 字), 不得忘. 勤卽近執着, 忘卽落無明."

유관국사가 말한 무명과 집착 이 두 가지 병을 떠나는 것이 참된 수행이라고 하는 것은 다름 아닌 닦되 닦지 않음(修而不修)의 무념선법無念禪法을 말하는 것이다. 즉 더러움과 깨끗함을 분별하지 않으면 범부가 무명에 떨어지지 않고, 또한 이승이 열반에 집착하지 않게 되면 무념의 참된 수행이 된다. 이렇게 참된 수도인은 직하에 생각들 가운데 생각 없음을 단박에 깨달아(頓了), 자기 마음이 본래 부처임을 알아서 삼승사과三乘四果, 십지제위十地諸位의 차제점수次第漸修를 뛰어넘어 바로 해탈을 얻게 된다.

홍주선에서는 "무념이라는 것은 일체처에 무심한 것"[281] 이라고 하여 무념과 무심을 통일시켜 자심이 본래 청정함을 설명하고, 무념과 무심을 동일한 개념으로 사용하고 있다.

부처란 오직 직하에 자심이 본래 부처임을 단박에 깨달아 한 법도 얻을 바가 없고, 한 행도 닦음이 없다. 이것을 무상도無上道라 하고 진여불眞如佛이라 한다. 수도인은 오직 한 생각이 있으면 즉시 어긋남을 두려워해야 한다. 생각 생각에 상相이 없고, 생각 생각에 함이 없으면 바로 부처이다. 도를 배우는 이가 부처를 이루려고 한다면 일체 불법은 모두 배울 필요가 없으며, 오직 구함이 없고 집착함이 없음을 배워야 한다. 구함이 없는 즉 마음이 일어나지 않고, 집착함이 없는 즉 마

---

281) 『頓悟入道要門論』. "無念者, 一切處無心是."

음이 멸하지 않아서, 일어남도 없고 멸함도 없음(不生不滅)이 바로 부처이다.282)

이 마음은 무심의 마음으로 일체 모양을 떠나 있어 중생과 제불이 차별이 없다. 다만 무심하면 바로 구경究竟이다. 도를 배우는 사람이 만약에 직하에 무심하지 못하면 누겁의 수행을 해도 끝내 도를 이루지 못하니 삼승의 수행에 얽매이면 해탈할 수 없다.283)

황벽은 반야성공般若性空의 사상으로 무심無心을 해석하고 있다. 그는 자심이 본래 청정하나 다만 인아人我, 탐진貪嗔, 증애憎愛, 승부勝負 등 망상분별을 끊지 못해서 이것들이 청정한 심체心體를 덮고 있기 때문에 사람들은 해탈을 얻지 못하고 생사고해를 윤회하고 있다고 보았다.

그러므로 수행자는 직하에 자심의 생각과 생각이 상이 없고(無相), 함이 없음(無爲)을 단박에 깨달아 다만 구하지 않고 집착하지 않음을 배워 구하지 않는 즉 마음에 일어남이 없고, 집착하지 않는 즉 마음에 멸함이 없어서, 일어남이 없고 멸함이 없음(不生不滅)이

---

282) 『傳心法要』. "佛唯直下頓了自心, 本來是佛, 無一法可得, 無一行可修, 此是無上道, 此是眞如佛. 學道人, 只怕一念有, 卽與隔矣. 念念無相, 念念無爲, 卽是佛. 學道人, 若欲得成佛, 一切佛法, 總不用學, 唯學無求無着. 無求卽心不生, 無着卽心無滅, 不生不滅卽是佛."
283) 上同. "此心卽無心之心, 離一切相. 衆生諸佛更無差別. 但能無心, 便是究竟. 學道人若不直下無心, 累劫修行, 終不成佛道, 被三乘功行拘繫, 不得解脫."

부처라고 주장하고 있다.

여기서 구하지도 집착하지도 않음을 배우는 것이 무심, 무념의 수행임을 가리키고 있다. 사람의 본성에는 자가보장自家寶藏이 구족되어 있는데 밖으로 무엇을 구할 것이며, 일체 만법이 공空한데 무엇에 집착할 것이 있겠는가. 놓고 놓을 것이며 비우고 비울 것이다. 이것이 무심수행의 기본이다.

황벽은 무심無心과 망심妄心의 관계에서 망심을 무심으로 보는 것을 비판하고, 한편으로는 이 둘의 관계를 "부즉불리不卽不離"로 규정하고 있다.

> 단지 견문각지見聞覺知하는 곳에서 본심을 안다고 하지만, 본심은 견문각지에 속해 있는 것도 아니요, 또한 견문각지를 떠나 있는 것도 아니다. 오직 견문각지에서 견해를 내지 말고, 또한 견문각지에서 생각을 움직이지 말아야 한다. 또한 견문각지를 떠나서 마음을 찾지 말며, 견문각지를 버리고 법을 취하지 말라. 같이 있지도 않고 떠나지도 않고(不卽不離), 머물지도 않고 집착하지도 않아서(不住不着), 종횡으로 자재하여 도량 아님이 없다.284)

이것은 망심을 떠나서 결코 무심을 찾을 수 없으니, 응당히 양자

---

284) 上同. "但於見聞覺知處認本心, 然本心不屬見聞覺知, 亦不離見聞覺知. 但莫於見聞覺知上起見解, 亦莫於見聞覺知上動念. 亦莫離見聞覺知覓心, 亦莫捨見聞覺知取法. 不卽不離, 不住不着, 縱橫自在, 無非道場."

가 상즉불이相卽不二의 입장에 서서 망심이 공한 줄 알아서, 직하에 무심함을 깨달아야 해탈을 얻을 수 있다는 것이다. 황벽은 적극적으로 도를 깨닫는 것(悟道)은 바깥의 수행 공력을 의지하지 않고, 오로지 직하에 무심하여 묵묵히 계합할 뿐이라고 강조하고 있다. 이것이 무심법문無心法門이며, 이 법문을 깨달은 자를 일러 무심도인無心道人이라 부른다고 하였다. 그래서 "시방제불을 공양하는 것이 한 사람의 무심도인을 공양하는 것 보다 못하다. 왜냐하면 무심無心이란 것은 일체의 마음이 없기 때문이다."285) 라고 설하고 있다.

이와 같이 홍주종의 무념수행의 법문은 혜능, 신회의 돈오법문과 완전히 일치하여 "다만 무심하면 바로 구경각이다(但能無心, 便是究竟)."라고 주장한다. 무상無相, 무위無爲의 중도자심中道自心은 본래 "한 법도 얻을 수 없고(無一法可得), 한 행도 닦을 수 없는 것(無一行可修)"이나, 다만 그 마음에 조작, 시비, 취사 등 망념에 미혹된다면 망념이 본래 공함을 깨닫는 청정한 공부가 필요하게 되니, 이것을 무념의 닦음(無念之修)이라 한다. 홍주종의 무념의 법에 대해 혜해는 『돈오입도요문론』에서 여러 차례 "무념위종無念爲宗"의 관점을 표명하고 있다.

무념을 종으로 하고(無念爲宗), 망념이 일어나지 않음을 지로 한다(妄念不起爲旨). 청정으로 체를 삼고, 지혜로써 용을 삼는다. ……무념이란

---

285) 上同. "供養十方諸佛, 不如供養日個無心道人. 何以故. 無心者, 無一切心也."

사념邪念이 없다는 것이지 정념正念마저 없다는 말이 아니다. ……있음(有)과 없음(無)을 생각하는 것을 일러 삿된 생각(邪念)이라 하고, 있음과 없음을 생각하지 않음을 일러 바른 생각(正念)이라 한다. 선과 악을 생각함을 삿된 생각이라 하고, 선과 악을 생각하지 않음을 일러 바른 생각이라 한다. 내지 고락苦樂, 생멸生滅, 취사取捨, 원친怨親, 애증愛憎 등을 일러 삿된 생각이라 하고, 고락, 생멸 등을 생각하지 않음을 일러 바른 생각이라 한다.286)

무념無念이란 진념眞念이다. 만약 생각으로 생각을 삼는 것은 사념邪念이지 정념正念이 아니다. 왜 그러냐? 경에 말하길, 사람에게 여섯 가지 생각(六念 : 眼識 내지 意識)은 생각이 아니라고 가르친다. 여섯 가지 생각이 있으면 사념이라 부른다. 여섯 가지 생각이 없는 것이 진념이다.287)

이와 같이 무념은 남종돈오선의 핵심 수증이론으로 혜해는 혜능, 신회의 "무념위종無念爲宗"의 설법을 계승 발전시키고 있다. 혜해선사는 우선 생각(念)에는 정正과 사邪의 구별이 있다고 분석하고, 연후에 무념無念이란 사념邪念이 없다는 것이지 정념正念이 없다는 것

---

286) 上同. "無念爲宗, 妄念不起爲旨, 以淸淨爲體, 以智爲用. ……無念者, 無邪念, 非無正念. ……念有念無, 卽名邪念. 不念有無, 卽名正念. 念善念惡, 名爲邪念. 不念善惡, 名爲正念. 乃至苦樂, 生滅取捨怨親憎愛, 幷名邪念. 不念苦樂等, 卽名正念."
287) 上同. "無念者, 是名眞念也. 若以念爲念者, 卽是邪念, 非爲正念. 何以故. 經云, 若敎人六念, 名爲非念, 有六念, 名爲邪念. 無六念자, 卽眞念."

이 아니라고 강조하고 있다.

정념이란 유무有無, 선악善惡, 고락苦樂 등 이견二見의 차별상을 생각하지 않는 것이며, 사념이란 유무, 선악, 고락 등 양변을 생각(집착)하는 것이라고 정의한다. 이른바 정념은 반야중관으로 유무, 선악, 고락 등의 양변에 집착하지 않음의 중도정관中道正觀이며, 대승불교의 제법평등관諸法平等觀인 것이다.

그리고 그는 한 걸음 더 나아가 정념이란 "오직 보리를 생각하는 것"이라고 밝히고 있다.

> 묻기를, 무엇이 정념인가? 답하기를, 정념이란 오직 보리를 생각하는 것이다. 묻는다. 보리는 얻을 수 있는가, 없는가? 답한다. 보리는 얻을 수 없다. 묻기를, 이미 얻을 수 없다면 어째서 보리를 생각한다고 하는가? 답하기를, 보리라고 하는 것도 단지 가짜로 세운 이름에 불과하니 실로 얻을 수 없다. 또한 전후를 얻을 수 없다는 것은, 얻을 수 없으므로 곧 생각이 없다. 오직 무념만이 진념이다. 보리란 생각하는 바가 없으니, 생각하는 바가 없다는 것은, 즉 일체처에 무심함이다. 생각하는 바가 없다는 것은, 위에서 말한 것처럼 무념을 여러 가지로 표현하고 있는데, 이것은 모두 일에 따른 방편에 의해 억지로 이름을 붙인 것이지만, 전부 하나의 체體로서 둘이 아니다. 다만 일체처에 무심함을 알면 즉시 무념이다.[288]

혜해선사는 정념이란 "오직 보리를 생각하는 것"이라고 말하고, 보리열반은 본래 얻을 수 없고, 얻을 바가 없기 때문에 "무념은 모두 일에 따른 방편에 의해 가짜로 그 이름을 붙인" 중도정관의 표현에 불과하다고 주장한다. 이러한 중도정관의 무념설법은 "돈오자성청정頓悟自性淸淨"의 실천성을 강조하고 있는 것이다.

무념의 수증은 모두 돈오頓悟의 실천 가운데서 발휘되는 것이다. 따라서 홍주선을 포함한 남종선의 전체 사상체계는 모두 "돈오頓悟" 이 한 마디로 귀결시킬 수 있다. 혜능은 『단경』에서 돈오돈수頓悟頓修를 주창하고, 신회는 그를 계승하여 돈오점수頓悟漸修를 제시하였다. 그러면 홍주선은 또한 돈점수증론頓漸修證論에 대해 어떤 관점을 가지고 있나 살펴보자. 마조가 말했다.

그러므로 성문은 미혹을 깨달았고, 범부는 깨달음에 미혹하다. 성문은 성심聖心이 본래 지위, 인과, 계급심량(階級心量 : 분별하는 마음)이 없음을 알지 못하여 망상으로 인因을 닦아 과果를 증득하려 하니, 그 공정(空定 : 斷滅空)에 머물러 팔만겁八萬劫, 이만겁二萬劫의 세월을 보내서 비록 깨달았다고 하나 아직 미혹하다. ······만약에 상근중생이 우연히 선지식의 지시를 받아 언하에 깨달아 계급, 지위를 거치지 않고 본성

---

288) 『頓悟入道要門論』. "問, 云何是正念. 答, 正念者, 唯念菩提. 問, 菩提何得否. 答, 菩提不可得. 問, 旣不可得, 云何唯念菩提. 答, 只如菩提, 假立名者, 實不可得, 亦無前後得者, 爲不可得故, 卽無有念. 只個無念, 是名眞念. 菩提無所念, 無所念者, 卽一切處無心, 是無所念. 只如上說, 如許種無念者, 皆是隨事方便, 假立名者, 皆同一體, 無二無別. 但知一切處無心, 卽是無念也. 得無念時, 自然解脫."

을 단박에 깨우친다. 그러므로 경에 말하기를, 범부는 무명심이 있으나 성문은 없다. 미혹을 대하여 깨달음을 말한다. 본래 미혹이 없으니 깨달음 또한 세우지 않는다.[289]

마조선사에 의하면, 상근중생은 본래 스스로 구족한 청정자성을 단박에 깨닫는다. 청정자성을 깨닫는 것은 지위地位, 인과因果, 계급階級이 없음으로 또한 돈오본성頓悟本性이라 한다. 이러한 돈오는 수증론에서 보면 돈중돈頓中頓, 즉 돈오돈수頓悟頓修를 가리키는 것이다. 여기서 알 수 있듯이 마조는 혜능과 마찬가지로 근기론根機論과 위인실단爲人悉檀의 입장에서 돈오돈수설을 강조하고 있다. 홍주종도 점수점오漸修漸悟는 둔근인鈍根人의 수행방법이라고 치부하고 그것을 배척하고 오직 돈오돈수를 강조한다. 황벽이 말한다.

묻기를, 무엇이 도道이며 어떻게 수행해야 합니까? 스님이 대답하길, 도가 어떤 물건이기에 너는 수행하려고 하느냐? 묻는다. 제방의 종사들이 서로 계승하여 참선하여 도를 배우는 것에 대해 어떻게 생각하십니까? 스님이 대답한다. 둔근인을 위한 말이니 의지할 바가 못 된다. 말하기를, 이것이 둔근인을 접인하기 위한 말이라면, 상근인을 접

---

[289] 『古尊宿語錄』卷第一. "所以聲聞悟迷, 凡夫迷悟. 聲聞不知聖心本無地位因果階級心量, 妄想修因證果, 住其空定, 八萬劫二萬劫, 雖卽已悟, 却迷. ……若是上根衆生, 忽遇善知識指示, 言下領悟, 更不歷於階級地位, 頓悟本性. 故經云, 凡夫有反覆心, 而聲聞無也. 對迷說悟. 本旣無迷, 悟亦不立."

인하기 위해서는 어떠한 법을 설합니까? 스님이 대답하기를, 만약 상근인이라면 어느 곳에서 다시 그가 (법을) 찾겠는가. 그 스스로 얻지 못하는데 어떻게 다른 법이 해당되겠는가. 교 가운데 보지 못했는가? '법, 법이 어떤 모양인가' 라고 하지 않았던가?[290]

예를 들어 네가 삼현사과三賢四果, 십지만심十地滿心을 얻었다 하더라도 다만 범성凡聖 안에 앉아 있음이니, (아직) 도를 깨닫지 못했다. 제법의 성품은 무상하여 생멸법이다. 세력이 다하면 화살은 떨어지듯이 내생은 기약할 수 없는데, 어떻게 무위無爲의 실상문實相門에 비교할 수 있겠는가? 한 번 뛰어 넘어 곧바로 여래의 지위에 들어가라(一超直入如來地).[291]

황벽선사가 생각하기에, 참선하고 도를 배우는 것은 근기가 하열한 사람을 접인하기 위한 방편일 뿐 결코 의지할 바가 못 되는 것이다. 도(道 : 眞如實相)는 본래 갖추어져 있는 것인데 어찌 달리 다른 법이 필요가 있겠는가.

따라서 상근기의 지혜 있는 사람은 단박에 모든 반연을 쉬고, 한 번 뛰어넘어 바로 불지위에 나아간다는 것이다. 여기서 우리가 알

---

290) 『黃檗語錄』, 『古尊宿語錄』. "問, 如何是道. 如何修行. 師云, 道是何物, 汝欲修行. 問, 諸方宗師相承, 參禪學道如何. 師云, 接人鈍根人語, 未可依憑. 云, 此旣是接人鈍根人語. 未審接上根人復說何法. 師云, 若是上根人, 何處更就他覓. 他自己尙不可得, 何況更別有法當情. 不見敎中云, 法法何狀."
291) 上同. "假饒你學得三賢四果十地滿心, 也只是在凡聖內坐, 不見道. 諸性無常是生滅法, 勢力盡, 箭還墮, 招得來生不如意, 爭似無爲實相門, 一超直入如來地."

수 있는 것은 마조, 황벽 등이 설한 바 돈오법문은 혜능의 돈오돈수설을 직접 계승하고 있다. 아래에 홍주종의 돈오관에 대해 자세히 살펴보도록 하자. 마조의 제자 혜해는 『돈오입도요문론』에서 돈오에 대해 분명한 정의를 내리고 있다.

> 묻기를, 어떤 법을 닦아야 바로 해탈할 수 있습니까? 답하길, 오직 돈오頓悟의 한 문으로 바로 해탈할 수 있다. 무엇을 돈오라 합니까? 답한다. 돈(頓 : 단박)이라는 것은 망념을 단박에 제거하는 것이요(頓除妄念), 오(悟 : 깨달음)라는 것은 얻을 바 없음을 깨닫는 것이다(悟無所得).292)

혜능이 『단경』에서 "돈견진여본성頓見眞如本性"의 돈오법문을 제시한 이후, 신회는 돈오에 대하여 "불성(理)과 반야(智)를 함께 깨달음이 돈오요, 점차의 단계를 거치지 않고 스스로 그러함이 돈오" 등 총 11개 방면에 걸쳐 해석을 가하여 정의하고 있다. 그 중 "마음에 얻을 바 없음이 돈오다(卽心無所得者爲頓悟)."와 "법에서 마음을 깨달아서, 마음에 얻을 바 없는 것이 돈오다(存法悟心, 心無所得是頓悟)."라는 두 종류의 돈오의頓悟義가 있다.

혜해는 신회의 "얻을 바 없음이 돈오(無所得爲頓悟)"라는 구절에 주

---

292) 『頓悟入道要門論』. "問, 欲修何法, 卽得解脫. 答, 唯有頓悟一門, 卽得解脫. 云何爲頓悟. 答, 頓者頓除妄念, 悟者悟無所得."

목하여 "돈頓이란 망념을 단박에 제거하는 것(頓者頓除妄念)이요, 오悟란 얻을 바 없음을 깨닫는 것(悟者悟無所得)"이라는 명제를 제시하고 있다. 이 명제에 대해 현대 중국의 철학자 누우렬樓宇烈 선생은 이렇게 평석하고 있다.

이것은 오직 남종선이 체현한 전체 반야중관般若中觀사상으로 이해하고 파악해야 한다. 적지 않은 선종사상 연구자들은 선종의 "식심견성識心見性"의 심성론이 "진상유심설眞常唯心說"에 기인하고 있으며, 남종선은 여전히 일심을 진실되고 허망하지 않는 본체로 인식하고 있다고 보고 있다.

여기에 근거하여 그들은 이른바 "마음에 얻을 바 없음이 돈오(卽心無所得者爲頓悟)"라는 말과 "깨달음이란 얻을 바 없음을 깨닫는 것(悟者悟無所得)"이라고 하는 돈오법문의 특징에 대해 정면의 해석을 회피하며, 심지어는 왜곡된 해석을 하기도 한다.[293]

이른바 "돈오본성頓悟本性"의 본성에 대해, 만약 그것을 망심 배후에 실재하는 영원불허永遠不虛의 실체實體로 이해한다면, 사실 이것이야 말로 일종의 망견이 아닐 수 없다. 진여본성의 도란 중관학파가 『중론』에서 말한 "불생불멸不生不滅, 불상부단不常不斷, 불일불이不一不異, 불래불출不來不出"의 팔불중도八不中道를 가리키는 것이다. 진여본성眞如本性이란 바로 중도불성中道佛性을 말하는 것이다.

---

293) 樓宇烈, 「讀慧海『頓悟入道要門論』隨記」, p 13.

이러한 중도불성의 본체는 항사의 묘용妙用을 나타내니, 본체가 있으므로 작용이 일어나고, 작용을 떠나면 본체는 존재하지 않는다.

만약에 본체를 고정시킨다면 유심주의唯心主義에 떨어지고, 작용(현상)을 고정시킨다면 유물주의唯物主義에 빠질 위험이 있다. 중도정관의 입장에서 보면 "즉체즉용卽體卽用", 즉 본체이면서 작용이요, 작용이면서 본체인 것이다. 그래서 "마음도 아니요(不是心), 물건도 아니요(不是物), 또한 부처도 아닌 것(不是佛)이다. 그러므로 또한 얻을 바 없다(無所得)."고 말한다.

혜해가 말한 "마음에 얻을 바 없음이 돈오(卽心無所得者爲頓悟)"라는 말과 "깨달음이란 얻을 바 없음을 깨닫는 것(悟者悟無所得)"이란 말을 굳이 사상적 맥락에 입각하여 돈점수증론의 각도에서 보면 돈오돈수설頓悟頓修說이라고 말할 수 있다.

> 견성한 사람은 범부가 아니어서 상승上乘을 단박에 깨달아 범부와 성인을 초월한다. 어리석은 사람은 범부를 논하고 성인을 논하지만, 깨달은 사람은 생사와 열반을 초월한다. 어리석은 사람은 현상(事)을 논하고 이치(理)를 말하지만, 깨달은 사람은 대기대용大機大用하고 무방무애無方無碍하다. 어리석은 사람은 얻음을 구하고 깨달음을 구하지만, 깨달은 사람은 얻음이 없고 구함이 없다. 어리석은 사람은 오랜 겁을 기약하여 증득하지만, 깨달은 사람은 단박에 깨닫는다(頓見).[294]

미혹한 사람과 깨달은 사람에 대한 혜해의 명쾌한 해설이다. 돈오에 대한 자세한 설명을 덧붙이고 있다.

돈오란 것은 이생을 떠나지 않고 바로 해탈을 얻는다. 어떻게 그것을 아는가? 비유하여 말하면 사자 새끼가 처음 태어났을 때 진짜 사자이듯이, 돈오를 닦는 자 또한 이와 같아서 닦을 때 바로 불지위에 들어간다. 마치 봄에 대나무의 죽순이 나와서 봄을 지나지 않고 바로 어미 대나무와 가지런해져서 서로 다름이 없는 것과 같다. 어찌 된 까닭이냐? 마음이 공하므로 돈오를 닦는 자도 이와 같다. 망념을 단박에 제거하고 영원히 아我와 인人을 끊어 필경에 공적하여, 바로 부처와 나란히 하여 다름이 없는 까닭에 범부가 바로 성인인 것이다. 돈오를 닦는 자는 이 몸을 떠나지 않고 바로 삼계를 초월한다. 경에 말하기를, "세간에 물들지 않고 세간을 초월하며, 번뇌를 버리지 않고 열반에 들어간다."라고 하였다. 돈오를 닦지 않는 자는 마치 들판의 여우와 같아서 사자를 가까이 하여 백천겁을 지나도 끝내 사자를 이루지 못한다.[295]

---

294) 『諸方門人參問』. "見性者, 卽非凡夫, 頓悟上乘, 超凡超聖. 迷人論凡論聖, 悟人超越生死涅槃, 迷人說事說理, 悟人大用無方, 迷人求得求證, 悟人無得無求, 迷人期遠劫證, 悟人頓見."
295) 『頓悟入道要門論』. "頓悟者, 不離此生, 卽得解脫. 何以知之. 譬如獅子兒, 初生之時, 卽眞獅子, 修頓悟者, 亦復如是. 卽修之時, 卽入佛位, 如竹春生笋, 不離於春, 卽與母齊, 等無有異. 何以故. 爲心空故, 修頓悟者, 亦復如是. 爲頓除妄念, 永絶我人, 畢竟空寂, 卽與佛齊, 等無有異, 故云卽凡卽聖也. 修頓悟者, 不離此身, 卽超三界. 經云, 不壞世間, 而超世間, 不捨煩惱, 而入涅槃. 不修頓悟者, 猶如野干, 隨逐獅子, 經百千劫, 終無得成獅子."

이는 돈오에 대한 혜해선사의 관점이다. 그런데 하택선사는 일찍이 돈오점수에 대해 설명하기를, "수행자는 마땅히 단박에 불성을 깨달아(頓見佛性) 인연을 점차로 닦아서(漸修因緣), 이생을 떠나지 않고 해탈을 얻는다. 비유하자면 어머니가 문득 아이를 낳아 젖으로 양육하여 그 아이의 지혜가 자연히 증장하듯이 불성을 돈오함도 또한 이와 같다."라고 하였다.

이것과 위의 인용문 가운데 "사자새끼", "죽순"의 비유는 완전히 동일하다. 양자 모두 돈오에 대한 설명이지만 아이의 "성장함"에 중점을 두면 돈오 이후의 점수가 강조되고, 사자새끼의 "진짜 사자"에 중점을 두면 돈오돈수로 규정되어 질 수 있다. 즉 같은 내용을 어디에 중점을 두느냐에 따라 수증론상에서는 돈오점수와 돈오돈수로 나뉘어 질 수 있음을 알 수 있다.

이와 같은 논리로 보면 혜해의 돈오돈수와 신회의 돈오점수는 같은 의미가 될 수도 있다. 사실 돈오에 대한 혜해의 설명에도 이러한 돈오가 수증론에서 구체적으로 돈오돈수라고 적시摘示하지는 않고 있다. 다만 뒷날 법안종의 영명연수에 의해 혜해의 "사자새끼"와 "죽순"의 비유가 돈오돈수의 설명으로 채택되고 있는 것으로 보아 유추할 따름이다.

그런데 홍주종의 다른 선사인 황벽의 선법 중 『완릉록』에도 역시 돈오점수적인 의미로 해석되어 질 수 있는 부분이 있다. "실로 (정한 바) 없는 법을 일러 아뇩보리라 한다. 지금 이 뜻을 깨닫게 되면 어찌 구구한 말이 필요하겠는가? 다만 인연 따라 오래된 업(舊業)을 소멸시키고 다시 새로운 재앙을 만들지 말아야 한다."

그래서 종밀선사는 『도서都序』 가운데서 홍주종에 대한 평가를 다음과 같이 하고 있다. "도가 바로 마음이다. ……끊지도 않고 닦지도 않아 임운자재任運自在함을 일러 해탈이라 한다. 성품은 마치 허공과 같아 늘어남도 없고 멸함도 없는데 어찌 보탬이 있겠는가? 다만 때에 따라 곳에 따라 업을 쉬고 정신을 길러 성태聖胎를 증장시키면 자연히 신묘한 작용이 나타나니 이것이 진정한 깨달음이요, 수행이요, 증득함이다."296)

위의 인용문 가운데 황벽의 "다만 인연 따라 오래된 업(舊業)을 소멸시키고 다시 새로운 재앙을 만들지 말아야 한다."라는 설법이나, 종밀의 "다만 때에 따라 곳에 따라 업을 쉬고 정신을 길러 성태를 증장시킨다."라는 설법은 홍주종 선법이 돈오 후에 점수의 필요를 설명하고 있는 것이라고 하겠다.

사실상 돈오점수의 "점수"는 결코 돈오 이전의 닦음이 있는 닦음(有修之修 : 漸修頓悟)이 아니고, 돈오 이후의 닦음이 없는 닦음(無修之

---

296) 『都序』. "道卽是心, ……不斷不修, 任運自在, 方名解脫. 性如虛空, 不增不滅, 何假添補. 但隨時隨處, 息業養神, 聖胎增長, 顯發自然神妙, 此卽是爲眞悟眞修眞證也."

修 : 頓悟漸修)을 말한다.

종밀은 돈오점수가 "진정한 깨달음이요, 닦음이요, 증득이다."라고 말하고, 그렇기 때문에 "이 생을 떠나지 않고 바로 해탈을 얻을 수 있다."라고 하였다. 혜해가 말한 "이 생을 떠나지 않고 바로 해탈을 얻는다."라고 한 것 또한 일종의 "일생성불一生成佛"의 관점이다. 신회가 말하기를, "일념에 소제消除하여 성품의 체體가 무생無生이니 찰나에 도를 이루는데 어찌 일생에 얻을 수 없겠는가?"라고 한 내용과 혜해가 제출한 "돈오를 닦는다는 것은 이 몸을 떠나지 않고 바로 삼계를 초월한다."라고 한 것은 완전히 서로 동일한 개념이다. 돈오 이외에도 혜해는 불성, 무념, 일념성불, 일생성불 등의 관점에 있어서 신회선사상을 계승하여 발전시키고 있다.

총체적으로 보면 홍주종이 제시한 "도불용수"라는 개념의 돈오본성에는 두 가지 함의가 있다. 첫째 돈오돈수의 강조이다. 즉 본성을 돈오함에 있어서 삼승三乘, 사과四果, 십지十地 등 차제점수次第漸修를 통과할 필요 없이 바로 깨닫는 것이다. 그래서 본래 청정한 본성은 "한 법도 얻을 것이 없고, 한 행도 닦을 것이 없어서", 한번 뛰어 넘어 바로 여래의 지위에 들어간다(一超直入如來地).

그런데 여기서 최고의 관건은 본성에 대한 "돈오"이다. 본성을 깨달음이 없는 수행은 모두 어리석은 사람의 법이다. 그러므로 닦음은 오로지 일시에 닦아 마쳐야(頓畢) 한다.

둘째 돈오점수이다. 즉 돈오 이후 아직 점수가 필요한데 다만 이러한 점수는 돈오 이전의 점수와는 완전히 달라서 닦음이 없는 닦음(無修之修)이라 부른다. 다만 임운자재하여 인연 따라 묵은 업을 소멸하고 성태를 기르는 것이다.

3) 응기접물應機接物의 교화방편

혜능선사가 돈오선을 제창한 이후 남종선이 점점 발전함에 따라 출가, 재가를 막론하고 선종을 신봉하는 사람들이 갈수록 늘어나게 된다. 이러한 현상은 많은 부분 남종선사들의 적극적인 교화활동의 결과이다.

선종사에 의하면, 신회가 혜능 남종선의 지위를 확립한 이후부터 오가선종五家禪宗 이전의 일정한 기간 내에 남종돈오선문은 이미 남북방의 넓은 지역에 전파되고, 더욱이 경도京都 장안과 낙양의 전파는 남종선이 신속하게 흥기하는데 결정적인 역할을 하게 된다.

그래서 이러한 말이 전해지고 있다. "세간에 말해지고 있는 진정한 종지는 소위 돈문(頓門: 남종선)이다."297), "지금 천하에 유행되기를 무릇 선에 대해 말하면 모두 조계선이다."298), "서방西方의 교敎

---

297) 劉禹錫, 「大鑒禪師碑幷序」, 『全唐文』 권610. "世之言眞宗旨, 所謂頓門."

와 남종南宗의 묘妙가 해가 함께 비침과 같다."299)

그러면 남종선이 도대체 어떠한 연유로 이와 같이 신속하게 발전되었으며 종국에 가서는 천하의 선이 모두 조계 혜능의 돈문頓門으로 재편되게 되었는가? 여기에는 대략 두 가지 원인이 작용하고 있다.

첫째 선법의 간이성(簡易性 : 간단하고 용이함)과 둘째 남종문하 제자들의 적극적인 교화활동을 꼽을 수 있겠다. 여기서 주목할 만한 것은 남종선이 간이한 선법과 교화활동을 행주좌와의 일상생활 가운데서 실현하고 있다는 점이다. 이것이 남종선 특히 홍주선의 큰 특색이다.

남종돈오선은 특별히 "해행상응解行相應"300)의 대승보살의 실천행을 강조한다. 사실상 돈오선의 실천은 대승불교의 "상구보리上求菩提, 하화중생下化衆生"의 실천행을 계승하여 "견성성불見性成佛, 요익중생饒益衆生"을 그 실천 종지로 선양하고 있다.

남종선은 이러한 대승정신에 입각해서 적극적으로 중생제도에 임하고 있다. 전체적으로 파악해보면 남종은 혜능으로부터 그의 제자, 즉 신회, 회양, 혜충 등 선사들까지는 주로 정면의 설법과 화도化導를 통해 선법을 전수했다.

---

298) 柳宗元, 「賜諡大鑒禪師碑幷序」, 『全唐文』 권587. "今布天下, 凡言禪皆本曹溪."
299) 權德輿, 「唐故章敬寺百岩大師碑銘幷序」, 『全唐文』 권501. "西方之敎, 南宗之妙, 與日幷照."
300) 하택신회에 의해 제시된 이 말은 "깨달음과 실천행", 즉 禪과 行이 하나로 통일됨을 말한다.

반면에 마조 등 재전再傳제자 이후에는 암시, 반어反語, 동작 내지 할방喝棒 등 다양한 방식을 통해서 선법을 전수하기 시작하여, 승속대중을 근기에 따라 계발시키는 현상이 갈수록 증가하게 되었다. 그들의 이러한 교화활동은 홍주종의 독특한 접기接機방편을 형성하게 되는데, 이것을 "응기접물應機接物" 혹은 "응기접화應機接化"라고 한다.

　본서에서는 "응기접물應機接物"의 방법론이 아닌, 응기접물로 대변되는 교화사상의 배경 및 그 생활실천 방면의 응용에 대해 논구해 보고자 한다. 이를 위해 앞에서 인용했던 "평상심시도平常心是道"라는 일단의 법문을 다시 분석 고찰해 보기로 하겠다.

　도는 닦을 필요가 없다(道不用修). 다만 오염시키지 말라. 무엇을 오염이라 하는가? 생사심으로 조작취향함이 있으면 모두 오염이다. 만약 그 도를 바로 깨달으려면 평상심이 도다(平常心是道). 평상심은 조작, 시비, 취사, 단상, 범성이 없음이다. 경에 말하기를 범부행도 아니요, 현성행도 아닌 것이 보살행이다. 단지 지금 여기 행주좌와에 응기접물應機接物하는 모든 것이 도이다. 도는 바로 법계法界이니 내지 항사의 묘용이 있어 법계를 벗어나지 않는다. 만약에 그렇지 못하다면 어찌 심지법문心地法門이라 말할 수 있겠는가?

　위의 단락에서 가장 핵심어는 "평상심平常心"과 "응기접물應機接

物"이다. 앞에서도 언급하였듯이, 평상심시도의 도, 중도불성의 도를 행주좌와의 생활상에서 적극적으로 운용하는 것이 "응기접물"이다.

여기서 마조는 『유마경』이 설한 바의 "범부행도 아니고, 현성행도 아닌" 보살행을 빌려와서 응기접물을 표명하고 있다. 『유마경』에서 말하기를, "생사에 머물러 번뇌에 물드는 것은 우인법愚人法이며, 열반에 머물러 보리를 탐하는 것은 성문법聲聞法이며, 보살은 생사에도 머물지 않고 열반에도 머물지 않는다."라고 하였다. 그러므로 경에 말하기를,

> 보살은 조복調伏, 불조복심不調伏心에 머물지 않는다. 이 두 가지 법을 떠남이 보살행이다. 생사에 있되 물들지 않고, 열반에 있되 영원히 멸도하지 않음이 보살행이다. 범부행도 아니고 현성행도 아닌 것이 보살행이다. 더러운 행도 아니고 깨끗한 행도 아닌 것이 보살행이다. ……비록 불도를 얻어 법륜을 굴려 열반에 들어도 보살의 도를 버리지 않음이 보살행이다.301)

마조선사가 제시한 오염은 시비是非, 취사取捨, 단상斷常, 범성凡聖

---

301) 『維摩經』, 「殊舍利問疾品」. "是故菩薩不當住於調伏不調伏心. 離此二法, 是菩薩行. 在於生死不爲污行, 住於涅槃不永滅度, 是菩薩行. 非凡夫行, 非賢聖行, 是菩薩行. 非垢行, 非淨行, 是菩薩行. ……雖得佛道, 轉於法輪, 入於涅槃, 而不捨於菩薩之道, 是菩薩行."

등의 양변二邊의 법에 집착하는 것이다. 만약에 수행인이 행주좌와 어묵동정의 일상생활 가운데서 "번뇌에 있는 것도 아니고, 번뇌를 떠나는 것도 아니고, 정定에 들어감도 아니고, 정에서 나옴도 아니고, 세간에 머물지도 않고, 열반에 머물지도 않는" 중도행中道行을 견지할 수 있다면, 이것이 "평상심"이요, 또한 "보살행"이다.

홍주종 선법에서 중도행은 평상심, 보살행과 동등한 말이다. 이러한 평상심 혹은 보살행을 현실생활 가운데서 응기접물의 항사묘용恒沙妙用으로 현현顯現해야 한다.

다시 말하면 도(中道實相)는 본래 체용을 구족하고 있다. 이 본체와 작용을 보살의 능동적 실천으로 해석하면, 본체는 지혜가 될 수 있으며, 작용은 자비로 해석할 수 있다. 그러므로 보살의 자비원력은 마땅히 전법륜轉法輪의 항사작용이 있다. 이것이 응기접물의 핵심정신이다. 그러므로 만약에 중도의 평상심을 도의 본체라 말할 수 있다면, 응기접물은 도의 작용이라 말할 수 있다.

또한 마조는 이러한 평상심의 운용, 보살의 응기접물을 "심지법문心地法門"과 "무진등無盡燈"의 비유로 해설하고 있다. 먼저 『심지관경心地觀經』에

여래에게 묻기를, 어째서 마음(心)이라 하고 어째서 대지(地)라 합니까? ……이 법의 이름은 시방 여래의 가장 수승한 비밀의 심지법문이

며, 이 법의 이름은 일체 범부가 여래의 지위에 들어가는 돈오법문이며, 이 법의 이름은 모든 보살이 큰 보리를 뛰어넘는 진실한 정로이며, 이 법의 이름은 삼세제불이 법락을 자수용하는 미묘한 보궁이며, 이 법의 이름은 일체 유정을 요익되게 하는 무진보장이다. ……삼계 가운데 마음으로 주主를 삼으니 능히 마음을 관하는 자는 구경에 해탈하며, 마음을 관하지 못하는 자는 구경에 윤회한다. 중생의 마음이 마치 대지와 같아서 오곡백과가 대지로부터 생한다. 이와 같이 마음의 법은 세간과 출세간, 선악과 오취, 유학과 무학, 독각과 보살 및 여래를 생生하니, 이 인연으로서 삼계는 오직 마음이기에 마음을 이름하여 대지(地)라고 한다. 모든 범부가 선우를 친근하여 심지법문을 듣고, 이 치대로 관찰하고 설한 대로 수행하여, 스스로 수행하고 남을 교화함에 노력하고 위로하니, 이와 같은 사람은 능히 세 가지 장애를 끊고, 속히 모든 행이 원만하여 빨리 아뇩다라삼먁삼보리를 얻는다.[302]

라고 설하고 있다. 또 『유마경』에는 무진등에 대해 이렇게 설하고 있다.

---

302) 『心地觀經』第八. "問如來, 云何爲心, 云何爲地. ……此法名爲, 十方如來, 最勝秘密, 心地法門. 此法名爲, 一切凡夫, 入如來地, 頓悟法門. 此法名爲, 一切菩薩, 趣大菩提, 眞實正路. 此法名爲, 三世諸佛, 自受法樂, 微妙寶宮. 此法名爲, 一切饒益有情, 無盡寶藏. ……三界之中, 以心爲主, 能觀心者, 究竟解脫, 不能觀者, 究竟沈淪. 衆生之心, 猶如大地, 五穀五果, 從大地生. 如是心法, 生世出世, 善惡五趣, 有學無學, 獨覺菩薩, 及於如來, 以是因緣, 三界唯心, 心名爲地. 一切凡夫, 親近善友, 聞心地法, 如理觀察, 如說修行, 自作敎他, 贊勵慶慰, 如是之人, 能斷三障, 速圓衆行, 疾得阿耨多羅三藐三菩提."

법문이 있는데 이름이 무진등無盡燈이니 너희들은 마땅히 배워라.
무진등이란, 비유하자면 한 등이 백천 등을 밝히는 것과 같이 어두움
이 모두 밝아지고 밝음이 끝내 다하지 않아 이와 같이 온 세상이 밝아
진다. 한 보살이 백천 중생을 개도하여 아뇩다라삼먁삼보리심을 발하
게 하여 그 도의 뜻이 또한 소멸해 다함이 없다. 설한 바 법이 스스로
일체 선법을 증익하니 이름하여 무진등이다. 너희 등이 설사 마궁에
머물더라도 무진등으로써 무수한 천자천녀天子天女들로 하여금 아뇩다
라삼먁삼보리심을 내게 하면 부처님 은혜를 갚게 되니 역시 크게 일체
중생을 요익되게 하는 것이다.303)

위의 증문에 의거하면, 평상심의 운용, 즉 응기접물의 사상연원은
"오곡 백과가 대지로부터 나옴", "스스로 수행하고 남을 교화함",
"한등이 백 천 등을 밝힘", "한 보살이 백 천 중생을 개도開導함"
등을 내용으로 하는 "일체 중생을 요익되게 하는 것(饒益一切衆生)"
이다. 이러한 요익중생의 보살행이 "응기접물應機接物"의 사상적 토
대이다.

도를 닦는 사람들이 무엇을 일러 "불법佛法"이라 하며, 또한 무엇
을 "중도제일의中道第一義", "조사서래의祖師西來意", "본래면목本來面

---

303)『維摩經』,「菩薩品」. "有法門名無盡燈, 汝等當學. 無盡燈者, 譬如一燈燃百千燈, 冥者皆明, 明終不盡, 如是諸姉. 夫一菩薩開導百千衆生, 令發阿耨多羅三藐三菩提心, 於其道意, 亦不滅盡. 雖所說法, 而自增益一切善法, 是名無盡燈也. 汝等雖住魔宮, 以是無盡燈, 令無數天子天女, 發阿耨多羅三藐三菩提心者, 爲報佛恩, 亦大饒益一切衆生."

目"이라 하는가? 등의 근본문제에 대해 물음을 제시하면, 홍주종 선사들은 정면의 대답 외에 부면負面의 대답을 하게 되는데, 비슷한 답, 답이 아닌 답, 비유, 은어, 방할棒喝, 주먹다짐 등 기상천외의 암시방식을 통해 학인들로 하여금 깨달음을 얻게 하였다. 그 진정한 목적은 "진여실상(불이중도)"의 개오에 있다. 수선자들을 위해 중도실상을 깨닫게 하기 위해서 유연성 있고 다변다기多變多技한 응기방편을 시설하였다. 이러한 응기접화의 종교실천사상이 홍주종이 갖는 하나의 큰 특징이라 할 수 있다.

전하는 바에 의하면, 마조는 이러한 응기접물의 시교방편施敎方便을 통하여 선종 역사상 가장 많은 걸출한 용상대덕들을 배출하였다. 그래서 마조는 현대에 와서도 중국 역사상 가장 위대한 교육자 중의 한 사람으로 추앙을 받게 된 것이다.

그리고 응기접물의 종교실천의 기초 위에 적극적인 전교활동을 개전開展한 홍주종이 자연스럽게 선종의 정통지위를 점하게 되어, 이후 전개되는 선종의 주도권을 장악하게 된 것이다.

한편 전통의 설법에 따르면, 응기접물은 불보살의 "응기설법應機說法"에 기원하고 있다고 한다. 응기설법이란 또한 수기설법隨機說法 혹은 대기설법對機說法이라고 하는데, 중요하게 여래와 보살, 선지식 등이 중생의 근기에 응해 설하는 법을 가리키는 말이다. 부처님은 스스로 대의왕大醫王이라 칭하고, 만약 인간의 가지가지 미혹,

속박, 탐욕, 진애, 우치 등 번뇌의 질병을 진단하여 각종 병증에 대응하여 그 치료약(설법)을 처방하니, "응병여약應病與藥"이라 말한다.『심지관경』에 이와 같이 설하고 있다.

 모든 여래가 법륜을 굴릴 때 사실四失을 멀리 떠나고 상응하는 법을 설한다. 첫째 장소에 구애됨이 없고, 둘째 시간에 구애됨이 없고, 셋째 근기에 구애됨이 없고, 넷째 법에 구애됨이 없다. 병에 따라 약을 주어(應病與藥) 다시 병을 낳게 한다.[304]

이 응병여약은 수기설법의 이론근거이다. 정토종 선도善導대사의 수기설법에 대한 법문을 들어 보자.

 불佛이라고 말하는 것은 서역의 음역이며 이 땅에서는 각(覺 : 깨달음)이라 부른다. 자각自覺, 각타覺他, 각행궁만覺行窮滿을 이름하여 불이라 한다. 자각이라는 것은 범부는 해당되지 않는다. 이것은 성문이 편협되어 오직 자신만 이롭게(自利) 하고, 남을 이롭게 하는(利他) 대자비가 없기 때문이다. 각타라고 하는 것은 이승二乘은 해당되지 않고, 이것에는 보살이 있는데 지혜가 있기 때문에 스스로를 이롭게 하고(自利) 또한 자비가 있는 까닭에 능히 남을 이롭게 할 수 있다(利他). 항상 비지

---

304)『心地觀經』卷二. "諸如來轉於法輪, 遠離四失, 說相應法. 一無非處, 二無非時, 三無非器, 四無非法. 應病與藥, 令得復除."

쌍행悲智雙行을 행하여 유무有無에 집착하지 않는다. 각행궁만이라는 것은 보살이 해당되지 않으며, 이것은 여래가 지혜와 행원을 다함이 이미 오랜 세월 원만하여 성문, 연각, 보살의 삼위를 벗어났으니 불佛이라 부른다. ……여래의 대기설법對機說法은 서로 다르고 수없이 많아서 점漸과 돈頓을 적절히 하고, 숨김과 드러냄을 다르게 하고, 혹은 육근을 함께 설하고 상호相好 또한 그리하여, 생각에 응하고 연에 따라 모두에게 깨달음을 주어 이익되게 한다.305)

선도는 여래의 수기설법隨機說法을 자각, 각타의 비지쌍행悲智雙行, 자리이타自利利他를 넘어선 각행궁만覺行窮滿으로 이해하였다. 그의 뜻은 진여실상을 자각한 자는 자연히 비지쌍행을 구족하여 타인으로 하여금 깨달음을 계발하게 하고, 자각 각타 각행원만의 비지쌍행, 자리이타의 입장에 입각해서 수기설법을 시설하여 일체중생을 개도하게 되는 것이다.

화엄종 대사 통현通玄 장자 역시 『신화엄경론新華嚴經論』에서 "자비와 지혜를 함께 구족하는(悲智齊足)" 수연행으로 부처님의 응기설법의 교화행을 강조하고 있다.

---

305) 『觀無量壽佛經疏』卷第一. "佛言者, 乃是西國正音, 此土名覺, 自覺覺他覺行窮滿, 名之爲佛. 言自覺者, 簡異凡夫, 此有聲聞狹劣 唯能自利, 闕無利他大悲故. 言覺他者, 簡異二乘, 此有菩薩, 有智故能自利, 有慈悲故能利他, 常能悲智雙行, 不着有無也. 言覺行窮滿者, 簡異菩薩, 此有如來, 智行已窮, 時劫已滿, 出過三位故, 名爲佛. ……如來對機說法, 多種不同, 漸頓隨宜, 隱彰有異, 或六根通說, 相好亦然, 應念隨緣, 皆蒙增益也."

불佛이란 각(覺 : 깨달음)이다. 업의 성품을 깨달으면 참된 업은 생멸이 없어서 얻을 바도 없고 깨달을 바도 없으며, 나타남도 없고 사라짐도 없으니, 성품은 변함이 없어 본래 한결같음으로 곧 불이라 한다. 육도행六道行과 보살행을 따라서 신통변화로 미류중생을 접인한다. ……지혜광명智慧光明이라는 것은 사물에 응하고 근기를 살핌을 이름하여 지智라고 하며, 근기를 선택하여 방편과 실제를 행함을 이름하여 혜慧라고 하며, 근기에 응해 미혹을 파함을 이름하여 광光이라고 하며, 마음의 번뇌를 해탈함을 이름하여 명明이라 한다. ……이 한 지위 가운데 자비와 지혜를 가지런히 구족하여(悲智齊足) 차별지를 갖추어 세속에 들어 군생을 접인한다.306)

이러한 "비지제족悲智齊足"의 대승 보살정신이 중국 각 종파들이 주장하는 입종立宗의 실천종지이다. 이와 같이 도의 본체로서의 지혜와 작용으로서의 자비를 함께 운용하는 것을 대승불교에서는 "비지쌍운悲智雙運"이라고 한다. 홍주종은 이러한 비지쌍운의 실천종지를 수용하고, 아울러 생활에 충분히 활용하고 있다. 즉 홍주선은 이론상에서는 매우 단순명쾌한 간이성簡易性을 유지하고, 생활실천 가운데서는 또한 응병여약應病與藥식의 응기접화應機接化의 설법을 수

---

306) 『新華嚴論』. "佛者, 覺也. 覺業性眞業無生滅, 無得無證, 不出不沒, 性無變化, 本來如如, 卽是佛故. 隨緣六道行菩薩行, 變化神通, 接引迷類, ……智慧光明者, 應物觀根名之曰智, 簡機權實名之曰慧, 應機破惑名之爲光, 心垢解脫名之曰明. ……此一位之中悲智齊足, 具差別智入欲接凡."

용했던 것이다. 현재 한국의 조계종이 진정 조사선을 계승하였다면 이러한 정신과 교화방편을 적극 수용하여 시대 대중들로 하여금 수선해탈로 인도해야 할 것이다.

홍주종의 흥성기에 이러한 설법은 중하층의 문인학사의 정신적 수요에 영합하고, 아울러 폭넓은 하층 서민대중들에게도 확실한 흡인력으로 작용하였다. 그러므로 홍주종의 전법의 핵심은 일상생활 가운데서 어떻게 돈오선법을 실현하느냐에 있었다. 즉 요원하고 고준하게만 느껴지는 불여래佛如來, 출세간出世間, 돈오돈수頓悟頓修, 열반해탈涅槃解脫의 경계를 인간의 현실생활 가운데로 끌어내려, 중하근기인 일반 대중의 눈높이에 맞추어 광범한 출가, 재가의 대중들을 서로 계발하며 자각각타自覺覺他를 추동하고 있다.

이러한 정황 아래서, 마조는 일체 세간법이 모두 불법이며, 세간제법世間諸法이 바로 해탈법解脫法이며, 해탈이란 바로 진여이며, 제법은 진여를 떠나 있지 않다고 주장하고 있다. 행주좌와 모두가 진여의 부사의不思議 작용이니, 시절인연時節因緣을 기다리지 않는다.

이러한 생활선生活禪 사상은 모두 "무주생사無住生死, 무주열반無住涅槃"의 대승정신에 기초하고 있다. 홍주선의 이러한 설법은 전부 "유위를 다함이 없고(不盡有爲), 무위에 머무름도 없다(不住無爲)."라는 보살행으로 표현되어 지고 있다. 마조의 설법을 들어보자.

유위를 다함이 없고(不盡有爲), 무위에 머물지도 않는다(不住無爲). 유위는 무위가無爲家의 작용이요, 무위는 유위가有爲家의 의지依支이다. 의지함에 머물지 않으므로 마치 허공이 의지하는 바가 없는 것과 같다고 말한다.307)

이것에 대해 혜해는 다음과 같이 해석하고 있다.

　유위를 다함이 없다고 하는 것은 초발심으로부터 보리수 아래서 정각을 이룰 때까지, 아울러 쌍림에서 반열반에 들 때까지 일체법 가운데 한 법도 버리지 않음이 곧 부진유위不盡有爲이다. 무위에 머물지 않는다는 것은 비록 무념을 닦지만, 무념으로 깨달음을 삼지 않고, 비록 공을 닦지만, 공으로 깨달음을 삼지 않고, 비록 보리열반과 무상무작無相無作을 닦지만, 무상무작으로 깨달음을 삼지 않음이 곧 부주무위不住無爲이다.308)

여기서 마조, 혜해 양사 모두 신회와 마찬가지로 반야실상般若實相의 각도에서 "부진유위, 부주무위"을 해석하고 있다. 생사무명과

---

307) 『馬祖語錄』. 『傳燈錄』 卷第二十八. "不盡有爲, 不住無爲. 有爲是無爲家用, 無爲是有爲家依. 不住於依, 故云如空無所依."
308) 『頓悟入道要門論』. "不盡有爲者, 從初發心至菩提樹下成等正覺, 後至雙林入般涅槃, 於一切法中, 悉皆不捨, 卽是不盡有爲也. 不住無爲者, 雖修無念, 不以無念爲證. 雖修空, 不以空爲證. 雖修菩提涅槃無相無作, 不以無相無作爲證, 卽是不住無爲也."

보리열반은 본래 둘도 아니요 하나도 아니다(不二不一). 보살은 불이不二의 성품을 깨달아, 생사에도 머물지 않고(不住生死), 또한 열반에도 머물지 않는다(亦不住涅槃). 그러므로 "머무는 바 없고(無所住), 의지하는 바 없다(無所依)."라고 말한다.

사실 "부진유위, 부주무위"의 일구는 『유마경』의 설법이다. 경의 내용에 따르면 "유위"는 오염, 세간, 생사, 번뇌 등을 가리키고 "무위"는 청정, 출세간, 열반, 보리 등을 가리킨다. 보살은 반야지혜를 구족하고 있기 때문에 일체 유위법을 끊을 필요가 없고, 보살은 자비방편을 발휘하기 때문에 결코 무위의 경계에 안주하지 않는다. 『유마경』은 또한 설하기를, "반야지혜는 보살의 어머니요, 방편자비는 보살의 아버지다. 일체 세간, 출세간의 도사導師는 모두 지혜와 방편으로부터 나오지 않음이 없다."라고 하였다.

홍주종은 혜능, 신회와 마찬가지로 『반야경』, 『유마경』이 제시한 "생사를 여의지 않고 열반에 들고(不離生死而入涅槃), 번뇌를 여의지 않고 보리를 얻는다(不離煩惱而得菩提)."는 불이중도행不二中道行의 실천을 매우 강조하고 있다. 이와 같이 홍주선은 우리들에게 일상생활 가운데서 불이중도행을 실현할 것을 주문한다. 황벽은 설한다.

인천人天의 업을 짓지 않고, 지옥의 업을 짓지 않는다. 일체의 마음을 일으키지 않고, 모든 인연을 다하여 생生하지 않으면, 곧 이 몸과 마음이 자유로운 사람이다. 한결같이 생하지 않는 것은 아니고, 다만 뜻에 따라 생한다. 경에 이르기를, 보살은 뜻(원력)이 있으니 생신(生身 : 응화신)이 그것이다.[309]

이른바 "보살은 뜻(원력)이 있다."는 것이 가리키는 것은 "부진유위, 부주무위"와 같은 류의 중도보살행이며, "뜻에 따라 생한다."는 것은 "응무소주應無所住, 이생기심而生其心"과 같은 류의 수연임운隨緣任運이다. 이 두 가지는 모두 홍주선의 자연해탈사상을 표현하고 있다. 그들이 볼 때 번뇌와 보리, 세간과 출세간, 생사와 열반은 똑같이 하나의 일이다.

따라서 일상생활 가운데서 도의 작용을 방해하지 않아서 "평상심"을 견지할 수 있다. 이른바 "즉심즉불"은 바로 중도불이를 기초로 해서 "만약 성인의 마음을 깨달으면 전체가 별다른 일이 없다."[310] 이것이 수처작주隨處作主요 대기대용大機大用이다. 황벽은 말한다.

> 종일 밥을 먹어도 한 톨의 밥알을 씹은 바가 없고, 종일 걸어도 한 뼘의 땅도 밟은 바가 없다. 이때에 인아상人我相이 없어 종일 일체의 일을 떠나지 않고 모든 경계에 미혹되지 않으니, 이것을 모름지기 자

---

309) 『宛陵錄』. "不作人天業, 不作地獄業, 不起一切心, 諸緣盡不生, 卽此身心是自由人. 不是一向不生, 只是隨意而生. 經云, 菩薩有意, 生身是也."
310) 『馬祖道一禪師語錄』. "若悟聖心, 總無餘事."

유인이라 부른다. 생각마다 일체 모양을 보지 않고, 전후삼제를 인식하지 않으니, 과거는 감이 없고 현재는 머무름이 없고 미래는 옴이 없어서, 편안하게 단정히 앉아 마음에 맡겨 거리낌이 없다. 이것을 모름지기 해탈이라 말한다. 노력하고 노력하라.311)

홍주종의 "임운자유(任運自由 : 마음에 맡겨 자유함)"는 신회의 "임운수습(任運修習 : 마음에 맡겨 수행함)"의 정신을 계승하고 발전시킨 것이다. 신회의 『어록』에 보면 다음과 같은 말이 있다. "중생에게는 무사지無師智가 있고 자연지自然智가 있다. 중생이 자연지에 의거하여 마음에 맡겨 수행하면(任運修習) 적멸법이라 성불할 수 있다."312)

실제로 혜능, 신회의 돈오선의 "행行"은 주요하게 "심행心行"을 가리킨다. 그들의 무념무착無念無着은 모두 지금 당장의 마음(當下之心)에서 하는 말이다. 임운任運이란 임심자운(任心自運 : 마음에 맡겨 스스로 행함)을 가리키는 것이다.

홍주선은 "마음(心)"으로부터 "사람(人)"에 이르러 지금 당장(當下)의 일거일동, 견문각지로서 자기 본래가 부처임을 체득함을 더욱 강조한다. 임운이란 사람의 몸과 마음을 그대로 행하여 자연자재한

---

311) 『宛陵錄』. "終日喫飯, 未曾咬着一粒米. 終日行, 未曾踏着一片地. 與麼時, 無人我等相, 終日不離一切事, 不被諸境惑, 方名自由人. 念念不見一切相, 莫認前後三際, 前際無居, 今際無住, 後際無來, 安然端坐, 任運不拘, 方名解脫. 努力努力."
312) 『雜徵義』. "衆生有無師智, 有自然智, 衆生承自然智, 任運修習, 謂寂滅法, 得成於佛."

자신의 심신 전체 그대로가 부처인 경지를 가리키는 말이다. 그러면 홍주종에서 주장하는 "임운자유"와 일반 사람들의 생활과는 어떤 차이가 있는가? 혜해선사의 법문에 이러한 문답이 있다.

 원율사가 와서 물었다. 화상께서는 도를 닦음에 노력을 합니까? 스님이 말하기를, 노력한다. 어떻게 노력합니까? 배고프면 밥 먹고, 피곤하면 잔다. 모든 사람이 전부 그렇게 하는데 스님의 노력과 같지 않습니까? 다르다. 어떻게 다릅니까? 그들은 밥 먹을 때 밥만 먹지 않고 백 가지로 분별하며, 잠잘 때 잠만 자지 않고 천 가지로 계교하니 따라서 다른 것이다. 율사가 입을 다물었다.313)

 혜해선사는 우리들에게 닦음(修)과 닦지 않음(不修)의 차이를 분명히 말해주고 있다. 똑같이 밥 먹고 잠자는 평상의 일이지만 유심으로 행하느냐 무심으로 행하느냐에 따라 생사업과 해탈업으로 달라진다. 이러한 임운수행(任運修習)은 행주좌와의 일상생활, 즉 견문각지見聞覺知의 당하지심當下之心 가운데서 체현하는 것이다. 홍주종에서 이른바 견문각지는 진여본성의 작용을 표현한 말이다. 그러므로 마조는 이렇게 말한다.

---

313) 『諸方門人參問』. "有遠律師來問, 和尙修道, 還用功否. 師曰, 用功. 曰, 如何用功. 師曰, 飢來喫飯, 困來卽眠. 曰, 一切人總如是, 同師用功否. 師曰, 不同. 曰, 何故不同. 師曰, 他喫飯時, 不肯喫飯, 百種須索. 睡時不肯睡, 千般計較, 所以不同也. 律師杜口."

지금 견문각지가 원래 너의 본성이며 또한 본심이다. 다시 이 마음을 떠나서 따로 부처가 없다.314)

그러므로 견문각지見聞覺知가 본성, 본심의 작용이라고 말한다. 다시 말하면, 불성은 비록 견문각지가 아니지만 또한 견문각지를 떠나 있는 것도 아니다. 도를 닦는 사람은 견문각지 가운데서 그 성품이 본래 공적함을 깨달아 같이 있지도 않고 떠나지도 않아서(不卽不離), 자연히 곧 번뇌 가운데서 보리를 증득하고, 세간사 가운데서 불사를 이루어야 한다. 일체 모든 법이 담연湛然하고 공적하여 필경공畢竟空이요, 필경정畢竟淨이다.

『대일경소大日經疏』에 이러한 설법이 있다. "여래의 오안五眼은 보살심으로서 필경정畢竟淨인 까닭이다. 일체의 여러 가지로 일체의 법을 관찰하여 견문각지를 밝게 깨달아 걸림이 없어서 이와 같은 금강인金剛印을 능히 수지한다."315)

그러나 『유마경』에 또한 제시하기를, "법은 견문각지가 아니다. 만약 견문각지를 행하면 곧 견문각지일 뿐이어서 법을 구함이 아니다.316)" 다시 말하면, 불법은 오염이 없다. 만약 세간법에 대해 여

---

314) 『馬祖道一禪師語錄』. "今見聞覺知, 元是汝本性, 亦名本心. 更不離此心別有心."
315) 『大日經疏』卷一. "如來五眼, 以菩薩心畢竟淨故. 以一切種觀一切法, 了了見聞覺知, 無所掛碍, 能持如是金剛印."
316) 『維摩經』「不思議品」. "法不可見聞覺知. 若行見聞覺知, 是則見聞覺知, 非求法也."

전히 집착한 바가 있고 내지 열반에 대해 역시 집착하는 바가 있다면 그것은 더러움에 탐착한 것이라 불법을 구할 수 없다. 불법은 견문각지에 있는 것이 아니어서 만약 견문각지를 구하면 그것은 견문각지의 감수와 마음의 의식을 추구하는 것이어서 불법을 구하는 것이 아니다.

　여기서 알 수 있는 것은, 마조선사는 불성의 작용(有)의 입장에서 "견문각지가 본성이다."라고 말했고, 『유마경』은 불성의 본체(空)의 각도에서 "법은 견문각지에 있는 것이 아니다."라고 설한 것이다. 그래서 훗날 문각文覺선사는 이것에 대해 이렇게 평술하고 있다.

　　불법의 두 글자는 오직 부처에게만 이 법이 있는 것은 아니며, 또한 중생에게는 이 법이 없는 것도 아니므로 불법이라 말한다. 부처(佛)란 깨달음(覺)의 뜻이니 깨달음은 곧 법法이다. 깨달음은 미혹으로 인해 세운다. 어떤 것이 미혹인가? 산하대지를 보고 산하대지를 만들어 인식하고, 견문각지에서 바로 견문각지를 세운다. 이것이 바로 미혹이다. 어떤 것이 깨달음인가? 산하대지를 보고 산하대지라 부르고, 견문각지에서 견문각지하게 한다. 이것이 바로 깨달음이다. 똑같이 산하대지를 보고 똑같은 견문각지인데 어째서 미혹이 있고 깨달음이 있는가? 돌! 산하대지, 견문각지여! 몇 번이나 너를 향해 미혹을 말하고 깨달음을 말했던가. 결국 깨달음을 말하고 미혹을 말해도, 참됨을 말하고 거짓을 말해도, 모두가 거짓 이름이다. 중생을 인도하니, 나와 그대가 본래 가지고 있는 성품은 본래 스스로 이루어지고 본래 스스로 구족하여 본래 생멸이 없고, 공空도 아니요 유有도 아니고, 참됨도 아니요 거짓도 아니고, 미혹도 아니고 깨달음도 아니다. 오직 중생을 위하여 집착과 집착 없음, 걸림과 걸림 없음을 말하고, 망견으로 공도 있고 유도 있으며, 참됨도 있고 거짓도 있으며, 미혹도 있고 깨달음도 있음을 말한다. 만약 일념을 회광반조하면 자연히 만법이 갖추어지리라. 이 도리를 알고자 하는가? 나귀 일이 가기 전에 말의 일이 또 온다.317)

혜능선사가 일찍이 『단경』에서 "자성이 생각을 일으켜 비록 곧 견문각지해도 만 가지 경계에 물듦이 없고 항상 자재하다."고 제시한 이후, 신회가 『어록』 가운데서 또한 "비록 견문각지가 있으나 항상 공적하다."라고 설했다. 신회는 견문각지의 "공적영지空寂靈知"를 강조했는데, 즉 공적의 영지요, 영지의 공적을 말한다.

다시 말하면 사람의 진성은 공적하면서 신령스레 알고, 신령스레 알면서 또한 공적하다. 자성의 공적영지에서 보면, 눈으로 보되(見)

---

317) 『御選語錄』 十九卷 「文覺禪師語錄」. "佛法兩字, 不是惟佛有此法, 亦非衆生無此法, 爲之佛法也. 佛者覺義, 覺卽是法, 覺因迷立, 不迷何覺. 何爲迷. 見山河大地, 認作山河大地, 於見聞覺知, 便立見聞覺知, 此卽是迷. 何爲覺. 見山河大地, 喚山河大地, 於見聞覺知, 使見聞覺知, 此卽是覺. 同見山河大地, 同是見聞覺知, 因甚有迷有覺. 咄! 山河大地, 見聞覺知, 幾曾向爾道迷道覺來, 總之說覺說迷, 說眞說妄, 皆以假名字. 引導於衆生, 吾人本有之性, 本自現成, 本自具足, 本無生滅, 非空非有, 非眞非妄, 非迷非覺. 只爲衆生無執生執, 無碍作碍, 妄見有空有有, 有眞有妄, 有迷有覺. 若能一念回光, 自然萬法俱了. 要知了底道理. 驢事未去, 馬事又來."

봄이 없고 봄이 없되 본다. 귀로 듣되(聞) 들음이 없고 들음이 없되 듣는다. 몸으로 느끼되(覺) 느낌이 없고 느낌이 없되 느낀다. 마음으로 알되(知) 앎이 없고, 앎이 없되 안다.

그러므로 황벽은 "본심은 견문각지에 속하지도 않고 또한 견문각지를 떠나 있는 것도 아니다.", "같이 있지도 않고 떠나지도 않으며(不卽不離), 머물지도 않고 집착하지도 않아서(不住不着), 종횡으로 자재하니 도량 아님이 없다."라고 설파했던 것이다.

이것은 또한 사람들이 "본래 생멸이 없고, 공空도 아니요 유有도 아니고, 참됨(眞)도 아니요 거짓(妄)도 아니고, 미혹(迷)도 아니고 깨달음(悟)도 아닌" 불이중도성不二中道性을 구족했기 때문이다.

만약 수선자가 일념 가운데 회광반조回光返照하면 자연히 만법이 청정공적함을 단박에 깨달아 임운자재任運自在하게 된다. 청안납자靑眼衲子를 놓고 말하면, 견문각지는 산하대지의 견문각지요, 산하대지는 견문각지의 산하대지이다. 그러므로 "산하대지, 견문각지여! 몇 번이나 너를 향해 미혹을 말하고 깨달음을 말했던가. 결국 깨달음을 말하고 미혹을 말해도, 참됨을 말하고 거짓을 말해도, 모두가 거짓 이름이다."라고 말하는 것이다. 그래서 견성오도見性悟道한 도인은 "산하대지를 보고 다만 산하대지라 부르고, 견문각지에서 견문각지하게 하는" 임운자재한 무사인無事人인 것이다.

여기서 알 수 있듯이, 홍주선이 비록 "지(知 : 앎)"를 중시하는 하택종을 폄하하지만 그러나 그들 또한 여전히 이 견문각지의 작용을 중시하고 있다. 이와 같은 지知와 견문각지 간에 구경에 얼마의 차별이 있는가. 그리고 반대 입장에서 보면 하택종 종밀이 "홍주종은 다만 수연응용隨緣應用만 있고, 자성용自性用은 빠졌다."라고 평가한 것 또한 재고되어야 할 문제이다.

여기서 남종선은 미迷와 오悟의 새로운 함의를 제시하였다. 자심이 본래 부처임을 믿지 않으면 곧 미혹이요, 자심이 본래 청정함을 견고하게 믿는 것이 깨달음이다. 관건은 미혹을 돌이켜 깨달음으로 향하는 것(轉迷向悟)에 있다. 일념을 전향하는 것이 바로 "일념반조(一念返照 : 回光返照)"이다. 그러므로 마조는 다음과 같이 말했다.

> 일체 중생이 무량겁으로부터 법성삼매法性三昧를 벗어나지 않아서 오랫동안 법행삼매法行三昧 가운데에 있었다. 옷 입고 밥 먹고 말하고 대할 때 육근을 운용하여 일체를 베품이 모두 법성이다. 근원을 돌이킴을 알지 못하여 이름을 따르고 모양을 쫓아 정식情識에 미혹하여 망념을 일으키어 가지가지 업을 지었다. 만약 능히 일념반조一念返照하면 전체가 성인의 마음이다.[318]

---

318) 『馬祖語錄』. "一切衆生, 從無量劫來, 不出法性三昧, 長在法行三昧中. 着衣喫飯, 言談祇對, 六根運用, 一切施爲, 盡是法性. 不解返源, 隨名逐相, 迷情妄起, 造種種業. 若能一念返照, 全體聖心."

성문은 불성을 들어서 보고, 보살은 불성을 눈으로 본다. 둘이 아님을 요달하면 평등한 성품(平等性)이라 부른다. 성품은 다름이 없으나 작용하면 곧 달라진다. 미혹하면 정식(識)이라 하고, 깨달으면 지혜(智)라고 한다. 이치(理)에 따르면 깨달음이요, 현상(事)을 따르면 미혹이다. 미혹(迷)한 즉 자가본심을 미혹하고, 깨달은(悟) 즉 자가본성을 깨달은 것이다. 한 번 깨달으면 영원히 깨달아 다시는 더욱 미혹됨이 없다.[319]

수선인은 견문각지의 육근운용 가운데서 불성의 평등불이성平等不二性을 철저히 요달하여, 즉 일념에 자가본성을 반조하여 한 번 깨달으면 영원히 깨달아 임운자재하게 된다. 이와 같이 같은 일념심에 속하지만 자심을 미혹하면 그대로 생사무명이요, 자심을 깨달은 즉 바로 보리열반이다. 염정染淨이 단지 사람들의 현금 일념의 미오迷悟일 뿐이다. 만약 생각마다 집착하면 마음이 경계에 물들어 속박되어 자재할 수 없다. 만약 생각마다 머무름이 없으면 생각해도 생각함이 없으니(念而無念) 해탈 아님이 없다. 이렇게 임운자재한 사람의 해탈은 "부처를 구하지도 않고, 지혜를 구하지도 않고, 더러움과 깨끗함의 정이 다하여, ……지옥의 고통을 두려워하지도 않고, 천당의 즐거움을 좋아하지도 않아서 일체법에 구애됨이 없으니, 비

---

319) 上同. "聲聞聞見佛性, 菩薩眼見佛性. 了達無二, 名平等性. 性無有異, 用卽不同. 在迷爲識, 在悟爲智. 順理爲悟, 順事爲迷. 迷卽迷自家本心, 悟卽悟自家本性. 一悟永悟, 不復更迷."

로소 해탈무애라고 한다."320) 행주좌와 동정어묵 및 일체처 일체시의 전체 생활영역에서 "법행삼매法行三昧", "해탈무애解脫無碍"를 현전한다. 이것이 바로 마조가 말한 "서 있는 그곳이 바로 진실이요(立處卽眞), 모두가 다 자가의 당체이다(盡是自家體)."라고 한 말의 의미이다.

사상적 연원에서 말하면, 마조대사가 제시한 "입처즉진立處卽眞"의 사상은 승조의 『부진공론不眞空論』이 제시한 "도가 멀리 있는가(道遠乎哉)! 부딪치는 모든 것이 진실이다(觸事而眞)."라는 말에서 연유한 것이다. 『조계대사전』에 또한 "열반은 멀리 있지 않다(涅槃不遠). 눈에 부딪치는 것이 다 보리이다(觸目菩提)."라고 설했다.

이른바 "입처즉진"의 경계는 "사람이 본래 부처(人本來是佛)"라는 기점에서 제시된 홍주종 생활선의 사상체계이다. 마조의 입처즉진의 사상은 임제의 "어디서나 주인이 되고(隨處作主), 서있는 그 곳이 모두 진실이다(立處皆眞)."라는 말에 직접적인 영향을 미치고 있다.

결론적으로 홍주선은 혜능, 신회의 무념심을 단박 깨닫는(頓悟無念心) 선법을 평상심의 도(平常心是道)로 발휘한 것이다. 이러한 평상심을 회복하여 수연임운隨緣任運, 임운자재任運自在한 자연해탈을 구가하고 있는 것이 바로 홍주종 생활선의 지향점이다. 즉 일상성의 선

---

320) 『佛祖歷代通載』 卷二十. "不求佛, 不求智慧, 垢淨情盡, ……亦不畏地獄苦, 不愛天堂樂, 一切法不拘, 始名爲解脫無碍."

禪, 평상심의 회복, 생활선의 실현, 이것이 홍주선이 실현하고자 했던 종교실천이다.

이러한 종교실천의 매개가 바로 응기접물應機接物사상이다. 이와 같이 홍주선은 응기접물의 사상적 토대 위에 안으로 지혜를 발현하고, 밖으로 자비를 발휘하여 임운자재의 선풍을 진작하고 있다. 임운자재한 무사인無事人이 곧 부처임을 천명하고 있다. 이후 전개되는 임제의 "무위진인無位眞人", "무의도인無依道人" 또한 이 무사인無事人의 연장선상에서 제시된 깨달음을 성취한 도인의 인간상이다. 결국 "사람이 곧 부처(卽人卽佛)"라고 주장하는 인간불교가 홍주종 조사선의 귀착점이다.

2. 하택종 돈오선사상의 전개

하택종荷澤宗은 하택신회荷澤神會선사를 종조로 하는 남종선의 일파를 말한다. 잘 알려진 바와 같이, 이 종파의 다른 중요한 대표적 인물이 규봉종밀圭峰宗密선사이다. 신회의 선사상에 대해서는 앞장에서 이미 많은 부분 언급하였기 때문에 여기서는 주로 종밀의 선사상을 중심으로 살펴보기로 하겠다.

『송고승전』에서는 종밀에 대해 이렇게 기술하고 있다. "종밀대사는 선사냐 율사냐 강사냐? 이것에 대해 말하기를, 종밀은 전방위의 인물이라 사람이 얻을 수 없는 이름이다. 모두 큰 지혜로 두렷이 밝아 스스로 증득한 이타의 대보살이라 말할 수 있다."321) 이 말은 종밀이 선교겸수의 대선지식이며 경률론 삼장에 정통한 실천보살이었음을 증명하고 있다.

송대의 불교사학가 조수祖琇는 『융흥불교편년통론隆興佛敎編年通論』에서 "종밀은 명철한 법안을 갖추고 불지견에 통달하여 광대한 무애변재로써 종교를 찬석하여 공력을 구비하였으니, 일단 생사가

---

321) 『宋高僧傳』. "或曰, (宗)密師爲禪耶律耶經論耶. 則對曰, 夫密者, 四戰之國也, 人無得而名焉, 都可謂大智圓明自證利他大菩薩也."

불분명한 때를 당해도 능히 자신있게 사실을 말하고, ……깨달음과 실천행이 상응(解行相應)한 이가 규봉이 아니겠는가!"라고 찬탄하고 있다.

종밀의 "해행상응解行相應"은 신회의 사상을 계승하여 선교禪敎, 돈점頓漸, 유불儒佛을 회통하는 종교실천을 제시하고 있다. 종밀은 일찍이 스스로 하택종의 4대 사법嗣法이라고 칭하고, 또한 이후 화엄종의 5조로 추존된 바 있다.

> 화상은 사천에서 유화하여 수주에 이르렀다. 수주에서 서로 만나 법을 묻고 마음에 계합함이 마치 바늘과 겨자가 투합하는 것 같았다. ……선은 남종을 만나고 화상이 전한 것은 영남의 조계 혜능화상의 종지이다.[322]

종밀선사는 남종 하택종의 도원道圓문하에 출가하여 사미 시절에 『원각경』을 독송하다 깨달음을 얻게 되었다. 그는 교에 의거해 선을 깨달은(依敎悟禪) 기연으로 인해서 평생 선교일치의 사상체계를 확립하는데 진력하였다. 다시 말하면 『원각경』과 하택종 선법이 종밀 선학사상의 기본 골격이라 말할 수 있다. 이것을 기초로 해서 남종선법과 화엄사상을 회통하고자 하였다. 즉 남종 하택선의 돈오

---

[322] 『圓覺經大疏鈔』. "和尚從西川遊化至此州(遂州), 逢得相遇, 問法契心, 如針芥相投也. …… 禪遇南宗者, 和尚所傳, 是峯南曹溪能和尚宗旨也."

선법을 중심으로 하여 선교禪敎 각파를 화회和會하여 "정혜쌍수定慧雙修", "선교일치禪敎一致", "돈오점수頓悟漸修" 등의 회통사상을 확립하였다.

사실상 중당中唐 이후의 불교계는 교종과 교종 간의 교의敎義논쟁, 선종과 선종 간의 정통성 쟁론, 교종과 선종 상호간에 종지를 비판함이 극에 달해 불교의 본래 의무를 망각한 사상적 혼란이 가중되고 있었다. 종밀이 활동한 시기에 선종은 이미 영향력이 지대한 종파로 거듭나 있었기에, 선종 각파 사이에 법통논쟁法統論爭 또한 매우 격렬하고 첨예하게 대립하였다.

이러한 시대적 요청에 부응하여 종밀은 화해와 융합의 이론과 실천을 제시하였다. 그는 선과 화엄의 양종 조사의 위치에 서서 하택선의 "공적영지空寂靈知"와 화엄의 "원돈圓頓"사상을 종합하여 『원각경』의 본래성불설本來成佛說에 입각하여 선교일치의 회통사상을 입론하였다. 즉 종밀의 선교일치의 구체적 방법과 내용은 "정혜쌍수定慧雙修"와 "돈오점수頓悟漸修"이다.

따라서 본서에서는 종밀의 선사상 가운데 돈오선에 관련된 사상, 즉 정혜쌍수定慧雙修, 돈점쌍입頓漸雙入, 선교일치禪敎一致 등 돈오선의 전개 방면에 대해 중점적으로 고찰해 보고자 한다.

1) 자성청정과 정혜쌍수定慧雙修

종밀의 "정혜쌍수定慧雙修"는 완전히 혜능, 신회의 돈오선의 정혜관을 계승하고 있다. 특히 자성청정설은 종밀이 주장한 바의 "습정균혜(習定均慧 : 정과 혜를 균등히 닦음)"사상의 출발점이다. 종밀은 하택종의 심성론에 대해 다음과 같이 말하고 있다.

> 망념은 본래 공적하고 경계(塵境)도 공空하다. 공적한 마음은 신령스레 알아 어둡지 않다. 이것이 곧 공적의 앎이니 너의 참된 성품이다. 미혹하나 깨달으나 마음은 본래 스스로 알아 인연으로 일어남을 의지하지 않고, 경계로 인하여 일어나지 않는다. 앎의 한 글자(知之一字)가 모든 신묘함의 문이다(衆妙之門).323)

> 만법이 이미 공하고 마음 바탕이 본래 공적하니, 공적함이 곧 법신이다. 즉 고요한 가운데 앎이 있으니 앎이 곧 참 지혜다. 또한 보리, 열반이라 이름한다. ……이것은 중생의 본원 청정심이며, 자연의 본래 있는 법이다.324)

---

323) 『都序』卷二. "妄念本寂, 塵境本空. 空寂之心, 靈知不昧. 此卽空寂之智, 是汝眞性. 任迷任悟, 心本自知, 不藉緣生, 不因境起. 知之一字, 衆妙之門."
324) 『圓覺經大疏鈔』卷三之下. "萬法旣空, 心體本寂, 寂卽法身. 卽寂而知, 知卽眞智, 亦名菩提涅槃. ……此是衆生本源淸淨心也, 是自然本有之法."

달마선 이래 이른바 이심전심以心傳心으로 전한 것이 바로 "공적지심空寂之心"이다. 공적지심이 곧 영지靈知하니 또한 지知라고 이름한다. 이것은 일종의 명백하여 어둡지 않는 영묘한 지혜이며, 중생이 본래 가지고 있는 참성품인 것이다. 일심의 체성을 신령스레 아는 것이 중생이 각종 번뇌를 소멸하고 해탈을 얻는 길이다. 그래서 "앎의 한 글자(知之一字)가 모든 신묘함의 문(衆妙之門)"이라고 말하는 것이다. 종밀은 "공적지심空寂之心"이 하택종의 심성론의 핵심내용이라고 보았다.

일체 중생이 모두 공적한 진심이 있다. 시작 없는 본래부터 성품은 스스로 청정하여서, 밝고 밝아 어둡지 않고(明明不昧) 밝게 깨달아 항상 알아(了了常知), 미래제가 다하여도 항상 머물러 멸하지 않으니 이름하여 불성이라 하고, 또한 여래장이라 이름하고, 심지라 이름한다.(달마가 전한 바가 이 마음이다.) 325)

육도의 범부와 삼승의 현성 모두가 근본이 영명하고 청정한 일법계심一法界心이다. 성품을 깨달아 보배 광명이 각각 원만하니 본래 부처도 아니요, 또한 중생도 아니다. 다만 이 마음이 영묘하고 자재하여 자성을 지키지 않으므로, 미오迷悟의 연에 따라 업을 짓고 과보를 받으

---

325) 『都序』卷二. "一切衆生, 皆有空寂之心, 無始已來性自清淨, 明明不昧, 了了常知, 盡未來際, 常住不滅, 名爲佛性, 亦名如來藏, 亦名心地."

니 중생이라 부르며, 도를 닦아 참됨을 증득하니 제불이라 부른다. 또한 비록 연에 따르나(隨緣) 자성을 잃지 않으므로, 항상 허망하지 않고 항상 변하여 달라짐이 없으며, 파괴되지 않으니 오직 일심이라 하고 진여라 이름한다.326)

공적진심空寂眞心은 중생의 청정본성이며, 제불여래의 청정자성이며, 또한 불생불멸의 진여불성이다. 즉 제불과 중생이 영명하고 청정한 일법계심(자성청정심)을 가지고 있어 각각 원만하니, 미혹하면 곧 중생이요, 깨달으면 곧 제불이다. 이 진여불성(일법계심)은 수연隨緣하더라도 여전히 진실이 불변하므로 진여라고 부른다. 종밀은 신회가 늘 사용하던 "명명불매明明不昧, 요요상지了了常知"란 어구를 그대로 인용하여 공적영지한 청정심을 설명하고 있다. 그는 또한 신회의 "공적영지空寂靈知"를 가지고 와서 "적寂과 지知"의 관계를 설명하고 있다.

고요함(寂)이란 앎(知)의 고요함(寂)이요, 앎(知)이란 고요함(寂)의 앎(知)이니, 고요함(寂)은 앎(知)의 자성체自性體요, 앎(知)이란 고요함(寂)의 자성용自性用이다.327)

---

326) 上同. "六道衆生, 三乘賢聖, 根本悉是靈明淸淨一法界心, 性覺寶光, 各各圓滿, 本不名諸佛, 亦不名衆生. 但以此心靈妙自在, 不守自性, 故隨迷悟之緣, 造業受報, 逐名衆生, 修道證眞, 逐名諸佛. 又雖隨緣而不失自性, 故常非虛妄, 常無變異, 不可破壞, 唯是一心, 逐名眞如."

이것은 체용관계로서, 즉 공적은 영지의 공적이며 영지는 공적의 영지이다. 이것이 하택종의 심성론이자 정혜관이다. 이러한 체용일여의 관점 또한 신회와 완전히 부합한다. 종밀은 또한 공적영지空寂靈知에 대해 이렇게 해석하고 있다.

> 공적지空寂知는 모든 것을 다 섭수한다. 공空이란 모든 모양을 떠난다는 것(空却)이니, 마치 가려 없앤다는 말과 같다. 적寂이란 실성實性이니 변동이 없다는 뜻이며, 비어서 아무것도 없다(空無)는 것과는 다르다. 앎(知)이란 당체를 표현한 뜻이며 분별과는 같지 않다. 이것을 모름지기 진심의 본체라 한다. 그러므로 스스로 발심해서 내지 성불에 이르기까지 오직 적寂이요 오직 지知일 뿐 변하지도 않고 끊어지지도 않지만, 단지 지위에 따라 이름이 조금 다를 뿐이다.328)

공적空寂이란 모든 상相에 집착하지 않는 중생의 본래 진성이며, 영지靈知란 진심의 본 바탕 위에 나타난 자연의 지혜이다. 만약 공적의 지혜를 깨닫는다면 중생이 곧 부처이다. 종밀은 이런 종류의 공적영지사상이 불교의 이론과 수행의 전부를 개괄할 수 있다고 본 것이다. 그러므로 이렇게 말한다.

---

327) 『圓覺經大疏鈔』 卷一之上. "寂是知寂, 知是寂知, 寂是知之自性體, 知是寂之自性用."
328) 『禪門師資承襲圖』 卷三. "空者, 空却諸相, 猶是遮遣之言. 唯寂是實性, 不變動義, 不同空無也. 知是當體表顯義, 不同分別也. 爲此方爲眞心本體. 故始自發心, 乃至成佛, 唯寂唯知, 不變不斷, 但隨地位, 名義稍殊."

깨달을 때는 이지理智라 하고, 발심하여 수행할 때는 지관止觀이라 하고, 임운任運하여 행을 이루면 정혜定慧라 하고, 모든 번뇌를 다하면 공덕원만功德圓滿이라 하고, 부처를 이룰 때는 보리열반菩提涅槃이라고 한다.329)

그는 또 해석하기를,

이지理智, 이리란 곧 적寂이요 지智란 곧 지知다. 지관止觀, 반연을 그쳐 쉬어(止息) 공적(寂)에 계합하는 것이며, 성性과 상相을 관조觀照하여 지혜(知)에 부합하는 것이다. 정혜定慧, 반연을 그치므로 인해 마음이 안정된다. 선정이란 마음이 고요하여 움직임이 없음이다. 관조로 인해 지혜가 발휘된다. 지혜란 앎에 분별이 없음이다. 보리열반菩提涅槃, 보리란 범어로서 번역하면 깨달음 즉 지혜(知)이다, 열반이란 범어인데 번역하면 적멸 즉 공적함(寂)이다.330)

종밀의 정혜관은 신회가 말한 "공적空寂이 곧 정定이며, 영지靈知가 곧 혜慧"라고 하는 것을 계승 발전시키고 있다. 종밀은 이리, 지止, 정定, 열반涅槃은 공적空寂에 해당되며, 지智, 관觀, 혜慧, 보리菩

---

329) 上同. "約了悟時, 名爲理智. 約發心修時, 名爲止觀. 約任運成行, 名爲定慧. 約煩惱]都盡, 功德圓滿. 成佛之時, 名爲菩提涅槃."
330) 上同. "理智, 理卽寂也, 智卽知也. 止觀, 止息盡緣, 契於寂也. 觀照性相, 冥於知也. 定慧, 因止緣而心定, 定者, 寂然不變. 因觀照而發慧, 慧者, 知無分別也. 菩提涅槃, 菩提, 梵語, 此翻爲覺, 卽是知也. 涅槃, 梵語, 此翻爲寂滅, 卽是寂也."

提는 영지靈知에 해당되는 개념들이라고 주장하고 있다. 그러므로 "이지겸석理智兼釋", "지관구행止觀俱行", "정혜쌍수定慧雙修", "보리열반상자菩提涅槃相資"라고 말하는 것이다.

종밀선사는 즉체즉용卽體卽用의 기초 위에 나아가 공적지심의 작용에는 두 종류가 있다고 주장한다. 첫째는 자성본용自性本用이요, 둘째는 수연응용隨緣應用이다. 『선문사자승습도』에 이렇게 설하고 있다.

> 진심의 본체에는 두 종류의 작용이 있다. 하나는 자성본용이요, 둘은 수연응용이다. 마치 동경銅鏡에 비유하면, 동銅의 질(質 : 재질)은 자성체自性體요, 동의 밝음(明)은 자성용自性用인데, 밝음(明)에 나타난 바의 그림자가 수연용隨緣用이다. 그림자는 곧 연(緣 : 경계)을 대하면 나타나니, 나타나면 천차만별이 있다. 밝음(明)은 곧 자성이 항상 밝은 것과 같으니, 밝음은 오로지 한 맛이다. 마음에 비유하면, 마음이 항상 공적한 것은 자성체요, 마음이 항상 아는 것은 자성용인데 이것이 능히 말하고 분별하고 동작하는 것 등이 수연응용이다.331)

종밀선사의 견해에 따르면, 자성본용이란 진심의 본 바탕 위에 갖추어진 "자연히 항상 아는 것(自然常知)"이며, 수연응용이란 진심

---

331) 上同. "眞心本體有二種用, 一者自性本用, 二者隨緣應用. 猶如銅鏡, 銅之質是自性體, 銅之明是自性用, 明所現影是隨緣用. 影卽對緣方現, 現有千差, 明卽自性常明, 明有一味, 以喩心常寂, 是自性體, 心常知, 是自性用, 此能語言能分別動作等, 是隨緣應用."

과 무명이 화합하여 생성된 분별망념과 그것들이 변하여 나타난 대상세계 등이다. 만약 하나의 동거울을 비유로 들자면, 거울의 체(바탕)는 진심의 자성체이며, 그 바탕에 갖추어진 거울의 밝음(明)은 자성본용을 가리키며, 거울의 밝음에 나타난 대상의 그림자는 수연응용이라고 말할 수 있다.

종밀이 주장한 "일체양용설一體兩用說"은 즉체즉용이라는 일체일용설一體一用說의 기점에서 돌출된 자연의 지혜를 들어 하나의 자성본용을 증가시킨 것이다. 즉 자성본용으로서 진심체眞心體를 대신하여 공적영지에 갖추어진 자연구용自然具用을 강조한 것이다.

그는 또 『기신론』의 "불변수연不變隨緣, 수연불변隨緣不變"의 설을 인용하여 자성본용과 수연응용설을 설명하고 있다. 자성청정은 불변수연이며 수연불변의 중도불이中道不二의 성품(性)을 말한다. 그러므로 자성본용은 자성의 수연불변을 말하는 것이며, 수연응용은 자성의 불변수연을 말하는 것이다. 즉 수연불변이란 인연에 따르면서 변하지 않음을 일컫는 말이며, 불변수연이란 변하지 않으면서 인연에 따르는 것을 말한다. 이 불변수연不變隨緣의 뜻을 화엄종 법장의 설법에 의거해 해석하면,

    진여에는 두 종류의 뜻이 있다. 하나는 불변의 뜻이요, 둘은 수연의 뜻이다. 무명 또한 두 가지 뜻이 있으니, 하나는 바탕이 없으니 곧 공

의 뜻이요, 둘은 작용이 있어 일을 이룬다는 뜻이다. 이러한 진眞과 망妄 가운데 각 처음의 뜻이 있으므로 진여문眞如門을 이루고, 각 뒤의 뜻이 있으므로 생멸문生滅門을 이룬다.332)

비록 다시 인연에 따라 염정染淨을 이루지만 항상 자성청정을 잃지 않고, 오로지 자성청정을 잃지 않는 까닭에 능히 인연에 따라 염정染淨을 이룬다. 마치 밝은 거울에 염정이 나타난 것에 비유하면, 비록 염정이 나타나지만 항상 거울의 밝고 깨끗함을 잃지 않고, 오로지 거울의 밝고 깨끗함을 잃지 않으므로 모름지기 염정의 상을 나타낼 수 있다. 염정을 나타냄으로써 거울에 염정을 알고, 거울이 밝고 깨끗함으로써 염정이 나타남을 앎으로써 두 가지 뜻이되 오직 하나의 성품이다. 비록 깨끗한 법(淨法)이 나타나도 거울에 밝음을 보태지 않고, 비록 오염된 법(染法)이 나타나도 거울의 깨끗함을 오염시키지 않는다. 바로 오염시키지 않음도 아니니 또한 이로부터 반대로 거울의 밝고 깨끗함이 나타난다. 마땅히 진여의 도리도 이와 같음을 알아라. ……그러므로 두 가지 뜻이 있으며, 전체가 서로 둘이 아닌 하나의 성품을 받아들인다.333)

---

332)『起信論義記』. "眞如有二義. 一不變義, 二隨緣義. 一無體卽空義, 二有用成事義. 此眞妄中, 各有初義 故成上眞如門也. 各有後義, 故成此生滅門.
333)『分齊章』卷第四. "雖復隨緣成於染淨, 而恒不失自性淸淨, 只由不失自性淸淨, 故能隨緣成染淨也. 猶如明鏡現於染淨, 雖現染淨, 而恒不失鏡之明淨, 只由不失鏡明淨故, 方能現染淨之相. 以現染淨, 知鏡明淨, 以鏡明淨, 知現染淨, 是故二義, 唯是一性. 雖現淨法, 不增鏡明, 雖現染法, 不汚鏡淨, 非直不汚, 亦乃由此反顯鏡之明淨, 當知眞如道理亦爾 ……是故二義, 全體相收一性無二."

여기서 법장은 전통의 "자성청정自性淸淨, 객진소염客塵所染"의 설을 이용하여 불변수연不變隨緣의 불이중도의不二中道義를 해설하고 있다. 즉 중생은 여래장자성청정심如來藏自性淸淨心을 갖추고 있는데 다만 무명(客塵所染)에 가려 청정의 작용을 얻지 못하고 있다. 자성청정심에는 진여(불변)와 생멸(수연)의 양문이 있게 된다. 즉 진여는 생멸의 진여요 생멸은 진여의 생멸이며, 불변은 수연의 불변이요 수연은 불변의 수연이다. 이로부터 우리는 종밀이 이해한 "불변수연不變隨緣"의 뜻은 "진상유심설眞常唯心說"이 아니고 자성청정의 "반야불이중도설般若不二中道說"임을 알 수 있다.

종밀선사는 이러한 중도불성의 사상적 기초 위에서 이른바 "일체양용설一體兩用說"을 제시하고 있는 것이다. 먼저 자성본용에 대해 살펴보도록 하자. 자성본용은 상대적 인연조건이 필요 없이 스스로 알고 깨닫는 것이니, 또한 신회가 말한 "진심지지眞心之知" 혹은 "자연지지自然之知"로서 "밝고 밝아 어둡지 않고(明明不昧), 밝게 깨달아 항상 아는(了了常知)" 지혜를 말한다. 적지寂知의 지知는 자성본용이며, 공적한 마음(空寂之心)의 스스로 알고 스스로 깨달음(自知自覺)이다.

종밀은 신회의 "자연지지自然之知"에 의거해서 "지知"를 찬석하고 있다.

이 지知라고 말하는 것은 깨달아 증득한 지知가 아니니, 뜻으로 말하면 진성은 허공목석과 같지 않으므로 지知라고 한다. 인연과 경계를 분별하는 식이 아니며, 체體를 비추어 요달한 지혜가 아니며, 곧바로 일진여一眞如의 성품이 자연스레 항상 아는(知) 것이다.334)

하택종에서 강조한 "지(知 : 앎)"라고 하는 것은 경계에 대하여 분별하는 알음알이(識)가 아니며, 또한 수행하여 증득한 불과佛果로서의 지혜도 아니며, 다만 일체 중생이 공통으로 갖추고 있는 "자연상지自然常知"를 말한다. 신회는 지知로써 마음의 본질속성을 삼았고, 종밀 역시 이 점을 매우 강조하고 있다.

> 지知라는 한 글자는 모든 신묘함의 문이다. 항사의 불법이 이것으로 인해서 성립되었다.335)

사실 "지라는 한 글자가 모든 신묘함의 문(知之一字衆妙之門)"이라는 주장은 종밀 이전에 징관의 『정원소貞元疏』 가운데서 이미 언급된 말이기도 하다.

---

334) 『都序』卷上二. "此言知者, 不是證知, 意說眞性不同虛空木石, 故云知也. 非如緣境分別之識, 非如照體了達之智, 直是一眞如之性, 自然常知."
335) 『圓覺經大疏鈔』卷一. "知一字衆妙之門. 恒沙佛法, 因此成立."

즉체卽體의 용用이 지知요, 즉용卽用의 체體가 적寂이라, 체와 용이 이미 둘이나 지와 적은 둘로 나눌 수 없으니, 지라는 한 글자가 모든 신묘함의 문(知之一字衆妙之門)으로 독립되어 있지 않다.[336]

여기서 알 수 있듯이, 신회가 주장한 적지체용일체寂知體用一體사상은 징관을 거쳐 종밀에 이르러 발전하여 완정한 틀을 마련하게 된 것이다. 이 지知는 중생에게 본래 있는 청정자성의 성품으로, 성性은 그 체를 가리킴이요 지知는 그 용을 가리키는 것이다. 그것의 특징은 "공적하게 비추는 것(寂照)"인데, 곧 공적하면서 비추고(寂而照), 비추면서 공적照而寂한 중도이성中道二性을 말하는 것이다.

종밀은 아울러 "망조亡照"의 관계로서 자성계정혜삼학을 설명하였다. 그는 『화엄경행원품소초』 가운데서 이렇게 주장하고 있다.

> 망조亡照라고 말하는 것은 두 가지 뜻이 있다. 첫째 망亡은 곧 만연萬緣을 모두 쉬어버린 정定이다. 조照란 진망眞妄을 깨달아 비추는 혜慧이다. 이것은 고덕이 말한 무작계정혜無作戒定慧삼학과 같다. 거기에 말하기를, 망심이 없음이 정이요, 망심을 아는 것이 혜요, 망심이 일어나지 않음이 계라고 하였다. 또한 촉의 김선사는 무억無憶이 계요, 무념이 정이며, 막망莫忘이 혜라고 하였다. 지금 망亡이라고 말하는 것은

---

336) 『貞元疏』卷一. "卽體之用曰知, 卽用之體曰寂, 體用旣有二, 知寂不可兩分, 非獨知之一字衆妙之門."

곧 그 무억, 무념의 계정戒定이요, 조照라고 하는 것은 곧 그 막망의 혜를 말함이다. 그러나 이 모두가 대치방편일 뿐 아직 성품의 닦음(性之修)이라 말하지 않는다. 둘째 조照란 또한 유정의 망조亡照가 아니다. 조照는 오히려 반드시 망亡이어야 하는데 어찌 식념(識念 : 망념)이겠는가. 그 본성이 영지불매靈知不昧하므로 단멸이 없으니, 하택대사가 설한 공적한 가운데 비추는 것(空寂照)이 자성계정혜의 뜻이라고 한 것이 그것이다.337)

이른바 망亡이란 일체반연을 쉬어 멸하는 정定을 가리키며, 조照란 참경계(眞境)를 깨달아 허망을 비추는 것이니 혜慧를 가리키는 것이다. 종밀이 생각하기에, 이것은 신회가 말한 무작계정혜無作戒定慧와 같아서, 이른바 망심妄心이 없음이 정定이며, 망심을 아는 것이 혜이며, 망심을 일으키지 않음이 계이다. 역시 무상無相 선사가 설한 "무억無憶이 계요, 무념無念이 정이며, 막망莫忘이 혜"라고 한 것과도 같다. 즉 망亡이란 무억, 무념의 계정戒定을 가리키며, 조照란 막망莫忘의 혜를 가리키는 것이다.

여기서 다시 살펴보면, 이른바 공적영지空寂靈知에서 공적이 망亡

---

337) 『華嚴經行願品疏鈔』 卷一. "言亡照者, 有二意. 一亡則都息萬緣爲定也. 照則照眞覺妄爲慧也. 此同古德說無作戒定慧. 彼云, 無妄心是定, 知妄心是慧, 妄心不起是戒. 亦同蜀中金禪師, 無憶是戒, 無念是定, 莫忘是慧. 今云亡者, 卽彼無憶無念之戒定也. 今云照者, 卽彼莫忘之慧. 然皆是對治方便, 未嘗稱性之修也. 二者, 照亦都不當情爲亡照也. 照尚須亡, 況於識念, 然其本性, 靈知不昧, 故非斷滅, 卽荷澤大師, 說空寂照, 爲自性戒定慧之意也."

이며 영지가 조照라서, 망이 곧 조요, 조가 곧 망이기에 "조는 오히려 반드시 망이어야 한다(照尙須亡)."라고 말하는 것이다. 따라서 종밀은 혜능 이후 하택종에서 줄곧 강조한 공적(空寂 : 亡) 영지(靈知 : 照)는 자성계정혜를 가리킨다고 주장하였다.

다음으로 수연응용隨緣應用에 대해 살펴보기로 하자. 종밀은 선법응용의 각도에서 수연응용을 제시했다. 이른바 "이것이 능히 말하고 분별하고 동작하는 것 등이 수연응용이다." 이 수연응용은 반드시 상대적인 인연조건이 있어야만 능히 작용을 일으킬 수 있으며, 또한 진심과 무명이 화합한 이후에야 생성된 아뢰야식 등 팔식과 그것들이 변현된 몸과 세계(根身器界) 등이다.

> 본래 진여일심眞如一心인데 생멸과 화합하여 아뢰야식 등으로 부르며, 능히 변하며 변하여 몸과 세계를 일으킨다. …… 338)

이상에서 논술한 바에 따르면 종밀은 『기신론』의 일심이문一心二門설의 기초 위에 자성용을 강조하여 일체이용설一體二用說을 주장하였다. 이러한 일체양용설一體兩用說은 종밀선학의 특색이며 일종의 신해석이다. 그 특징은 자성본용의 자연지지自然之知, 즉 공적영지空寂靈知를 십분 강조하는 것이다.

---

338) 『注華嚴法界觀門』. "本是眞如一心, 與生滅和合, 名阿賴耶識等, 而爲能變, 變起根身器界, ……"

종합적으로 말하면, 청정의 자성은 항상 진여와 생멸의 양문을 갖추고 있다(자성본용과 수연응용에 해당 됨). 다만 수연문은 수연하여 응용한다. 그래서 무명번뇌는 자성이 없으므로 진여문은 자성본용이며 본각이다. 그러므로 본각과 같지 않는 시각이 없고, 불각 또한 없기 때문에(중생의 자성이 본래 청정함으로) 일체양용一體兩用은 필경 평등한 것이다.

다시 말하면, 본래 청정한 자심은 자연히 진망眞妄의 두 방면을 갖추고 있다. 진眞 역시 불변不變과 수연隨緣으로 나누어지고, 망妄 역시 체공體空과 성사成事의 두 방면으로 나누어진다. 만약 진眞의 불변不變이 작용을 일으키고 또한 망妄의 체공體空이 그것과 결합하면 진여문이 형성된다.

이와 마찬가지로 진眞의 수연隨緣 방면이 작용을 일으키면 망妄의 성사成事방면이 그것과 결합하여 생멸문을 형성하게 된다. 생멸의 본체가 진여이므로 부처도 없고 중생도 없어서 본래 열반이며 항상 적멸상이다. 또한 진여의 나타남이 생멸인 까닭에 법신이 육도에 유전한다고 말하니 이름하여 중생이다. 진여문으로부터 진여가 생하니 곧 불성이다. 그것은 진실심眞實心과 망식공妄識空의 두 방면을 다 포함하고 있다. 생멸문으로부터 아뢰야식이 생기니, 그것은 진망眞妄 두 방면이 하나도 아니요 둘도 아니게(非一非二) 결합하여 유각(有覺 : 悟, 淨)과 불각(不覺 : 迷, 染)의 두 방향으로 발전하게 되는데, 깨달으면(覺) 곧 성불이요 미혹하면(迷) 곧 중생이다.

이것으로부터 알 수 있듯이, 종밀선사가 주장한 자성용은 진眞, 정淨을 가리키며, 수연용은 망妄, 염染을 가리킨다. 자성용이 인연에 따르면(隨緣) 곧 수연용을 이루고, 수연용은 자성용의 존재근거이기에 그들의 관계는 하나도 아니요 다름도 아닌 것(非一非異)이다. "하나도 아니다(非一)."라는 것은 망妄은 진眞이 아니며, 염染 또한 정淨이 아님을 말한다. "다름도 아니다(非異)."라는 것은 망 가운데 진이 있고(妄中有眞) 진은 망과 통하며(眞可通妄), 염 가운데 정이 있고(染中有淨) 염을 깨달으면 정(染悟爲淨)이라고 말하는 것이다. 이것은 진여불성의 중도불이中道不二의 성품을 설명하는 것이다.

그러면 종밀은 왜 일심양용설一心兩用說을 주장하였을까? 그가 공적지심을 일체이용一體二用으로 나누는 최종 목적은 비록 중생의 본각진심이 부처와 다름이 없지만 만약 본각진심이 번뇌망념에 덮여 있으면 중생은 생사윤회의 고통 속을 헤매이게 되므로, 하루 빨리 적극적으로 고통의 현실문제를 해결하여 자성본용의 지혜를 드러내야 함을 설명하기 위한 것이다.

신회선사가 주장한 불성 "본유금무本有今無"와 번뇌 "금유본무今有本無"의 설법에 대해 종밀은 다른 견해를 가지고 있다. 즉 불성에 대해서는 "본유本有"에 비해 "금무今無"를 중시하고 있으며, 번뇌에 대해서는 "본무本無" 보다 "금유今有"를 강조하고 있다. 불성이 지금 없는(今無) 중생은 응당히 적극적으로 자성에 갖추어진 자연지(自然智 : 自性本用)를 계발하여서 돈오해탈을 이루어야 한다.

아울러 번뇌가 지금 있는(今有) 중생은 철저하게 생사 고통의 현실을 감수하여 무상보리심을 발하여 자심이 본래 청정함을 돈오하여 일생성불을 이루어야 한다. 이것으로 우리는 그가 인간 현실을 매우 중시하는 수행자임을 알 수 있다. 아래에 설해진 일단의 법문을 통해 그의 현실인식을 살펴보도록 하자.

묻기를, 탐진치의 삼독이 그대로 공(空)하다면 일체의 마음 또한 없을 텐데 어찌하여 대치수행이 필요합니까? 답하길, 만약 네가 지금 중병에 걸려 고통을 받고 있다면, 고통이 바로 공하여 병 역시 실체가 없을 텐데 어찌 약으로 치료할 필요가 있겠는가. 탐진치가 본래 공하지만 능히 업(業)을 일으키고, 업 또한 공하지만 고통을 수반하게 되고, 고통 역시 공하지만 참기 어렵다. ……업이 공하지만 공 또한 업을 짓게 되니, 마치 지옥의 불에 삶기는 아픔이 공하지만 그러한 공 역시 고통으로 나타나지 않느냐. 지금 어떤 사람이 불로 지지고 칼로 베이는 고통을 받고 있다면 어떻게 감당할 수 있겠는가? 요즘 수행하는 사람들을 보면 귀에 거슬리는 말 한마디도 감당하기 어려운데 불에 데고 칼로 베이는 고통이야 더 말할 나위가 있겠는가.339)

여기서 알 수 있듯이 종밀은 수연응용(隨緣應用) 방면, 즉 중생이 윤회하는 고통의 현실을 매우 중시하고 있다. 종밀의 보살정신의 원인은 『도서』 가운데 표현하기를 "종밀은 숙생에 어떻게 이 마음을 훈습하였는지 알 수 없지만 스스로 해탈하지 못해도 다른 사람의 속박을 풀어주고자 법을 위하여 몸과 마음을 잊어 사람을 애민히 여기는 간절한 정신"이 있다고 하였다. 그는 인간 현실의 입장에 서서 남북 양종의 정혜관을 회통하여 실천수행을 강조한 "습정균혜習定均慧"를 주장하였다. 따라서 그 자신이 종남산 규봉란야圭峰蘭若에서 십년을 전후하여 습정균혜를 닦았음을 밝히고 있다.

> 선禪이란 ……번역하면 사유수思惟修, 정려靜慮라고 하는데, 모두 정혜의 통칭이다. 원源이란 일체 중생의 본각진성이며, 또한 불성, 심지라고 부른다. 그것을 깨달으면 혜慧라 하고, 그것을 수행하면 정定이라 하니 정혜를 통틀어 선禪이라 이름한다.340)

여기서 종밀선사는 불성을 수행하면 정定이요, 불성을 깨달으면 혜慧라고 하여 정혜를 함께 닦음이 선禪이라고 해석하고 있다. 그

---

339) 『都序』 卷下之二. "問, 貪嗔痴卽空, 便名無一切心, 何必對治. 答, 若爾汝今忽遭重病痛苦, 痛苦卽空, 便名無病, 何必藥治. 須知貪嗔空, 而能發業, 業亦空而能招苦, 苦亦空只麼難忍. ……若以業卽空, 空只麼造業, 卽須知地獄燒煮痛楚亦空, 空只麼楚痛. 若云亦任楚痛者, 卽現今沒有人以火燒刀斫, 汝何得不任. 今觀學道者, 聞一句違情語猶不能任, 豈肯任燒斫乎."
340) 上同. "禪是, ……翻爲思惟修, 亦名靜慮, 皆是定慧之通稱也. 源者, 是一切衆生本覺眞性, 亦名佛性, 亦名心地. 悟之名慧, 修之名定, 定慧通名爲禪."

래서 선을 수행하는 것이 곧 정혜쌍수定慧雙修, 수오일여修悟一如라고 말할 수 있다. 이것은 그가 정혜쌍수의 입장에서 수행이 곧 깨달음이요, 깨달음이 곧 수행이라는 수증일여修證一如사상을 강조한 것을 말한다.

종밀이 생각하기에, 불교 심성수양心性修養의 목표는 자심을 요달하는데(了自心) 있다. 자심을 요달하는 것은 곧 자심에 대한 깊은 체득이 있어야 하며, 아울러 "정情은 생각하는 바가 없어야 하며, 뜻(意)은 작의하는 바가 없어야 하며, 마음(心)은 생하는 바가 없어야 하며, 혜慧는 머무는 바가 없어야 한다." 이것이 바로 불법에 대한 "진정한 믿음이며, 진정한 이해며, 진정한 수행이며, 진정한 깨달음이다."341)

우리는 이 구절에 의거하여, 화엄경이 설한 신·해·행·증(信解行證)의 수행체계를 이해할 수 있다. 종밀은 남종선의 중심사상인 무념無念, 무위無爲, 무생無生, 무주無住에 의거하여 신·해·행·증을 설명하고 있다. 여기서 또한 그가 화엄과 선禪의 수증修證을 융섭하고 있음을 볼 수 있는 것이다.

그가 생각하기에 선학자는 자심을 요달하는(禪定) 방면에 독특한 우월성을 가지고 있다. 선정은 비록 육바라밀 가운데 하나이지만, "선정의 일행은 가장 신묘하여 능히 성품 가운데 무루지혜를 일으

---

341) 上同. "情無所念, 意無所爲, 心無所生, 慧無所住.", "眞信, 眞解, 眞修, 眞證."

킨다. 일체 묘용과 만덕, 만행 내지 신통광명이 모두 선정으로부터 나온다. 그러므로 삼승학인이 성스러운 도(聖道)를 구하려고 하면 반드시 선禪을 수행해야 한다. 이것을 떠나서 문이 없고 이것을 떠나서 길이 없다."342)

종밀은 선사로서 참선수행, 즉 선정을 닦는 것을 특별히 강조하였다. 단지 경론만 공부하고 선정을 닦지 않으면 불도를 이룸에 아무 이익이 없다고 역설하고 있다. 그 자신이 일찍이 십여 년의 오랜 기간 동안 산중에서 정혜를 균등히 닦은 바(習定均慧) 있어서, 선정만 수행하거나 지혜만 닦은 사람이 얻을 수 없는 깨달음을 체득한 바 있었다.

따라서 묵묵히 공空을 지키는 어리석은 선(痴禪)과 문자만 찾는 미친 지혜(狂慧)를 강력히 비판하였다. 또한 습정균혜習定均慧에 착안하여 이미 경론에 통달하였으며 나아가 선정을 닦아서 진정한 선교회통禪敎會通의 경지에 이르렀다.

그런데 종밀 역시 습정균혜를 실천하는 방법 가운데 가장 최상의 방법은 좌선이라고 여겼다. 그러므로 그는 항상 대중을 향하여 좌선의 중요성을 일깨웠다. 그의 주장과 혜능, 신회와 다른 점 가운데 하나가 바로 좌선을 특별히 강조하고 있는 것이다.

---

342) 上同. "禪定一行, 最爲神妙, 能發起性上無漏智慧. 一切妙用, 萬德萬行, 乃至神通光明, 皆從定法. 故三乘學人, 欲求聖道, 必須修禪. 離此無門, 離此無路."

묻기를, 정명이 이미 연좌宴座를 꾸짖었고, 하택이 매번 응심凝心을 배척하였고, 조계(혜능)가 사람들이 결가부좌한 것을 보고 스스로 주장자로 때려 일으켰는데, 지금 듣자하니 그대가 매번 가르침으로 인하여 곧 좌선을 권하니 선암禪庵이 널리 산중에 나열하여, …… 343)

    종밀선사는 현실주의자이기 때문에 항상 중, 하근기 사람들의 입장에서 수행과 깨달음을 말하고 있다. 그래서 일상적인 수행으로 가장 기본적인 좌선을 권장하고 있는 것이다. 앞에서 이미 여러 차례 거론하였듯이, 선정은 반드시 형식상의 앉음(坐)과 앉지 않음(不坐)에 집착할 필요가 없으며, 마땅히 생각 가운데 스스로 본성이 청정함을 보아 걸림이 없어야 한다고 하였다. 그러나 번뇌가 치성한 중, 하근기의 사람에게 있어서는 역시 좌선수행을 통해야만 그나마 습정균혜習定均慧의 경계를 얻을 수 있다고 주장하는 것이다.
    이상 논술한 내용으로부터 종밀은 혜능, 신회의 돈오선사상을 충실히 계승하고 있는 바, 곧 자성청정을 단박 깨닫는(頓悟自性淸淨) 바탕 위에 정혜쌍수定慧雙修, 수오일여修悟一如의 수증체계를 천명하였다.

---

343) 上同. "問曰, 淨名已訶宴座, 荷澤每斥凝心, 曹溪見人結跏, 曾自將杖打起. 今聞, 汝每因教誡, 卽勸坐禪, 禪庵羅列遍於巖壑, ……"

2) 돈점수증頓漸修證과 돈점쌍입頓漸雙入

종밀은 자성청정의 중도불성을 핵심으로 하는 자신의 심성론체계를 제시했을 뿐만 아니라, 그에 상응하는 수증방법론을 제출하였다. 그의 수증 방법의 핵심사상은 기본적으로 신회와 궤를 같이 하고 있으니 곧 "무념으로 종을 삼는 것(無念爲宗)"이다.

> 만약 선우善友의 가르침을 얻으면 공적지지空寂之知를 단박에 깨달아 또한 무념無念, 무형無形을 알아 누가 아상我相, 인상人相이 있겠는가? 모든 상相이 공空함을 깨달아 진심은 망념이 없으니, 생각이 일어나면 곧 깨닫고 깨달으면 곧 없어진다. 수행에 묘문妙門은 오직 여기에 있다. 그러므로 비록 만행을 닦음을 구비하였으나, 오직 무념으로써 종을 삼는다(無念爲宗).344)

이른바 "생각이 일어나면 곧 깨닫고(念起卽覺), 깨달으면 바로 없어진다(覺之卽無)."라는 것이 하택종 무념법문의 핵심이다. 종밀은 신회의 "무념위종無念爲宗"의 돈오법문을 계승하여 발전시키고 더욱 돈오점수頓悟漸修의 수증론을 강조하였다. 그는 선교禪敎, 돈점頓漸을 회통하는 입장에서 징관의 돈점수증론을 수용하고, 진일보하

---

344) 『禪門師資承襲圖』卷二. "若得善友開示, 頓悟空寂之知, 知且無念無形, 誰爲我相人相, 覺諸相空, 眞心無念, 念起卽覺, 覺之卽無, 修行妙門, 唯在此也. 故雖具備修萬行, 唯以無念爲宗."

여 자신만의 독특한 돈점관을 정립하여 발휘하였다. 『원각경대소』의 "수증계차修證階差"의 항목 가운데 돈점수증론을 수립하고 『원각경대소초』 "제팔수증문第八修證門"에서 상세하게 해설하고 있다. 그리고 『원각경약소초』에서 언급하기를, 이 수증문의 근거는 징관澄觀이 설한 바의 수증론이라고 천명하고 있다.

> 이 제팔일문소第八一門疏의 문장은 대부분 청량淸涼대사가 지은 『신화엄소新華嚴疏』의 현담십문懸談十門 가운데 수증천심문修證淺深門 및 제선종문諸禪宗門, 모든 경전과 선의 요지(諸經禪要)에 의거하여 서술하였다.345)

여기서 알 수 있듯이, 종밀선사의 돈점수증론은 징관대사의 『화엄경행원품소華嚴經行願品疏』 수증천심문修證淺深門346)을 계승하고 있다. 그는 선교회통禪敎會通의 입장에 동의하고, 청량징관의 수증천심修證淺深과 선교제종禪敎諸宗의 수증문을 종합하였다. 역시 돈점 문제에 대해서도 여전히 회통의 입장을 고취하고 있다. 그는 돈점 문제는 막연하게 재단할 수 없으며 마땅히 교敎와 사람(人)에 의거한 돈점頓漸 양대문兩大門으로 구분해야 된다고 말했다. 『도서』 가운데 이렇게 설하고 있다.

---

345) 『圓覺經略疏鈔』 卷四. "此第八一門疏文, 多依淸涼大師奉勅所制 『新華嚴疏』 懸談十門中, 修證淺深門, 及諸禪宗門, 諸經禪要而敍之."
346) 『華嚴經行願品疏』 (일명 『貞元新譯華嚴經疏』, 『貞元疏』, 『別行疏』 라고도 부름).

교敎에 의거하면 화의의 돈점(化義頓漸), 응기의 돈점(應機頓漸)이 있다. 사람에 의거하면 교수방편의 돈점(敎授方便頓漸), 근성오입의 돈점(根性悟入頓漸), 발의수행의 돈점(發意修行頓漸)이 있다.347)

종밀선사는 교敎에 의거한 돈점과 사람(人)에 의거한 돈점으로 나누어 설명하고 있다. 하지만 주된 논점은 역시 둘 다 근기론의 입장에 서서 돈점을 찬술하고 있다. 즉 교와 사람에 대한 돈점 가운데 근기론에 입각하여 대치실단對治悉檀과 위인실단爲人悉檀을 강조하며 돈점을 설명하고 있다. 우선 교에 의거한 돈점에 대해서 살펴보도록 하자.

부처님은 돈교, 점교를 설했고 선禪은 돈문, 점문을 열었다. 이교二敎 이문二門은 각자 서로 계합한다.348)

여기서 불교의 돈점과 선문의 돈점을 동시에 설하고 있다. 그는 또한 『도서』에서 부처님의 교설을 그 내용에 따라 "밀의의성설상교密意依性說相敎", "밀의파상현성교密意破相顯性敎" "현시진심즉성교顯示眞心卽性敎" 등의 삼종으로 구분하고, 또한 설법의 방식에 따라 "칭

---

347) 『都序』 卷下之一. "就敎有化義之頓漸, 應機之頓漸. 就人有敎授方便之頓漸, 根性悟入之頓漸, 發意修行之頓漸."
348) 上同. "佛說頓敎漸敎, 禪開頓門漸門, 二敎二門各相符契."

리돈설稱理頓說"과 "수기점설隨機漸說"로 나누었다.

점교漸敎는 신속하게 원각의 묘리를 깨닫지 못하는 중하근기 사람들을 위해 설한 것인데, 설상교說相敎 가운데 인천人天, 소승小乘, 법상法相 및 파상교破相敎 등을 포함하여, 여기에 해당되는 사람의 근기가 성숙된 이후에 그들을 위하여 현시진심즉성교顯示眞心卽性敎 가운데 『법화경』, 『열반경』 등을 설하는 것이다. 돈교頓敎는 상근기의 사람들을 위해 설한 것인데 또한 두 종류로 나뉜다. 첫째는 "축기돈逐機頓"으로서 범부 가운데 근기가 예리한 사람을 대하여 참된 법을 바로 가리켜 열어 보이니, 한 번 들음에 바로 돈오한 연후에, 다시 한 걸음 한 걸음 실천행을 하여 점차 범부의 습기를 제거하고 성인의 덕을 드러낸다. 이것은 『화엄경』의 일부분과 『원각경』이 설한 도리로서 근기를 만나면 바로 설하여 선후를 분별하지 않는다.

둘째는 "화의돈化儀頓"으로서 이것은 부처님이 오도했을 때에 전문적으로 숙세의 기연이 성숙된 상근보살을 위하여 설한 경교, 즉 『화엄경』, 『십지론』으로서 현시진심즉성교顯示眞心卽性敎 보다 더욱 높은 단계로서 들으면 바로 십지十地의 보살지위를 이루게 된다. 이와 같이 양종으로 나눈 돈오의 설법은 매우 주의할만한 가치가 있다. 종밀의 견해에 의거하면, 모든 남종각파의 선법은 모두 축기돈逐機頓에 속한다는 것이다.

다음으로 사람에 의거한 돈점으로서 마음을 닦는 사람의 수修와

오悟의 방면에 대한 돈점을 말한다. 종밀은 당시 중국 불교 각 종파에서 주장하는 돈점론을 종합하여 몇 종의 돈점수증론을 제시하고 있다. 위에서 언급하였듯이, 종밀은 징관이 『정원소』의 수증천심문에서 설하고 있는 돈점수증론을 수용하여, 『원경경대소』의 수증계차修證階差에서 9종의 수증론을 정립하고 있으며, 『원각경대소초』의 제팔수증문에서 그것에 대해 상세히 주석하고 있다.

그리고 『원각경약소』와 『원각경약소초』에서는 8종의 돈점론을 약술하고 있으며, 『도서』에서는 7종의 돈점에 대한 수증론을 설명하고 있다. 본서에서는 앞의 4종은 『도서』의 내용으로 하고, 뒤의 돈오돈수에 해당하는 3종은 『도서』의 내용과 『원각경대소』의 내용을 조합하여 총 7종의 수증론을 정리해 보도록 하겠다.

(1) 점수돈오漸修頓悟

먼저 점차적인 수행을 진행하여 그 수행의 공과功果에 의해 활연히 돈오하는 것을 말한다. 비유하자면 나무를 베는데 먼저 나무 조각을 점차로 찍어 내어서 일정한 때에 이르러 한 번에 나무가 넘어지는 것과 같다. 또한 멀리서 도성에 이르는데 한 걸음 한 걸음 점차 나아가서 하루에 단박 도달하는 것과 같다. 이것은 증오에 해당한다.

(2) 돈수점오 頓修漸悟

단박 닦음으로 인하여 점차적으로 깨닫는 것을 말한다. 마치 활쏘기를 배우는데, 돈이란 화살 하나하나에 주의하여 뜻이 과녁에 있음이며, 점이란 오래오래 하여서 바야흐로 비로소 점차 친숙해지고 점차 적중시키는 것과 같다. 이 설은 마음을 닦음에는(運心) 단박 닦았으나(頓修) 공행은 단박 마쳤다(頓畢)고는 말할 수 없다. 역시 증오 證悟이다.

(3) 점수점오 漸修漸悟

점차로 닦아 점차로 깨닫는 것이다. 마치 구층의 대(누각)에 오르는데 발걸음이 점차 높아짐에 따라 보이는 바가 점차 멀어지는 것과 같다. 이 또한 증오를 설하는 것이다.

(4) 돈오점수 頓悟漸修

먼저 단박 깨닫고 모름지기 점차 닦는 것을 말한다. 이것은 해오에 해당된다. 만약 장애를 끊음에 의거하여 말하면, 마치 해는 단박에 떠오르지만(頓出) 서리와 이슬은 점차 없어지는 것과 같다. 만약 덕을 이루는 것에 의거해 말하면, 어린아이가 태어나자 곧 사지와 육근을 갖추지만 성장하여 곧 점차로 의지와 기개대로 기능하는 것과 같다.

그러므로 『화엄경』에 설하기를, "처음 발심할 때에 바로 정각을 이룬 연후에 삼현십성을 차제로 닦아 증득한다."라고 하였다. 만약 깨닫지 못하고 닦음은 진정한 닦음이 아니다.

(5) ~ (7) 돈오돈수頓悟頓修

단박 깨닫고 단박 닦는 것이다. 이것은 상상의 지혜(上上智)로서 근성이 수승함을 갖추어 한 번 들어 천을 깨달아(一聞千悟) 대총지를 얻어 일념이 불생(一念不生)하여 끊어짐을 말한다. 마치 한 타래 실을 끊음에 만 가닥이 단박에 끊어지는 것과 같고, 한 타래 실을 물들임에 만 가닥이 단박에 물들여지는 것과 같다. 여기에는 세 종류의 뜻이 있다.

① 선오후수先悟後修 — (5)

이것은 먼저 깨닫고(廓然頓了) 후에 닦는 것(不着不證, 廓然合道)이다. 깨달음이 먼저이므로 해오이다.

② 선수후오先修後悟 — (6)

먼저 닦고(服藥) 후에 깨닫는 것(除病)이니 증오이다. 깨달음을 닦음의 뒤에 두었기 때문이다. 그러나 증證과 해解는 두 가지 상이 아니다.

③ 수오일시修悟一時 — (7)

  닦음(無心忘照)과 깨달음(任運寂知)이 일시一時이니 해오와 증오에 통한다. 무상無相으로 닦음을 삼고 분명分明함으로 깨달음을 삼는다. 깨달음은 곧 지혜이고 작용이고, 닦음은 곧 선정이며 본체이다. 해오와 증오에 통하는 것에 두 가지 뜻이 있다.

  첫째, 증오와 해오가 두 가지 상이 없음으로 즉증즉해卽證卽解, 즉해즉증卽解卽證이다. 둘째, 혹 증오이기도 하고 혹 해오이기도 하니, 단박 깨달음(頓了)과 단박 쉬는 것(頓息)이 해오이고, 단박 다하고(頓盡) 단박 끊음(頓斷)이 증오이다. 마치 큰 꿈(大夢)을 깸에 단박 꿈을 깨어서 꿈이 단박에 다 없어짐과 같다.

  이상에서 설한 일곱 종의 수증론 가운데 "먼저 닦고 후에 깨달음(先修後悟)", 즉 닦음으로 인해 깨달으면 증오證悟이다. 또 "먼저 깨닫고 후에 닦음(先悟後修)", 즉 깨달음에 의해 수행하면 이러한 깨달음은 해오解悟이다. 그리고 "닦음과 깨달음이 일시에 이루어짐(修悟一時)"은 해오와 증오 둘 모두에 통한다고 하였다.

  그러므로 돈오頓悟, 점오漸悟와 돈수頓修, 점수漸修를 막론하고 깨달음에 의거해 닦으면(依悟而修) 해오解悟이고, 또 닦음으로 인해 깨달으면(因修而悟) 증오證悟라고 말할 수 있다.

  여기서 특별히 주의할 것은 해오와 증오는 깨달음의 높고 낮음에 있는 것이 아니고, 깨달음과 닦음의 선후상先後相에 있는 것으로 종밀의 주장과 징관의 관점은 완전히 일치한다.

이것은 우리가 일반적으로 이해하듯이 해오解悟는 알음알이에 의한 지해知解로서 어설픈 깨달음이며, 증오證悟는 구경각究竟覺으로서 불지佛地에 해당되는 깨달음이라고 하는 정의는 최소한 징관과 종밀의 주장에서는 찾아 볼 수 없다. 종밀은 상술한 수증론 가운데 "돈수점오"를 제외하고 모두 징관의 수증심천문修證深淺門의 사상을 계승하고 있다.

그리고 더 중요한 것은 종밀이 이렇게 다양한 수증론을 세우는 이유는 바로 중생, 즉 수선자의 다양한 근기론根機論에 의거해 선의 돈점문에서 깨달음과 닦음을 살핀 것이고, 교에도 돈점이 있음을 상기시키고 있다. 위에서 언급한 몇 종류의 수증론을 열거한 후에 종밀은 다음과 같이 말하고 있다.

> 돈점의 뜻에는 이와 같이 여러 문이 있다. 문마다 각각 의미가 있으니 억지로 천착할 필요는 없다.349)

청량국사는 여러 종의 수증문을 설하고 각 문마다 모두가 의의가 있다고 주장하는 반면, 종밀은 각 문마다 모두 합당하고 존재의의

---

349) 『都序』 卷下之一. "頓漸義意, 有此多門. 門門有意, 非强穿鑿."

가 있다고는 하나, 그가 돈점의 문제에 대하여 취한 회통의 입장에서 보면 "돈오점수" 이외의 기타 수증론은 그다지 요긴하다고 말할 수는 없다. 그의 목적은 선, 교 각 종파간의 갈등을 회통하는 것이며, 그것을 위하여 교종敎宗과 북종北宗의 점수漸修와 남종南宗의 돈오頓悟를 결합하여 돈오점수頓悟漸修로 융회하고 있다.

바꾸어 말하면, 종밀은 자종(하택종)의 종지를 현시하기 위해 선법에 대한 판석判釋을 진행함에 선학자의 근기根機와 오성悟性에 기초를 두고 있다. 따라서 돈오점수의 근거를 세워 남북양종의 선禪과 선교禪敎 각 종파의 차이를 화회和會할 수 있었다. 그는 일찍이 그의 목적이 "돈오가 점수와 상자함을 나타내고(顯頓悟資於漸修), 조사의 말이 부처님의 뜻에 부합함을 증명하는(證師說符於佛意) 것"이라고 표명한 바가 있다. 이렇게 함으로써 불교수증의 실천행으로 돌아갈 수 있다는 것이다.

그런데 한 가지 유의해야 할 것은 『원각경대소』에서 9종 수증론을 설하기 전에 "먼저 해오로 인하여 깨달음에 의해 닦아서 공행이 원만해지면 곧 증오를 얻는다. 이것이 진정眞正이다."350) 라고 주장한 대목이다. 이것은 마치 해오 이후 점수를 통해 구경에 증오하는 것(解悟 + 漸修 = 證悟)처럼 오해의 소지가 있는 말이다. 그래서 돈점 논쟁에서는 종밀 스스로가 해오가 증오보다 낮은 단계의 깨달음임

---

350) "初因解悟, 依悟修修, 行滿功圓, 卽得證悟, 此爲眞正."

을 인정했다고 주장한다. 그러나 이 공식은 돈오점수에 해당되는 것이 아니라, 점수돈오에 적용시키고 있는 말이다. 돈오점수의 설명 뒤에 바로 이어서 점수돈오를 설명함에 있어서, "여기에는 두 가지 뜻이 있으니, 첫째 해오 이전의 점수로서 닦음이 궁극에 이른 까닭에 증오이다."351) 라고 해설한 것이 이것을 증명한다.352)

이상에서 살펴본 종밀의 수증론에 대해 그가 주장한 중요한 몇 가지를 요약해 보면, 첫째, 근기론에 의해 여러 수증론을 정립하였다. 둘째, 먼저 깨닫고 나중에 닦으면 해오요, 먼저 닦고 나중에 깨달으면 증오이다. 셋째, 해오와 증오는 두 가지 상이 없다. 넷째, 회통의 입장에서 돈오점수가 가장 수승한 수증론이다.

종밀은 일생동안 남종 돈오선 및 하택계의 정통 지위를 홍양하고, 또한 혜능, 신회의 돈오법문을 전승하고 있다. 그가 남종 돈교를 계승하고, 하택신회를 선종 칠조七祖로 현창한 역사적 사실에 의거해 말한다면, 남종 돈오선과 『원각』사상을 융회한 독창적인 선법 또한 종밀 선학의 두드러진 특색이라 말할 수 있다.

    화상은 무엇으로 인해 발심하였으며, 어떤 법을 사모하여 출가하였으며, 지금은 어떻게 수행하며, 어떤 법의 맛을 얻었으며, 수행에 의

---

351) "此有二意, 一者, 卽前解悟之漸修, 修極故證."
352) 全海住『澄觀과 宗密의 돈점관 비교』,『覺, 깨달음 돈오점수인가 돈오돈수인가』, p 119.

해 어떤 지위에 이르렀습니까? 마음을 머무르십니까? 마음을 닦으십니까? 만약 마음을 머무르신다면 마음 닦는데 방해가 될 것이요, 만약 마음을 닦는다면 생각이 움직여서 편안하지 못할 것입니다. 무엇을 이름하여 도를 배운다 합니까? 만약 마음을 편안히 하여 한 곳에 둔다면 어찌 성품이 결정된 무리들과 다르겠습니까? 엎드려 바라건대 대덕께서는 대자비를 베푸시어 이치에 맞고 분명하게 차례로 일러 주십시오.

답하길, 사대가 허깨비 같음을 깨닫고, 육진이 허공의 꽃과 같음을 통달하여 스스로의 마음이 부처의 마음임을 깨닫고, 본래 성품이 법성임을 보는 것이 발심이요, 마음이 머무를 바 없음을 아는 것이 곧 수행이며, 머무름 없이 아는 것이 곧 법의 맛(法味)이며, 법에 머물러 집착하면 이것이 움직이는 망념이다. 따라서 마치 사람이 어두운 곳에 들어가면 보이는 바가 없는 것과 같다. 이제 머무는 바가 없으면 물들지 않고 집착하지 않는다. 그러므로 마치 사람이 눈이 있고 해의 광명이 있으면 가지가지의 법을 보게 되는 것과 같다. 어찌 결정된 성품의 무리라 하겠는가? 이미 집착하는 바가 없는데 어찌 처소를 논하겠는가?[353]

이른바 "사대가 허깨비 같음을 깨닫고(覺四大如壞幻), 육진이 허공

---

353) 『傳燈錄』卷十三. "和尙因何發心. 慕何法而出家. 今如何修行. 得何法味. 所行得至何處地位. 令住心耶. 修心耶. 若住心妨修心. 若修心則動念不安. 云何名爲學道. 若安心一定, 則何異定性之徒. 伏願大德, 運大慈悲, 如理如如, 次第爲說. 答, 覺四大如壞幻, 達六塵如空華, 悟自心爲佛心, 見本性爲法性, 是發心也. 知心無住, 卽是修行, 無住而知, 卽爲法味, 住着於法, 斯爲動念. 故如人入暗, 則無所見, 今無所住, 不染不着, 故如人有目, 及日光明, 見種種法. 豈爲定性之徒. 旣無所住着, 何論處所."

의 꽃과 같음을 통달함(達六塵如空華)"은 『원각경』의 종지이며, 소위 "스스로의 마음이 부처의 마음임을 깨닫고(悟自心爲佛心), 본래 성품이 법성임을 보는 것(見本性爲法性)", "마음이 머무를 바 없음을 아는 것(知心無住)", "머무름 없이 아는 것(無住而知)" 등은 남종 혜능, 신회의 돈오선 법문이다. 그래서 종밀은 돈오선법과 『원각경』사상을 회통하여 돈점수증으로 융섭하고 있으니, 이것이 바로 하택종의 선교일여禪敎一如의 특색이라 할 수 있다. 그러므로 그는 선교회통의 수증문을 확립하고, 『원각경』에 의거해 선교 제종파를 회통하고 있다.

> 이 경은 법성法性, 법상法相, 파상破相의 삼종 경론과 남북 돈점 양종 선문을 구족하고, 또한 『화엄경』과 부분적으로 같아서 오수悟修의 문호를 모두 갖추었으니 그 사람을 얻기 어렵다.[354]

이 『원각경』은 앞의 모든 설을 구비하였으니, 문수일장文殊一章은 돈해오頓解悟이며, 보안관普眼觀은 돈증오頓證悟를 이루고, 삼관의 본말(本 : 威德章, 末 : 辨音章)은 점증오漸證悟이다. 그리고 보안관普眼觀은 해오와 증오에 다 통하고, 또한 삼관 하나하나는 먼저 정원각을 깨달음(悟淨圓覺)을 표시하고, 다음으로 행상行相을 밝히고, 마지막으로 공을 이룸(成功)을 나타낸 것이다. 처음과 중간을 대함은 돈오점수요, 중간과 마지

---

354) 『圓覺經略疏鈔』卷二. "良由此經具法性法相破相三種經論, 南北頓漸兩宗禪門, 又分同華嚴敎, 具足悟修門戶, 難得其人也."

막을 대함은 점수돈오요, 또한 보안관은 점수돈오를 나타내고, 삼기三
期 도량은 점수점오요, 보현 후의 단락은 돈오돈수이다.355)

종밀선사는 『원각경』 가운데 선교 제종의 수증문을 두루 갖추고 있다고 주장하고, 『원각경』 각 장章을 돈점 수증론으로 귀결시켰으며, 특히 보안보살장에서 설한 삼관三觀을 수오修悟의 과정으로 배대하였다. 즉 공관空觀은 정원각심淨圓覺心을 깨닫는 것을 가리키며, 가관假觀은 행상을 닦는 것을 가리키며, 중도관中道觀은 본래성불을 가리키는 것이다.

『원각경대소』 가운데서 "보안보살장"을 해석할 때에 특별히 "중생본래성불衆生本來成佛"이라는 구절에 주의하고, 아울러 『보살처태경菩薩處胎經』을 인용하여 육문성불론六門成佛論을 제시하였다. 이른바 육문성불이란 ① 일생성불一生成佛. ② 삼지성불三祇成佛. ③ 상진성불相盡成佛. ④ 초주성불初住成佛. ⑤ 일념성불一念成佛. ⑥ 본래성불本來成佛 등이다.

종밀은 우선 육종성불六種成佛에 대해 상세히 설명한 후에 그것들에 대한 평가를 하고 있다. 그는 주장하기를, 위의 육문 가운데 첫 문(一生成佛)을 수행하는 중생은 성불할 수 없고, 제 이문(三祇成佛)을

---

355) 『圓覺經大疏』卷上之二. "此『圓覺經』, 備前諸說, 謂文殊一章是頓解悟, 普眼觀成是頓證悟, 三觀本(威德章)末(辨音章)是漸證悟, 又普眼觀通於解證, 又三觀一一, 首標悟淨圓覺, 次明行相, 後顯成功. 初中爲對是頓悟漸修, 中後爲對是漸修頓悟, 又普眼觀是漸修頓悟, 三期道場是漸修漸悟, 普賢後段是頓悟頓修."

수행하는 중생은 오분五分 가운데 다만 일분반一分半의 중생만이 삼대아승지겁의 세월이 경과한 후에야 성불할 수 있다. 뒤의 네 문을 수행하는 중생도 성불할 수 있는데, 그 중에 제 삼문(相盡成佛)과 제 사문(初住成佛)을 수행하는 중생은 망집이 다 소멸되어 깨달음을 기다려서 성불할 수 있고, 제 오문(一念成佛)을 수행하는 중생은 본심의 자성이 청정함을 단박 깨달아 망상이 본래 공하여 지금 당장 성불한다. 제 육문(本來成佛)을 수행하는 자는 본래 미오迷悟가 없음을 깨달음으로 본래 부처이다. 그는 거듭 말하기를,

> 초주성불은 『화엄경』에서 설했다. 십신의 지위를 만족하면 제법 가운데 두 가지 견해가 일어나지 않는다. 일체의 불법이 찰나에 현전하여 초발심시에 곧 아뇩다라삼먁삼보리를 얻는다. 일체의 법을 알면 곧 마음의 자성에 지혜의 몸을 성취하니 밖으로의 깨달음에 연유하지 않는다. ……일념성불은 시작이 없는 본래로부터 전도망식에 미혹된 중생이 한 생각을 단박에 깨달을 때 전체가 곧 부처이다. ……달마선종의 즉심즉불卽心卽佛이 바로 이 뜻이다.356)

여기서 말한바 "초주성불初住成佛"은 『화엄경』이 설한 것이며, 이

---

356) 上同. "初住成佛, 爲『華嚴』說. 十信位滿, 於諸法中, 不生二解. 一切佛法, 疾得現前, 初發心時, 卽得阿耨多羅三藐三菩提. 知一切法, 卽心自性成就慧身, 不由他悟. ……一念成佛, 謂無始迷倒妄認衆生, 一念頓時, 全體是佛. ……達摩禪宗卽心卽佛是斯意也."

른바 "일념성불一念成佛"은 선종이 주장한 바의 즉심즉불卽心卽佛을 돈오한다는 의미이다. 종밀의 주장은 『원각경』이 설한 "본래성불本來成佛"의 바탕 위에 선문에서 설한 즉심즉불의 돈오의頓悟義와 『화엄경』이 설한 십신만위十信滿位의 초주성불의 점수의漸修義를 회통할 수 있다고 여겼다. 그러므로 그는 이렇게 말했다.

지금 경문에 뜻은 만약 관觀을 성취하여 모름지기 그것을 능히 아는 (能知) 것에 의하면 곧 사四, 오五 양문에 해당되고, 만약 알려지는 바(所知)에 의거하면 중생이 본래 모두 부처이니, 곧 제 육문에 해당된다. 이 삼문은 실로 동일하다고 말할 수 있다.357)

종밀선사가 중요하게 생각한 것이 『화엄』의 초주성불, 선종의 일념성불, 『원각』의 본래성불의 삼문이다. 이 삼문을 능소(能所 : 주객)에 배대하여 설명하고 있는 것이다. 다시 말하면, 만약 능지能知의 수행을 통하여 성불한다면, 이것은 초주성불과 일념성불의 양문에 대응하고, 단지 소지所知의 자연성불에서 말한다면, 제육 본래성불의 문에 대응한다. 이 세 문은 서로 일치하는 것이다.

이것이 바로 종밀이 말한 선과 화엄의 이론을 회통하는 근거이다. 또한 신회가 말한 "십신의 초발심(十信初發心)에 일념이 상응하

---

357) 上同. "今經文者, 若約觀成方能知之, 卽當四五兩門, 若約所知, 衆生本來皆佛, 卽唯第六, 三稱實同."

면(一念相應) 바로 정각을 이룬다(便成正覺)."라는 일구에 대한 전면적인 새로운 해석이다. 종밀이 생각하기에, 만약 중생이 "정원각심(淨圓覺心 : 자성청정)"을 돈오하면 본래성불(本覺)을 깨달을 수 있으나, 다만 실제적으로 무명번뇌에 가려짐으로 인하여 생사에 윤회하게 되었으니 반드시 구체적인 수행이 필요하게 된다. 그러므로 종밀이 가장 합당하게 여긴 수습방법이 돈오점수이다.

여기서 알 수 있는 것은, 종밀은 『원각경』에서 설한 본래성불의 기초 위에 돈오선문의 일념성불의 뜻과 화엄교문의 초주성불의 뜻을 융회하였으니, 이 또한 돈오점수의 수증체계이다. 또 그는 "각(覺 : 깨달음)"의 세 가지 뜻, 즉 자각自覺, 각타覺他, 각만覺滿으로 돈오점수를 설명하였다. 종밀은 "중생본래성불"에 대하여 이렇게 해석하고 있다.

적멸하여 둘이 없음이 자각이요, 세계 및 중생이 각타요, 성불 두 글자 및 생사열반이 꿈과 같아 각만을 성취하는 것이니 원만한 뜻인 까닭이다. 움직임(動)과 고요함(寂)이 둘 다 멸하여야 모름지기 원만한 까닭이다.[358]

중생의 본성은 적멸(공적)하여 두 가지 모양이 없다. 이것이 진정

---

358) 上同. "寂滅不二是自覺, 世界及衆生是覺他, 成佛二字及生死涅槃如夢, 是覺滿成就, 是滿義故, 動寂雙滅, 方圓滿故."

한 보살도의 자각自覺의 뜻이다. 세계와 중생은 이 본성에 깨달음을 실현하니 이것이 진정한 보살도의 각타覺他의 뜻이다. 아울러 본래 성불을 깨달아 생사열반이 마치 꿈꾸는 것과 같아야 진정으로 원만한 깨달음(覺滿)이다. 이것은 오로지 움직임(動)과 고요함(寂)을 분별하지 않고 집착하지 않는 까닭에 원만한 것이다.

그는 또 중생이 성불하는 이치는 중생이 구체적인 깨달음의 과정에 도달하는 것이 보살도의 실천과정이라고 하였다. 이러한 관점에 의거하면, 어떤 의미에서 자각이 가리키는 것은 돈오頓悟요, 각타가 가리키는 것은 점수漸修요, 각만은 자각, 각타의 원만한 상태인 돈오점수頓悟漸修 라고 말할 수 있다.

그러므로 종밀은 돈오점수가 자각, 각타, 각만의 보현행원의 실천을 성취하는 것이라고 여겼다. 여기서 또한 그가 주장한 수오일여修悟一如의 사상적 근거를 엿볼 수 있다. 우리는 앞에서 이미 종밀의 현실을 중시하는 사상의 특징을 논술한 바 있다. 그는 중하근기 중생을 위하여 고통의 현실에 입각하여 돈오점수를 주장하였다.

그리고 종밀이 주장한 본래성불사상은 그가 활동하던 시기에 광범위하게 일어난 "화엄결사華嚴結社"의 민간신앙운동과 밀접한 관계가 있다. 이러한 민간결사는 심오한 교의보다도 오히려 실천수행을 더욱 중요하게 여긴다. 그리하여 본래성불사상은 대중결사의 실천 근거 및 목표를 제공하였다.

당시의 시대적 요청에 의해 그가 『원각경』 본래성불을 전제로 제시한 돈오점수사상을 촉진하였던 것이다. 종밀이 중시한 돈오점수는 신회의 돈점사상을 계승한 것이다. 그는 『선문사자승습도』 가운데서 이렇게 말하고 있다.

하택은 곧 반드시 먼저 돈오하고 그 깨달음에 의해 닦는다. ……이 돈오점수의 뜻은 일장一藏 대승의 경론을 구비하였으니, 『기신』, 『원각』, 『화엄』의 종지이다.359)

또한 『원각경대소초』에서는 다음과 같이 주장하고 있다.

두렷이 통하여 본다는 것은 반드시 앞의 차별, 취사 등의 법을 회통하여 적지寂知의 성품을 하나 되게 하는 것이다. 본체를 들어 연에 따라 가지가지 문을 만들어야 모름지기 참되게 보는 것이다. 공적의 지(寂知)는 거울의 밝음과 같아서 모든 연이 능히 그림자를 나타내는 것과 같다. 하택의 뜻도 본래 이와 같다. 다만 당시에 점교漸敎가 크게 흥하고 돈종頓宗이 침체되어, 그 의무는 대치對治설에 있었으므로 오직 무념을 종으로 하여 모든 연을 세우지 않았다.360)

---

359) 『禪門師資承襲圖』. "荷澤則必先頓悟, 依悟而修, ……此頓悟漸修之意, 備於一藏大乘, 而『起信』, 『圓覺』, 『華嚴』其宗也."

360) 『圓覺經大疏鈔』卷三之下. "圓通見者, 必須會前差別取捨等法, 同一寂知之性. 擧體隨緣, 作種種門, 方爲眞見. 寂知如鏡之淨明, 諸緣如能現影像. 荷澤深意, 本來如此. 但爲當時漸教大興, 頓宗沈廢, 務在對治之說, 故唯宗無念, 不立諸緣."

선사가 생각하기에, 하택신회의 본의는 "무념위종無念爲宗"의 돈오종지를 선양하는 것이지만, 다만 당시에 북종의 점교가 크게 유행하고 돈종이 피폐하였으므로 한편으로 돈오를 세움과 동시에 북종의 점교를 융회하기 위한 방편으로 깨달음에 의거해 닦는 돈오점수를 주장하였던 것이다.

종밀 역시 이 점을 높이 사서 돈점을 화회和會하는 입장에서 돈오점수를 더욱 강조하였다. 특히 그는 이종청정二種淸淨 가운데, "자성청정自性淸淨"으로부터 돈오를 확립하고, "이구청정離垢淸淨"으로부터 점수를 확립하였으며, 돈오점수로부터 수증의 목적에 이르렀다.

대치설법에 의거하여, 그는 자성청정을 돈오할 것을 주장하는 남종(돈종)에 대해서는 점수하기를 강조하고, 점수(점교)를 주장하는 북종과 화엄교문에 대해서는 돈오할 것을 강조하였다. 이로부터 남북이종南北二宗, 선교이문禪敎二門의 수증법문을 융합하였던 것이다. 『선문사자승습도』에 나타난 돈오와 점수에 대한 관점을 살펴보면,

> 돈오와 점수 양문을 밝히는 것은, 진여의 이치는 여전히 부처도 없고 중생도 없는데 어찌 사자師資의 전수가 있겠는가. 지금 이미 부처님으로부터 조사가 대대로 전수하였으니, 곧 사람에 의한 수증취입修證趣入의 문임을 알 수 있다. 이미 사람에 의거해 논한다면, 곧 미혹(迷)과 깨달음(悟), 처음(始)과 끝(終), 범부(凡)와 성인(聖)이 있다. 미혹으로부터 깨달으면 곧 돈頓이요, 범부를 굴려 성인을 이루면 곧 점漸이다.[361]

이른바 "미오迷悟로부터 깨달으면 곧 돈頓이요, 범부를 굴려 성인을 이루면 곧 점漸"이라는 것은 『화엄경』이 설한 "초발심시에 곧 정각을 이룬(初發心時便成正覺) 연후에 삼현三賢 십성十聖을 차례로 수증하는 것을 말한다. 그러므로 "만약에 깨닫지 못하고 닦으면 진정한 닦음이 아니다."362) 라고 말하였다. 그는 더 나아가 돈오와 점수에 대해 다음과 같이 해석하고 있다.

　돈오라는 것은 시작이 없는 본래부터 미혹하고 전도되어, 이 사대로 몸을 이루고 망상으로 마음을 삼아 그것을 나(我)라고 인식하였다. 만약 선지식을 만나, 위에서 말한 불변수연不變隨緣, 성상체용性相體用의 뜻을 듣고서 홀연히 신령스러운 지견을 깨달으니 이것이 스스로의 진심眞心이다. 마음은 본래 공적하여 가(邊)도 없고 모양(相)도 없으니 곧 법신이다. 몸과 마음이 둘이 아니니 참된 나(眞我)이며, 곧 모든 부처님과 추호의 차이도 없으므로 돈頓이라 말한다.
　점수라는 것은 비록 법신과 진신을 깨달아 전체가 제불과 같으나, 다겁생多劫生 이래로 사대를 나로 망령되이 집착하여 습기가 성품을 이루니, 결국 단박에 제거하기 어려우므로 반드시 깨달음에 의해 점차로 닦아, 덜고 또 덜어(損之又損) 덞이 없음에 이르면 곧 이름 하여 성불이

---

361) "明頓悟漸修兩門者. 然眞如之理, 尙無佛無衆生, 況有師資傳受. 今旣自佛已來, 祖代傳受, 卽知約人修證趣入之門也. 旣就人論, 卽有迷悟始終凡聖. 從迷而悟卽頓, 轉凡成聖卽漸."
362) 『都序』卷下之一. "若未悟而修, 非眞修也."

라 한다. 이 마음 밖에 부처를 이룰 수 없다. 그러나 비록 점차로 닦지만(漸修), 먼저 이미 번뇌가 본래 공함을 깨닫고 마음에 성품이 본래 청정함을 깨달았으므로, 악을 끊음에 있어서 끊되 끊음이 없고(斷而無斷), 선을 닦음에 있어서 닦되 닦음이 없으니(修而無修), 이것이 진정한 닦음(修)과 끊음(斷)이다.363)

종밀은 돈오의 방법으로써 사람의 마음이 본래 공적함을 바로 보아, 진심의 무상중도(無相中道)를 깨달으면 부처와 더불어 차별이 없다고 하였다. 다시 점수의 방법으로써 사람의 청정자성을 깨달아 여기에 의해 닦아서 "덜고 또 덜어 덟이 없음에 이르면, 곧 이름하여 성불이라 한다." 이러한 닦음(修)은 이미 돈오 이전의 닦음이 아니고, 돈오 이후의 닦음이 없는 닦음(無修之修)이다.

여기서 알 수 있는 것은, 종밀이 주장한 이러한 돈오에 의거한 점수의 관점은 신회가 말한 "불성을 단박에 보아(頓見佛性), 인연을 점차로 닦는다(漸修因緣)."는 것을 계승하여 발전시킨 것이다. 그는 비록 중생의 근기에 따라 여러 종의 수증문을 시설하였으나, 단지 선교회통의 입장에서 돈오점수를 가장 강조하였다.

---

363) 『禪門師資承襲圖』. "頓悟者, 謂無始迷倒, 認此四大爲身, 妄想爲心, 通認爲我. 若遇善友, 謂說如上不變隨緣, 性相體用之義, 忽悟靈靈知見, 是自眞心. 心本空寂, 無邊無相, 卽是法身. 身心不二, 是爲眞我. 卽與諸佛, 分毫不殊, 故云頓也." "漸修者, 雖頓悟法身眞身, 全同諸佛, 而多劫妄執四大爲我, 習與性成, 卒難頓除故, 須依悟漸修, 損之又損, 乃至無損, 卽名成佛. 非此心外, 有佛可成也. 然雖漸修, 由先已悟煩惱本空, 心性本淨故, 於惡斷, 斷而無斷, 於善修, 修而無修, 爲眞修斷矣."

중생은 비록 본각진심本覺眞心을 돈오하였지만 숙생의 정식습기情
識習氣를 제거하기 위해서는 반드시 보리심을 발하여 보살 십도만
행十度萬行을 닦아야 한다는 것이다. 이것이 그가 말한 돈오점수론
이다. 종밀의 돈오점수에 대한 이해는 신회와 거의 일치한다.

　　진리는 곧 깨달으면 단박에 원만해지지만, 망정을 쉬는 것은 점차로
　다할 수 있다. 단박에 원만해지는 것은(頓圓) 마치 처음 아이가 태어나
　자마자 팔다리가 완전한 것과 같고, 점수는 마치 점차로 장성하여 성
　인이 되는 것처럼 여러 해에 걸쳐 의지와 기상(志氣)을 모름지기 세우
　는 것이다.364)

하택종의 돈점수증론의 특징은 두 말할 나위 없이 돈오점수의 종
지이다. 종밀은 이러한 돈오점수의 함의에 대하여 두 종류로 해석
하고 있다. 하나는 "사람에게 예리함과 둔함이 있다(人有利鈍)."는
근기론으로 돈오점수를 설명하고, 다른 하나는 이른바 "수오일여修
悟一如"의 보살 십바라밀행(보현행원)으로 돈오점수를 해석하고 있
다. 그는 더욱 진일보하여 종국에 돈과 점을 함께 닦는 "돈점쌍입
頓漸雙入"사상을 제기하였다. 『화엄경행원품소초』 가운데서 말하기
를,

---

364) 『傳燈錄』 卷十三. "眞理卽悟而頓圓, 妄情息之漸盡. 頓圓如生孩子, 一日而肢體已全. 漸修如
　　長養成人, 多年而志氣方立."

묻기를, 위에 의거하여 말한바 곧 '먼저 깨닫고 후에 점차(先悟後漸)'라는 것은 한 생각에 돈오하여 항상 점차로 닦으니 어떻게 (돈점)쌍입雙入을 이룹니까. 답하기를, 한 생각에 깨달을 때 곧 염착을 떠남이 바로 수행이며, 한번 깨달음에 영원히 깨달아 미래제가 다하도록 간단없이 닦으니, 생각에 상응하여 휴식이 없으므로 시작과 끝이 서로 거두어 들이니, 모두 이름하여 돈점쌍입頓漸雙入이라 한다.365)

일념에 상응하여 일진법계-眞法界를 깨달을 때에, 일체 오염된 망념의 집착으로부터 떠나는 것이 바로 수행이며, 한번 깨달음을 성취하면 영원한 깨달음이므로 이후에 시절인연을 따라 부단히 보현행원을 수행하니, 생각생각에 깨달음의 생각과 상응하여 조금도 빈틈이 없다. 이와 같이 앞면의 돈오와 뒷면의 점수가 서로 교철(交徹 : 滲透)하여 돈점이 일여하게 된다. 이것을 이름 하여 "돈점쌍입頓漸雙入"이라고 한다.

  종밀은 돈오점수의 깨달음과 닦음, 즉 깨달음은 닦음의 깨달음(修之悟)이어야 하며, 닦음은 깨달음의 닦음(悟之修)이어야 한다는 것이다. 그러므로 "원증원수圓證圓修"라고 말하는 것이다. 원증원수의 법문은 걸림이 없고 모양이 없어서 수행과 깨달음이 모두 높고 신묘

---

365)『華嚴經行願品疏鈔』卷一. "問, 擧上所說, 卽先悟後漸, 一念頓悟而常時漸修, 如何得成雙入. 答, 一念悟時, 卽離染着, 便是修行, 一悟永悟, 盡未來際而無間斷修, 念念相應而無休息故, 始終相收, 皆名(頓漸)雙入."

하다. 따라서 그것을 돈점쌍입이라 부른다. 이것은 또한 진정한 수증일여 修證一如의 상태를 표현한 말이다.

종합적으로 말하면, 종밀은 선교를 화회하고 제종파를 융통하는 입장에서 돈점겸용 頓漸兼容, 정혜쌍수 定慧雙修를 주장하였다. 이러한 회통 전문가는 매우 수월하게 돈점 양파의 분기를 메운다. 그의 관점에서 보면, 돈오돈수는 최상근기의 사람에게 해당되는 최고의 수증론이며, 보통 중하근기의 사람은 비록 본각을 돈오하더라도 아직 각종 번뇌 습기를 일시에 제거하지 못하므로, 돈오 이후에 그 깨달음을 의지하여 점차적인 수행(漸修)을 진행해야 한다는 것이다. 이 때의 수행은 물론 닦음이 없는 닦음(無修之修)이라는 것이다. 마치 남북조 시대에 소돈오론 小頓悟論 자들이 칠지 七地에 돈오하여 무수지수 無修之修로 삼위 三位를 닦아 불지 佛地에 이른다는 논리와 상통하는 것이다.

만약 자심이 본래 청정하여 원래 번뇌가 없고 무루의 지성이 스스로 구족함을 단박에 깨달으면 이 마음이 곧 부처여서 필경에 다름이 없다. 이것에 의거해 닦는 것은 최상승선이며 또한 여래청정선이라 부르며 또한 일행삼매이며 또한 진여삼매이며 이것은 일체삼매의 근본이다. 만약 능히 생각생각에 수습하면 자연히 점차 백천삼매를 얻게 된다. 달마문하에 서로 전해내려 온 것이 바로 이 선이다.[366]

종밀은 특별히 남종 하택선법을 수습하는 것을 유념하였는데 그 것은 "석가가 세상에 내려오고 달마가 멀리서 온 본의"367)이기 때 문이라고 했다. 그러므로 그는 돈오점수가 달마선 이후로 하택종에 이르기까지 줄곧 주장한 여래청정선이라고 말했다. 이것이 종밀의 돈점수증에 대한 관점이다.

3) 공적영지空寂靈知와 선교일치禪敎一致

종밀대사는 선교겸수를 주창한 인물로 하택종 도원道圓선사에게 출가하여 남종선을 수습하였다. 후에 불교경전 가운데 『원각경』에 의해 깨달음을 얻었고, 법장法藏, 징관澄觀의 화엄학을 수학하였다.

> 나는 선禪은 남종을 만났고, 교教는 이 경전(『원각경』)을 만나 한 마디 말 아래(一言之下)에 마음이 열려 일찰나 가운데 뜻이 밝게 빛났다. 오늘 다시 이 대법을 얻으니 내 어찌 다행이지 않겠는가.368)

---

366) 『都序』 卷上之一. "若頓悟自心本來淸淨, 元無煩惱, 無漏智慧, 本自具足, 此心卽佛, 畢竟無異. 依此而修者, 是最上乘禪, 亦名如來淸淨禪, 亦名一行三昧, 亦名眞如三昧, 此是一切三昧根本. 若能念念修習, 自然漸得百千三昧, 達摩門下, 展轉相傳者, 是此禪也."
367) 『禪門師資承襲圖』. "釋迦降世, 達摩遠來之本意也."
368) 『續法・五祖圭峰大師傳』. "吾禪遇南宗, 敎逢斯典, 一言之下, 心地開通, 一軸之中, 義天朗耀. 今復得此大法, 吾其幸哉."

이미 위에서 살펴본 바와 같이, 종밀의 사상체계는 『원각』 사상의 기초 위에 남종선과 화엄사상의 융합으로 그 근간을 이루고 있다. 선종의 종지는 "직지인심直旨人心 견성성불見性成佛"이다. 그것은 사람의 자성 혹은 자심 가운데 일체의 만법이 갖추어져 있음을 인식하여 오로지 명심견성明心見性하여 불성, 만법을 일시에 구현하는 것이다.

종밀은 남종 하택계의 선법을 수습하고, 『원각경』에 의거하여 일언지하一言之下에 바로 심지가 개통되었다고 했다. 이러한 선禪의 체험을 통과하고, 또한 법장, 징관의 『화엄』 성기性起사상을 진수한 이후에 『원각』, 『화엄』의 교학과 선의 체험을 결합하여 선교일치의 사상을 정립하였다.

그는 불교의 여러 종파가 심각하게 대립하고 쟁론하던 시기를 살았다. 중당 이후 선종이 괄목상대刮目相待할 만큼 발전하자 기타 불교 종파와의 갈등과 충돌이 날로 심해지기 시작했다. 선교회통을 목적으로 찬술한 『도서』 가운데에서 당시 선교 제종파간의 첨예한 대립상에 대해 엄격한 비판을 가하고 있다. 그는 당시의 상황을 이렇게 기술하고 있다.

> 마음을 닦는 자(修心者)는 경론을 별종別宗으로 여기고, 강설하는 자 (講說者)는 선문을 별법別法으로 간주하였다.[369]

지금 강사들(講者)은 치우쳐 점의漸義를 드러내고, 선을 닦는 자들(禪者)은 치우쳐 돈종頓宗을 퍼뜨리니, 선과 교가 서로 만남이 호胡와 월越의 간격이 있다.370)

남능南能과 북수北秀가 물과 불처럼 싫어하고, 하택종과 홍주종이 참상參商의 사이가 되었다.371)

돈頓과 점漸의 문하가 서로 원수같이 대하고, 남종과 북종이 서로 적대하기를 초楚와 한漢처럼 하였다.372)

위에 나열된 말들은 세속의 적대국 혹은 정파간의 정쟁政爭에서나 나올 수 있는 것들이다. 그만큼 당시 선교 제종파간의 대립과 투쟁이 첨예했다는 일단을 보여주고 있는 것이다. 즉 교종과 교종 사이의 우월성 경쟁, 교종과 선종 사이의 돈종頓宗과 점교漸敎의 쟁의, 남종과 북종 간의 돈오와 점수의 논쟁, 하택종과 홍주종 사이의 정통성 다툼373) 등 서로 다른 종지종풍宗旨宗風으로 인한 대결과 반

---

369) 『都序』. "修心者, 以經論爲別宗, 講說者, 以禪門爲別法."
370) 上同. "今講者偏彰漸門, 禪者偏播頓宗, 禪講相逢胡越之隔."
371) 上同. "南能北秀, 水火之嫌. 荷澤洪州, 參商之隙." 여기서 참상參商이란 서쪽 별인 참參과 동쪽 별인 상商이 동시에 만나는 때가 없음으로 인해서 사이가 좋지 않은 형제나 친구지간을 형용할 때 쓰는 말이다.
372) 上同. "頓漸門下, 相見如仇讎, 南北宗中, 相敵如楚漢."

목 때문에 교계와 종문이 극도로 혼란했던 것이다. 이런 가운데 각자 자종自宗의 정통성과 우월성을 내세우며 상대방을 방문좌도傍門左道라고 격하하였다.

종밀이 생각하기에, 선교 충돌의 원인은 곧 "오늘날 불제자들이 피차 근원에 미혹했기"374) 때문이며, 또한 "선자禪者는 거의 교의敎義를 모르기 때문에 마음만이 선禪이라고 주장하며, 강자講者는 거의 선법禪法을 알지 못하기 때문에 무늬만 교의를 설한다. 서로 명상(名)에 따라 집착을 하니 회통하기 어렵다."375)

만약 그들이 선교 양종의 근원이 동일하다는 것만 충분히 인식하여도, 양파兩派가 근본적으로 일치하며 대립적이지 않다는 것을 이해하게 될 것이다. 그러므로 그는 "다만 일심一心으로 돌아가면 자연히 다툼이 없을 것이다."376) 라고 주장했다. 종밀이 생각하기에, 역대의 선과 교의 양종을 개창할 때 바로 모두 이 점을 이해했기

---

373) 혜능 재세시와 입멸 당시에는 하택신회가 남종을 대표하는 위치에 있었기에 당연히 하택종이 남종의 정통을 자임하게 되었다. 마조 시대에 이르러 홍주종이 발전하게 되고, 또한 종밀의 활약으로 하택종이 번창함으로 인해 홍주종과 하택종의 남종에 대한 주도권 경쟁이 치열하게 진행된다. 종밀 원적 이후 하택종은 사양길에 접어들고, 홍주종의 번창과 석두종의 발전으로 인해 남종의 정통은 홍주와 석두로 넘어가게 된다. 이 후로 홍주종 계통에서 하택종에 대한 평가절하가 이루어지게 되고, 그 결과 종보본 『단경』 등에서 하나 같이 하택을 지해종사知解宗師로 각색하고, 종밀이 화엄 오조로 추존된 것을 빗대어 사선입교捨禪入敎의 변절자로 폄하하게 된다. 이후 임제계통에서는 계속 이러한 전통이 전승됨으로 해서 오늘날 선자들까지도 별다른 역사인식 없이 그대로 추종하고 있는 경향이 더러 있다.
374) 上同. "今時弟子, 彼此迷源"
375) 上同. "今時禪者, 多不識義故, 但呼心爲禪. 講者, 多不識法故, 但約名說義. 隨名生執, 難以會通."
376) 上同. "但歸一心, 自然無諍."

때문에 상호 배척하는 사단은 일어나지 않았던 것이다. 선종, 교종을 막론하고 모두 부처님이 개창하고 전수한 것이다.

종밀이 하택선禪을 선양한다고 해서 결코 교敎를 부정하지는 않았다. 오히려 교의의 작용을 매우 중요시하여, 불교를 공부하는데 절대로 홀시해서는 안 되는 것이라고 설파했다.

> 교敎라고 하는 것은 제불보살이 남긴 바의 경론이며, 선禪이라고 하는 것은 모든 선지식이 말한 바의 어록(句偈)이다.[377]

종밀의 주장에 따르면, 선과 교는 공통의 역사적 근원이 있을 뿐만 아니라, 또한 공통의 이론근거를 가지고 있으니 이것이 바로 진심眞心, 진성眞性의 자성청정심自性淸淨心이다. 그는 『도서』 가운데서 이렇게 말하였다.

> 근원(源)이라는 것은 일체중생의 본각진성이며, 또한 불성이라 부르며 또한 심지라고 한다. ……요즘 다만 진성을 보는 것으로 선을 삼는 자가 있는데, 이것은 이행理行의 종지를 통달하지 못한 것이며, 또한 중화와 천축의 음을 분간하지 못한 것이다. 그러나 진성을 떠나서 별도로 선체禪體가 있는 것은 아니다. 다만 중생이 진성에 미혹하여 경계와 결합하니 곧 이름하여 산란散亂이라고 한다. 경계를 여의고 진성에

---

[377] 上同. "敎也者, 諸佛菩薩所留經論也. 禪也者, 諸善知識所述句偈也."

합하는 것을 이름하여 선정禪定이라고 한다.

본성을 바로 논하면, 참됨도 아니요 거짓됨도 아니며(非眞非妄), 등지는 것도 아니요 합하는 것도 아니며(無背無合), 선정도 아니요 어지러움도 아니니(無定無亂), 누가 선禪이라고 말하겠는가. 어찌 이 진성을 유일한 선문의 근원이 아니라고 하겠는가. 이것은 또한 만법의 근원이므로 법성이라고 부르고, 또한 중생의 미혹과 깨달음의 근원이므로 여래장장식이라고 부르며, 또한 제불의 만덕의 근원이므로 불성이라 부른다. 또한 보살만행의 근원이므로 심지라고 말한다.[378]

여기서 종밀은 『능가경』, 『열반경』, 『범망경』 등을 증거로 들어 진성(眞性 : 자성청정의 중도불성)이 선문의 근원이요, 만법의 근원이요, 중생미오의 근원이요, 제불만덕의 근원이요, 보살만행의 근원임을 설명하고 있다. 따라서 진성은 법성, 여래장장식, 불성, 심지 등과 같은 말이며, 선문에서는 또한 보살육도만행의 하나라고 말한다.

종밀은 매우 중요한 함섭涵攝 층면을 제시하고 있는데, 즉 중도불성이 일체불교를 통섭統攝하고 모든 선문을 포섭包攝하고 있다는 것이다. 다시 말하면 중도불성이라고 말하는 진성은 일체중생이 본

---

378) 上同. "源者, 是一切衆生本覺眞性, 亦名佛性, 亦名心地. ……今時有但目眞性爲禪者, 是不達理行之旨, 又不辨華竺之音也. 然亦非離眞性別有禪體, 但衆生迷眞合塵, 卽名散亂. 背塵合眞, 方名禪定. 若直論本性, 卽非眞非妄, 無背無合, 無定無亂, 誰言禪呼. 況此眞性非唯是禪門之源, 亦是萬法之源, 故名法性. 亦是衆生迷悟之源, 故名如來藏藏識. 亦是諸佛萬德之源, 故名佛性, 亦是菩薩萬行之源, 故名心地."

래 스스로 구족한 것이며, 불생불멸不生不滅이며, 성불의 근원이요 근거이다.

그러므로 선과 교를 닦고 진성을 깨닫는 것이 곧 종밀이 선교일치를 논증할 때에 중요한 이론기초가 된다. 이러한 이론적 토대 위에서 그는 인과교철因果交徹로써 진심眞心을 설명하였다. 『화엄경행원품소초』에서 "모든 부처님의 마음 안에서 중생이 새롭게, 새롭게 부처를 만들고(諸佛心內衆生新新作佛), 중생의 마음 가운데서 모든 부처님이 생각생각에 참됨을 깨닫는다(衆生心中諸佛念念證眞)."는 구절을 해석할 때 다음과 같이 풀이하고 있다.

> 인과교철因果交徹의 뜻에는 사구四句가 있다. 1) 중생이 모두 부처의 마음 가운데 있음. ……2) 부처가 모두 중생의 마음 가운데 있음. ……3) 앞의 중생과 부처가 상호간에 각각 실다워서 허망함이 없으니, 곧 인과因果가 서로 교철交徹한다. 4) 중생이 모두 부처에게 있기 때문에 곧 부처이고 중생이 아니며, 부처는 모두 중생에게 있기 때문에 곧 중생이고 부처가 아니다. 중생과 부처의 상(兩相)을 뺏으니, 둘은 가지런히 융합되므로 부처를 이룸과 부처를 이루지 못함도 없다.[379]

---

379) 『行願品疏鈔』卷一. "因果交徹義有四句. 一, 衆生全在佛心中, ……二, 佛全在衆生心中, ……三, 由前生佛互相各實非虛, 則因果交徹. 四, 由生全在佛則同佛非生, 佛全在生則同生非佛, 兩相形奪, 二位齋融, 則無成佛及不成佛."

이른바 "중생이 모두 부처의 마음 가운데 있다(衆生全在佛心中)."라고 하는 것은 불과佛果가 일체만법을 포함하고 있다는 말이다. 그래서『출현품』가운데서 말하기를, "여래가 정각을 이룰 때에 그 몸 가운데서 일체중생도 이미 정각을 이루었음을 보았다."라고 하고, 심지어 "일체중생이 모두 열반을 증득하였음을 보았다."라고 말하였다.

이른바 "부처는 모두 중생의 마음가운데 있다(佛全在衆生心中)."고 하는 것은 중생의 인위因位로부터 일체만법을 통섭統攝하고 있다는 것이다. 그래서『출현품』가운데서 "보살은 마땅히 자심의 생각생각에 항상 부처가 정각을 이룸이 있음을 안다."라고 설하였다.

중생과 부처가 서로 통섭하니 모두가 실재이며 허망이 아니라고 한다면 인위因位의 중생과 과위果位의 부처가 상호 완전하게 함섭涵攝하게 된다. 만약 중생이 완전하게 부처 가운데로 포섭包攝된다면, 중생과 부처 모두가 결국 부처이지 중생은 아니다. 만약 부처가 전부 중생의 마음 가운데로 포섭包攝된다면, 부처와 중생은 모두 중생이지 부처가 아니다. 여기서 양자의 내면적인 한계는 이미 존재하지 않는다. 인위(중생)와 과위(불)가 이미 서로 일치하여 원융하니, 이러한 정황에서는 성불함과 성불하지 못함이 중도불이를 이루어 원융무애하게 된다. 이것이 바로 "인과교철因果交徹"이라는 것이다.

이른바 인과교철은 중생이 성불할 수 있는 근거이며 중생, 부처, 마음 이 세 가지의 개념은 서로 동일하다. 교敎가 설명하려고 하는 것이 마음이며, 선禪이 깨닫고자 하는 것도 마음이므로 선과 교 모두가 마음을 둘러싸고 진행되는 수증의 일단이라고 할 수 있다.

종밀은 『도서』 가운데서 선교를 회통해야 하는 열 가지 이유(十所以)를 나열하고 있는데, 그 가운데서 첫 번째 이유를 이렇게 말하고 있다.

> 모든 종파의 시조는 석가세존이다. 경은 부처님의 말씀이요, 선은 부처님의 뜻이다. 모든 부처님의 마음과 말은 반드시 서로 위배되지 않으며, 모든 조사가 서로 전한 근본은 부처님이 친히 부촉한 것이다.380)

종밀은 분명하게 주장하기를, 교敎는 부처님의 말씀으로 모든 경전 가운데 기록되어 있으며, 선禪은 부처님의 뜻(마음)으로 단지 그 뜻을 볼 수 없으므로 부득불 선종 조사의 어록(전적)을 통해 체현할 수밖에 없다고 하였다. 따라서 교와 선, 경론과 어록은 일치하는 것이지 결코 위배하지 않는다. 다만 선이 조사들의 부처님의 뜻에 대한 이해와 해석이기 때문에 정확하고 확실한가를 부처님의 말씀

---

380) 『都序』. "諸宗始祖, 卽是釋迦. 經是佛語, 禪是佛意. 諸佛心口必不相違, 諸祖相承根本是佛親付."

인 교를 통해 점검하여 인증해야 한다는 것이다.

경은 먹줄과 같아서 정正과 사邪의 모범을 정한다. 먹줄은 기교가 없으니, 기교가 없음으로서 반드시 먹줄에 의거한다. 경론은 선禪이 아니며, 선을 전하는 자는 반드시 경론으로 준거를 삼는다.381)

종밀은 교와 선은 서로 보완적으로 이루어져 상호 조건이 되기 때문에 개괄하여 말하면, "교로써 마음(禪)을 비추고, 마음으로써 교를 해석해야382)" 한다는 것이다. 즉 한편으로 자심을 요달해야 불교를 이해할 수 있고, 다른 한편으로 불경을 이해해야 능히 자심의 체오體悟가 정확한 것인지 알 수 있다. 이른바 교敎로써 마음(禪)을 비추고 마음으로써 교敎를 해석한다는 것은 실제적으로 선교회동禪敎會通의 기본원칙이며, 그 구체적 방법이 곧 삼량三量의 동시만족이다. 삼량이란 비량比量, 현량現量, 불언량(佛言量 : 聖言量)을 말한다.

비량比量이란 원인으로써 비유하여 추정하는 것이다. ……현량現量이란 직접 스스로 보아서 추정함을 빌리지 않고 자연스레 정定하는 것

---

381) 上同. "經如繩墨, 楷定邪正者, 繩墨非巧, 非巧者必以繩墨爲憑. 經論非禪, 傳禪者必以經論爲准."
382) 上同. "以敎照心, 以心解敎."

이다. 불언량(佛言量)이란 모든 경전으로 정하는 것이다.383)

"비량比量"이란 비유로 추론하여 증명하는 것을 말한다. "현량現量"이란 곧 눈으로 직접 보고 마음으로 깨달아 지금 바로 아는 것으로서 추측해서 얻은 것이 아니다. "불언량(佛言量 : 聖言量)"이란 곧 불경 가운데에 기록된 부처님께서 말씀한 도리를 가리키는 것이다.

종밀선사가 생각하기에, 불가의 진리는 선문에서 의지한 현량과 비량으로 결정할 수 없고, 또한 불교가 의지한 불언량으로도 결정할 수 없으므로 "반드시 삼량이 동시에 만족되어야 결정되는 것이다."384)

종밀의 관점에 의거하면, 선과 교는 불문佛門 가운데의 두 종류의 평행된 체계로서, 그것들은 근본적으로 일치하는 것이어서 완전히 회통이 가능한 것이다. 그는 선禪을 삼종三宗으로 나누고, 교敎 또한 삼교三敎로 나누고, 아울러 그것들 사이에 서로 대응함을 증명하였다. 이렇게 하면, 한편으로는 선교禪敎 두 체계의 회통을 이룰 수 있고, 동시에 불佛의 삼교일치三敎一致로부터 선禪의 삼종일치三宗一致를 증명하여, 교묘하게 선종 내부의 회통을 완성하고 있다.

---

383) 上同. "比量者, 以因由喩度也. ……現量者, 親自現見, 不假推度, 自然定也. 佛言量者, 以諸經爲定也."
384) 上同. "故須三量堪同, 方爲決定."

먼저 교를 삼종으로 나누었다. 즉 『도서』 가운데서 교를 세 종류로 나누었으니, ① 밀의의성설상교密意依性說相敎 ② 밀의파상현성교密意破相顯性敎 ③ 현시진심즉성교顯示眞心卽性敎이다. 그 중 밀의의성설상교를 또한 세 종류로 나누었으니, ㉮ 인천인과교人天因果敎 ㉯ 단혹멸고교斷惑滅苦敎 ㉰ 장식파경교將識破境敎이다.

그리고 『화엄원인론華嚴原人論』 가운데서 또한 교를 다섯 종으로 나누고 있다. 즉 ① 인천교人天敎 ② 소승교小乘敎 ③ 대승법상교大乘法相敎 ④ 대승파상교大乘破相敎 ⑤ 일승현성교一乘顯性敎 등이다.

종밀의 입장에서는 이 양종의 분류법은 본질상 아무 차별이 없는 것이다. 『원인론』에서 말한 인천교, 소승교, 대승법상교는 『도서』에서 설한 밀의의성설상교의 인천인과교, 단혹멸고교, 장식파경교에 해당되며, 『원인론』 가운데의 대승파상교와 일승현성교는 『도서』의 밀의파상현성교, 현시진심즉성교에 해당되는 것이다.

오교五敎는 그 교리의 심천深淺에 따라 배열한 것인데, 앞의 것은 얕고 뒤의 것은 깊으며 제 오교는 가장 깊은 것이다. 그리고 제 오교는 앞의 사교四敎에 대하여 부정함과 동시에 포용하고 있다.

이 교 가운데 하나의 참된 심성이 염정染淨의 제법을 대함에 온전히 가려내고(全揀) 온전히 거둔다(全收). 온전히 가려낸다(全揀)는 것은 위에서 말한 바와 같이 바탕을 갖추어 바로 신령스레 앎을 가리키니, 곧 심성이며 나머지는 허공이다. 그러므로 말하기를, 인식도 아니요 인식한 바도 아니며, 마음도 아니요 경계도 아니며, 내지 성性도 아니요 상相도 아니며, 부처도 아니며 중생도 아니어서, 사구四句를 떠나고 백비百非를 끊는 것이다. 온전히 거둔다(全收)는 것은 염정染淨 제법이 마음 아님이 없다. 마음이 미혹되므로 망령되이 업을 일으키고 나아가 사생육도의 더러운 국토에 윤회한다. 마음이 깨달음으로서 바탕(體)에서 작용을 일으켜 사생 육도와 내지 사변 십력으로 신묘한 법계신으로 정토에 아니 나타남이 없다. 이미 이 마음이 제법을 일으켰으니 제법이 모두 곧 진심이다.[385]

여기서 말한 "온전히 가려낸다(全揀)"는 것은 밀의파상현성교密意破相顯性敎를 판석한 것으로, 중요한 것은 일체 상의 허망과 집착을 파하는 것이다. 그러므로 "온전히 가려낸다(全揀)"라고 말한다. 이른바 "온전히 거둔다(全收)"라는 것은 염정染淨 제법이 모두 마음이라는 것을 긍정하는 것으로, 중요한 것은 어떻게 미혹을 끊고 진성을 증득하느냐의 도리를 설명하는 것이다. 진성의 기원에 의거하여 성상性相의 차별을 설명하고 있다.

전자는 적극적인 부정인데, 일체의 허망한 모든 상(諸相)을 부정

---

385) 上同. "然此敎中, 以一眞心性對染淨諸法, 全揀全收. 全揀者, 如上所述, 但剋體直指靈知, 卽是心性, 餘皆虛空. 故云, 非識所識, 非心境等, 乃至四生六道, 雜穢國界. 心悟故, 從體起用, 四等六道, 乃至四辯十力, 妙身淨刹, 無所不現. 旣是此心現起諸法, 諸法全卽眞心."

하고 모두 이 진성이 나타남이라고 하는 것이다. 후자는 소극적으로 일체 모든 상(諸相)의 차별을 긍정하는 것인데, 이것을 빌어 상을 모아 성으로 돌아간다(會相歸性). 제법에 대한 전간全揀으로부터 바로 앞의 삼교를 부정하니 파상교破相敎와 같다. 제법에 대한 전수全收로부터 곧 파상교를 부정하니 앞의 삼교와 같다. 그래서 종밀은 또한 이렇게 말하고 있다.

> 앞의 것으로 이것을 바라보니 이것은 앞의 것과 아주 다르다. 이것으로 앞의 것을 포섭하니 앞의 것은 이것과 완전히 같다. 깊은 것은 반드시 얕아지고, 얕은 것은 깊은 곳에 이르지 못한다. 깊다는 것은 진심의 당체를 바로 나타내니 모름지기 그 가운데서 일체를 배제하고, 일체를 수용한다는 것이다. 이와 같이 거두고 막음이 자재하니 성상性相이 걸림이 없어서 모름지기 일체법에 다 머무는 바가 없으니 오직 이것을 "요의了義"라 이름한다.386)

종밀화상의 관점에 의거하면, 현시진심즉성교顯示眞心卽性敎가 요의교了義敎이며, 앞의 양교를 함섭涵攝한다. 동시에 이 제 삼교가 "성교性敎"에 속하며, 밀의의성설상교密意依相說相敎와 밀의파상현성

---

386) 上同. "將前望此, 此則迥異於前. 將此攝前, 前則全同於此. 深必該淺, 淺不至深. 深者直顯示眞心之體, 方於中揀一切, 收一切也. 如是收揀自在, 性相無碍, 方能於一切法悉無所住, 唯此名了義."

교密意破相顯性敎는 공空과 유有로서 상대적이며, 현시진심즉성교顯示眞心卽性敎와 밀의의성설상교密意依相說相敎는 성性과 상相으로서 상대적이며, 밀의파상현성교密意破相顯性敎와 현시진심즉성교顯示眞心卽性敎는 파상破相과 현성顯性으로서 상대적이다. 이와 같은 "성상이분性相二分"의 판교는 현시진심즉성교顯示眞心卽性敎를 이용해 반드시 통섭統攝 되어 진다.

여기서 말하는 "즉성卽性"은 본래 스스로 청정한 것이며, 미혹을 끊고 진성을 밝힐 필요가 없으며, 반드시 인식(識)으로 경계(境)를 파할 필요도 없으며, 법의 본체를 직접 나타내어 공空과 유有, 성性과 상相의 상대 및 속박에 떨어지지 않는 것이다. 그러므로 말하기를, "이 교 가운데서는 하나의 참된 심성으로 염정의 제법에 대하여 온전히 배제하고(全揀) 온전히 수용한다(全收)."[387] 라고 하였다.

앞에서 언급한 바와 같이, 선종 내부 각 종파 간의 투쟁도 매우 첨예하였다. 따라서 이들 각 종파들에 대해 회통을 실현하는 것도 똑같이 매우 중요한 것이었다. 종밀은 『원각경대소』와 『도서』 가운데서 칠가七家 혹은 십가十家의 선禪을 찬술하고 있는데, 종밀이 주요하게 평술한 것은 북종北宗, 우두종牛頭宗, 홍주종洪州宗 및 하택종荷澤宗 등이다.

1. 식망수심종息妄修心宗 : 중생이 비록 본래 불성이 있으나, 무시

---

387) 上同. "此敎中, 以一眞心性, 對染淨諸法, 全揀全收."

無始이래로 망상에 덮인바 되었으므로 스승의 가르침에 의거하여 경계를 여의고 마음을 닦아 망념을 식멸息滅한다. 망념을 제거하면 곧 깨달음을 얻는다. 예를 들어서 "거울에 티끌이 끼어 어두우면 반드시 부지런히 털고 닦아 티끌이 다하여 밝음이 나타나면 곧 비추지 않는 바가 없다."388)

남신南侁, 북수北秀, 보당保唐, 선십宣什 등의 문하가 이 종에 속한다. 이 종과 교문의 제일 밀의의성설상교密意依性說相敎가 완전히 일치한다.

2. 민절무기종泯絶無寄宗 : 일체 제법이 본래 공적하여 법도 없고 집착도 없으니, 본래 일 없음을 요달하여 마음이 의지하는 바가 없어서 모름지기 전도顚倒를 면하게 되면 비로소 해탈이라 이름한다.

그래서 그것은 본래 일 없음(本來無事)으로 깨달음을 삼고 정식을 다하는 것으로 수행을 삼는다(以忘情爲修). 석두石頭, 우두牛頭, 경산徑山 등의 선禪이 모두 이 도리를 보인다. 종밀이 생각하기에, 이 종과 교문의 제이 밀의파상현성교密意破相顯性敎가 완전히 부합한다.

3. 직현심성종直顯心性宗 : 일체 제법이 모두 진성眞性의 나타남이

---

388) 上同. "鏡昏塵, 須勤勤拂拭, 塵盡明現, 卽無所不照."

니, 진성은 모양이 없고 함이 없는 것(無相無爲)이다. 그 본체는 범부도 아니요 성인도 아니며, 원인도 아니요 결과도 아니며, 선도 아니요 악도 아니다. 다만 즉체(卽體)의 작용이 능히 가지가지 현상을 만드니, 범부도 되고 성인도 되며(能凡能聖), 색으로 나타나기도 하고 모양으로 나타나기도 한다(現色現相). 종밀은 이 종을 또 양종으로 나누었다.

1) 홍주종(洪州宗) : 일체 언어 동작과 선업과 악업을 지음과 고(苦)와 락(樂)을 받는 등 모두가 불성이며 본래 부처이다. 이 도리를 깨달으면 곧 천진자연에 임하게 된다. 그러므로 마음을 일으켜 도를 닦을 수 없으니, 도가 곧 마음이라 마음으로 마음을 닦을 수 없고, 악 또한 마음이라 마음으로 마음을 끊을 수 없다. 마음에 맡겨 자재하니 이름하여 해탈이다. 홍주종이 바로 이와 같이 일체가 모두 진실(一切皆眞)이라고 불리는 관점을 견지하고 있다.

2) 하택종(荷澤宗) : 망념이 본래 공적하고 경계(塵境)가 또한 공하여, 공적한 마음(空寂之心)이 신령스레 알아 어둡지 않으니 곧 진성(眞性)이요, 모든 신묘한 문이다(衆妙之門). 만약 공적의 영지(知)를 단박 깨닫고(頓悟) 아울러 무념을 종으로 삼아(無念爲宗) 수행을 진행하면 번뇌가 다 소멸되고 해탈을 얻어 구경에 부처를 이룬다. 따라서

"모든 모양이 공空하여 마음이 스스로 망념이 없다. 생각(망념)이 일어나면 곧 깨달으니(念起卽覺) 깨달으면 바로 없어진다(覺之卽無). 수행의 신묘한 문은 오직 여기에 있다."

홍주종과 하택종은 현시진심즉성교顯示眞心卽性敎와 일치하며, 진심은 공적의 진眞이라 여긴다. 그런데 이 양종은 모두 상을 모아 성으로 돌아감(會相歸性)으로 같은 일종一宗이라 말한다.

종밀은 삼종교三種敎와 삼종선三宗禪을 서로 배대하고, 그리고 직현심성종直顯心性宗을 최고 단계로 생각하였다. 그는 비록 선교 각파를 융통하기 위해 삼종교와 삼종선을 배합하였지만, 그가 생각하기에 오로지 하택종만이 진정 석가, 달마, 혜능의 본의에 부합한다고 주장하였다. 따라서 종밀은 하택선을 중심으로 선교 각파의 회통을 진행하였다. 만약 하택종의 "공적영지空寂靈知"를 이용하여 앞의 삼종을 대비하면 그들 모두가 하택종과 일치하게 된다고 역설하였다.

이와 같이 자연히 민절무기泯絶無寄의 설설을 들으면 지(知:空寂靈知)는 아집의 정情을 파하게 된다. 식망수심息妄修心의 말(言)을 들으면 지知는 나의 습기를 끊게 된다. 집착의 정情을 파하면 진성이 나타나니 곧 민절泯絶이 현성顯性의 종宗이다. 습기가 다하면 불도를 이루니 곧 마음 닦음(修心)이 성불의 행이다. 돈과 점, 공과 유가 이미 어긋남이 없어 하택(荷澤: 하택종), 강서(江西: 홍주종), 남능(南能: 남종 혜능), 북수(北秀: 북종 신수)가 어찌 서로 계합하지 못하겠는가. 만약 능히 이와 같이 통달한다면, ……통달한 자는 삼종이 서로 위배되지 않음을 요달할 것이다.[389]

위에서도 이미 밝혔듯이, 종밀이 일승현성교一乘顯性敎로 삼교를 회통할 때, "앞의 것으로 이것을 바라보니 이것은 앞의 것과 아주 다르다. 이것으로 앞의 것을 포섭하니 앞의 것은 이것과 완전히 같다."라고 하였다. 이 말을 그대로 선禪의 직현심성종直顯心性宗 중의 하택종에 적용하면 똑같이 앞의 각종을 회통할 수 있다.

선종은 모두 공통으로 "직지인심, 견성성불"을 주장한다. 그런데 인심人心 및 견성방법에 대한 견해에서는 서로 다르게 주장하고 있다. 종밀이 보기에 하택종과 현시진심즉성교는 인심과 견성방법에 대한 관점에서 서로 통한다는 것이다. 즉 공적영지空寂靈知로써 중생의 본각진심을 삼고, 돈오점수頓悟漸修로써 가장 적절한 수증방법을 삼았다는 것이다.

만약 하택종으로서 선교禪敎 각 종을 융섭하면 그것들은 최고 진리의 구성부분이 된다. 그러면 전체 불교 종파 모두가 하택종과 서

---

[389] 上同. "如此則自然聞泯絕無寄之說, 知是破我執情. 聞息妄修心之言, 知是斷我習氣. 執情破而眞性顯, 卽泯絕是顯性之宗. 習氣盡而佛道成, 卽修心是成佛之行. 頓漸空有旣無乖, 荷澤江西秀能皆不相契. 若能如是通達, ……通者了三宗不相違也."

로 통하게 된다고 주장하고 있다.

종밀선사의 삼교로서 삼종에 대한 판석방법은 선의 각 종과 교의 각 파를 회통시켰을 뿐만 아니라, 아울러 최종적으로 선과 교의 통일을 이루었다. 그러므로 이렇게 말하고 있다.

> 삼교와 삼종은 일미의 법이다. 그러므로 반드시 먼저 삼종불교에 의해 삼종선심을 증득하고, 연후에 선교를 함께 잊어(禪敎雙忘) 마음과 부처가 공히 적멸하다. 같이 적멸한 즉 생각생각이 모두 부처여서 한 생각도 불심이 아님이 없다. 함께 잊으니(雙忘) 곧 구절구절이 모두 선禪이어서, 단 일구一句도 선禪의 가르침이 아닌 것이 없다.[390]

종밀의 선교일치는 "선교쌍망禪敎雙忘"으로 극치를 이룬다. 선과 교 모두 중생이 진심을 깨달아 부처가 되게 하는 방편이나. 말과 마음이 본래 둘이 아님이 선교일치요, 말도 아니요 마음도 아니어서 본래무일물本來無一物이니 선교쌍망인 것이다.

결론적으로 종밀은 달마선의 "자교오종藉敎悟宗"의 전통을 계승하고, 진일보하여 "선교일치禪敎一致"의 사상체계를 확립하였다. 그가 제창한 선교일여의 사상은 실질적으로 불교의 이론과 실천의 통일을 강조하였다. 교가의 경론이 수선자의 수행근거와 득도경지의

---

390) 上同. "三敎三宗一味法, 故須先約三種佛敎證三宗禪心, 然後禪敎雙忘, 心佛俱寂. 俱寂卽念念皆佛, 無一念而非佛心, 雙忘卽句句皆禪, 無一句非禪敎."

검증을 제공하기를 희망하였을 뿐만 아니라, 동시에 교문의 제가諸
家에게 교로 인해 깨달은 불법이 바로 교외별전의 선종심법과 다르
지 않음을 강조하여, 양자가 근본적으로 하나임을 일깨워 주어 망
령된 생각으로 분별하지 말 것을 주문하고 있다. 이것이 바로 종밀
이 인식한 바의 "선교쌍망禪敎雙忘"의 경계이다.

 종밀은 하택종의 공적영지(空寂靈知 : 자성청정)로서 선교 각 종의 이
론차이를 회통하였다. 이러한 화회사상이 불교사상사에서 갖는 의
의는 매우 크다. 비록 하택종이라는 사상의 틀속에서 제종의 사상
을 재단하고 화해시킴으로 해서 이후 전개되는 선종사상의 주류에
서 비껴나가기는 하였지만, 나름대로 타당한 논리와 주장이 있고
특히 화쟁적 안목과 화회의 실천은 타의 추종을 불허하고 있다. 그
리고 질직하고 간절한 인간이해와 시대를 아우르는 역사인식은 높
이 평가할 만한 가치가 있다.

 그리고 오늘날과 같은 각양각색의 이론과 사상이 범람하는 혼돈
의 시대에 원융과 화해를 모토로 하는 종밀의 회통사상은 더욱 빛
을 발할 수 있을 것이다.

3. 연수의 돈점사구 - 조사선의 돈점관

1) 연수의 돈점사구 頓漸四句

지금까지 인도와 중국의 불교와 제 종파에서 설해진 돈점에 대한 관점과 수증의 입장을 살펴보았다. 이제부터 화엄종의 징관이 제시한 돈점수증관과 하택종의 신회와 종밀이 주장한 돈점수증 그리고 홍주종의 혜해가 언급한 돈오관을 토대로 하여 영명연수永明延壽가 『종경록宗鏡錄』과 『만선동귀집萬善同歸集』에서 주장한 "돈점사구頓漸四句"의 수증론에 대해 살펴보기로 하겠다.

주지하는 바와 같이, 연수는 선종오가 가운데 법안종法眼宗의 3대 조사로서 일찍이 『종경록』 100권을 저술하여 제 종파의 종지를 회통하고 선교일치禪敎一致, 선정일치禪淨一致를 표방한 회통론자이다. 그러므로 어느 특정 종파에 치우침이 없이 선종의 정안으로 돈점에 관한 수증의 안목을 드러내고 있다.

먼저 돈점사구頓漸四句로 지금까지 종문에서 제출되었던 돈점의 제 수증론 가운데서 가장 대표적인 네 종류를 뽑아 자신의 관점에서 재정립한 것을 말한다. 『종경록』의 말을 들어보자.

묻기를, 어떤 것이 돈점사구 입니까? 답하길, ㈠ 점수돈오漸修頓悟 ㈡ 돈오점수頓悟漸修 ㈢ 점수점오漸修漸悟 ㈣ 돈오돈수頓悟頓修이다.391)

그런데 연수선사의 『종경록』에 언급되어 있는 수증론은 실제로 이 돈점사구에다 돈수점오頓修漸悟를 하나 더 보태어 다섯 종류의 수증론에 대해 언급하고 있다. 이 다섯 종의 돈점수증론에 대해 하나하나 자세히 살펴보도록 하자.392)

(1) 점수돈오漸修頓悟

나무를 베는데 여러 조각으로 점차 찍어서 일시에 단박 쓰러짐과 같고, 또한 멀리서 황성에 이르는데 점차 한 걸음 한 걸음 나아가서 하루에 단박 도달함과 같다.393)

(2) 돈수점오頓修漸悟

사람이 활쏘기를 배울 때, 단박(頓)은 화살 하나 하나에 직접 과녁에 마음을 기울이는 것과 같고, 점차(漸)는 오래되어 비로소 바야

---

391) 『宗鏡錄』 卷第三十六. "問, 如何是頓漸四句. 答, 一漸修頓悟. 二頓悟漸修. 三漸修漸悟. 四頓悟頓修."
392) 頓悟頓修를 중심으로 하여 頓漸四句를 언급한 연구로는 朴商洙 님의 『頓悟頓修의 起源과 主張者 및 佛敎歷史上의 評價』라는 논문이 있다. 본서는 이 논문을 참고하였음을 밝혀 둔다.
393) 『宗鏡錄』 卷第三十六. "先因漸修功成而豁然頓悟. 如伐木片片漸斫, 一時頓倒. 亦如遠詣皇城步步漸行, 一日頓到."

흐로 점차 친숙해지고 점차 적중시키는 것과 같다. 이 설은 마음을 운행함에는 단박 닦았으나(頓修) 공행은 단박 마쳤다(頓畢)고 말할 수 없다.394)

(3) 점수점오 漸修漸悟

구층의 대(누각)에 오르는데 발걸음이 점차 높아짐에 따라 보이는 바가 점차 멀어지는 것과 같다. 이상 셋은 모두 증오證悟이다.395)

(4) 돈오점수 頓悟漸修

이것은 해오解悟에 해당된다. 만약 장애를 끊음에 의하여 말하면, 마치 해는 단박에 뜨지만(頓出) 서리와 이슬은 점차 없어지는 것과 같다. 만약 덕을 이루는 것에 의해 말하면, 어린아이가 태어나자 곧 사지와 육근을 갖추지만 성장하여 곧 점차로 의지와 기개대로 기능하는 것과 같다.396)

(5) 돈오돈수 頓悟頓修

이 설은 상상의 지혜(上上智)로서 근성이 수승함을 갖추어 한번

---

394) 上同. "先因頓修而後漸悟. 如人學射, 頓者, 箭箭直注意在的. 漸者, 久始漸親漸中. 此說運心頓修, 不言功行頓畢."
395) 上同. "漸修漸悟, 如登九層之臺, 足履漸高, 所見漸遠. 已上皆證悟也."
396) 上同. "先須頓悟, 方可漸修. 此約解悟. 若約斷障說者, 如日頓出霜露漸消. 若約成德說者, 如孩初生, 卽具四支六根, 長卽漸成志氣功用."

들어 천을 깨달아(一聞千悟) 대총지를 얻는다. 일념이 불생하여(一念不生) 전후제가 다 끊어진다. 만약 장애를 끊음으로 말하면, 마치 한 얼레의 실을 자름에 만 가닥이 단박에 끊어지는 것과 같다. 만약 덕을 닦음으로 말하면, 한 얼레의 실을 물들임에 만 가닥이 단박에 색이 나는 것과 같다.397)

이상이 연수선사가 『종경록』에서 밝힌 돈점수증관이다. 그런데 이러한 연수의 수증론 하나하나의 내용을 자세히 살펴보면 어디서 많이 보았던 것들이다. 그것은 다름 아닌 종밀이 돈점수증론에 대한 설명을 할 때의 내용을 그대로 옮겨와 인용하고 있음을 알 수 있다. 다만 중간 중간에 글자 몇 군데만 고쳤을 뿐 그 전체적인 내용은 종밀의 것을 그대로 수용하고 있다. 이것에 대해 연수 자신이 『만선동귀집』에서 "규봉선사에게 사구료간四句料簡이 있다."398) 라고 말함으로써, 이 돈점사구의 연원이 규봉종밀의 설을 인용해 왔음을 직접 밝히고 있다.

위에서 이미 고찰해 보았듯이, 종밀은 자신의 수증론이 징관의 설을 계승하고 있음을 밝힌 바 있으므로 연수의 돈점에 대한 수증론의 연원은 징관으로부터 종밀을 거쳐 연수에 이르고 있음을 알

---

397) 上同. "頓悟頓修者, 此說上上智, 根性樂欲俱勝, 一聞千悟, 得大總持, 一念不生, 前後際斷. 若斷障說, 如斬一䋲絲, 萬條頓斷, 若修德說, 如染一䋲絲, 萬條頓色."
398) 『萬善同歸集』卷下. "圭峰禪師, 有四句料簡." 『大正藏』第四十八卷, p 987中.

수 있다.

  그러면 이제부터 연수의 수증론에 대해 구체적으로 분석해 보도록 하자. 이해를 돕기 위해, 앞에서 정리한 종밀과 징관의 것을 참고해서 검토해 보는 것이 좋을 것 같다. 연수는 대부분의 수증관에 대해 기본적으로 종밀의 관점을 그대로 수용하고 있지만 중요한 몇 가지에 있어서는 분명하게 자신의 견해를 피력하고 있음을 유의할 필요가 있겠다.

  여기서 연수와 종밀의 수증관에 대한 인식의 동이점同異點을 나누어 설명해 보도록 하자.

① 같은 점

  첫째, 양사 모두 회통론자의 시각에서 돈점頓漸, 오수悟修에 대해 접근하고 있다. 종밀은 남종 하택종의 입장에서 선과 화엄을 회통하고자 하였으며, 돈점쌍입頓漸雙入의 입장에서 돈점을 회통하려고 하였다. 마찬가지로 연수 역시 남종 법안종法眼宗 선사의 입장에서 선과 화엄의 융회를 바탕으로 하는 선교일치를 주장하고, 돈점 역시 회통적 시각에서 접근하고 있다.

  둘째, 돈점수증론에 대한 기본인식을 공유하고 있다. 비록 종밀이 징관의 수증관을 수용하여 여덟 종의 수증론을 제시하고 있는데 반해, 연수는 돈점사구에 돈수점오 하나를 더해 5종의 수증론을 언급하고 있긴 하지만, 이 다섯 종의 수증론에 대한 설명을 종밀의 설을 그대로 인용하고 있음은 이것을 증명하는 것이다.

셋째, 양사 모두 돈점수증론에 대한 관점의 바탕이 근기론에 토대를 두고 있다. 종밀이 수증론을 이야기할 때마다 중생의 근기에 따라 여러 문을 시설하기 때문에 그 문마다 다 의의가 있다고 하였으며, 연수 역시 돈점수증론을 언급하기 전에 "지금 사실단四悉檀에 의거하여 널리 중생의 근기를 위함이다."399) 라고 밝히고 있듯이, 중생 근기의 입장에서 여러 종류의 수증론을 시설하고 있는 것이다.

또한 종밀이 돈오돈수를 최상근기에 해당하는 문에 배대하고 가장 높은 경지로 평가하였듯이, 연수 역시 종밀의 설명을 인용하여, 돈오돈수는 상상의 지혜(上上智)를 갖춘 근성이 수승한 이근행자利根行者가 한 번 들어 천을 깨닫고(一聞千悟), 단박에 일념불생一念不生하여 전제前際, 후제後際가 다 끊어진 경계라고 설하고 있다.

넷째, 양 선사의 해오와 증오에 대한 관점의 일치이다. 밀사密師와 수사壽師 모두 먼저 깨닫고 그 깨달음에 의해 수행하면 해오解悟요, 먼저 수행하고 그 수행에 의해 깨달으면 증오證悟라는 것이다.

"또한 만약 깨달음을 이용해 닦으면 곧 해오解悟요, 만약 닦음으로 인하여 깨달으면 곧 증오證悟이다."400) 라고 한 것이다. 물론 우

---

399) 『宗鏡錄』第三十六卷. "今依四悉, 普爲群機."
400) 上同. "又若用悟而修, 卽是解悟. 若因修而悟, 卽是證悟."

리가 알고 있듯이 해오는 지해知解의 알음알이에 의한 어설픈 깨달음이며, 증오는 구경각이라는 견해는 양사 누구도 인정하지 않고 있다. 흔히 한국불교에서는 "해오解悟 = 지해知解"라는 등식으로 연결시켜 교가敎家의 알음알이로 격하시켜 버리는 경향이 있다. 특히 돈오점수의 돈오는 결코 선가의 깨달음으로 인정할 수 없기 때문에 돈오점수를 인정하거나 주장하는 사람은 선문의 정통이 되지 못하고 지해의 종도가 되어서 선문 밖으로 내쳐진다.

그러나 종밀은 말할 것도 없고, 종문의 정안 중에 정안이라는 연수선사마저도 『만선동귀집』에서 돈오점수를 설명함에 있어서 이렇게 설하고 있음을 간과해서는 안 된다. "생각하건대 이 돈오점수는 이미 불승佛乘과 합하여 원만한 뜻에 어긋나지 않는다. 마치 돈오돈수 같은 것도 또한 여러 생에 걸쳐 점차로 닦아 금생에 단박 익숙한 것이니, 이것은 당사자에 있어 시절인연이 맞아 스스로 증험한 것이다."401) 이 말의 진의는 연수 자신이 돈오점수를 하나의 수증론으로 높이 평가 하고 있으며, 또한 일체중생이 모두 가지고 있는 불성을 깨달아 성불할 수 있다는 일불승一佛乘의 교리를 인증하여 제불의 원만한 교설의 뜻에 계합하여 어긋나지 않는다고 말하고 있다.

---

401) 『萬善同歸集』. "惟此頓悟漸修, 旣合佛乘不違圓旨. 如頓悟頓修, 亦是多生漸修, 今生頓熟, 此在當人, 時中自驗."

다시 말하면, 연수선사에 있어서의 돈오점수는 종문에서 폐기해야할 수증론이 아니고, "상근인에 해당하는" 수증론이라고 주장하고 있다. 종밀과 마찬가지로 돈오돈수 역시 다생의 일로 보면 점차 닦아 금생에 돈오한 것이기 때문에 결국 돈오점수로 봐야 한다는 것이다. 따라서 돈오점수에 해당하는 해오는 지해의 종사들이 설익은 깨달음을 흉내내는 것이 아님을 증명하고 있는 것이다.

즉 해오와 증오는 수행과 깨달음을 행하는 양식의 차이에서 나누어진 성질의 것이지, 깨달음의 높고 낮은 차원의 문제가 아니다. 그러므로 점수점오, 점수돈오, 돈수점오, 돈수돈오, 선수후오先修後悟를 막론하고 닦음이 먼저고 깨달음이 나중이면 증오證悟이며, 점오돈수, 돈오점수, 돈오돈수, 선오후수先悟後修를 망라해서 깨달음이 먼저이고 닦음이 나중이면 무조건 해오解悟인 것이다.

그리고 하나 주의를 환기시키고 싶은 점은 신회, 종밀, 연수의 전적에 보면 지知와 지智, 지해知解와 지혜智慧를 같은 의미의 반야지혜로 겸용하고 있다는 사실이다. 동시대 중국의 다른 문헌에도 역시 이런 점이 발견되고 있음에 비추어 볼 때, 굳이 지금 우리 시대처럼 지해는 알음알이요, 지혜는 깨달음의 반야로 명확하게 구분하여 이해할 필요는 없다. 따라서 지해는 교가의 알음알이로, 해오는 지해의 어설픈 깨달음으로 인정할 수 없게 된다. 연수의 말과 같이 이미 불승에 계합한 깨달음(解悟)이 어떻게 알음알이로 이해되어 질 수 있겠는가.

② 다른 점

첫째, 종밀은 선과 화엄의 조합에 의해 "돈오점수"를 가장 적합한 수증론이라고 주장했다. 그러나 연수는 돈오점수를 인정하고는 있지만, 종경의 대의에 적합한 수증론은 역시 "돈오돈수"라고 주장하고 있다. 연수가 돈오점수와 돈오돈수에 대하여 가지고 있는 견해를 다시 한 번 살펴보자.

우선 돈오점수에 대해 불승佛乘에 계합하여 제불의 원만한 뜻에 어긋나지 않는다는 말은 이미 위에서 언급하였지만, 그 외에도 또한 돈오점수에 대해 이렇게 평가하고 있다.

> 마치 『화엄경』에 설하기를, '초발심시에 곧 정각을 이루고(初發心時 卽成正覺), 삼현십성三賢十聖을 차제로 수증하는 것과 같다.' 만약 깨닫지 않고 닦는 것은 참된 닦음이 아니다. 확실히 진실되지 않는 수행은 참된 수행이라 부르지 않는다. 어찌 꾸밈이 있는 참된 수행이 진실로부터 나오겠는가? 경에 말하기를, '이 법을 듣지 않고 다겁생에 육도만행을 닦더라도 구경에 참됨을 증득하지 못한다.'라고 하였다.[402]

---

402) 『宗鏡錄』卷第三十六. "如『華嚴經』云, 初發心時, 卽成正覺, 三賢十聖, 次第修證. 若未悟而修, 非眞修也. 良以, 非眞之行, 無以稱眞. 何有飾眞之行, 不從眞起. 經云, 若未聞此法, 多劫六度萬行, 更不證眞.

그리고 『만선동귀집』에서 주장하기를, "돈점사구 가운데서 만약 상상근기에 의거하면 돈오돈수이고, 만약 상근기에 의거하면 돈오점수이다."403) 라고 하여, 돈오돈수를 최상의 근성이 수증하는 수증론으로 강조하고, "돈오돈수가 종경宗鏡의 종지에 바로 해당한다. 화엄종과 같이 깨달음을 마치 해가 비추는 것처럼 취하니 곧 해오와 증오 모두가 다 돈頓이다."404) 라고 주장하고 있다.

아울러 연수는 돈오돈수가 최상의 수증론임을 강조하기 위해 하택과 혜해의 법문을 인용하여 설명하고 있다. "하택이 말하기를, '무념의 체를 보면 사물을 따라 (망념이) 나지 않는다.' 라고 하였다. 또한 말하기를, '일념이 본심과 상응하면 팔만바라밀행이 일시에 가지런히 작용한다.' 라고 하였다. 또한 '돈오라는 것은 이생을 떠나지 않고 곧 해탈을 얻는다.' 라고 하였다. 마치 사자 새끼가 처음 태어났을 때 진짜 사자인 것과 같아서, 곧 닦을 때 바로 불지위에 들어가는 것과 같고, 마치 대나무가 봄에 순이 돋아나 봄을 여의지 않고 곧 어미와 나란히 되는 것과 같다."405)

이 증문證文 가운데서 윗부분은 하택의 설법이고, 뒷부분의 비유는 대주혜해의 법문이다. "이생을 떠나지 않고 곧 해탈을 얻는다."

---

403) 上同. "頓漸四句中, 若約上上根, 是頓悟頓修. 若約上根, 或是頓悟漸修."
404) 上同. "或頓悟頓修, 正當宗鏡. 如華嚴宗, 取悟如日照, 即解悟證悟皆悉頓也."
405) 上同. "荷澤云, 見無念體, 不逐物生. 又云, 一念與本性相應, 八萬波羅蜜行, 一時齊用. 又頓悟者, 不離此生, 即得解脫. 如獅子兒生之時, 是眞獅子, 即修之時, 即入佛位. 如竹生芽, 不離於春, 即如母齊."

라는 구절은 하택이 돈오점수를 해설할 때 사용했던 말인데, 연수는 이것을 돈오를 포괄적으로 설명함에 인용하고 있다. 혜해가 돈오를 설명함에 사자새끼와 죽순의 비유를 들어 일생에 성불할 수 있음을 강조한 그것을 연수는 돈오돈수의 설명에 부연하고 있다.

연수선사는 바로 이어 돈오하여 일념성불하는 까닭에 대해 "어떻게 된 까닭인가? 마음이 공함으로 만약 망념을 제거하면 영원히 아인我人을 끊고 곧바로 부처와 나란히 된다. 경에 말하기를, '세간을 무너뜨리지 않고 세간을 초월하고, 번뇌를 버리지 않고 열반에 든다.'라고 하였다. 돈오를 닦지 않으면 마치 들판의 여우가 사자를 따르지만 백천겁이 지나도 끝내 사자가 될 수 없는 것과 같다."406)

여기서 『유마경』의 법문과 하택의 설법을 인용하여 돈오의 설명을 이어가고 있다. 그런데 그는 이어서 이 돈오돈수가 원돈문圓頓門에 속한다고 주장하고, 최후에 『증도가』의 돈오종지를 이끌어 와서 돈오돈수가 최상의 수증론임을 증명하고 있다.

그러므로 만약 자심을 바로 깨닫지 못하면 어찌 원돈圓頓을 이룸을 알겠는가? 다른 사람의 망령된 배움을 따르면 끝내 참됨(眞)을 이루지 못한다. 이 『종경록』은 원돈문圓頓門이다. 곧 그것은 마음인데 마음의

---

406) 上同. "何以故. 心空故. 若除妄念, 永絶我人, 卽與佛齊. 經云, 不壞世間, 而超世間, 不捨煩惱, 而入涅槃. 不修頓悟, 猶如野干, 隨逐獅子, 經百千劫, 終不得成獅子. 故知若不直了自心, 豈成圓頓. 隨他妄學, 終不成眞."

경계 없음(無際)을 요달하여, 다시 전후가 없어 만법이 동시이다. 그러므로 『증도가證道歌』에 이르기를, '선문에 마음을 깨달아 무생자인력無生慈忍力에 단박 들어간다.'라고 하였다.407)

이와 같이 연수는 돈오돈수를 해석하고 설명함에 있어서 여러 가지 비유와 예를 들어서 『종경록』의 원돈문에 부합하는 수증론임을 강조하고 있는 것이다.

둘째, 종밀은 회통의 중심에 하택종을 두고 모든 선교를 하택의 공적영지空寂靈知로써 포섭하여 종파의 색채를 완전히 배제하지 못하고 있는 반면, 연수는 당시 오가종에서 지해종사라고 배척하고 있던 신회는 물론 하택종의 종밀, 화엄종의 징관, 심지어 천태지자의 설법까지 원융하게 섭수하여 진정한 의미의 돈점회통을 이루고자 하였다.

그리고 화엄, 천태, 정토 유식과 계율에 이르기까지 전 불교를 아우르는 이론과 실천을 선禪으로 융회하였으며, 수증론에서 비록 돈오돈수를 종경의 원돈으로 주장하고 있기는 하지만, 명심견성明心見性의 원칙에 의해 모든 수증론을 원만히 수증하는 돈오원수頓悟圓修를 제시하고 있는 것이다.

---

407) 上同. "此宗鏡錄, 是圓頓門. 卽之於心, 了之無際, 更無前後, 萬法同時. 所以『證道歌』云, 是以禪門了却心, 頓入無生慈忍力."

묻기를, 부처님의 뜻은 돈교와 점교를 열었고, 선문에는 남종과 북종으로 나뉘었다. 지금 이것을 널리 세상에 선양하는 것은 어떠한 종의 가르침에 의한 것인가? 답하길, 이것은 성품을 보아 마음을 밝히는 (見性明心) 것을 논하니, 널리 종파를 나누어 그 가르침을 판정하지 않으며, 다만 돈오원수頓悟圓修에 바로 들어가는 것을 제시할 뿐이다. ……
만약 교에 의거하면 곧 화엄이니 일심으로 광대한 글을 보이고, 만약 종에 의거하면 곧 달마이니 중생의 심성의 뜻을 바로 나타낸다.408)

사실 종밀 역시 고구정녕 제종과 제종의 이론을 회통하고자 혼신의 노력을 다했지만 그래도 선명하게 하택종이라는 종파성의 색채가 남아있는 반면, 연수는 선종의 종지인 명심견성明心見性의 입장에서 회통하고자 하였지만 종파적 정체성을 원만하게 드러내어 돈점과 선교 제종의 종지를 통섭하여 돈오원수頓悟圓修, 직지심성直指心性할 것을 표명하고 있다. 특히 교敎는 종경 원돈에 부합하는 화엄원돈교를 제시하고 선禪은 제종 분립 이전인 달마일종達摩一宗으로 회귀시켜 시비를 잠재우고자 하였다.

그런데 여기서 한 가지 주목해야 할 점은 연수가 하택과 종밀의 설을 그대로 수용하면서 자신의 수증관을 제시하고 있다는 점이다.

---

408) 上同. "問, 佛旨開頓漸之敎, 禪門分南北之宗. 今此敷揚依何宗敎. 答, 此論見性明心, 不廣分宗判敎, 單提直入頓悟圓修. ……若依敎是華嚴, 卽示一心廣大之文. 若依宗卽達摩, 直顯衆生心性之旨."

연수의 인격과 사상 앞에 서면, 종파 분립 이후 특히 홍주종 이후 남종의 주류인 오가종파들이 하택이나 종밀의 사상에 대해 비판적이라는 기존 관념이 여지없이 무너지고 만다.

아울러 오가분등 이후의 선종에서 제시되어지고 있는 돈점수증론이 그 내용으로 보면, 당연히 돈오돈수적인 기조를 유지하고 있지만 돈오돈수라는 수증론을 적극적으로 겉으로 드러내놓고 표명한 일은 매우 드물다. 오히려 종밀의 근기론적 접근이 현실적 대안으로 받아들여진 때문인지, 아니면 연수가 회통정신에 입각해서 돈오점수를 인정한 정신을 수용해서인지 당말 이후 송명宋明대의 선사들은 오히려 "돈오점수"적 가풍을 제시하고 있음을 볼 수 있는데, 이 점 또한 깊이 음미해 볼 만 하겠다.

사실 연수선사가 돈오점수를 설명할 때 『능엄경』의 "이돈사점설理頓事漸說"을 예로 들고 있음을 유의해 볼 필요가 있다.

> 이제 돈오점수를 취하니 깊이 교리에 합한다. 『수능엄경』에 이르기를, '이치(理)는 비록 단박에 깨달아서 깨달음에 의해 아울러 소멸되지만, 현상(事)은 점차 닦는데 있기에 차제에 의거해 없어진다. 마치 큰 바다의 맹풍이 단박에 쉬어지나 파도는 점차로 멈추는 것과 같으며, 마치 아이가 태어나자마자 육근이 단박에 다 갖추어졌지만 역량은 점차 구비하는 것과 같고, 햇빛이 단박에 떠오르지만 서리와 이슬은 점차 소멸되는 것과 같다.[409]

연수가 돈오점수의 근거로 인용하고 있는 『능엄경』의 내용은 원본 경전의 원문과 뜻은 동일하지만 글자 몇 군데의 출입이 있다. 현존하는 『능엄경』의 원문 내용은 "이즉돈오理則頓悟 승오병소乘悟併消, 사비돈제事非頓除 인차제진因次第盡"이라고 되어 있는데 이 경문에 의거하여 설하고 있는 것이다. 그리고 증문 뒷부분의 바람, 아이, 햇빛 등의 비유 또한 종밀이 일찍이 돈오점수의 증거로 든 예문이기도 하다.

이른바 "이치는 곧 단박에 깨달아서 그 깨달음으로 의거해서 아울러 소멸되지만, 현상은 단박에 제거할 수 없어서 차제에 의해 다 한다."라는 말을 바꾸어 말하면, 불성의 이치는 단박에 깨달을 수 있지만, 습기의 현상은 점차로 소멸된다는 것으로 이해할 수 있다. 즉 부파불교 이래의 전통인 이치는 돈오요, 현상은 점수(理頓事漸)라는 차원에서의 돈오점수를 말하는 것이다.

그는 또한 이와 사의 어느 한쪽에 집착하지 않는 "이사원융理事圓融"한 종경의 입장에서 종밀과 같이 원증원수圓證圓修를 주장하고 있다.

다만 일심의 무애하고 자재한 종을 깨달으면 자연히 이사가 원융(理

---

409) 上同. "今取頓悟漸修深該敎理. 『首楞嚴經』云, 理雖頓悟, 承悟併消. 事在漸修, 依次第盡. 如大海猛風頓息, 波浪漸停, 猶孩子諸根頓生, 力量漸備, 似曝光之頓出, 霜露漸消."

事融通)하고 진속이 교철(眞俗交徹)하게 된다. 만약 사사에 집착하여 이리에 미혹하면 영겁으로 윤회하고, 혹 이를 깨닫고 사를 버리면 이것은 원만한 깨달음(圓證)이 아니다. 어찌된 것이냐. 이사理事는 자심을 떠나지 않았으며, 성상性相이 어찌 한 뜻을 어기겠는가. 만약 종경에 들어와서 진심을 돈오하면 아직 이도 아니요 사도 아니라는(非理非事) 글도 없는데 어찌 이니 사니 하는(若理若事) 집착이 있겠는가. 다만 근본(頓悟)을 얻은 후에 또한 원만한 닦음(圓修)을 폐기하지 않는다. 예를 들어 어떤 학인이 본정화상에게 묻기를, "스님께서는 아직 수행하십니까?" 대답하기를, "나의 수행과 너의 수행은 다르다. 너는 먼저 닦고 후에 깨닫지만, 나는 먼저 깨닫고 뒤에 닦는다. 만약 먼저 닦고 뒤에 깨달으면 이것은 유공의 공(有功之功)이라서 그 공이 생멸에 돌아가지만, 먼저 깨닫고 뒤에 닦음은 무공의 공(無功之功)이라서 그 공이 썩은 낙엽이 아니다."410)

연수는 이치를 돈오한 후에 현상을 점수하는 것이 원증원수圓證圓修라고 말하고, 사공본정의 말을 인용하여 먼저 깨닫고 뒤에 닦는 것(先悟後修), 즉 돈오점수가 공이 없는 공(無功之功 : 無修之修)으로서 진정한 수증원칙이라고 주장하고 있다.

---

410) 『宗鏡錄』卷第十五. "但悟一心無礙自在之宗. 自然理事融通. 眞俗交徹. 若執事而迷理. 永劫沈淪. 或悟理而遺事. 此非圓證. 何者. 理事不出自心. 性相寧乖一旨. 若入宗鏡. 頓悟眞心. 尙無非理非事之文. 豈有若理若事之執. 但得本之後. 亦不廢圓修. 如有學人問本淨和尙云. 師還修行也無. 對云. 我修行與汝別. 汝先修而後悟. 我先悟而後修. 是以若先修而後悟. 斯則有功之功. 功歸生滅. 若先悟而後修. 此乃無功之功. 功不虛棄."

남북조 시대의 돈점논쟁 때에 제기되었던 소돈오小頓悟, 즉 칠지돈오설七地頓悟說에서 주장하는 것처럼, 칠지에 무생법인無生法忍을 돈오하여 점차 닦음이 없는 닦음(無修之修)을 통해 불지佛地에 나아간다는 의미의 돈오점수를 의미한다고도 말할 수 있다.

2) 조사선의 돈점관

조사선의 돈점관은 돈오돈수적 가풍 속에서 돈오점수적 색채를 띠고 있다. 연수선사의 돈점회통의 선풍을 전후하여 그가 주장한 원증원수의 관점에 관련하여 조사선에 속한 여러 조사들이 돈오점수적 성향의 수증 방법을 제기하고 있음을 볼 수 있다. 예를 들어 위앙종의 개조 위산영우는 "단박 깨달은(頓悟) 사람도 더 닦을 것이 있습니까?"라는 물음에 대해, "만약 참으로 근본을 깨달은 이라면 닦느니 닦지 않느니 하는 양두화兩頭話를 스스로 안다. 마치 처음 발심하여 비록 인연 따라 한 생각에 자리(自理 : 佛性)를 돈오했더라도 무시이래의 습기習氣는 단박에 제거(頓除)하기 어렵기 때문에, 반드시 현재 업을 짓고 있는 의식(妄念)을 없애는데 힘쓰는 것이 닦는 것이다."411) 라고 하여 돈오한 연후에 점수할 것을 주장하고 있다.

마조의 제자 장경회휘章敬懷暉의 사법인 대천복사 홍변선사 역시 돈오와 점수에 대한 물음에 이렇게 대답하고 있다.

자기의 성품이 부처와 같음을 단박에 밝혔으나(頓明) 시작 없는 옛부터 오염된 습기가 있으므로 점차의 닦음(漸修)을 빌어 대치하여 성품에 따라 작용을 일으킨다. 마치 사람이 밥을 먹음에 첫술에 배가 부를 수 없는 것과 같다.412)

자성의 이치를 단박에 깨달았다 하더라도 다생의 습기는 하루 아침에 바로 소멸되지 않기 때문에 점수를 의지해 닦아야 한다는 것이다. 그리고 법안종의 법안문익도 『종문십규론宗門十規論』「자서自敍」에서 말하기를, "비록 이理는 단박에 밝힐 수 있지만, 현상(事)은 반드시 점차 증득해야 한다."413) 라고 주장하고 있는 것이다.

그리고 간화선의 개창자 대혜종고 역시 『서장書狀』에서 이참정李參政에게 보내는 답서에 『능엄경』을 인용하여 이렇게 말하고 있다.

전날에 말하기를, '이치는 곧 단박에 깨달아서(理則頓悟) 그 깨달음으

---

411) 『潙山錄』. "僧問, 頓悟之人, 更有修否. 師云, 眞悟得本, 他知時修與不修是兩頭語. 如今初心, 雖從緣得, 一念頓悟自理, 猶有無始曠劫習氣, 未能頓淨. 須教渠淨除現業流識, 卽是修也."
412) 『傳燈錄』卷第九. "帝曰, 何爲頓見, 何爲漸修. 對曰, 頓明自性與佛同儔, 然有無始染習, 故假漸修對治, 令順性起用. 如人喫飯, 不一口便飽."
413) 『法眼錄』. "雖理在頓明, 事須漸證."

로 의거해서 아울러 녹아지지만(乘悟倂銷), 현상은 곧 점차로 제거해야 하니(事則漸除) 차제로 인해 없어진다(因次第盡).'라고 하였으니, 행주좌와에 절대로 잊어서는 안 된다. 그 외 고인의 가지가지 서로 다른 말들도 모두 진실로 여겨서는 안 된다. 그렇다고 또한 허망한 것으로 생각해도 안 된다. 공부가 오래오래 익다보면 자연스레 묵묵히 자기의 본심에 계합할 것이다. 달리 수승하고 기특한 것을 구할 필요가 없다.[414]

이것이 대혜선사가 재가의 거사에게 보내는 편지 내용이라 할지라도 돈오점수적인 가풍을 인정하지 않고 배격했다고 한다면, 결코 언급할 수 없는 내용이다. 간화선의 대종사인 대혜가 영명연수가 돈오점수를 설명할 때 인용한 『능엄경』의 내용을 그대로 인용하여 이참정李參政 외에 묘심거사妙心居士, 성기成機宜 등 재가거사들에게 보내는 서간에서 똑같이 화두공부에 대해 격려를 하고 있음은 대단히 주목할 만하다. 이와 같이 종문의 종사들은 원용하고 포용적인 자세로 돈점을 수용하고 있음을 볼 수 있다.

그런데 원대元代의 간화종장인 중봉명본中峰明本 선사는 확철대오確徹大悟에 의한 돈오돈수의 가풍을 선양하고 있다. 마음을 깨달은 뒤에도 실천수행을 할 필요가 있느냐는 물음에 중봉은 이렇게 대

---

414) 『大慧語錄』卷第二十六. "前日之語, 理則頓悟, 乘悟倂銷. 事則頓除, 因次第盡. 行住坐臥, 切不可忘了. 其餘古人種種差別言句, 皆不可以爲實. 然亦不可以爲虛. 久久純熟, 自然黙契, 自本心矣. 不必別求殊勝奇特也." 『大正藏』第四十七卷, p 920上.

답하고 있다.

이것은 말로 형용하기가 어렵다. 마음을 깨닫는다고 말했는데 마음이란 스스로 마음이 아니어서 어찌 깨달음으로 얻을 수 있겠는가. 이미 깨달음을 세울 수 없으니 마음이라 해도 정작 마음이라 할 것이 없다(無心). 마음이라 할 그 무엇이 없으므로 허공만상虛空萬象과 유정有情, 무정無情을 모두 관찰해도 그 본체가 혼융混融함을 보아 털끝만큼이라도 자타와 피차의 모양을 찾으려 해도 깨달아 얻을 수 없게 된다. 깨달아 얻을 수 없는 그 곳에는 속박도 해탈도 없으며, 취할 것도 버릴 것도 없다. 허망과 진실을 떠나고 미혹과 깨달음도 아니다. 일념이 평등하여 만법이 모두 여여如如한데, 다시 무슨 일이 있어 실천수행이라고 말하겠는가.415)

그리고 설사 깨달았다 하더라도 오랜 세월 동안에 쌓인 무명의 미세한 물든 습기染習가 남아 있어서 단박에 소멸되지 않았는데 실천수행이 없을 수 있느냐는 물음에 대해 또한 이렇게 대답하고 있다.

---

415)『天目中峰和尚廣錄』第十一之中.「山房夜話」中. "或問, 悟心之後有履踐否. 幻曰, 此說難於措言也. 所云悟心者, 心不自心, 悟從何得. 悟旣不立, 心亦無心. 心無其心, 縱觀虛空萬象, 有情無情等, 覷體混融, 欲覓一毫自他彼此之相, 了不可得. 於不可得處, 無縛無脫, 不取不捨, 離妄離眞, 非迷非悟. 一念平等, 萬法皆如, 復有何事, 可言履踐哉."

마음 밖에 법이 없고, 법 밖에 마음이 없다. 만약 털끝만큼이라도 정습情習이 아직 남아 있다면 이것은 마음을 깨달음이 원만하지 못해서 그런 것이다. 혹 마음을 깨달음이 원만하지 못하면 마땅히 그 원만하지 못한 자취를 쓸어버리고 따로 한 생을 세워서라도(別立生涯) 확철대오할 것을 기약해야 하는 것이 옳다.416)

화두를 참구하여 조금의 경계를 얻었다고 스스로 구경각을 얻은 것처럼 착각에 빠져 비슷한 경계의 사람을 만나면 인가해 주어 자기도 속이고 남도 속이는 대망어大妄語를 저지르는 의사擬似 도인은 무간의 철퇴가 그를 기다리고 있다. 중봉이 지향하고 있는 것이 바로 철두철미하게 수행하여 확철돈오하여 더 닦을 것이 없다는 의미의 돈수를 말하고 있다. 만약 깨달음이 원만하지 못해서 조금의 정습이라도 남아 있다면 "별립생애別立生涯"하여 구경원각을 확철대오해야 한다고 주장하고 있다.

그리고 중봉은 달마대사가 오직 견성성불을 말했을 뿐 지위 점차는 말하지 않았다고 전제하고, 달마선은 모든 부처님의 심종心宗이기 때문에 오로지 원돈상승圓頓上乘의 근기를 위해서 설한 것이라고 주장했다. 중생이 본래 부처인데 어찌 견성하여 이루어진다고

---

416) 上同. "或謂積劫無明, 微細染習, 尙留觀聽, 未卽頓消, 不可履踐也. 幻日, 心外無法, 法外無心. 若見有纖毫情習未盡, 卽是悟心不圓而然也. 或心悟不圓, 須是掃其未圓之跡, 別立生涯, 以期大徹可也."

하겠는가. 견성하여 이룰 것조차 없는데 어찌 십지+地를 다시 논하겠느냐고 역설하고 있다. 중봉화상의 논지와 이후 한국불교의 성철선사의 돈오돈수의 주장이 같은 맥락에 있다고 할 수 있다.

그런데 천목중봉은 또한 "옛날에 하나를 듣고 천을 깨달아 대총지를 갖춘 사람이 있었는데, 이것은 오랜 세월 동안 보리도를 닦은 인연이 이미 성숙하여 그렇게 된 것이다. 바늘과 겨자가 서로 투합(鍼芥相投)하듯이 오랫동안 잊었던 것이 갑자기 기억이 나서 알음알이를 굴리지 않고 즉시에 통달한 것이다."417) 라고 설하고 있다. 이것은 돈오돈수의 최상근기는 다생에 오랫동안 훈습하여 금생에 단박에 깨달아 마치게 된 것이라는 종밀과 연수의 주장을 그대로 계승하고 있다.

그리고 명말 사대가인 감산덕청, 자백진가 등의 선사들은 한결같이 돈오점수의 가풍을 선양하고 있음 또한 우연의 일치는 아닌 것 같다.

『감산대사전집』 1권에서 "소위 돈오점수는 먼저 깨달음이 관철되었더라도 다만 습기가 아직 갑자기 깨끗해질 수 없기 때문에, 일체의 경계상에 나아가 깨달은 그 이치(理)로써 관조하는 힘을 일으켜 경계를 거치며 마음을 점검하여, 일분一分의 경계를 얻고 일분

---

417)『天目中峰和尚廣錄』卷第十八之上.「東語西話」上. "古有一聞千悟, 具大總持者, 此積世菩提道緣已熟, 鍼芥相投, 久忘忽記, 不待轉念而達之矣."

의 법신을 증득하며 일분의 망상을 없애고 일분의 본지本智를 드러내는 것이다. 이것은 모두 면밀한 공부에 있다."라고 설하여 돈오 이후의 점수를 강조하고 있다.

『자백전집』 제2권에 역시 돈오점수를 강조하면서 "도는 단박에(頓) 깨달아야 하지만, 정情은 점차로(漸) 제거하지 않으면 안 된다."라고 설하고 있다.

그리고 고려의 보조는 말할 것도 없고, 그 외에 청허휴정도 전체 선사상에서는 돈오돈수적 색체가 농후하지만 또한 돈오점수적인 경향을 보이고 있는데, 즉 『선가귀감』에서 "이理는 비록 돈오해야 하지만 사事는 단박에 제거할 수 없다(理雖頓悟, 事非頓除)."라고 주장하고 있다. 이것 역시 『능엄경』류의 설법이라고 말할 수 있겠다.

조사선의 많은 조사들이 돈오점수적인 가풍을 드러내고 있다하더라도 반드시 돈오점수가 종문의 정통이라고 단정할 수는 없다. 조계의 원조 혜능선사도 돈오와 돈수를 설했고, 종문의 정안으로 일컬어지는 연수선사 또한 돈오돈수를 종경宗鏡의 원돈문圓頓門으로 규정하고 있지 않는가. 수증론의 문제는 경지론과 근기론을 동시에 아울러야하는 것이기에 어느 문이 최상승이라고 주장하기에 대단히 어려운 점이 있다. 중생의 근기에 따라 모든 수증문이 의의가 있다고 말해야 할 것이나, 굳이 말한다면 연수의 돈오원수頓悟圓修에 의한 원증원수圓證圓修가 모든 수증문을 회통할 수 있을 것이다.

제4장

한국선의 돈점수증

1. 한국선의 돈점수증론

원효의 "일심의 근원으로 돌아가(歸一心源) 모든 생명을 이롭게 한다(饒益衆生)."라는 대승의 종지로부터 면면히 전승되어진 교학불교는 한국선의 토대가 되었다. 이러한 바탕 위에 신라 말 당나라에 유학하여 심인을 인가받고 귀국한 여러 선사들에 의해 중국 조사선이 전래되어 구산선문九山禪門이 차례로 개창되었다. 이로부터 남종의 돈오선이 유행하게 되어 수행과 교화에 많은 영향을 미치게 되었다.

그러나 전해오는 구선선문 관련 문헌에는 뚜렷하게 돈점수증론에 대해 언급한 설법은 거의 찾아볼 수 없다. 다만 그 내용으로 보아 돈오사상을 바탕에 깔고 있는 법문들이 산재하고 있을 뿐이다. 아마도 돈점에 대한 수증이론을 본격적으로 수용하고 제시하기는 보조지눌에 의해 비롯되어진 것 같다. 본서에서는 보조와 그 이후의 선불교에서 돈점수증에 관계되는 사상을 발췌하여 정리하겠다.

1) 보조의 돈점수증론

보조선사는 『정혜결사문』에서 "땅에 쓰러진 자 땅을 짚고 일어나라."고 말했다. 이것은 땅에 쓰러진 자가 땅을 떠나서 일어날 수 없듯이, 일심一心을 미혹하여 가없는 번뇌를 일으킨 중생 또한 일심을 깨달아 끝없는 항사의 묘용을 일으켜 부처를 이루어야 한다는 경책의 말이다.

이 일심을 수행하여 증득하는 것이 보조선의 수증의 요체이다. 보조선의 수증문의 체계를 일반적으로 삼종문三種門으로 정리한다. 첫째 성적등지문惺寂等持門, 둘째 원돈신해문圓頓信解門, 셋째 간화경절문看話徑截門 등이다. 그 구체적 내용은 정혜쌍수, 돈오점수, 선교일치, 간화경절을 들 수 있다. 본서에서는 그 중 돈오점수를 중심으로 하는 돈점수증론에 한정해서 살펴보기로 하겠다.

먼저 선사는 "도에 들어가는 데는 많은 문이 있으나 요점을 말하면 돈오와 점수의 양문을 떠나지 않는다."[418] 라고 말하고, 나아가 "이 돈점 양문이 천성의 궤철軌轍이다"[419]고 주장하고 있다. 먼저 그의 돈과 점에 대한 견해부터 알아보자.

---

418) 『修心訣』. "夫入道多門, 以要言之, 不出頓悟漸修兩門耳."
419) 上同. "此頓漸兩門, 是千聖軌轍也."

그러나 진여의 이치에는 아직 부처도 없고 중생도 없는데 어찌 사자상승의 전수가 있겠는가? 지금 이미 부처님 이래 역대 조사가 전수하여 사람에 의거해 수증취입의 문이 있음을 알고 있다. 사람에 의해 논한다면 곧 미혹과 깨달음, 범부와 성인이 있다. 미혹으로부터 깨달으면 곧 돈頓이요, 범부를 굴려 성인을 이루면 곧 점漸이다.420)

진여불성의 이치에는 본래 생사의 중생도 열반의 부처도 없는데 어찌 이심전심以心傳心의 전수가 있을 것이며, 어디 돈점의 수증을 의지할 수 있겠는가. 즉 법에는 돈점이 없지만 사람의 근기에 차별이 있어서 번뇌의 미혹을 여의고 보리의 깨달음을 이루는 것이 돈頓이고, 중생이 생사를 떠나서 부처를 이루어 열반을 성취하는 것이 점漸이라는 말이다. 전미개오轉迷開悟가 돈이며, 전범성불轉凡成佛이 점이다. 이러한 관점은 종밀의 설을 그대로 따르고 있다. 보조의 돈오관에 대해 『수심결』에서 이렇게 설하고 있다.

돈오란 범부가 미혹했을 때 사대를 몸이라 하고 망상을 마음이라 하여, 스스로의 성품이 참 법신인 줄 모르고 자기가 신령스럽게 아는 것(靈知)이 참 부처인 줄 몰라서, 마음 밖에서 부처를 찾아 물결 따라 여기저기 헤매다가 홀연히 선지식의 지시로 바른 길에 들어가 한 생각에

---

420) 『節要』. "然眞如之理, 尙無佛無衆生, 況有師資傳授, 今旣自佛已來, 祖代傳授, 卽知約人 有修證趣入之門也. 旣就人論, 則有迷悟凡聖, 從迷而悟卽頓, 轉凡成聖卽漸."

빛을 돌이켜(一念廻光) 본래 성품을 보면, 이 성품에는 원래 번뇌가 없고 완전한 지혜의 성품이 본래부터 스스로 갖추어져 있어서 곧 모든 부처님과 추호도 다르지 않다. 그러므로 돈오라고 한다.[421]

또 『절요』에서는 돈오를 다음과 같이 정의하고 있다.

돈오란 시작이 없는 옛날로부터 미혹되고 전도되어 사대로 몸을 삼고 망상으로 마음을 삼아 그것들을 나라고 인식했다. 만약 선지식을 만나서 위에서 설한 불변과 수연, 성性과 상相, 체體와 용用의 뜻을 듣고서 영명한 지견(靈明知見)이 스스로의 참 마음임을 홀연히 깨닫는다. 마음이 본래 항상 고요하여 가없고 상相이 없어 곧 법신이다. 몸과 마음이 둘이 아님이 참 나이며 곧 모든 부처님과 조금도 다르지 않으므로 곧 돈頓이라 한다.[422]

보조선사의 견해에 의거하면, 깨달음은 자기의 마음속에 본래부터 갖추어져 있는 공적영지空寂靈知를 깨닫는 것이다. 불변不變이며 수연隨緣하는 이 공적영지空寂靈知한 마음을 깨달아서 그 깨달음에

---

421) 上同. "頓悟者, 凡夫迷時, 四大爲身, 妄想爲心, 不知自性是眞法身, 不知自己靈知是眞佛, 心外覓佛, 波波浪走, 忽被善知識, 指示入路, 一念廻光, 見自本性, 而此性地, 元無煩惱, 無漏智性, 本自具足, 卽與諸佛, 分毫不殊. 故云頓悟也."
422) 『節要』. "頓悟者, 謂迷無始迷倒, 認此四大爲身, 妄想爲心, 通認爲我. 若遇善友, 爲說如上, 不變隨緣, 性相體用之義, 忽悟靈明知見, 是自眞心. 心本恒寂, 無邊無相, 卽是法身. 身心不二, 是爲眞我, 卽與諸佛, 分毫不殊, 故云頓也."

의해 수행하는 것을 점수라고 한다. 이 점수에 대한 관점을 다시 살펴보자.

점수란 비록 본래의 성품을 깨달아 부처와 다름이 없지만 무시無始 이래의 습기는 단박에 제거하기 어려우므로 깨달음에 의거하여 닦아서 점차 훈습하여 공행이 이루어져서 성태를 장양하여 오래되어 성인을 이루므로 점수라 말한다. 예를 들면 어린애기가 처음 태어날 때 육근이 구족하여 다른 사람과 다름이 없으나 그 힘이 아직 충실하지 못해 자못 세월이 지난 뒤에야 비로소 성인이 되는 것과 같다.423)

『절요』에서는 또한 이렇게 설하고 있다.

점수란 비록 법신의 진심을 단박 깨달아 전체가 부처와 동일하지만 다겁생래의 망집으로 사대로 나를 삼고 습기로 성품을 이루어서 단박에 제거하기 어려우므로 반드시 깨달음에 의거하여 점차로 닦아 덜고 또 덜어서 덞이 없음에 이르면 곧 성불이라 부른다.424)

물론 『절요』에서 설하고 있는 것은 또한 종밀의 설이기도 하다.

---

423) 『修心訣』. "漸修者, 雖悟本性, 與佛無殊, 無始習氣, 難卒頓除故. 依悟而修, 漸熏功成, 長養聖胎, 久久成聖故, 云漸修也. 比如孩子初生之日, 諸根具足, 與他無異, 然其力未充, 頗經歲月, 方始成人."

424) 『節要』. "漸修者, 雖頓悟法身眞心, 全同諸佛, 而多劫妄執, 四大爲我, 習與成性, 難卒頓除故, 須依悟漸修, 損之又損, 乃至無損, 卽名成佛."

오후悟後의 점수라는 것은 본래의 성품이 공空한 줄 돈오했지만 다생으로 지어온 습기는 단박에 소멸되지 않으므로 그 깨달음의 힘에 의거해 점차로 닦아서 성태聖胎를 키워서 부처를 이루는 것을 말한다. 깨달음에 의해 닦기 때문에 말로는 닦는다고 하지만 실제로는 닦음이 없는 닦음인 것이다.

그러므로 "비록 점차 닦는다고는 하나 이미 번뇌가 본래 공한 것이요, 심성이 본래 청정한 것임을 깨달았기 때문에 악을 끊음에 끊어도 끊음이 없고, 선을 닦음에 닦아도 닦음이 없는 것이니 이것이 참으로 끊고 닦는 것이 된다."[425] 라고 하였다. 즉 무수지수無修之修를 말하는 것으로 깨달음에 의해 닦는 것이 진정한 닦음이기 때문에 보조는 돈오점수를 가장 이상적인 수증론으로 간주하고 있다.

그러면 보조가 정립한 돈점수증론에 대해서 자세히 살펴보자. 사실 선사는 회통론자의 입장에서 청량국사의 『정원소貞元疏』에 언급된 수증심천修證深淺문과 종밀선사의 『법집별행록』과 『도서』에 수록된 수증계차修證階差와 연수선사의 『만선동귀집』에 실린 돈점사구頓漸四句 등을 차례로 기술하고 서로 비교 검토하였다. 그래서 많은 부분 청량과 종밀의 설을 계승하고, 연수의 관점을 수용하여 자신의 수증관을 세우고 있다.

이미 앞 장에서 종밀과 연수의 수증론은 이미 논술하였기 때문에

---

425) 上同. "然雖漸修, 由先已悟煩惱本空, 心性本淨故, 於惡斷斷而無斷, 於善修修而無修, 爲眞修斷矣."

중복을 피하기 위해, 여기서는 『절요』에 언급된 징관의 수증문을 기술하여 보조의 입장에서 정리하기로 하겠다.

(1) 돈오점수 頓悟漸修

이것은 해오解悟이다. 심성을 활연히 깨달은 후에 점차 수학하여 그것으로 하여금 계합하는 것을 말한다. 즉 깨달음은 마치 태양이 비추어 단박에 만법을 밝히는 것과 같고, 닦음은 마치 거울에 먼지를 털어 점차 맑고 밝게 되는 것과 같다.

(2) 점수돈오 漸修頓悟

처음에 경계를 거두어 오직 마음뿐이게 하고, 다음으로 마음이 본래 청정함을 관觀하고, 나중에 마음과 경계를 함께 고요하게 하여 순간에 일어나지 않게 하여 전후제前後際를 끊고, 담연하기는 파도가 멈춘 바다와 같고 넓기는 허공과 같다. 이것은 증오證悟이며, 곧 닦음은 마치 맑은 거울과 같고, 깨달음은 거울의 밝음과 같다.

(3) 점수점오 漸修漸悟

역시 증오證悟이다. 곧 닦음이 깨달음과 더불어 함께 대(누각)에 오르는 것과 같아서 발을 내딛어 점차 높아지면 보는 바가 점차 멀어지는 것과 같다.

(4) ~ (6) 돈오돈수頓悟頓修

이것은 세 가지 뜻에 통한다.

① 선오후수先悟後修 — (4)

확연히 단박에 요달하니 이름하여 깨달음이라 한다. 보지 않고(不看), 맑게 하지 않고(不澄), 거두지 않고(不收), 섭수하지 않아(不攝) 광연曠然하게 도에 합하니 이름하여 닦음이라 한다. 이것은 곧 해오이며, 정定으로써 문을 삼는다. 또한 마치 털지 않고 닦지 않아도 거울이 스스로 밝은 것과 같다.

② 선수후오先修後悟 — (5)

앞의 것을 의거하여 닦으니, 홀연히 마음의 본성을 보는 것을 이름하여 깨달음(悟)이라 한다. 이것은 증오이다. 곧 닦음은 약을 복용하는 것과 같고, 깨달음은 마치 병이 낫는 것과 같다.

③ 수오일시修悟一時 — (6)

무심으로 공空하며 비추고(無心忘照) 임운하여 공적하며 신령스레 알아(任運寂知), 곧 정혜를 함께 운용하는 것(定慧雙運)이다. 마치 밝은 거울이 무심하게 만상을 단박에 비추는 것과 같으니, 깨달음은 증오와 해오에 다 통한다.

(7) 본래 일체 부처의 덕을 구족하는 것이 이름하여 깨달음(悟)이며, 일념에 십도만행(十波羅蜜)을 갖추는 것을 이름하여 닦음(修)이라 한다. 곧 닦음은 마치 큰 바다의 물을 마시는 것과 같고, 깨달음은 마치 백 강(百川)의 물맛을 보는 것과 같다. 역시 해오와 증오에 두루 통한다.

보조는 징관의 『정원소』의 수증론을 소개하면서, "깨달음의 모양(悟相)은 해오와 증오의 두 종류를 벗어나지 않는다. 해오解悟는 성性과 상相을 밝게 깨닫는 것이고, 증오證悟는 마음이 현극玄極에 이르는 것이다."라고 하는 청량의 견해를 먼저 밝히고 있다. 이러한 견해는 종밀과 연수도 동의한 바 있다.

그리고 "해오는 성구문性具門으로 공행이 단박에 마친 것이 아니며, 증오는 현행문現行門으로서 판사辦事를 돈수하는 것"이라고 하는 청량의 주장을 언급하고, 규봉이 깨달은 후의 점수만 밝힌 것이 아니라, 역시 돈오돈수문도 말했는데 이것이 바로 청량이 말한 판사를 단박 마친다는 의미라고 부연하고 있다. 여기서 판辦이란 다생으로 점차 훈습하여 발현되는 것이라는 종밀의 의견을 적고 있다.

이에 대해 보조는 "만약에 성구문性具門에 의거하면 처음 깨달을 때 십도만행을 일념에 구족하여 중생제도가 이미 이루어진 것이며,

만약 현행문現行門이라면 어찌 생숙生熟이 없을 수 있겠는가."라고 논평을 하고 있다.

이것은 해오는 지혜가 아니며 진정한 깨달음이란 뜻으로 증오와 해오는 차원을 달리 하는 깨달음일 뿐 경지의 높낮이로 이해한 것은 아님을 알 수 있다.

다음으로 『도서』에서 주장하는 돈오점수에 대해 자세히 평석하면서, 먼저 종밀의 설을 소개하고 있다. "스스로의 마음이 본래 청정하여 원래 번뇌가 없으며 완전한 지혜의 성품이 본래 스스로 구족하고 있음을 단박 깨달으면(頓悟) 이 마음이 곧 부처여서 필경 다름이 없다. 이것에 의해 닦는 것이 최상승선이며, 여래청정선이라 부르며, 또한 일행삼매, 진여삼매이며 이것은 일체 삼매의 근본이다. 만약 생각생각에 수습하면 자연히 점차로 백천삼매를 얻는다. 달마 문하에 서로 전해 내려오는 것이 바로 이 선이다."

"이것에 의해 닦는" 이하는 스스로의 마음에 본래 번뇌가 없다는 뜻에 의거해서 보지 않고 맑히지 않고 광연하게 도에 합하여 마음에 맡겨 닦는 것(任運修)이며, "근본일행삼매"라고 말하는 것도 역시 청량이 말한 돈수頓修라고 주장하고 있다.

그리고 "만약 생각생각에" 이하의 뜻은 근본삼매로부터 마음대로 공적한 가운데 신령스레 알아(任運寂知) 모든 행이 어디서나 일어나니, 비원悲願이 상자하여 생각마다 백천삼매를 수습하여, 몸과 지혜가 빛으로 통하여 점차로 자재하게 되어, 중생을 널리 이롭게 하여 노사나불과 같이 된다. 『별행록』에서 수립한 점수가 바로 이것을 말하고 있는 것이다. 이것은 원만한 점차(圓漸)이지 점차의 원만(漸圓)이 아니라고 주장하고 있다. 또한 이것은 본래의 소오所悟를 여의지 않아 스스로 마음의 진법계의 원수圓修인 까닭에 무념의 닦음(無念修)을 떠나지 않는 판사수辦事修라고 말하고 있다.

이것은 마치 하택이 말한 "만약 선지식의 가르침을 만나 공적지지空寂之知를 단박 깨달아 망념이 없고 형상이 없음을 알았기에 누가 아상我相과 인상人相이 있겠는가. 모든 상相이 공함을 깨달아 마음이 스스로 생각이 없다. 생각(망념)이 일어나면 곧 깨닫고 깨달으면 바로 없어지니 수행의 묘문은 오직 여기에 있다."라고 한 것과 같다고 하였다.

이제 뜻에 새겨 깨달은 후의 점수의 문을 선양한다. 이 깨달은 후에 닦는 문은 비단 오염되지 않을 뿐만 아니라 또한 만행을 겸수하고(萬行兼修) 자타를 겸하여 제도하는(自他兼濟) 것이다. 요즘 참선하는 사람들이 한결같이 말하기를, 다만 불성만 밝게 깨달아버리면 남을 이롭게 하는 행원이 저절로 원만하게 성취된다고 말하지만 목우자는 그렇지 않다고 말하겠다. 불성을 밝게 깨닫는 것은 단지 중생과 부처가 평등하여 너와 내가 차별이 없다는 것이다. 만약 비원을 발하지 않으면 적정에 떨어질까 염려된다. 『화엄론』에 말하기를, '지혜의 성품은 적정

하기에 원력으로 지혜를 지킨다.'고 하였다.[426]

보조선사가 보기에 오후悟後의 점수는 비록 만행을 구비하여 닦으나 오직 무념을 종으로 삼는다고(無念爲宗) 하였다. 선자들이 흔히 말하기를 불성만 밝게 깨달으면 행원이 저절로 성취된다고 말한다. 하지만 보조가 보기에 불성을 깨닫는다는 것은 중생과 부처가 본래 평등하여 차이가 없음을 깨닫는 것이고, 만약 깨달은 자가 비원을 발하지 않으면 적정에 떨어질 염려가 있으므로 반드시 비원으로 지혜를 대신하여 비지쌍운悲智雙運해야 한다는 것이다. 이 말은 점수가 깨닫기 전의 점수가 아니고, 만행훈수와 비지쌍수가 함께 이루어지는 무념수無念修이며, 현상의 차별경계를 요달하여 요익중생饒益衆生하는 판사수辦事修라는 의미이다.

여기서 보조가 다른 선사들과 달리 비지쌍운悲智雙運의 요익중생과 현상(事)의 경계를 체득하는 판사수를 돈오점수의 점수에 배대하고 있음이 매우 돋보이는 주장이다. 그런데 보조는 청량과 종밀이 말한 돈오점수의 명목은 같으나 내포하고 있는 의미는 다르다고 주장하고 있다.

---

426) 『節要』. "故今刻意, 宣揚悟後漸修之門爾. 此悟後修門, 非唯不污染, 亦有萬行熏修, 自他兼濟矣. 今時禪者, 皆云但明見佛性然後, 利他行願自然成滿. 牧牛子以謂非然也. 明見佛性, 則但生佛平等, 彼我無差. 若不發悲願, 恐滯寂靜. 華嚴論云, 智性寂靜, 以願防智是也."

청량은 깨달음으로써 닦음에서부터 점문漸門을 세우고, 규봉은 닦음으로써 깨달음에서부터 돈문頓門을 세우니, 각각 취지가 있어서 둘이 서로 방해롭지 않다.[427]

보조는 이것에 대해 해설하기를, "그러나 깨달음이 만약 철저한 깨달음일진대 어찌 점수에 막힐 것이며, 닦음이 진정한 닦음이라고 한다면 어찌 돈오를 여의겠는가."라고 하였다. 이것은 보조가 회통의 입장에서 양사의 수증관을 이해하고 있기 때문이다.

계속해서 강조하기를, "청량이 돈종頓宗 돈오頓悟의 이름을 취하여 점문漸門에 세운 것은 점수하여 그 공이 무르익은 돈오가 아니고, 또한 범부의 근기로부터 나온 돈오도 아니다. 다만 번뇌심 가운데 본래 각성이 있음이 마치 거울에 밝은 성품이 있는 것과 같은 줄 신해信解하여, 결정코 의심이 없음을 해오解悟라 이름한 것이다. 청량이 진실로 번뇌가 본래 공한 줄 깨닫는 것을 점문에 붙이고 나아가 닦음은 거울을 닦음에 점차 맑고 점차 밝음과 같다라고 말한 것"이라고 하였다.

그러나 규봉이 점종漸宗 점수漸修의 말을 취하여 돈문頓門에 붙인 것은 번뇌가 끊을 것이 있는 점수가 아니며 또한 단지 무념수無念修를 취하여 공功이 단박에 마치지 못함을 점수라고 말한 것도 아니

---

427) 上同. "淸凉, 以悟從修, 立於漸門, 圭峰, 以修從悟. 立於頓門, 各有旨趣, 兩不相妨."

라고 하였다. 종밀의 점수는 그 경지가 징관의 돈수와 같으며 또한 원수원점圓修圓漸으로써 요익군생饒益群生하는 이타행이라고 규정한 보조 역시 종밀의 견해에 동의하고 있는 것이다.[428]

보조가 돈오점수를 역설하면서 연수선사와 마찬가지로 『능엄경』의 설법을 인용하여 "이치는 곧 단박에 깨달아서 그 깨달음에 의거해서 아울러 소멸되지만, 현상은 단박에 제거할 수 없어서 차제에 의해 다한다."라고 하였으며, 보살십도만행을 통한 비지쌍운悲智雙運, 자타겸제自他兼濟를 돈오 후의 판사수로 규정한 것도 보조선의 한 특징으로 이후 전개되는 한국선의 돈점관에 지대한 영향을 미치고 있다.

그런데 보조선사의 점수문 중에는 이미 돈오돈수의 내용을 담고 있다고 할 수 있다. 점수를 닦는 사람들도 근기에 따라 자성정혜自性定慧와 수상정혜隨相定慧로 나누어 설명하고 있는데, 그 중 자성정혜의 내용은 돈오돈수에 해당하고 수상정혜는 돈오점수에 해당된다고 할 수 있다.[429]

지금까지 살펴본 보조의 돈점관을 종합적으로 정리해 보면 다음 몇 가지로 요약할 수 있다.

첫째, 수증의 문에는 여러 문이 있으나 가장 요긴한 것은 돈오와

---

428) 全海住, 『澄觀과 宗密의 돈점관 비교』, 『깨달음 돈오점수인가 돈오돈수인가』, p 126~127.
429) 참조, 金浩星, 「普照의 二門定慧에 對한 思想史的 考察」, 『한국불교학』제14집, p 424.

점수의 양문이 있다.

둘째, 돈오돈수는 상근대지의 최상근기 수행자가 수증하는 문이다.

셋째, 반드시 깨달음에 의해 닦아야 진정한 닦음이라 할 수 있다.

넷째, 돈오점수는 달마문하에 전승되어온 선의 요체로서 천성의 궤철이다.

다섯째, 먼저 닦고 후에 깨달으면 증오證悟요, 먼저 깨닫고 후에 닦으면 해오解悟이다.

여섯째, 이치(理)는 돈오하지만 현상(事)은 점차 소멸한다.

일곱째, 깨달은 후의 점수는 무념수를 떠나지 않는 판사수로서 비지쌍운, 자타겸제의 보현만행이다.

이상이 보조의 선사상에서 살펴본 돈점수증관의 중심사상이다. 이미 종밀, 연수의 장에서 많은 부분 언급된 내용이라 여기서는 간요하게 정리해 보았다.

2) 한국선불교의 돈점관

(1) 보조 이후 고려선종의 돈점수증론

보조가 종밀의 설을 계승하여 여러 수증론을 제시하고, 그 가운데 돈오점수가 천성의 궤철이라고 강조한 이후 대체적으로 이러한 기조는 고려 선종에 그대로 유지되었던 것으로 보인다. 보조의 사법嗣法인 진각국사 혜심慧諶의 『선문염송 禪門拈頌』을 그 제자인 각운覺雲이 주석한 『염송설화 拈頌說話』에도 도처에 보조의 돈점관이 전승되고 있음을 볼 수 있다. 『염송설화』 권21에서 앙산의 설법을 빌어 와서 이렇게 말하고 있다.

> 어떤 스님이 선종에서 돈오하여 끝내 입문한다고 한 뜻이 무엇입니까? 하니, 선사(앙산)가 '이 뜻은 지극히 어렵나니, 만일 조종祖宗 문하의 상근대지上根大智라면 하나를 들으면 천을 깨달아 대총지大摠持를 얻거니와, 이러한 근기의 사람은 있기가 어렵다. 가령 근기가 미약한 이는 지혜가 열등하니, 그러기에 고덕古德의 말씀에, 만일 선정에 안정하여 생각을 고요히 하지 않으면 그 경지에 이르러 모두가 망연해진다.'라고 하였다.[430]

이른바 하나를 들으면 천을 깨달아 대총지를 얻는 상근대지는 다름아닌 돈오돈수에 해당하는 근기를 말하고 있다. 각운이 생각하기에, 이러한 근기의 사람, 즉 돈오돈수에 해당하는 상상지上上智의 수행자는 있기가 어렵기 때문에 돈오점수가 타당하다고 주장하고

---

[430] 혜심, 각운 지음, 김월운 옮김 『선문염송 · 염송설화』 동국역경원, p 296.

있는 것이다.

"도를 배우려면 먼저 모름지기 운운" 하는 것은 다섯 가지 수행 중 돈오점수에 해당한다. 다섯 가지 수행이란 점수점오漸修漸悟와 점오점수漸悟漸修와 점오돈수漸悟頓修와 점수돈오漸修頓悟와 돈오돈수頓悟頓修이다. 다른 것은 그만두고, 돈오돈수는 가히 상근대지上根大智라 하겠거니와 만일 과거생過去生까지를 추궁한다면 이는 점이요, 오직 돈오점수 한 문門만이 부처님 법에 부합되고 원지圓旨에 어긋나지 않으니, 천 성인의 궤철軌轍이라 할 것이다.[431]

각운覺雲선사는 종밀과 보조의 주장을 그대로 계승하고 있다. 먼저 돈오돈수는 상근대지의 최상근기에 해당되는 수증문임을 밝히고, 그러나 과거생으로 거슬러 올라가면 이것 또한 돈오점수에 해당된다고 말하고 있다.

그러므로 돈오점수 일문이 부처님 법에 합당하고 원돈圓頓의 뜻에 부합되며, 천성의 궤철이라고 역설하고 있다. 아울러 "먼저 비로자나의 법체法體를 깨닫고 그 뒤에 보현普賢의 만행을 닦는 것인데, 돈오한 것은 비록 부처님과 같으나 다생多生의 습기習氣가 깊어서

---

431) 上同. "學道先須有云云者, 五種修中頓悟漸修也. 五種者, 漸修漸悟, 漸悟漸修, 漸悟頓修, 漸修頓悟, 頓悟頓修也. 餘且置, 頓悟頓修, 可謂上根大智, 若推過去, 是漸非頓. 唯頓悟漸修一門, 旣合佛乘, 不違圓旨, 千聖軌轍也."

바람이 멈추어도 파도가 여전히 솟구치듯 진리가 나타났으나 망념 妄念이 여전히 침노한다."432) 라고 주장하고 있다.

비로자나의 법체를 깨닫는 것을 돈오에 배대하고, 보현만행을 원수 圓修하는 것을 점수에 배대시키고 있는 것이 돋보인다. 각운은 또한 연수와 대혜처럼 『능엄경』을 인용하여 "이치로는 단박 깨달으니 깨달음에 의거해 모두 제거하거니와(理則頓悟) 현실로는 물론 제거해지지 않는다(事非頓除). 모름지기 차례대로 제거해야 한다."433) 라고 하여 돈오점수를 설명하고 있다.

보조에 의해 제기되어지고 각운에 의해 계승되어진 돈오점수의 가풍은 고려불교에 계속 영향을 미치고 있다. 천책의 『선문보장록 禪門寶藏錄』역시 보조사상의 연원인 종밀의 돈오점수에 대한 견해를 그대로 인용해 최상승선을 설명하고 있음을 볼 수 있다.

> 만약 스스로의 마음이 본래청정하여 원래 번뇌가 없고 완전한 지혜의 성품이 본래 스스로 구족함을 단박에 깨달아 이 마음이 곧 부처여서 필경 다름이 없다. 이것에 의거해 닦는 것이 최상승선이며, 또한 여래청정선이라 부르며, 달마문하에서 서로 전해 내려온 것이 바로 이 선이다.434)

---

432) 上同. "先悟毘盧遮那法體, 後修普賢萬行. 頓悟雖同佛, 多生習氣深, 風停波尙湧. 理現念猶侵"
433) 上同. "理則頓悟, 承悟倂銷, 事非頓除, 須次第盡.
434) 『禪門寶藏錄』 卷上. 『韓國佛敎全書』 第6冊, p 472.

종밀, 보조의 이론에 의거한 돈오점수사상과 함께 돈오돈수를 지향하는 흐름 역시 면면히 전승되고 있음도 간과해서는 안 된다. 고려말 태고, 나옹, 경한 등 선사들이 중국 원나라에 들어가 구법하고 임제종 양기파의 석옥청공石屋淸珙과 평산처림平山處林의 법을 이어와서 조사선에 의거한 간화선풍을 진작하였다. 특히 태고선사와 나옹선사는 조주의 무자화두無字話頭를 강조하며 간화경절看話徑截의 수증가풍을 수립하였다. 백운경한 또한 직하무심直下無心을 내용으로 하는 조사선풍에 입각하여 무심선無心禪을 선양하고 있다. 경한선사의 무심선은 일초직입여래지一超直入如來地의 돈오돈수적 수증가풍을 엿볼 수 있다.

백장회해선사가 상당하여 이르기를, 신령스런 빛이 홀로 밝아 육근육진의 경계를 멀리 떠났다. 본체의 드러남은 참되고 항상하여 문자에 의거하지 않는다. 마음의 성품은 물듦이 없어서 본래 스스로 두렷이 이루어졌다. 다만 망령된 인연만 여의면 곧 여여如如한 부처이다.

백장은 '어떤 것이 대승 입도의 돈오법요頓悟法要입니까.' 라는 스님의 물음에 답하기를, '너는 먼저 모든 인연을 쉬고 만사를 쉬어서 선과 불선, 세간과 출세간의 일체 제법을 함께 모두 놓아 떨쳐서 기억하지 말고 인연을 생각하지 말아서, 몸과 마음을 놓아버려 전체를 자재하게 하라. 마음은 목석과 같이 하고 입은 분별하는 바가 없고 마음은 행하는 바가 없어서, 마음자리가 허공과 같아서 지혜의 해가 저절로

나타나는 것이 구름을 열고 해가 나타나는 것과 같다.'[435]

이러한 무사자재無事自在의 돈오선풍의 수증론은 당연하게 돈오돈수적 가풍을 띠게 된다. 사실 선과 교의 이름은 다르지만 체는 같아서 본래 평등하다. 평등하기 때문에 지인至人이 근기에 따라 설교하여 권실權實, 돈점頓漸의 차이로 나누어졌다. 달사達士는 이치에 계합하여 말을 잊으니 어찌 불조佛祖와 선교禪敎의 차이가 있겠는가.

그러므로 말에 이르면 교가 되고, 마음을 전하면 선이 되지만, 그 근원을 체달한 자는 선도 없고 교도 없다. 그리고 납승衲僧문하에는 본래 부처도 없고 중생도 없고, 이름도 없고 모양도 없어서 탕탕회회蕩蕩恢恢하여 사량분별을 떠났으니 무엇을 일러 선교禪敎라 하겠는가? 본지풍광本地風光, 본래면목本來面目을 바로 드러내 보이는 돈오돈수의 가풍은 역시 이러한 조사 문풍에서 제기되어지는 것이다.

백운선사가 신묘년에 지공指空화상에게 올리는 찬탄의 송頌에 다음과 같이 돈오돈수頓悟頓修를 언급하고 있음을 볼 수 있다.

---

435)『白雲和尙抄錄佛祖直指心體要節』卷上. "百丈海禪師上堂云, '靈光獨露, 逈脫根塵, 體露眞常, 不拘文字. 心性無染, 本自圓成, 但離妄緣, 卽如如佛.' 百丈因僧問, 如何是大乘入道, 頓悟法要. 師云, 你先歇諸緣, 休息萬事, 善與不善, 世出世間, 一切諸法, 并皆放却, 莫記莫憶, 莫緣莫念, 放捨身心, 全令自在,..心如木石, 口無所辨, 心無所行, 心地如空, 惠日自現, 如雲開日出,"『韓國佛敎全書』第六册, p 614.

길상산 가운데서 먼저 보명선사를 참알하고 일언지하一言之下에 현묘한 뜻을 단박에 깨달아(頓悟玄旨) 부처의 과덕에 계합하였다. …… 이 법 가운데 삼현십지三賢十地 등각 묘각(等妙二覺)의 모든 지위의 법문을 일일이 구족하여 한 번 깨달음에 영원히 깨달아 더욱 다시는 깨달을 것이 없어 임운적지任運寂知하였다. 원래 스스로 무심하여 더 대치할 것이 없어 인연을 쉰 힘으로 단박 깨닫고 단박 닦아서(頓悟頓修) 깨달음과 수행이 상응하여(解行相應), ……436)

이와 같이 돈오돈수와 돈오점수의 수증문을 그 기용機用에 따라 자종의 종풍으로 삼았던 고려시대의 돈점수증 전통은 조선시대에도 그대로 전승되고 있다.

(2) 조선 선종의 돈점수증론

조선시대에는 숭유억불의 정책으로 인해 강제로 종파가 통폐합되어지는 과정을 겪어 종국에는 "조선불교 선교양종禪敎兩宗"이 되었지만, 그 내용상 유일하게 선종만이 명맥을 유지하였다. 선불교에서는 수증론을 매우 중시하는 경향이 있다. 조선시대 선종의 선사들은 돈점수증론을 어떻게 수용하고 있는지 살펴보기로 하자.

---

436)『白雲和尙語錄』卷下. "吉祥山中, 首謁普明, 一言之下, 頓悟玄旨, 契佛果德, 分毫不謬, ……於此法中, 三賢十地, 等妙二覺, 諸位法門, 一一具足, 一悟永悟, 更不復悟, 任運寂知, 元無自心, 更無對治. 忘緣之力, 頓悟頓修, 行解相應, ……"『韓國佛敎全書』第六册, p 659.

조선 초기의 함허당 득통선사는 그의 『금강반야바라밀경륜관綸貫』에서 경의 정종正宗의 일분一分을 팔문八門으로 나누어 해설하는 가운데서 제이문에 해당하는 "의오기수문依悟起修門"에서 아래와 같이 설하고 있다.

> 이치는 이미 단박 깨달았으나(理旣頓悟) 현상은 단박에 제거하기 어렵다(事難頓除). 만약 닦음을 일으키지 않으면 끝내 깨달음에 나아가기 어려우니, 공空으로부터 생하여 더욱 닦음을 일으켜 세워 부처를 묻고 닦음에 머물러 마음을 항복받는다는 뜻이다. 부처님의 가르침은 사심四心에 머물러 육도六度를 닦아 그 가운데 집착하지 않고 묘행을 이루는 것이 지금 깨달음에 의해 닦음을 일으키는 문(依悟起修門)에 해당된다.[437]

그러나 근기에 예리함과 둔함(利鈍)이 있어서 밝음과 어두움(明昧)이 차이가 있는 까닭에 혹은 작용으로써 묵연히 나타내 보이고 혹은 언설로써 열어서 모두 부처의 지견에 깨달아 들어간다. 이른바 불지견을 열어 보이고 깨달아 들게 한다는 것이 이것이다. 비록 정변지각을 단박에 깨달아 원래 스스로 구족하여 닦음과 깨달음에 의하지 않고 얻지만 애욕, 성냄, 어리석음의 오래된 습기에 의지意地가 묶여 기복하고 있다. 만약 대치의 방편을 알지 못하고 연마의 공을 알지 못하면 무상

---

[437] 『金剛般若波羅蜜經綸貫』. "理旣頓悟, 事難頓除. 若不起修, 終難趣證. 由是空生, 更欲起修, 問佛住修, 降心之義, 佛敎以住四心修六度, 於中無着, 以成妙行, 今當依悟起修門也." 『韓國佛敎全書』第七冊, p 117.

의 과해果海를 끝내 증입하기 어려우므로 깨달음에 의해 닦음을 일으
키는 문이 있는 것이다.438)

함허대사가 수립하고 있는 "의오기수문依悟起修門"은 다름 아닌
돈오점수문을 말하고 있는 것이다. 이른바 "이치는 이미 단박 깨달
았으나(理旣頓悟) 현상은 단박에 제거하기 어렵다(事難頓除)."라는 『능
엄경』의 설법과 돈오했지만 그 습기를 소멸하기 위한 대치방편을
세우는 것이 모두 돈오점수의 내용을 담고 있기 때문이다.

이러한 돈오점수적인 수증방편은 지은智訔화상의 저작인 『적멸시
중론寂滅示衆論』에도 "일행삼매一行三昧"의 돈오와 "만행삼매萬行三
昧"의 점수로 나타나고 있다.

묻기를, 이 마음을 단박 깨달은(頓悟) 이후 어떻게 일행삼매를 압니
까? 답하길, 소리와 색의 이변(聲色二邊)과 견문각지見聞覺知를 직하에
무심하여(直下無心) 다르게 향하지 않기에, 이 마음이 저절로 지음이 없
음을 일러 정행正行이라 하는 까닭에 일행삼매라 한다. 묻기를 일행삼
매를 단박에 깨달은 이후에 어떻게 만행삼매를 압니까? 답하길, 행行
역시 선禪이요, 주住 역시 선이요, 좌坐 역시 선이요, 와臥 역시 선이다.

---

438) 上同. "然機有利鈍明昧有異故, 或以作用, 默然現示, 或假以言說開, 皆令悟入佛之知見也.
所謂開示悟入佛之知見也, 是也. 雖然頓悟正遍知覺, 元自具足, 不因修證而得, 愛欲恚痴無
始習氣, 纏綿意地, 暫伏還起. 若不知對治之方, 不知鍊磨之功焉. 則無上果海, 終難證入, 故
有依悟起修門也." p 121.

모든 어지러운 곳과 일체의 일, 모나고 둥글고 길고 짧은(方圓長短) 가지가지의 지견을 직하에 무심하여 마음의 본체가 안연하여 형상이 없고 장애가 없어서 마음이 허공과 같이 크게 쉬는 곳 이것을 곧 만행삼매라 한다. 그러므로 알아라. 비록 일념을 깨달았다 하더라도 자비 원력의 실천행을 행하지 않는 것은, 예를 들어 밭은 있는데 씨앗을 뿌리지 않는 것과 같아서 비록 봄 여름이 와도 밭은 있으나 자기 손으로 심지 않으면 어찌 농사지을 수 있겠는가?[439]

지은선사의 주장에 의거하면, 일행삼매를 돈오한 후에 만행삼매를 성취한다는 것은 좋은 밭에 종자를 심는 것과 같아서 자신도 구제하고 남도 구제하는 자리이타의 보현행원이 된다는 것이다. 즉 본성을 돈오하여 일체의 미망으로부터 해방되었지만 거기에 머물지 않고 더 나아가 대비원력을 발하여 일체중생을 향한 이타의 보살행을 실천하는 것이 돈오점수의 종지라고 역설한 각운의 이론체계를 벗어나지 않고 있다.

이러한 사상적 기조는 조선 선불교에 면면부절 이어져서 간화선의 대종장인 벽송지엄碧松智嚴에 계승되어지고 있다. 벽송선사는 면

---

[439] 『寂滅示衆論』. "問曰, 頓悟此心而後, 何知一行三昧. 答云, 聲色二邊, 見聞覺知, 直下無心不向異, 則此心天然無作曰正行, 故一行三昧也. 問曰, 頓悟一行而後, 何知萬行三昧答云行亦禪住亦禪, 坐亦禪臥亦禪, 於諸亂處, 一切事事, 方圓長短, 種種知見, 直下無心, 心體安然, 無有形相, 無障無碍, 心如虛空, 大歇之處, 此即萬行三昧也. 故知, 雖悟一念, 不行慈願行實者, 比如有田無種者, 雖逢春夏, 有田自手無種, 豈能農作也."『韓國佛教全書』第七册, p 281.

저 『훈몽요초訓蒙要抄』에서 "법에는 불변과 수연이 있고, 사람에는 돈오와 점수가 있다."라고 전제하고, 『염송설화절록節錄』에서 각운의 『염송설화』의 돈점수증론을 그대로 절록하고 돈오점수는 천성의 궤철이라고 주장하고 있음을 볼 수 있다. 벽송 또한 근기론의 입장에서 돈오돈수는 상근이기上根利機가 수증하는 문이며, 일반 수선자는 돈오점수에 의해 수증해야 한다고 강조하고 있다. 법준선자에게 내린 게송에도 돈오점수적인 선풍이 묻어나고 있다.

그대를 만나 예리한 막야검을 주노니	逢君贈與鏌鋣劍
칼날에 이끼 끼지 않게 다듬어라.	勿使鋒鋩生綠苔
오온산 앞에서 도적을 만나거든	五蘊山前如見賊
한 번 휘둘러 모두를 베어 버려라.	一揮能斬箇箇來 440)

　예리한 막야검은 돈오를 나타내고, 이끼 끼지 않게 다듬어라 한 것은 깨달은 후에 보현행원으로 무수지수無修之修의 닦음을 표현한 말이다.
　벽송의 재전제자 서산대사 청허휴정淸虛休靜의 돈점수증관은 어떠한지 살펴 볼 차례이다. 청허의 사상 전반을 요별해 보면 돈오돈수적 가풍 가운데서 돈오점수를 설하고 있다고 보아야 할 것이다. 그

---

440) 『碧松堂埜老頌』. 『韓國佛敎全書』第七冊, p 384.

가 특히 활구참선活句參禪에 의한 간화경절의 조사선풍을 진작하고 있는 것은 주지의 사실이다. 『선가귀감』 첫 머리에 이렇게 개시開示하고 있다.

여기 한 물건이 있는데 본래부터 밝고 신령스러워 일찍이 나지도 않고 멸하지도 않으며, 이름 지을 수도 없고 모양 그릴 수도 없다. 이 한 물건이 무엇인가? ○ 옛 사람이 송하기를,

옛 부처 나기 전에 　古佛未生前
두렷이 밝았도다 　　凝然一圓相
석가도 몰랐거니 　　釋迦猶未會
가섭이 전할 손가 　　迦葉豈能傳

이 한 물건을 참구해 들어가는 활구活句 참선은 청허선사가 평생 고구정녕 후학들에게 강조한 수행 방편이다. 그러나 그는 항상 교와 선이 서로 배치되지 않는 회통적 입장에서 선교일치를 주장하였다. 먼저 『선가귀감』에 기술된 선교일치의 뜻을 살펴보기로 하자.

세존께서 삼처三處에서 마음을 전한 것은 선지禪旨가 되고 일대一代에 걸쳐 설법하신 바는 교문敎門이 되었다. ……그러한 까닭에 선은 부처님의 마음이고 교는 부처님의 말씀이다. 그러므로 누구든지 말에

서 잃어버리면 염화미소拈花微笑가 다 교적教迹이 되고, 마음에서 얻으면 세상의 온갖 잡담이라도 모두 교외별전教外別傳의 선지禪旨가 된다.441)

비록 선교겸수의 입장에 있긴 하였지만 무릇 처음 공문空門에 들어와 생사를 돈망하려는 수행자는 먼저 교학을 궁구한 연후에 그 교의를 놓아버리고 현전일념現前一念을 참구해 들어가는 이른바 "사교입선捨教入禪"적인 공부법을 역설하고 있다고 하겠다.

학자는 처음 공부를 시작할 때에 부처님의 여실한 언교로서 불변不變, 수연隨緣의 두 뜻이 자심의 성상性相이며, 돈오와 점수 양문이 자행의 시종始終임을 분명히 안 연후에 교의를 놓아버리고 자심의 현전일념으로써 선지를 자세히 참구하면 반드시 얻는 바가 있을 것이다. 이는 바로 출신의 활로이다. 상근대지의 근기들은 일률적으로 거론할 것이 없지만, 중하근기의 사람들은 함부로 건너뛰어서는 안 된다.442)

청허선사의 관점에서 보면, 상근대지의 사람들은 그들의 근기가

---

441)『禪家龜鑑』"世尊三處傳心者, 爲禪旨, 一代所說者, 爲敎門. 故曰禪是佛心, 敎是佛語. …… 是故若人, 失之於口, 則拈花微笑, 皆是敎迹. 得之於心, 則世間麤言細語, 皆是敎外別傳禪旨."
442) 上同. "故學者, 先以如實言敎, 委辨不變隨緣二義, 是自心之性相, 頓悟漸修兩門, 是自行之始終, 然後放下敎義, 但將自心, 現前一念, 叅詳禪旨, 則必有所得. 所謂出身活路. 上根大智, 不在此限, 中下根者, 不可獵等也."

수승함으로 일률적인 수증의 틀이 필요 없기에 굳이 수증문을 거론한다면, 대체적으로 돈오돈수문에 부칠 수 있을 것이며, 중하근기의 보통 사람은 다양한 근기에 따라 합당한 수증문을 시설해야 할 것이다.

그는 벽송의 뒤를 이어 "법에는 불변과 수연의 뜻이 있고, 사람에게는 돈오와 점수의 근기가 있다."라고 하여 종밀 이래의 선문의 전통적 주장을 펴고 있다. 먼저 선사의 돈점관을 살펴보자.

> 만약 수행을 하려면 먼저 반드시 돈오해야 한다. 원컨대 모든 도 닦는 자는 자기의 마음을 깊이 믿어 스스로 굽히지도 않고 높이지도 말아야 한다. 이 마음이 평등하여 본래 범부와 성인이 따로 없다. 그러나 사람에 의거하면 미오迷悟와 범성凡聖이 있다. 스승의 격발에 의지하여 홀연히 참나를 깨달으면 부처와 다름이 없게 되는 것을 논頓이라 한다. 이것은 스스로 굽히지 않는 것이니, 마치 '본래 한 물건도 없다.'라고 한 것이 그것이다. 깨달음에 의해 습기를 끊어서 범부를 굴려 성인을 이루는 것을 점漸이라 한다. 그러므로 스스로 높이지 말 것이니 저 '항상 부지런히 털고 닦으라.'고 한 것이 그것이다.443)

---

443) 上同. "若欲修行, 先須頓悟. 願諸道者, 深信自心, 不自屈, 不自高. 此心平等, 本無凡聖. 然約人, 有迷悟凡聖也. 因師激發, 忽悟眞我, 與佛無殊者頓也. 此所以不自屈, 如云本來無一物也. 因悟斷習, 轉凡成聖者, 漸也. 此所以不自高, 如云時時勤拂拭也."

청허는 "본래 한 물건도 없다."는 남종의 돈오와 "항상 부지런히 털고 닦으라."는 북종의 점수를 인용하여 돈오와 점수를 정의하고 있다. 이러한 돈점관에 의거해 청허는 그의 저술 도처에 기본적으로 돈오점수를 말하고 있는 것 또한 보조, 벽송과 대동소이하다고 할 수 있다. 그 예로 『삼가귀감』이나 『선가귀감』에서 『능엄경』을 인용해서 "이치는 비록 단박 깨달으나 현상은 단박에 제거할 수 없다."[444] 라고 한 것과 "깨달음이 만약 철저하지 못하면 닦음이 어찌 진짜이겠는가."[445] 라고 한 것도 궤를 같이 하는 말이라고 할 수 있다.

또 "자성을 단박에 깨달아 삼심三心을 발하고 사신四信을 일으켜 만행을 널리 닦아 불법의 본래 근원이 중생심 가운데서 나오니 선사先師가 이르길, 일념 가운데 팔만행을 가지런히 닦는다."[446] 라고 설하여 돈오점수를 지향하고 있다.

그리고 『선가귀감』에서는 돈오와 점수를 해설함에 있어서 문수의 지혜가 돈오이며, 보현의 행원이 점수임을 말하고, 깨달음(解)은 전기의 빛과 같고, 실천 수행(行)은 『법화경』의 궁자窮子와 같다고 설하고 있다.

---

444) 上同. "理雖頓悟, 事非頓除."
445) 上同. "悟若未徹, 修豈稱眞哉."
446) 『三家龜鑑』. "頓悟自性, 發三心起四信, 廣修萬行, 佛法本根源, 衆生心裏出, 先師云一念, 齊修八萬行."

청허 스스로 이러한 돈오점수사상은 종밀을 계승하고 있다고 밝히고 있다. 『선가귀감』에서 "규봉이 이르기를, 실지로 돈오를 설립하고 마침내 반드시 점수행을 닦는다고 했으니, 정성스럽다 이 말이여."447) 라고 한 것이 그것이다.

청허의 돈오점수 사상은 그의 상족上足인 사명대사 송운유정에 의해서 『선가귀감』이 편찬되면서 유정이 직접 쓴 발문跋文에도 규정되어 있다. 그는 발문에서 "교를 종지로 하는 이들이 오직 찌꺼기만을 탐착하여 한갓 모래만 셀 뿐, 오교五敎의 위에 바로 사람의 마음을 가리켜서 스스로 깨달아 들어가는 문이 있음을 알지 못한다. 선을 종지로 하는 자들이 스스로 천진함만 믿고 수증하지 않음을 부추겨 돈오 후에 비로소 곧 발심하여 만행을 수습한다는 뜻을 알지 못한다."448) 라고 질책하고 있다.

당시 교학을 전문으로 하는 교학자들은 경학에 치우쳐 남의 보배만 세고 있고, 수선자들은 천진무구 함만 믿고 닦음과 깨달음을 폐기하고 있기에 돈오하고 점수만행을 닦는 수증문을 제시하기 위해 청허노사가 이 책을 저술하게 되었다고 기술하고 있다.

청허선사가 상근대지上根大智를 위한 대치 수증문으로 돈오돈수적 수증가풍을 선양하고 있는 것은 간과할 수 없는 사실이다. 분명히

---

447) 『禪家龜鑑』. "圭峰云, 設實頓悟, 終須漸行, 誠哉是言也."
448) 上同. "宗敎者, 唯耽糟粕, 徒自筭沙, 不知五敎上, 有直指人心, 使自悟入之門. 宗禪者 自恃天眞, 撥無修證, 不知頓悟後始, 卽發心, 修習萬行之意."

돈오돈수가 되었건 돈오점수가 되었건 간에 수행자의 인연에 따르는 근기론의 입장이 가장 현명한 방편이라고 보았다.

이렇게 원융한 수증관을 제시한 청허는 수행문에서도 매우 현실적 방편에 의거해 참선과 염불, 간경, 주력, 지계 등을 함께 강조하고 있다. 그런 가운데서도 참선위주의 수행을 강조한 일면은 아마도 그 자신이 참선에 의거해 심요를 증득했기 때문일 것이다. 그래서 『심법요초心法要抄』에서 "무량의 수행문 가운데서 참선이 제일이다."고 설하고 있다. 먼저 참선을 수행함에 있어서 조사선을 참구할 것을 강조하고 있다.

만약 생사를 해탈하고자 하면 반드시 조사선을 참구해야 한다. 조사선이란 개에게는 불성이 없다는 화두(狗子無佛性話)이다. 일천 칠백 공안 가운데 제일의 공안이다. 천하의 납승이 모두 무자화두無字話頭를 참구한다. 옛날에 어떤 스님이 조주에게 묻기를, 개에게도 불성이 있습니까? 하였다. 조주가 답하기를, 없다(無)라고 하였다. 일체 중생에게 다 불성이 있다고 하였는데 조주는 왜 없다고 했을까. 없다고 말한 그 의미가 무엇일까? 하고 의심하는 것이다.[449]

---

449) 『心法要抄』. "若欲脫生死, 須叅祖師禪. 祖師禪者, 狗子無佛性話也. 一千七百則公案中, 第一公案也. 天下衲僧盡叅無字話. 昔有僧問趙州, 狗子還有佛性也無. 州云無. 一切含靈, 皆有佛性, 趙州因甚道無意作麽生."

청허의 관점에서는 간화경절의 무자화두를 참구하는 것이 조사선을 참구하는 것이다. 간화선의 전통에서 보더라도 그러하고, 아마 당시의 많은 선객들도 또한 무자공안을 매우 중요한 참구의 대상으로 공부하였던 것 같다.

그런데 청허선사는 선교가 둘 다 함께 일념 가운데서 일어나는 것이라고 원융하게 보면서도 선과 교의 차이점을 또한 이렇게 구별하고 있다.

> 선과 교는 일념 가운데서 일어나지만 심의식이 이를 수 있는 곳, 즉 사량에 속하면 교이고, 심의식이 이를 수 없는 곳, 즉 참구에 속하는 것이 선이다. 조사가 개시한 바의 모든 일구一句 가운데에 팔만사천법문이 원래 갖추고 있으므로 수연과 불변, 성상과 체용, 돈오와 점수를 온전히 거두고 온전히 가려내어(全收全揀) 원융하게 행포해서(圓融行布) 자재하고 무애함이 원래 일시라서 전후가 없음이 선이다. 모든 부처님이 개시한 돈오와 점수, 수연과 불변, 성상과 체용을 온전히 수용하고 온전히 배제하여 원융하게 행포해서 비록 사사무애事事無碍법문을 갖추었지만 닦음도 있고 깨달음도 있어서 계급과 차제의 전후가 있음이 교이다.450)

---

450) 上同. "禪敎起於一念中, 心意識及處, 卽屬思量者, 敎也. 心意識未及處, 卽屬叅究者, 禪也. 祖師所示, 皆是一句中, 八萬四千法門, 元自具足, 故隨緣不變, 性相體用, 頓悟漸修, 全收全揀, 圓融行布, 自在無碍, 元是一時, 無前後者, 禪也. 諸佛開示, 頓悟漸修, 隨緣不變, 性相體用, 全收全揀, 圓融行, 事事無碍法門, 雖有具足, 有修有證, 階伋次第, 先後者, 敎也."

그러므로 『선교결』에서 말하기를, "교는 말 있음으로부터 말 없음에 이르는 것이고, 선은 말 없음으로부터 말 없음에 이르는 것이다."451) 라고 했다. 또 『선교석』에서는 "선문 정전의 근기는 삼강의 그물에 걸리지 않는 신룡神龍과 같고, 백관의 위에 있는 천자와 같다."452) 라고 전제하고 "선가에는 안목과 수족을 다 갖추고 있으니, 영겁동안 생사에 침몰하더라도 해탈을 구하지 않는 것이 선가의 안목이며, 다른 이의 잘못을 보지 않고 항상 자신의 허물을 보는 것이 선가의 수족이다."453) 라고 천명하고 있다.

이와 같이 참선 우위의 수행을 강조하면서도 여러 가지 수행문을 시설하여 사람들의 근기에 맞게 수행하도록 하는 것이 또한 청허의 안목이었던 것이다. 다음에 염불문 수행의 일단을 살펴보기로 하자.

부처님이 상근인을 위해서 즉심즉불, 유심정토, 자성미타를 말했으니, 이른바 서방이 여기서 멀지 않다고 한 것이 이것이다. 하근인을 위해서는 십만(十惡) 팔천(八邪)리라 말했으니 이른바 서방이 여기서 멀다고 하였다. 그러나 서방이 멀고 가까운 것은 사람에 있는 것이지 법

---

451) 『禪敎訣』. "敎也者, 自有言至於無言者也. 禪也者, 自無言至於無言者也."
452) 『禪敎釋』. "禪門正傳之機, 一似三網之上, 雲外神龍. 一似百僚之上, 廟堂天子."
453) 上同. "禪家具眼具足. 寧可永劫沈淪生死, 不慕諸聖解脫者, 禪家之眼也. 不見他人非, 常自見己過者, 禪家之足也."

에 있는 것은 아니다. 서방이 나타나고 나타나지 않는 것은 말에 있는 것이지 뜻에 있는 것은 아니다. 만약 사람이 한 생각이 일어나지 않아서(一念不生) 전후제가 끊어지면 자성미타가 홀로 드러나고 자심정토가 나타날 것이다. 이것은 곧 돈오돈수頓悟頓修, 돈단돈증頓斷頓證이기 때문에 지위 점차가 없다. 비록 그러하나 망념을 제거하는 수행이 일조일석에 되는 것이 아니라 오랜 세월 동안 닦음을 의거해야 한다. 그러므로 부처는 본래 있으되 부지런히 생각하고, 업은 본래 없으되 부지런히 끊는다고 하였다.454)

이와 같이 염불문에서도 "돈단돈증頓斷頓證"하고 "돈오돈수頓悟頓修"하는 행법을 설하고 있는데, 참선문에서 격외의 돈문을 수증함이야 재론할 여지가 없게 되는 것이다. 조사문 가운데 교외별전의 근기를 위해 돈오돈수의 수증문을 거량하고 있음이 또한 청허의 선풍임을 알아야 한다. 그래서 "옛날에 마조의 일할에 백장은 귀가 멀었고 황벽은 혀가 빠졌다. 이것이 임제종의 연원이다."라고 역설하고 있는 것이다.

이와 같이 돈오돈수를 주장하면서도 한편으로 "망념을 제거하는

---

454) 『淸虛集』券六. "佛爲上根人, 說卽心卽佛, 惟心淨土, 自性彌陁, 所謂西方去此不遠是也. 爲下根人, 說十萬(十惡)八千(八邪)里, 所謂西方去此遠矣. 然則西方遠近, 在於人而不在於法也. 西方顯密, 在於語而不在於意也. 若人不生一念, 前後際斷, 則自性彌陁獨露, 而自心淨土現前矣. 此卽頓悟頓修, 頓斷頓證故, 無地位矣. 雖然翻妄行相, 非一朝一夕, 要假歷劫熏修. 故曰佛本是而勤念, 業本空而勤斷."

수행이 일조일석에 되는 것이 아니다. 오랜 세월 동안 닦음을 의거해야 한다."라고 말해서 돈오점수적인 가풍을 함께 기술하고 있다.

서산대사 이후의 여러 선사들의 돈점관을 살펴보면, 『침굉집枕肱集』 부록에 수록된 「침굉가枕肱歌」에 "산문의 학자도 따로 놈에, 아무대사大師 어떠하며, 아무법사法師 어떠한고, 본각과목本覺科目 어디 들며, 돈오돈수頓悟頓修 어찌 볼까. 관음원통觀音圓通 이러할까."라고 언문으로 노래하는 것이 보이며, 백암성총百巖性聰의 『기신론소필삭기회편』에 돈오점수에 대해 논하고 있음을 볼 수 있다.

문장의 뜻을 알 수 있으나 앞의 사위四位 및 인용한 경문 밑의 후단까지 『원각』과 꼭 같아서 지위에 의거해 점차 증득하고 마음을 잊어 단박에 증득하여 이것을 밝힘을 갖추었으니 뜻은 돈오점수가 자연히 성립한다. 그 비유에 화살 쏘는 것을 배움에 있어서 마음은 과녁에 있고 화살은 멀고 가까움이 있는 것과 같다. 『능엄』에 또한 설하기를, '이치는 곧 단박에 깨달아서(理卽頓悟) 그 깨달음으로 의거해서 아울러 녹아지지만(乘悟倂消), 현상은 단박에 제거되지 않고(事非頓除) 차제로 인해 없어진다(因次第盡).'라고 하였다. 이로부터 만약 점수의 지위를 설하지 않는다면 계단을 내려옴(보현만행)을 어떻게 알 것이며, 만약 돈문을 설하지 않는다면 끝내 들어가기(깨달음) 어렵다.[455]

결국 백암성총 역시 돈오점수를 주장함에 있어서 종문의 전통에 입각하여 『능엄경』의 돈점설을 인용하고 있다. 이러한 예는 조선시대 선종에서는 보편화되어 있었던 것 같다. 왜냐하면 보조국사『절요』이후 조선시대에 들어와서 벽송지엄에 의해『도서』와『절요』가 널리 열람되어지게 된 원인에 기인한다. 즉 벽송선사는 초학자들에게 먼저 종밀의『도서』와 보조의『절요』로서 여실지견如實知見을 세우게 하고, 다음에 대혜의『서장』과 고봉의『선요』로서 지해의 병을 소제하여 수증활로를 제시한 바 있다. 이것이 현재 전통강원의 사집으로 정착된 연원이라고 할 수 있다.

그리고 벽송 이래 조선시대 선종에서 정원淨源에 의해『도서분과都序分科』가 편집되고, 추붕秋鵬에 의해『도서과평都序科評』이 찬집되었으며, 정혜定慧에 의해『도서과기都序科記』와『절요사기해節要私記解』가 편찬되었으며, 연담유일蓮潭有一에 의해『도서과목병입사기都序科目幷入私記』와『절요과목병입사기節要科目幷入私記』가 동시에 편찬된 사실이 말해주듯이 종밀과 보조의 돈오점수사상은 자연스레 종문의 정설로 수용되었던 것이다.

이러한 조선시대 선불교의 전통 아래에서 서산의 재전제자인 운봉대지雲峰大智 역시『심성론心性論』에서 자연스레 돈오점수론을 밝

---

455) 『大乘起信論疏筆削記會編』 卷二. "文旨可知, 然前四位, 及引經下至後段, 正同圓覺, 依位漸證, 忘心頓證, 具明此者, 意令頓悟漸修, 自然成住. 其猶學射, 心唯在的, 箭有近遠. 楞嚴亦云, 理卽頓悟, 乘悟幷消, 事非頓除, 因次第盡. 由是若不說漸位, 則階降何知. 若不說頓門, 則終卒難入."

히고 있다.

    도에 들어가는 데는 여러 문이 있으나 요긴하게 말하면 돈오와 점수의 양문을 떠나지 않는다. 비록 돈오돈수를 말하나 이것은 최상근기가 들어가는 것이다. 만약 과거를 미루어보면 이미 다생의 깨달음에 의해 닦아서 점차 훈습하여 와서 금생에 이르러 한 번 듣고 바로 깨달아서 일시에 단박 마친 것이니, 실제로 논하면 이 또한 먼저 깨닫고 나중에 닦은 근기이다. 즉 돈점 양문은 천성의 궤철이다.
    예로부터 모든 성인은 먼저 깨닫고 후에 닦으며, 닦음에 의해 증득하는 것이라고 하였다. 말한바 신통변화는 깨달음에 의해 닦아서 점차로 훈습하여 나타나는 것이지, 깨달을 때 바로 나타난다고 말하지 말라. 그러므로 이치는 단박에 깨달으나 (현상은) 차제에 의해 다하는 것이다.[456]

    조선 중기의 월봉무주月峰無住는 『월봉집』에서 "스스로의 마음을 돈오한다고 하는 것이 맞느냐, 틀리느냐?"라는 물음에 대해 "경에서 설하기를, 마음이 곧 성품이요, 성품이 곧 마음이어서 마음과 성품이 하나의 본체인데 어떻게 성품을 미혹하고 마음을 깨달을 수

---

[456] 『雲峰禪師心性論』. "夫入道多門, 以要言之, 不出頓悟漸修兩門耳. 雖曰頓悟頓修, 是最上根機得入也. 若推過去, 已是多生依悟而修, 漸熏而來, 至于今生, 聞卽發悟, 一時頓畢, 以實而論, 是亦先悟後, 修之機也. 則而此頓漸兩門, 是千聖軌轍也. 則從上諸聖, 莫不先悟後修, 因修乃證, 所言神通變化, 依悟而修, 漸熏而現, 非謂悟時卽發現也. 故理卽頓悟, 因次第盡."

있겠느냐."457) 라고 대답하고 있다. 그리고 "우리 스승은 단지 돈오의 이치(理)만 설하고 수행의 현상(事)에 대해서는 말하지 않았습니까?"라는 물음에 이렇게 대답하고 있다.

어찌 보지 못했는가. 종사선지식이 병에 따라 약을 처방하듯이 근기에 대하여 법을 설하는 것이 마치 구슬이 쟁반에 구르는 것과 같고, 거울이 대를 만난 것 같은데 어찌 한 법에 국한 시킬 수 있겠는가. 행이 없는 자를 대해서는 계율의 행을 말하고, 깨닫지 못한 자를 대해서는 돈오의 이치를 말하고, 방일한 자를 대해서는 부지런히 닦는 일을 설하는 것이 옳은 것이다. 예로부터 불조사 가운데 누가 깨닫지 않고 닦으라고 말했던가. 수많은 경론 가운데 어느 곳에서 수행만 설하고 돈오를 말하지 않았던가. 망령되이 전해오는 떠도는 말을 믿지 말라.458)

월봉은 이와 같이 대기설법에 따라 돈오의 이치를 설명하고 연후에 먼저 깨닫고 나중에 닦는 "의오이수(依悟而修 : 돈오점수)"의 수증론을 피력하고 있다. 그리고 계속하여 이렇게 역설하고 있다. "먼저

---

457) 『月峰集』卷一. "問曰, 頓悟自心云是否. 答曰經云, 心則性, 性則心, 心性一體, 何有迷性而悟心耶."
458) 上同. "問曰吾師但說, 頓悟之理, 不言修行之事可乎. 答曰豈不見道, 若是宗師知識, 應病與藥, 對機說法, 如珠走盤, 如鏡當臺, 何局一法耶. 對無行者, 說戒律之行. 對未悟者, 說頓悟之理, 對放逸者, 說勤修之事爲可也. 從上佛祖, 誰說未悟而先修也. 瀚漫經論, 何處但說修行而不說頓悟, 莫信妄傳之浮言也."

닦고 나중에 깨닫는다는 것은 삼승의 교 가운데 권점權漸 근기이다. 의리선義理禪 가운데서 점수 삼대의 근성이니 북종의 점수를 이르는 말이며 너의 아는 바이다. 규봉이 판석하여 말하기를, 염정연기染淨緣起의 상相은 거꾸로 흐르며 수행을 등지는 문이라, 깨달음이 철저하지 못하다면 닦음이 어찌 진짜라 말할 수 있겠느냐.

우리 돈종頓宗 가운데에는 본래 너의 말과 같은 것은 아예 없다. 대개 종사는 법에 의거하여 말을 떠나고 참된 법을 바로 보이어 혹 양구, 방할로 대하고 혹 법상을 치고 불자를 들기도 하며 혹 지극한 이치를 설하기도 하고 혹 본심을 가르치기도 한다.

만약 큰 그릇을 만나면 한 마디 말과 한 구절 아래와 한 기틀과 한 경계 위에서 그 소식을 투철히 깨닫고 겁외의 무생을 철저히 증득하여 모든 부처님의 과덕과 조금도 틀림이 없다. 깨달음에 의해 수증하는 것이 마치 사람이 물을 마셔보고 찬지 더운지 스스로 아는 것과 같다.

규봉이 말하기를, 이 마음을 이미 깨달았으나 만약 혼침이 무거워서 책발하기 어렵고, 도거가 맹리하여 절복하기 어렵고, 탐진이 치성하여 경계를 대함에 제어하기 어려운 자들은 곧 공교空敎와 상교相敎 가운데 갖가지 방편을 이용해서 병에 따라 대치해야 한다.

만약 번뇌가 엷고 지혜가 밝은 자는 본종, 본교의 일행삼매一行三昧에 의거해야 한다. 만일 깨닫지 않고 먼저 닦는 것을 논하면, 비유하여 말하면 맹인이 동쪽으로 가고자 하면서 서쪽을 향해 가는 것과 같다. 스스로의 마음을 깨닫지 못하고 염불 참선의 수행을 시설하여 진겁이 지나도 헛된 고행이어서 공은 있을지 모르나 아무 이익이 없다."459)

이와 같이 월봉은 종밀의 먼저 깨닫고 후에 닦는(依悟而修) 수증, 즉 돈오점수에 대해 장황하게 설명하고 있다. 이마도 조선 중기 이후에는 거의 대다수가 근기론에 입각해서 돈오 이후에 점수를 가자 하는 수증관에 경도되어 있었던 것 같다.

조선 중기에 월저도안月渚道安의 법을 이은 설암추붕雪巖秋鵬 또한 그의 『설암잡저雪巖雜著』 가운데 「천부소薦父疏」에서 아래와 같이 돈오점수적인 내용으로 앙축하고 있음을 볼 수 있다.

> 생각 생각에 보리도를 훈습하고, 세세생생 항상 장부의 몸을 얻고, 진심을 돈오하여 오개五蓋를 제거하고, 오위五位를 섭수하여 원융성불하여서, 범부의 습기를 점차 소멸하여 삼유三有를 초월하고, 삼명을 증득하여 차제로 인因을 닦아…… 460)

---

459) 『月峰集』卷一. "先修後悟者, 三乘敎中, 權漸之機也. 義理禪中, 漸三隊之根也. 至於北宗漸修, 是汝之所解也. 圭峯判云, 染淨緣起之相, 反流背習之門, 悟旣未徹 修豈稱眞哉, 吾之頓宗中, 本無如汝之說也. 盖宗師據法離言, 直示眞法, 或良久棒喝, 或擊床擧拂, 或說至理, 或敎本心, 若是過量大漢, 於一言一句下, 一機一境上, 透得那邊消息, 徹證劫外無生, 與諸佛果德, 分毫不謬, 後依悟修證, 如人飮水 冷煖自知也. 圭峯云, 悟此心已. 若悟沉厚重, 難可策發, 掉擧猛利, 不可抑伏, 貪嗔熾盛, 觸境難制者, 卽用空相敎中種種方便, 隨病對治. 若煩惱微薄 慧解明利者, 依本宗本敎一行三昧也. 若論未悟先者, 譬如盲者, 欲行東方, 而向西行也. 未悟自心, 設有念佛叅禪歷於盡劫, 徒勞苦行, 有功無益." 『韓國佛敎全書』第九冊, p 19.

이와 같이 돈오돈수적 가풍과 돈오점수적 가풍이 혼재한 조선의 선풍은 조선말 선의 중흥조라 불리는 경허선사에게까지 전승되고 있음을 볼 수 있다. 경허는 그의 「오도가」에서 이렇게 노래하고 있다. "어떤 사람이 희롱해 말하기를, '소가 되어도 고삐 뚫을 구멍이 없다.' 함을 인해서 그 말 아래 나의 본래면목을 깨닫고 보니, 이름도 공하고, 형상도 공하여, 공허한 허적처에 항상 밝은 빛이여. 이로부터 한 번 들으면 천 가지를 깨달아 눈앞에 외로운 광명이 적광토寂光土요, 정수리 뒤에 신비한 모습은 금강계金剛界로다. 사대 오음이 청정한 법신이요, 극락 국토가 화탕지옥 한빙지옥이고, 겸하여 화장찰해가 금수지옥과 도산지옥이며, 법성토法性土가 썩은 거름 무더기며, 똥무더기요, 대천세계가 개미구멍, 모기눈썹이요, 삼신三身 사지四智가 허공 및 만상이니, 눈에 띄는 대로 본래 천진면목이로다."461) 라고 표현하고 있다.

이러한 오도의 경지는 분명 돈오돈수의 경지를 노래한 것이다. 그런데 화엄사의 대강백이었던 진응震應화상에게 답하는 게송에 이런 내용이 전해져 내려오고 있다.

    돈오하여 이치를 깨달음은 부처님과 동일하나   頓悟雖同佛

---

460) 『雪巖雜著』卷三. "念念熏修菩提道, 世世常得丈夫身, 頓悟眞心除五盖, 攝五位而圓融成佛, 漸除凡習越三有, 證三明而次第修因."
461) 『鏡虛法語』. p 50.

다생으로 익혀 온 습기는 오히려 생생하네   多生習氣生
바람은 잠잠하나 아직 파도는 솟구치듯   風靜波尙湧
이치는 분명해도 망념은 여전히 침범하네   理顯念猶侵 [462]

이상에서 살펴 본 바와 같이 조선 선종에서는 돈오돈수적 가풍과 돈오점수적 가풍이 함께 혼재하고 있으나 많은 종사들이 깨닫고 난 후의 닦음이 진정한 닦음이라는 종밀과 보조의 관점의 연장선상에서 돈오점수의 수증론을 선양하고 있음을 알 수 있다.

3) 현대 한국선의 돈점논쟁

한국불교계는 20세기 말(80년대 초에서 90년대 초) 돈과 점에 대한 논쟁이 제기되었으며 어떤 의미에서 현재까지도 잠재적으로 진행 중이라 할 수 있다. 논쟁의 초점은 종문의 올바른 수증방법이 "돈오돈수頓悟頓修냐, 아니면 돈오점수頓悟漸修냐"로 압축 시킬 수 있다.

한국불교의 돈점논쟁은 수증방법에 대한 시비의 판단으로 비롯된 논쟁이었으며, 그 진행과정에서 여러 가지 문제가 제기되었다. 문

---

462) 上同. p 328.

제의 핵심은 돈점頓漸, 오수悟修에 대한 정확한 개념이 정립되지 못한 채 오로지 경지론境地論적 입장에서 돈오돈수와 돈오점수의 수증론에 한정되어 시비를 가리는 수준에서 진행되었다. 돈오돈수가 맞는가, 돈오점수가 옳은가를 따지는 경지론적 논쟁은 자칫 돈오돈수와 돈오점수에 상응하는 객관적인 깨달음의 경지가 따로 실재하는 것으로 오해되어질 수 있는 소지가 있다.

돈오돈수를 주장하는 돈가頓家463) 들은 돈오돈수는 증오證悟로서 구경각의 경지이며, 돈오점수는 해오解悟로서 알음알이로 이해하는 지해知解의 단계라고 주장하고 있다. 즉 수행하여 최후 구경의 경지에서 돈오하는 것이지 그 이전의 이해단계는 돈오로 볼 수 없으며 점수의 계단에 지나지 않는다는 주장이다.

바꾸어 말하면 돈오돈수의 주창자들은 "오직 돈오돈수만이 선가의 정통 수증론이기 때문에 종문의 정설이며, 돈오점수는 교가(敎家: 화엄교)의 수증론으로서 선문의 이단사설이다."라고 배척하고 있으며, 심지어 돈오점수를 주창하는 점가漸家들을 종문 밖으로 내쳐버리고 있다.

다른 한편 돈오점수를 주장하는 점가들은 "오직 돈오점수만이 천성의 궤철로서 불교(선종을 포함하여)가 내세운 바의 수증방법론

---

463) 당사자들 스스로는 돈가頓家 혹은 점가漸家라고 말하지 않았다. 다만 필자가 구분의 편의상 돈오돈수를 주장하는 이들을 돈가, 돈오점수를 주장하는 이들을 점가로 나누어 표현하기로 한다.

가운데 가장 합리적인 수증론이므로 수선자修禪者는 마땅히 돈오점수를 통하여야 중도정안中道正眼을 얻을 수 있다."라고 주장하고 있다.

그런데 이러한 돈점논쟁은 한국불교(출가승단)의 법통문제와 서로 밀접한 관련이 있다. 즉 논쟁의 초점 중에 하나가 현금 한국불교 출가승단의 종통(宗統 : 법통)의 연원이 "보조종통설(普照知訥)"이냐, 아니면 "태고종통설(太古普愚)"이냐로 대립되고 있는 것이다.464)

보조종통설을 주장하는 측은 돈오점수를 지지하고, 태고종통설을 주장하는 측은 돈오돈수를 견지하고 있는 것 또한 하나의 특색이다. 성철선사를 대표로 하는 돈가頓家는 돈오돈수는 선가의 정통수증론이며, 돈오점수는 교가敎家 혹은 지해종도知解宗徒의 수증론이라고 주장한다. 이러한 견해에 의거하면, 보조는 신회, 종밀 등과 똑같이 돈오점수를 강조했기 때문에 그는 결코 선가禪家와 조계종 조가 될 수 없고, 단지 교가 및 지해종도에 불과하다는 것이다.

이미 앞장에서 고찰한 바에 의하면, 한국불교에서 진행되고 있는 돈점논쟁이 과거 중국불교 역사에서 유사한 전례를 보아 왔다. 즉 중국 남북조南北朝시대에 있었던 소돈오小頓悟와 대돈오大頓悟의 논

---

464) 李佛化 선생은 『曹溪宗發展史槪要』에서 "임제, 보조종통설"을 주장하고 있는데, 그 법계의 계보는 "혜능…임제…종고-보조…졸암-구곡-벽계-벽송-부용-청허휴정…"이다. 반면에 성철선사는 『한국불교의 법맥』에서 "임제, 태고종통설"을 주장하고 있다. 그 법계의 계보는 "혜능…임제…석옥-태고-환암-구곡-벽계-벽송-부용-청허휴정…"이다.

쟁과 돈오頓悟와 점오漸悟의 논쟁, 그리고 당대唐代의 남돈북점南頓北漸의 논쟁이 바로 그것이다.

어떤 면으로 보면 한국불교에서 진행된 돈점논쟁은 중국불교 역사에서 진행되었던 돈점논쟁의 연장선상에 있다고 해도 과언이 아니다. 사실상 남북조시대에 제기되었던 대돈오와 소돈오, 그리고 돈오와 점오의 논쟁은 경지론적인 측면에서 진행되었다. 다시 언급해보면, 소돈오는 칠지돈오七地頓悟로서 수행자가 보살 칠지에 이르러 무생법인을 증득하여 나머지 삼위를 무수지수無修之修하여 불지에 나아간다는 주장이며, 대돈오는 불성의 이치는 나누어질 수 없으므로 십지(十地 : 佛地)에서만 돈오하여 구경각을 성취한다고 주장하였다.

그리고 당대唐代의 남돈북점의 논쟁은 남종에서 일방적으로 북종을 향해 "사승은 방계이며, 법문은 점수(師承是傍, 法門是漸)"라고 공격한 법통시비가 주요한 원인으로 작용하였음을 살펴보았다. 이러한 경지론과 법통론이 혼재한 양상으로 진행된 것이 한국불교의 돈점논쟁이다.

사실상 한국불교의 돈점논쟁은 성철선사가 『선문정로禪門正路』에서 돈오돈수를 주창하면서 돈오점수에 대해 비판을 가함으로부터 불붙기 시작했다. 그는 선문의 수증론으로 오직 돈오돈수설을 주장하는 한편 조계종의 법통으로 태고太古 정통설을 제기했다. 즉 성철은 『한국불교의 법맥』에서 태고법통설을 역설하고, 보조법통설에 대해 강렬하게 비판을 가하고 있음을 볼 수 있다.

주지하는 바와 같이 보조는 하택신회와 규봉종밀이 강조한 돈오점수설을 계승하고 발전시킨 선사이다. 그러므로 성철은 돈오점수를 비판하면서 더 나아가 돈오점수를 주장한 신회, 종밀, 보조 등은 결코 종문의 정통이 될 수 없다고 비판하고 있다.

이러한 비판의 목적은 대략 둘로 나누어 설명할 수 있는데, 첫째 종문의 정통 수증이론으로 "돈오돈수"설을 정립하고 돈오점수를 배척하기 위함이다. 성철선사는 오직 돈오돈수만이 선문의 정로(禪門正路)이며, 정법이기 때문에 현재의 수선자들은 응당히 여기에 의거해 수선을 해야 하며, 나아가 돈오점수의 사법邪法은 폐기되어야 한다고 주장하고 있다.

둘째 한국불교의 정통법계正統法系를 정립하기 위하여 태고법계설太古法系說을 제기하고 보조법계설普照法系說의 부당성을 지적하고 있다. 그는 오직 태고법통만이 조사선문의 정통을 계승하고 있다고 본 것이다. 그러면 성철선사의 주장을 『선문정로』의 기록을 통해 살펴보도록 하자.

> 무릇 이 이설 중의 일례는 돈오점수頓悟漸修이다. 선문의 돈오점수頓悟漸修 원조元祖는 하택荷澤이며, 규봉圭峰이 계승하고 보조普照가 역설

한 바이다. 그러나 돈오점수의 대종大宗인 보조普照도 돈오점수를 상술한 그의 『절요節要』 벽두에서 하택은 시지해종사是知解宗師니 비조계적자非曹溪嫡子라고 단언하였다. 이는 보조의 독단이 아니요 육조六祖가 수기授記하고 총림이 공인한 바이다. 따라서 돈오점수사상을 신봉하는 자는 전부 지해종도이다. 원래 지해는 정법을 장애하는 최대의 금기이기 때문에 선문의 정안종사들은 이를 통렬히 배척하였다. 그러므로 선문의 지해종도라 하면 이는 납승의 생명을 상실한 것이니 돈오점수사상은 이렇게 가공할 결과를 초래한다.465)

이와 같이 성철은 『선문정로』에서 보조와 하택신회 규봉종밀에 이르기까지 돈오점수론자들을 향해 철저한 비판을 가하고 있다. 사실 보조는 『간화결의론看話決疑論』을 저술하여 대혜종고大慧宗杲의 간화선看話禪을 이 땅에 접목시킨 이래 근 800년 동안 한국 선불교의 종조宗祖 내지 중흥조中興祖로서의 지위를 누리며 절대적 권위를 지켜오던 선사이다.

이러한 보조선普照禪을 향해 『선문정로』는 신랄한 비판과 격하를 단행하고 있는 것이다. 이러한 측면에서 한국불교계 특히 선문에 적잖은 충격과 동요를 주었음과 동시에 이로 인해 돈점논쟁을 촉발시켰던 것이다.

---

465) 退翁 性徹, 『禪門正路評釋』 「서언(緖言)」. 藏經閣, 1993년. p 3~4.

『선문정로』에 의거하면, 돈오점수설은 설깨친 거짓 선지식들이 아무런 증처證處도 가지지 못한 채 알음알이, 곧 지해로 조작 해낸 이단사설의 잘못된 수행이론이라는 것이다. 지해知解는 구경각을 가로막는 최대의 장애물이므로 밝게 깨친 조사선祖師禪의 종장宗匠들은 한결같이 지해를 선문禪門의 최대의 금기禁忌로 삼았고, 항상 이를 통렬히 비판하고 배척하였다고 주장하고 있다.

이런 맥락에서 성철선사는 돈오점수의 수증이론을 지해(知解 : 알음알이)의 해오解悟로 단정하고 그 폐해를 지적하고 있는 것이다. 따라서 선문에서 돈오점수설을 신봉하는 자는 누가 되었던 간에 모두 지해종도知解宗徒의 무리라고 힐책하고 있다. 이렇게 폐해가 막심한 돈오점수의 이론을 신봉하고 수행하게 되면 오늘날 종문에 정법正法의 씨가 마르고 수선납자修禪衲子의 생명이 끊어지게 되니 참선하는 사람은 행여나 돈오점수설에 현혹되어서는 안된다고 경고하고 있다.

성철은 계속해서 돈오돈수의 수증방법을 고양高揚하고 있는데, 이는 혜능慧能, 마조馬祖, 백장百丈, 임제臨濟 등으로 이어지는 선종의 정통조사들이 공인한 바의 최상승법最上乘法임과 동시에 선문의 정로라고 역설하고 있다.

여기서 말하는 돈오는 해오解悟가 아닌 증오證悟를 말하는 것인데, 차제次第가 없는 구경각究竟覺을 의미한다. 『선문정로』가 비판하는 돈오점수설의 수증론에서 최고의 관건은 증오證悟인 구경각究竟覺으로서 깨달음을 삼지 않고 해오解悟를 구경각으로 착각하는데 있다고 주장한다.

선사는 이러한 오류를 극복하기 위한 최상의 수단이 바로 화두의 참구라고 말한다. 수선납자는 구경의 깨달음을 성취할 때까지 오로지 화두에 의심을 더해 일념으로 간단없이 공안을 참구할 것을 당부하고 있다.

여기서 화두를 참구함에 공부삼분단工夫三分段이 있음을 제시하고 있는데, 첫째 동정일여動靜一如, 둘째 몽중일여夢中一如, 셋째 숙면일여熟眠一如의 삼관을 투과해야 한다고 주장한다.

즉 첫 번째로 화두가 일여하여 행주좌와行住坐臥와 어묵동정語默動靜 간에 흔들림이 없는 경지인 "동정일여動靜一如"를 통과해야 하고, 두 번째로 자면서 꿈속에서도 공부가 여일하게 되는데 이를 "몽중일여夢中一如"의 경지라고 한다. 마지막으로 깊이 잠들었을 때도 화두가 훈습되어 "숙면일여(熟眠一如 : 또는 寤寐一如)"의 경지를 투과하게 되면, 제8식의 미세망념微細妄念마저도 탈각하고 급기야 화두가 타파되어 견성성불見性成佛한다는 것이다.

이러한 삼관三關을 통과한 구경의 증오證悟야말로 구경묘각究竟妙覺이며, 원증불과圓證佛果이며, 대원경지大圓鏡智라고 역설하고 있다. 이러한 성철의 돈오돈수설의 주장에 대해 학담스님은 『대승기신론

직해』해제에서 이렇게 평하고 있다.

> 지금 주장되고 있는 돈오돈수설에는 단계적인 수행의 향상을 통해 끝내 미세망념을 끊고 구경각을 얻어야만 한다는 차제적 수증주의修證主義와 계급과 차제를 뛰어넘는 돈수頓修의 두 입장이 왜곡되게 결합되어 있다. 이러한 주장을 접하면 중생은 늘 깨달음 밖에 서 있으므로 못 깨침의 절망과 열등의식(退屈心)에서 벗어날 길이 없는 것이며, 선정을 통해 어떤 얻음을 내세우는 이들은 실로 얻을 것이 없는 곳에서 얻음을 내세워 스스로 뻐기고 중생에게 군림하는 우월주의에 빠져 중생에 대한 헌신의 삶을 포기하게 될 것(增上慢)이다.[466]

이러한 논평은 성철선사가 주장한 철두철미한 수행이 차제적 수정주의修定主義로 오해되고, 상사각相似覺을 구경각究竟覺으로 차가한 의사도인擬似道人을 배척하고 완전한 깨달음을 주장함이 자칫 깨달음지상주의로 잘못 이해되어짐에 대한 지적이다.

그리고 마치 동정일여의 경지를 넘어 몽중일여의 경지가 있고, 또 그 너머 다시 숙면일여의 경지가 있으며, 아뢰야식의 미세망념마저도 끊고 난 다음에 새롭게 나타나는 구경의 경지가 부처의 경지(佛境界)라고 하는 깨달음의 실체화를 경계한 말이기도 하다.

---

[466] 『大乘起信論直解』, 큰수레, 2002년. p 20.

다른 한편으로 보조선사의 정혜결사도량인 송광사를 중심으로 한 점가漸家들은 조금은 수세적 입장에서 돈오점수의 이론을 주장하고, 아울러 보조법통설을 견지하고 있다. 그들은 보조지눌이야말로 한국 조사선, 간화선맥의 정통이라고 천명하고 있다. 만약에 한국불교가 원효의 화쟁사상으로부터 전통되어온 회통불교의 유전적 색채가 농후하다면, 즉 이러한 회통불교의 입장에서 본다면 보조의 회통사상이 한국불교의 정통이라고 역설한다. 따라서 보조가 선양한 돈오점수가 조계종문曹溪宗門의 보편적 수증론이 되어야 한다고 주장한다. 이들의 주장을 들어 보기로 하자. 이종익선생은 『보조선과 화엄』이라는 저술에서 다음과 같이 기술하고 있다.

여기에서 가장 우스운 것은 그는 겨우 『법집별행록절요法集別行錄節要』의 첫머리 몇 줄만 보고 그 『절요사기節要私記』전문을 다 읽어보지도 못하였고 또 보조의 저 『원돈성불론圓頓成佛論』이나 『간화결의론看話決疑論』도 읽어보지 못했다는 점이다. 그가 간화선을 하면서 한국 간화선맥의 유래를 모르는 박식자博識者라는 것에 크게 놀라게 된다.

그는 보조가 삼세三世 불조佛祖의 오수悟修의 대원칙에 의하여 돈오점수를 주장하였지만 그것은 만인 공통의 대경대법大經大法을 말함이고 대심범부大心凡夫를 위하여서는 돈오원수頓悟圓修 일생성불一生成佛을, 그리고 숙세연숙자宿世緣熟者에게 돈오돈수를 그 근성에 따라 논증하였는데 어찌하여 겨우 보조는 오직 돈오점수 일문一門 밖에 모르는

줄 알았든가. 그것이 억설망단臆說妄斷이 아닌가.[467]

여기서 이종익선생은 다소 감정적인 언사로 『선문정로』를 비판하며 반론을 제기하고 있다. 보조가 주장한 수증이론은 돈오점수에 그치는 것이 아니라, 중생의 근기에 따라 다양한 수증방법을 제출하고 있는데, 숙세로부터 수행 인연이 깊은 상근기보살을 위해 돈오돈수를 논증하고 있으나, 삼세제불의 수증의 대원칙에 따라 돈오점수를 강조하는 것이라고 반박하고 있다. 이와 함께 돈오점수를 옹호한 법정스님의 견해를 잠시 들어보기로 하자.

교단 일각에서는 고정관념에 사로잡혀 아직도 보조의 돈오점수사상을 가지고 왈가왈부하는 의견이 없지 않지만, 종교의 근본은 공허한 말끝에 있지 않고 투철한 체험과 실지 행에 있음을 우리는 분명히 알아야 한다. 불타 석가모니의 경우, 보리수 아래에서의 깨달음은 돈오이고 45년간의 교화활동으로 무수한 중생을 제도한 일은 점수에 해당한다. 이것이 또한 불교의 두 날개인 지혜와 자비의 길이다.
깨달은 다음의 수행은 오염을 막을 뿐 아니라, 온갖 행을 두루 닦아 자신과 이웃을 함께 구제하는 일이다. 보조지눌은 『절요사기』에서 다음과 같이 말하고 있다. "요즘 선을 안다고 하는 사람들 중에는 흔히

---

467) 『普照禪과 華嚴』, 한국화엄사상연구원. p 237.

말하기를, 불성을 바로 깨달으면 이타의 행원이 저절로 가득 채워진다고 하지만 나는 결코 그렇게 생각하지 않는다. 불성을 바로 깨달으면 중생과 부처가 평등하여 나와 너의 차별이 없어진다. 이때 비원悲願을 발하지 않으면 정처靜處에 갇힐 염려가 있다. 그러므로 『화엄론』에 이르기를, 지성智性은 적정寂靜하므로 원願으로써 이를 극복해야 한다."고 말한 것이다.

여기에서 우리는 돈오점수를 자신의 인격형성과 중생의 구제로 풀이할 수 있다. 그리고 바로 알아야 할 수행이 있고, 그런 행의 완성이야말로 온전한 해탈이요 열반이라고 할 수 있다. 중생계가 끝이 없는데 자기 혼자서 돈오돈수로 그친다면 그것은 올바른 수행도 아니고, 지혜와 자비를 생명으로 삼는 대승보살大乘菩薩이 아니다.[468]

법정스님은 대승보살의 지혜와 자비를 함께 운용하는 "비지쌍운悲智雙運"의 각도에서 돈오점수를 해석하고 있음을 볼 수 있다. 즉 해행상응解行相應의 입장에서 돈오견성頓悟見性에 의한 인격의 완성을 돈오頓悟에 배대하고, 육도만행六度萬行의 중생구제衆生救濟를 점수漸修에 배대하고 있다.

그는 보조의 관점을 옹호하면서 『절요사기』의 말을 인용하여 주장하기를, 중생이 불성을 바로 깨닫는 것이 돈오이며, 깨달음의 정

---

468) 『普照思想』 제1집, 권두언. p 4~5.

처에서 다시 중생을 향한 비원悲願을 발하는 것이 점수라고 규정하고 있다.

그리고 보조가 인용한 통현장자通玄長者의 『화엄론』에서 설하고 있는 지성智性의 발현과 원력願力의 실천을 돈오점수로 해석하고 있다. 그러니까 보조가 말하고 있는 돈오점수의 점수는 돈오돈수 이후의 보현행원普賢行願의 실천을 의미한다고 보고 있는 것이다. 아울러 돈오돈수는 깨달음의 적정처寂靜處에 안주하는 소승적인 태도라고 비판하고 있다.

그러나 성철선사가 어찌 "한국 간화선맥의 유래를 모르는 박식자博識者"일 것이며, 돈오돈수가 어째서 깨달음의 적정처에 안주하는 소승적 태도이겠는가. 수세적 입장에서 감정적 대응을 할 것이 아니라 학문적 입장에서 광명정대하게 총체적 안목으로 돈점의 논지를 피력하는 것이 오히려 유익한 논쟁이 될 수 있었을 것이다.

그런데 이러한 돈점논쟁의 와중에서 돈오돈수와 돈오점수의 수증론에 대한 회통을 시도하고 있는 중간자적 입장이 눈길을 끌고 있다. 이러한 입장을 "돈오돈수적 점수(頓悟頓修的漸修)"로 규정하고 있다. 돈점의 회통을 시도하고 있는 박성배 선생의 주장을 들어보기로 하자.

여기서 우리는 돈오돈수설과 돈오점수설의 논쟁을 다음과 같이 정리할 수 있을 줄로 안다. 돈오점수설이 '깨침의 본질'을 한 인간으로서 인간사회 속에서 매일매일 어떻게 살아야 하느냐 하는 '닦음의 문제'와의 관계 속에서 이야기하는 매우 넓은 의미의 수행이론이라면, 돈오돈수설은 이타적 보살행에 대한 관심표시나 구체적인 언급을 일체 거부하고 오직 깨침 하나만을 위해 사는 깊은 산속 수도자들의 용맹정진반 경책警策과도 같은 매우 좁은 의미의 특수한 수도이론이라 말할 수 있을 것이다.[469)]

박성배선생의 견해에 따르면 돈오점수는 일반 사람을 위한 보편적인 수행론인 반면 돈오돈수는 전문 수선자의 특별한 수증이론이라는 것이다. 따라서 그는 양자의 입장을 결합하여 "돈오돈수頓悟頓修적 점수漸修"설을 주장하기에 이른 것이다. 그의 주장을 더 들어 보면, "성철선사의 돈오돈수설은 우리들의 깨침에 대한 자세를 바로 잡아 주었고, 보조국사의 돈오점수설은 불교인들의 삶의 폭을 넓혀 주었다. 그래서 필자는 보조국사의 돈오점수설을 '돈오돈수적 점수설'로 발전시키는 것이 바람직하다고 생각한다."라고 결론짓고 있다.

돈점수증의 사상사에 나타난 돈오의 경지는 초주돈오初住頓悟, 칠지돈오七地頓悟, 불지돈오佛地頓悟이다.[470)] 그리고 선사상사에서 여러

---

469) 「성철스님의 돈오돈수설 비판」, 『깨달음 돈오점수인가, 돈오돈수인가』. p 275~276.

종류의 다양한 수증론이 제기되었지만, 가장 중요하게 제기된 수증이론은 역시 이른바 돈점사구라는 "점수점오漸修漸悟", "점수돈오漸修頓悟", "돈오돈수頓悟頓修", "돈오점수頓悟漸修"의 네 종류라고 말할 수 있다. 이 가운데 점수점오를 제외하고 나머지 세 종류의 수증론은 사실 "돈오"를 기점으로 오전悟前의 수행과 오후悟後의 수행으로 나누어 이해할 수 있다. 즉 돈오 이전의 수행은 "닦음이 있는 닦음"(有修之修)으로 규정하고, 돈오 이후의 수행은 닦음이 없는 닦음(無修之修)이라고 규정하고 있는데, 항상 논쟁의 대상이 되는 것이 돈오 이후의 닦음의 문제이다.

돈가頓家의 입장은 돈오하면 바로 돈수를 해 마쳐야 되는 것(頓畢)이지 더 닦아야 할 점수가 있다면 이것은 진정한 돈오가 아니라고 주장하는 반면, 점가漸家는 설사 돈오를 했다하더라도 이는 이理의 분상이고 아직 사事의 분상에서는 습기를 제거해야하는 보림保任이 필요한데, 이 보림은 닦기는 하되 닦음이 없는 닦음이라는 주장하는 것이다.

선종의 종지인 "견성성불見性成佛"을 놓고 말하면, 견성이 곧 성불이라고 주장하면 돈오돈수가 되는 것이며, 견성한 연후에 보림을

---

470) 초주돈오는 『화엄경』의 초발심시변정각初發心時便正覺에 근거하여, 하택, 종밀, 연수, 보조 등이 주장했다. 칠지돈오는 『반야경』 계통의 칠지돈오무생법인七地頓悟無生法忍에 근거하여 지도림, 도안, 승조 등이 주장했다. 불지돈오는 『십지경론』, 『기신론』 등에서 주장하는 구경각에 근거하여 도생, 사령운, 성철 등이 주장하고 있다.

통한 육도만행을 수습하여 구경원만의 성불에 이른다고 주장하면 돈오점수가 되는 것이다.

그러면 회통의 입장에서 수행자가 먼저 수행(漸修)하여 깨달음(頓悟)을 얻어서 한량없는 중생을 교화한다고 가정했을 때, 먼저 점수를 통해 돈오해야 하고(漸修頓悟), 일단 돈오하게 되면 돈수이며(頓悟頓修), 돈오한 연후에 다시 점수, 즉 깨달음을 실체화 하지 않고 이제는 닦음이 없는 닦음의 방편수행(頓悟漸修)으로 중생회향衆生回向한다면 이 삼종 수증이론은 융회融會의 길이 열릴 수도 있는 것이다.

단락을 달리하여 회통會通적 시각에서 돈점頓漸을 융합融合하려는 시도에 동의하고, 이러한 사상적 기조 위에서 돈점회통頓漸會通이론을 전개해 보기로 하자.

2. 돈점수증론의 회통

돈점수증론을 회통하기 위해서는 우선 수修와 증證, 그리고 점漸과 돈頓의 정확한 개념을 정의하는 것이 선행되어야 한다. 먼저 수와 증의 유기적 관계성에 대해 정리해 보도록 하자.

전통불교의 가르침에 따르면 이른바 수행과 깨달음의 법문은 고집멸도苦集滅道의 사성제에서 그 연원을 찾아 볼 수 있다. 이미 앞장에서 고찰해 보았듯이, 수행(修)이란 사성제의 관점에서 보면 도제道諦에 상응하는 언어이며, 깨달음(證)은 멸제滅諦에 상응하는 언어이다. 즉 고苦가 소멸된 무아無我, 무상無常의 연기법(滅諦)을 체득하는 것이 깨달음이며, 깨달음에 이르기 위해 팔정도를 닦음이 수행인 것이다.

여기서 수행은 깨달음의 원인이며, 깨달음은 수행의 결과가 된다. 이것을 수인증과修因證果라고 한다. 그런데 수행의 입장에서 보면 수증의 인과가 분명하지만, 깨달음의 입장에서 보면 수증의 인과는 이미 소멸해 버린다. 즉 수행이란 고통의 현실세계를 해탈열반으로 바꾸는데 실천적 인과因果가 있음을 표현하는 말이라면, 깨달음이란 그러한 실천적 인과마저도 공空한 경계를 표현하는 말이다.

다시 말하면 실천적 인과가 있으면(有) 수행이요, 실천적 인과마저 사라지면(無) 깨달음이다. 있지도 않고 없지도 않는(非有非無) 중도정관中道正觀에서 보면 수행과 깨달음은 하나의 바탕에 나타난 두 얼굴(一體兩面)로서 "수증일여修證一如"가 된다.

그러나 도제가 없는 멸제가 있을 수 없기 때문에 수행을 떠난 깨달음의 절대화絕對化도 옳지 않으며, 멸제를 얻지 못한 도제 또한 헛수고에 지나지 않기 때문에 깨달음을 떠난 수행의 고정화固定化 역시 옳지 않다. 닦음(修行)이 닦음 없는 닦음일 때 닦음은 온전히 깨달음(證悟)으로 현전되며, 깨달음(證悟)이 깨달음에 집착하지 않는 깨달음일 때 깨달음은 온전히 닦음으로 환원될 수 있는 것이다.[471]

수행은 비록 깨달음의 전제 조건이지만 깨달음을 얻지 못한 수행은 진정한 수행이 아니며, 수행이 반드시 깨달음을 얻는 것은 아니지만 깨달음은 수행을 통해서만 얻을 수 있는 결과이다. 따라서 수행을 전제하지 않으면 깨달음의 경계를 얻을 수 없으므로 수행은 깨달음으로 말미암아 진정한 수행(眞修)이 될 수 있고, 깨달음 역시 수행으로 인해서 자연히 얻어지는 지혜이다.

이와 같이 수행은 깨달음의 원인(因)이 되며, 깨달음은 수행의 결과(果)가 되는 것이다. 만약 인과가 상의상자(相依相資 : 因果交徹)한 입장에서 보면 수행은 전부 깨달음으로 귀결되고 깨달음 또한 전부

---

471) 鶴潭, 『六祖法寶壇經解義』. p 290.

수행으로 회향되어 진다. 이것을 선사상에서는 "수증일여(修證一如 : 修悟一時)"라고 말한다.

따라서 설숭은 『육조대사법보단경찬』에서 이렇게 말하고 있다. 혜능의 돈오선법이 제시한 "열반묘심涅槃妙心" 즉 중도불성은 닦아서 이루어지는 것이 아니며(非修所成), 증득해서 밝혀지는 것도 아니라(非證所明), 본래 이루어져 있으며 본래 밝혀져 있는 것이다. 밝음이 미혹된 사람은 다시 밝혀야 되므로 "증득證得"함이 있다고 말하고, 이룸을 등진 사람은 다시 이루어야 되므로 "닦음(修)"이 있다고 말한다. 그러므로 닦음이 없는 닦음(非修而修)이 진정한 닦음이며, 밝힘이 없는 밝힘(非明而明)이 진정한 깨달음이다.[472)]

다음은 같은 맥락에서 수행과 깨달음의 인과(修證因果) 관계성에 입각해서 점수漸修와 돈오 頓悟를 정의해 보기로 하자. 대승불교에서는 부파불교의 심성본정설心性本淨說과 심성부정설心性不淨說을 각각 이어받아 불성본유설佛性本有說과 불성시유설佛性始有說을 제시하였다. 불성본유란 일체중생이 본래 청정불성을 갖추고 있기 때문에 밖을 향한 수행에 의지하지 않고 안으로 마음을 반조하여 자연히 성불할 수 있다는 주장이다. 불성시유란 두 가지 의미가 내포되어 있는데, 첫째는 일체 중생의 심성이 본래 오염되어 부정하기 때

---

472) 『六祖大師法寶壇經讚』. "夫妙心者, 非修所成也, 非證所明也, 本成也, 本明也. 以迷明者復明, 所以證也. 以背成者復成, 所以修也. 以非修而修之, 故曰正修也. 以非明而明之, 故曰正證也."

문에 반드시 수행을 통해야 비로소 불성을 얻을 수 있다고 주장하는 것이며, 둘째는 중생이 본래 불성을 갖추고 있었으나 지금은 번뇌 망념에 가려서 없으므로 수행을 통해 계발해야 비로소 불성이 있게 된다고 주장하는 것이다.

수행과 깨달음의 인과관계에서 보면, 불성본유설은 인중유과(因中有果 : 원인 가운데 결과가 있음) 혹은 인과불이(因果不二 : 원인과 결과가 하나임)의 입장에 있기 때문에 돈오頓悟가 가능하게 되어 깨달음을 강조한다. 반면에 불성시유는 수인증과(修因證果 : 원인을 닦아 결과를 증득함) 혹은 인과점차(因果漸次 : 원인과 결과 사이에 차제가 있음)의 입장이어서 반드시 점수漸修를 통해 깨달음에 이를 수 있기 때문에 수행을 강조하게 된다.

번뇌를 끊고 불성을 드러냄에 있어서 점차(階段)적 수증의 인과관계성을 인정하면 점수가 되며, 수증의 인과가 불이不二하여 그 관계성마저도 공空한 수증일여의 입장에서 말하면 돈오가 되는 것이다.

따라서 비유비무非有非無의 중도실상의 각도에서 보면 점수와 돈오 어느 하나도 얻을 수 없게(無所得) 되어, 다만 공空에 집착한 수행자를 위해 점수의 인과법(有)으로 교화하고, 인과의 유有에 집착한 수행자를 위해 인과의 무자성(無自性 : 空)인 자성청정을 돈오할 것을 가르친다. 그러므로 돈오는 점수에 대한 대치 방편문이며, 점수란 돈오에 대한 대치 방편설법이라 말할 수 있다.

여기서 하나의 비유를 들어 돈과 점의 유기적 관계성을 설명해 보도록 하자. 예를 들어 씨앗으로부터 싹이 나오고, 싹으로부터 꽃이 피어 열매를 맺는다고 했을 때, 이 싹(果)은 씨앗(因)으로부터 발아한 것이기 때문에 씨앗과 싹의 사이에는 "인과상속"이 성립된다.

그러나 씨앗이 결코 싹은 아니라서 씨앗이 땅에 묻혀 썩어야(자기부정)만이 싹이 발아할 수 있는 것처럼 씨앗에서 싹에 이르기까지는 "질적인 비약"이 일어나야 가능하다. 인과상속과 질적 비약은 단지 하나의 현상의 두 가지 면에 지나지 않는다. 점수는 씨앗과 싹 사이의 유전관계의 인과과정으로 비유될 수 있으며, 돈오는 씨앗과 싹의 혁명적 비약의 상태를 비유한 말이다.

만약에 이와 같이 점수와 돈오를 일체양면一體兩面으로 이해한다면 점수와 돈오는 다르면서도 같고, 같으면서도 다른 것(不一不異)이 되기 때문에 "수오일여修悟一如", "돈점상자頓漸相資", "돈점쌍입頓漸雙入"이 되는 것이다.

그러므로 천태지자는 『마하지관』에서 말하기를, "점漸이란 차제를 말함이니 얕음을 의거해 깊음을 따르는 것이다. 돈頓이란 단박에 갖추는 것이요, 단박에 궁극에 이르는 것이다. 돈점이라는 것도 또한 다른 뜻이 없고 치우침과 원만함을 서로 도와 이루는 것이다."473) 라고 돈점을 정의하고 있다.

아울러 돈점을 회통하여 "큰 것으로 작은 것을 파하면 돈점을 함께 나열하고(漸頓并陳), 작은 것을 가져 큰 것을 밝히면 돈점이 서로 의지하고(頓漸相資), 작은 것을 모아 큰 것으로 돌아가면 돈점이 하나로 합해 진다(頓漸泯合). …… 마땅히 알아라. 바로 돈이면 점이 되는 것(即頓而漸)이요, 바로 점이면 돈이 되는 것(即漸而頓)이다."474)

종밀 또한 이렇게 말하고 있다. "한 생각 깨달을 때 즉시 염착染着을 떠나니 바로 수행이며, 한 번 깨달음에 영원히 깨닫게 되니 미래제가 다하도록 간단없이 수행하여 생각 생각에 상응하여 휴식이 없으므로 처음과 끝이 서로 거두어들이니 모두 돈점쌍입頓漸雙入이라 한다."475) 이와 같이 돈점은 상자한 것(頓漸相資)이요, 돈점은 쌍입하는 것(頓漸雙入)이다.

엄격히 말해 닦음과 깨달음이 둘이 아닌 인과교철因果交徹의 입장에서 보면, 돈점을 함께 닦되(頓漸雙修) 돈점을 함께 잊으며(頓漸雙忘), 돈과 점을 세우지 않되(無頓無漸) 돈과 점을 원만하게 닦아서(圓頓圓漸), 닦음 없이 닦고 깨침 없이 깨치니(無修無證) 모든 수행과 모든 깨달음이 그대로 구경원만(圓證圓修)이 된다. 이것이 진정한 의미에서의 돈점회통의 법문이다.

---

473) "漸名次第, 藉淺由深. 頓名頓足頓極. 此亦無別意, 還扶成偏圓."
474) 『法華玄義』卷第一上. "若以大破小, 是漸頓并陳. 若帶小明大, 是頓漸相資. 若會歸大, 是頓漸泯合. …… 當知卽頓而漸, 卽漸而頓."
475) 『華嚴經行願品疏鈔』권1. "一念悟時, 卽離染着, 便是修行, 一悟永悟, 盡未來際而無間斷修, 念念相應而無休息故, 始終相收, 皆名(頓漸)雙入." 『續藏經』제7책, p 407右上.

여기서는 돈과 점을 세우고 파함에 자재하여 모든 돈점수증론을 온전히 수용하기도 하고 온전히 배척하기도 하며(全收全揀), 전체를 세우기도 하고 전체를 파하기도(雙遮雙照) 한다. 보살의 지혜로 파하고 자비로 세울 뿐이다(悲智雙運).

그러면 다시 한 번 부처님의 대자대비한 행포문에서 설하신 사실단四悉檀[476]의 수기설법으로 돈점의 유기적 관계성을 살펴보자. 제일의실단第一義悉檀의 가르침에서는 닦아서 얻는다(修而得)고 말해도 맞지 않고, 닦지 않고 얻는다(不修而得)고 말해도 맞지 않다. 이것이 바로 돈오돈수頓悟頓修의 경계이다. 어떻게 보면 돈오돈수는 하나의 수증론이 아니라 절대청정絶對淸淨, 진여본성眞如本性의 구경각처究竟覺處를 나타내는 말이기 때문에 오히려 닦음(修)과 깨달음(悟), 점차(漸)와 단박(頓)이란 이름이 붙을 수 없는 중도실상의 당처 그 자체를 말하고 있는 것이라 하겠다.

---

[476] 사실단은 부처님께서 중생을 제도하기 위한 방편설법을 네 종류로 나누어 설명함을 말한다. 『대지도론』 권1의 기록에 의거하면, "첫째, 제일의실단第一義悉檀 ; 일체의 논의와 언어를 세우지 않고 직접 제일로 제법실상의 도리를 밝혀 중생들로 하여금 진정으로 교법에 깨달아 들게 하므로 또한 입리실단入理悉檀이라고도 한다. 둘째, 세계실단世界悉檀 ; 세간에 법에 수순하여 인연화합의 도리를 설하는 것이다. 즉 세간의 일반 사상, 언어, 관념 등의 사물로써 연기의 진리를 설명하는 것을 말한다. 예를 들어 인간 세계는 인연의 화합으로 존재하기 때문에 실체가 없다. 인간의 존재 또한 본래 세속의 관념에 불과한 것이므로 세속의 법으로 알맞게 설하여 중생을 수순함으로써 범부들로 하여금 기쁘게 세간의 지혜를 얻게 하기 때문에 세계실단 혹은 낙욕실단樂欲悉檀이라고도 한다. 셋째, 위인실단爲人悉檀 ; 중생의 한 사람 한 사람의 근기와 능력에 따라 각종 세간의 실천법을 설하여 중생들로 하여금 선근을 일으키게 하므로 또한 생선실단生善悉檀이라고도 한다. 넷째, 대치실단對治悉檀 ; 중생의 탐진치 등의 번뇌에 대하여 병에 따라 약을 준다. 이 실단은 중생의 번뇌와 악업을 소멸하는 가르침이다. 능히 중생의 모든 악업을 끊을 수 있기 때문에 또한 단악실단斷惡悉檀이라고도 부른다.

따라서 최상승의 보살이 언하에 바로 깨닫는(言下便悟) 구경의 경지를 언표하는 말임과 동시에, 닦음도 깨달음도 없고 점차의 지위와 단박의 증오도 인정할 수 없는 수증을 짐짓 돈오돈수라 불러보는 것이라 할 수 있다.

그러나 대치실단對治悉檀, 세계실단世界悉檀, 위인실단爲人悉檀에서는 중생의 근기, 병통과 환경에 따라 가지가지 다른 선교방편의 설법을 시설하게 된다. 예를 들어 번뇌가 치성한 중생을 위하여 "점수"의 방편을 시설하여 번뇌를 대치하게 하고, 번뇌의 자성이 공한 줄 알지 못하여 억지로 번뇌를 끊으려고 하는 수행자를 위해 자성이 본래 청정(空)함을 "돈오"하게 가르치고, 본래 청정한 자성을 신비화하거나 혹은 공空에 안주해 공으로써 깨달음을 삼는 수행자를 위해 자성이 본래 청정함을 돈오하였지만 점수의 인연방편을 버리지 않게 하니 "돈오" 이후 "점수"가 되는 것이다.

그런데 어떤 사람들은 돈오점수를 돈오 이후에 점수를 통해 도달해야 할 구경의 다른 경지가 따로 존재한다고 잘못 이해한다. 그래서 번뇌가 바로 보리(煩惱卽菩提)라는 돈오경계頓悟境界에서 다시 돈오頓悟 자체를 돈수頓修함을 나타내기 위하여 "돈오가 바로 돈수이다(頓悟卽頓修)."라고 가르치고 있는 것이다. 돈점수증에 대한 이러한 이해는 사람의 병통에 따라 시설하는 대치실단對治悉檀의 입장에서 돈오와 점수를 해석한 것이다. 그리고 종밀선사와 연수선사가 말한 상상근기의 돈오돈수와 상근의 돈오점수 등 돈점 제수증론은 사람의 근기에 따라 시설한 위인실단爲人悉檀의 입장이라 할 수 있다.[477]

그러므로 모종삼 선생은 일찍이 말하기를, "돈오가 바로 점수이고, 점수가 바로 돈오이다. 지금 여기에서 구족하지 않음이 없고, 오직 이 경지에 도달하기 위해서는 일반 경험으로는 들어갈 수 없고 반드시 무한한 수행심을 바로 우리들 참 생명 가운데 두어서, 생명의 본유를 바로 보아야 한다. 이와 같이 끝이 없는 수행 역정(漸修)과 일시에 단박 깨달음(頓悟)이 서로 위배되지 않는다."라고 역설하고 있다.

이와 같이 제일의실단의 돈점쌍망頓漸雙忘에서는 돈점을 모두 세우되 파하며, 파하되 세우는 입장이기 때문에 돈오돈수와 돈오점수를 함께 세울 수도 있고 파할 수도 있다. 그리고 법에 대한 집착, 즉 병통에 따라 시설한 대치실단과 사람의 근기론의 입장에서 시설한 위인실단이 위에서 말한 제일의실단과 뒤섞여 서로 혼동되므로 인해 돈오돈수 혹은 돈오점수에 대한 시비를 문제 삼는 돈점논쟁은 애초부터 성립될 수 없는 성질의 것이다. 즉 차원을 달리하는 범주를 한 범주 안에 넣고 정사正邪를 분별하는 것은 논쟁 그 자체가 성립될 수 없기 때문에 종국엔 소모적, 감정적으로 치닫게 되는 것이다.

---

477) 참조, 鶴潭, 『六祖法寶壇經解義』. p 290~291.

이러한 의미에서 말하면 남돈북점南頓北漸의 돈오와 점수는 대립적인 논쟁의 대상이 아니라 상호보완의 매우 이상적인 수증론이 될 수 있다. 이러한 상호보완적 측면에서 돈오와 점수에 대한 수증론을 혜능의 『단경』에서 아래와 같이 설하고 있다.

> 법은 하나이지만 깨달음에 더딤과 빠름이 있다. 더디게 깨달으면 점이요 빠르게 깨달으면 돈이다. 법에는 점과 돈이 없으나 사람에 예리함과 둔함이 있어 점과 돈으로 나눈다.478)

위의 설법을 보면 남종의 돈점관을 분명하게 알 수 있다. 여기서 혜능은 전통불교와 동일하게 "법에는 돈점이 없으나 사람에 예리함과 둔함이 있다(法無頓漸, 人有利鈍)."라는 근기론根機論의 관점을 견지하고 있다. 즉 불법 중에는 결코 돈점의 구별이 없다. 다만 사람의 근기에 차별이 있으므로 미혹한 중생과 깨달은 부처의 다름이 있어서 증득함에 더딤과 빠름이 있을 뿐이다.

이것을 사실단으로 바꾸어 이해하면 혜능은 우선 제일의실단의 입장에서 불법의 평등성을 천명하고, 그 다음 위인실단의 각도에서 돈점頓漸, 오수悟修의 법을 시설하고 있다. 즉 사람의 근성에 따라 수증의 방편을 다르게 세우고 있다.

---

478) 『壇經』. "法卽一種, 見有遲疾, 見遲卽漸, 見疾卽頓, 法無漸頓, 人有利鈍, 故名漸頓"

다시 말하면 사람들의 근기의 높고 낮음에 따라 깨달음이 비교적 더딘 하근기 중생은 차제의 점수를 통하여 해탈에 이르게 하고, 상근기 보살을 위해서는 점차의 계단을 밟지 않고 찰나에 돈오하는 법을 말하고 있다. 그러나 돈점쌍망의 깨달음의 경지에서는 돈오돈수니 돈오점수니 하는 것이 본래 자취가 없어지므로 청허휴정은 이렇게 말하고 있다.

> 본분을 바로 들어 보이면 부처와 조사도 공능이 없으며, 하늘과 땅도 색을 잃고 해와 달도 빛을 잃는다. 그러나 법에는 여러 가지 뜻이 있고 사람에게도 온갖 근기가 있으므로 여러 방편을 시설하지 않을 수 없다. 법이란 한 물건이고 사람이란 중생을 말한다. 법에는 불변과 수연이 뜻이 있고 사람에게는 돈오와 점수의 근기가 있다. 그러므로 문자나 언어의 시설이 없을 수 없다.[479]

수기설법에는 수연과 불변의 뜻이 있고, 근성이 유별한 사람에게는 점수와 돈오의 구별이 있게 된 것이다. 그러므로 연수는 한편으로 종경의 원돈문으로 돈오돈수頓悟頓修를 강조하고 다른 한편으로 돈오점수를 상근 수행자가 닦는 방편임을 인정하고 그 외 여러 돈

---

479) 『禪家龜鑑』. "直擧本分, 佛祖無功能. 乾坤失色, 日月無光. 然法有多義, 人有多機, 不妨施設. 法者 一物也. 人者衆生也. 法有不變隨緣之義, 人有頓悟漸修之機. 故不妨文字語言之施設也."

점수증방편을 나름대로 평가하였던 것이다. 근기에 따라 점차 닦는 이가 있고 단박 깨닫는 이가 있을 수 있지만, 스스로 자성청정을 깨달으면 아무 차별이 없게 된다.

수증론의 입장에서 말하면 혜능, 신회의 돈오선은 단순히 돈오돈수 혹은 돈오점수만을 제시한 것이 아니라 돈, 점의 개념을 아우르는 전체 수증론을 제시하고 있다. 혜능과 신회는 비록 전체 돈점수증론을 제시하고 있지만 구경의 수증법문으로는 역시 돈오돈수를 강조하고 있는 것이다. 『전등록』에 다음과 같은 기록이 전해지고 있다.

신회가 물었다. 먼저 돈오하고 나중에 점수하거나 먼저 점수하고 나중에 돈오하거나 돈점을 깨닫지 못한 사람은 마음으로 항상 번민합니다. 혜능이 답한다. 법을 들음에는 돈 가운데 점이며(聽法頓中漸), 법을 깨달음에는 점 가운데 돈이며(悟法漸中頓), 수행은 돈 가운데 점이며(修行頓中漸), 과를 증득함에는 돈 가운데 돈이 되어(證果頓中頓) 돈점頓漸은 항상 인因이 되어서 깨달음 가운데에는 번민함이 없다.[480]

위의 문답[481]에 의거하면, 돈점 수증론에서 소위 점수돈오, 돈오

---

480) 『傳燈錄』 권제28. 「荷澤神會大師法語」. "(神會)第四問, 先頓而後漸, 先漸而後頓, 不悟頓漸人, 心理常迷悶. (慧能)答曰, 聽法頓中漸, 悟法漸中頓, 修行頓中漸, 證果頓中頓, 頓漸是常因, 悟中不迷悶." 『大正藏』 제51권.

돈수, 돈오점수 등의 수증방법은 결코 서로 모순되는 것이 아니라 서로 보완하고, 서로 원인이 되는 유기적인 관계임을 증명할 수 있다.

그리고 혜능, 신회의 돈오선법 가운데서 가장 강조하고 있는 수증방법은 역시 돈오돈수頓悟頓修로서 구경에 증득한 과덕은 그것으로부터 얻는 경계라고 분명하게 못을 박고 있다.

이미 살펴본 바에 의하며, 불교 역사상에서 돈점수증론을 가장 먼저 종합적 이론체계로 세운 사람은 청량징관이다. 이후 규봉종밀이 징관의 돈점수증론을 계승하고 발전시켜 선교일치의 돈점관을 정립했다. 그리고 연수가 『종경록』에서 돈점사구를 들어 회통을 시도하고 있다. 그럼 여기서 연수의 『만선동귀집』과 『종경록』에 나타난 돈점수증에 대한 견해를 다시 한 번 살펴보아 회통의 터전을 마련해 보자.

연수는 우선 돈점수증을 언급하기 전에 "지금 사실단四悉檀에 의거하여 널리 중생의 근기를 위함이다."[482] 라고 하여 수증론을 시설하는 이유를 밝혔다.

---

481) 중국의 불교학자 호적(胡適)은 『傳燈錄』의 이 부분을 훗날의 위조이며 신회의 사상이 아니라고 평론하고, 신회의 주장은 "돈오돈수"라고 말하고 있다.
482) 『宗鏡錄』第三十六卷. "今依四悉, 普爲群機."

생각하건대 이 돈오점수는 이미 불승佛乘과 합하여 원만한 뜻에 어긋나지 않는다. 마치 돈오돈수 같은 것도 또한 여러 생에 걸쳐 점차로 닦아 금생에 단박 익숙한 것이니, 이것은 당사자에 있어 시절인연이 맞아 스스로 증험한 것이다.

마치 『화엄경』에 설하기를, 초발심시에 곧 정각을 이루고(初發心時卽成正覺), 삼현십성三賢十聖을 차제로 수증하는 것과 같다. 만약 깨닫지 않고 닦는 것은 참된 닦음이 아니다.

이제 돈오점수를 취하니 깊이 교리에 합한다. 『수능엄경』에 이르기를, 이치(理)는 비록 단박에 깨달아서 깨달음에 의해 아울러 소멸되지만, 현상(事)은 점차 닦는데 있기에 차제에 의거해 없어진다. 마치 큰 바다의 맹풍이 단박에 쉬어지나 파도는 점차로 멈추는 것과 같으며, 마치 아이가 태어나자마자 육근이 단박에 다 갖추어졌지만 역량은 점차 구비하는 것과 같고, 햇빛이 단박에 떠오르지만 서리와 이슬은 점차 소멸되는 것과 같다.

돈점사구 가운데서 만약 상상근기에 의거하면 돈오돈수이고, 만약 상근기에 의거하면 돈오점수이다. 돈오돈수가 종경宗鏡의 종지에 바로 해당한다. 화엄종과 같이 깨달음을 마치 해가 비추는 것처럼 취하니 곧 해오와 증오 모두가 다 돈頓이다.

또한 만약 깨달음을 이용해 닦으면 곧 해오解悟요, 만약 닦음으로 인하여 깨달으면 곧 증오證悟이다.

이상이 연수선사의 돈점관 가운데서 돈점논쟁의 핵심 부분에 대한 견해이다. 여기에서 돈오돈수와 돈오점수는 아무 문제없이 나란히 각자의 의의를 다하고 있다. 상상근기와 상근기 그리고 중하근기가 각자 스스로의 분수에 맞게 수증하면 되는 것이다.

해오와 증오는 수행과 깨달음을 행하는 양식의 차이에서 나누어진 성질의 것이지, 깨달음의 높고 낮은 차원의 문제가 아니다. 먼저 닦고 나중에 깨달으면(先修後悟) 전부 증오證悟요, 먼저 깨닫고 나중에 닦으면(先悟後修) 모두 해오解悟일 뿐이다. 이로써 종밀, 연수가 언급하고 있는 해오와 증오는 오悟의 높낮이를 나타내는 의미로 쓰인 말이 아니라, 선수후오先修後悟면 설사 점수점오라도 증오이며, 선오후수先悟後修면 설사 돈오돈수라 하더라도 해오로 규정하고 있다. 이것을 오늘날 한국불교의 돈점논쟁에서처럼 "해오 = 상사각, 증오 = 구경각"이라는 도식적 이해를 한다면 혼란을 초래할 수밖에 없다.

그리고 『능엄경』의 "이치(理)는 비록 단박에 깨달아서 깨달음에 의해 아울러 소멸되지만, 현상(事)은 점차 닦는데 있기에 차제에 의거해 없어진다."라는 설법을 들어 돈오점수를 설명하고 있다. 이러한 기조는 규봉종밀로부터 위산영우, 천복홍변, 법안문익, 대혜종고, 감산덕청, 보조지눌, 벽송지엄, 청허휴정, 경허성우에 이르기까지 종문의 정안조사들에 의해 한결같이 유지되고 있다.

이러한 기초 위에 한국불교의 경지론적 논쟁은 잠시 접어두고, 이미 앞에서 여러 번 언급을 해 왔듯이 전통불교와 북종에서 강조한 점수돈오설漸修頓悟說, 혜능이 주장한 돈오돈수설頓悟頓修說, 신회가 강조한 돈오점수설頓悟漸修說, 청량이 제시한 수오일시설修悟一時說 등 네 종류의 수증론에 대해 분석과 이해를 시도해 보기로 한다. 그런데 수오일시修悟一時에 대해서는 이미 앞에서 수오일여修悟一如란 의미로 논술한 바가 있으므로 나머지 셋에 대해 살펴보기로 하겠다. 아울러 돈점 회통사상의 종장인 종밀과 연수의 돈점에 대한 개념을 통하여 모든 수증론의 회통적 이해를 도모하고, 제수증론의 유기적 회통을 시도해 보기로 하자.

혜능선사는 "법에는 돈점이 없으나 사람의 근기에 돈점이 있다."라고 천명하였다. 또한 종밀과 연수는 우선 제일의실단의 입장에서 "부처도 없고 중생도 없는 진여실상"을 말하고 연후에 위인실단의 입장에서 돈오점수, 돈오돈수 등 몇 종류의 수증론을 제시하고 있다. 그들의 설법에 의거하면 돈오돈수는 최상근기의 사람이 일념에 진여본성과 상응하여 바로 항사의 공덕을 구족하여 팔만사천의 바라밀문을 일시에 고르게 작용케 하는 것이다.

양사 모두 근기론의 관점에서 돈오돈수가 최상승의 수증론임을 천명하고 있다. 그런데 돈오돈수를 얻는 사람도 만일 그들의 과거생을 미루어 볼 때 이미 과거 다겁생을 두고 오랜 세월 점수한 훈습이 쌓여있기 때문에 금생에 이르러 한 번 듣고 즉시에 깨달아 일시에 증득해 마친 것이라고 했다.

그러므로 돈오돈수라는 것도 실지로는 먼저 닦고 나중에 깨닫는 것과 같으며, 또한 먼저 깨닫고 나중에 닦음을 포함하고 있다고 주장하는 것이다. 양사 모두 근기론의 입장에서 돈오돈수와 돈오점수를 이해하고 있음을 알 수 있다.

만약에 근기론에 기초한 위인실단에 의거하여 점수와 돈오를 해석하게 되면, 어떤 사람은 중도실상을 단박에 깨달아 단박에 무주묘행無住妙行을 갖추게 되며(頓悟頓修), 어떤 사람은 진여본성을 깨달아 이것에 의거하여 간단없이 무생인無生忍을 닦을 수도 있고(頓悟漸修), 어떤 사람은 오랜 세월 점차로 수행하여 구경에 무상실상無相實相을 일시에 돈오할 수도 있다(漸修頓悟).

따라서 근기론적 위인실단에서 보면 사람들의 근기에 따라 점수돈오, 돈오돈수 혹은 돈오점수를 막론하고 제 각각 수증론에 적용될 수 있을 것이다. 그러므로 종밀은 "돈점의 의의는 이와 같이 많은 문이 있다. 문마다 의의가 있으므로 억지로 천착할 수는 없다."라고 주장하고 있다.

그러나 제일의제第一義諦의 진여실상을 돈오할 때에는 결코 점수돈오, 돈오돈수, 돈오점수 등을 분별하는 거짓 이름의 흔적이 있을 수 없다. 따라서 『단경』에서 "스스로의 본심을 깨닫는 것이 본래 성품을 깨닫는 것이니 깨달은 즉 아무 차별이 없다."라고 설하고, 또한 말하기를 "본성을 스스로 깨달으면 바로 차별이 없다. 그러므로 돈점의 거짓 이름을 세운다."라고 하고 있다.

그런데 만약에 대치실단의 입장에서 사종사제문四種四諦門[483)]의 관점을 응용하여 돈오, 점수를 해석한다면 번뇌(苦 : 果)는 인연(集 : 因)에 의해 생멸하고, 생사해탈(滅 : 果)은 수행(道 : 因)을 통해 실현된다. 이것을 "생멸사제문生滅四諦門"이라 한다. 따라서 점수돈오는 생멸사제문에 해당되는 것이다.

번뇌는 인연에 의해 생멸하지만 본래 바탕에는 생멸이 없다. 번뇌가 본래 생멸이 없으므로 고통 또한 얻을 바 없으니 이것을 일러 "무생사제문無生四諦門"이라 한다. 따라서 돈오는 무생사제문에 해당한다.

번뇌는 본래 공하지만 연기의 일어나는 모습이 있으므로 또한 번뇌(苦)에 상응하는 무량한 수행방편문을 세운다. 이것을 무량사제문

---

483) 天台智者는『法華經玄義』卷二에서 사종사제四種四諦설을 제시하고 있다. 그 중에서 그는『열반경』,『승만경』의 설법을 의거하여 깊고 얕음이 다른 사종 사제문을 세워 장교, 통교, 별교, 원교의 사교를 배대하고 있다. (一) 생멸사제生滅四諦 : 장교藏敎의 설한 바로써 생멸의 일이 있음을 인정하고 사제의 인과에 실로 생멸이 있다고 관한다. (二) 무생사제無生四諦 : 혹은 무생멸사제라고도 한다. 통교通敎의 설한 바로써 제법의 인연이 공하여 무생임을 말한다. 사제에 대한 미오迷悟의 인과가 모두 공하여 생멸이 없다고 관한다. (三) 무량사제無量四諦 : 별교別敎의 설법이다. 법계 내외가 항사의 무량한 차별이 있다. 일체 현상이 모두 인연으로 일어났기 때문에 무량한 차별이 있다. 그러므로 사제 또한 무량의 모양이 있음을 관한다. (四) 무작사제無作四諦 : 원교의 교설이다. 미오의 당체는 곧 무상실상無相實相이다. 미와 오의 대립모순이 바로 모순 아니고 모두 실상임을 관한다.

無量四諦門이라 한다. 따라서 돈오점수는 무량사제문에 해당한다.

무량사제문 가운데에 닦음의 수행방편문을 세우나 기실은 닦음이 없는 닦음(無修之修)이므로 그 닦음의 자체에 머물지 않아 번뇌는 끊을 바 없으며 열반 또한 얻을 바 없다. 이를 일러 무작사제문無作四諦門이라 한다. 따라서 돈오돈수는 무작사제문에 해당된다고 말할 수 있다.

이러한 네 가지 사제문四諦門은 단지 집착과 병통에 의거하여 세웠으므로 결코 생멸사제문을 통하여 무생사제문에 이르고, 무생사제문을 통하여 무작사제문에 이르는 것은 아니다. 이와 똑같이 점수돈오, 돈오점수 등의 제수증문을 통하여 구경에 돈오돈수문을 세우는 것은 아니다.

그러나 제일의실단의 각도에서 보면 점수, 돈오, 돈오점수 등의 수증문 모두가 돈오돈수에 이끌어 들게 하는 방편문이라 할 수 있다. 그런데 방편은 실상을 깨닫기 위한 방편이요, 실상은 방편에 의해 드러난다. 돈오점수의 수修는 그 중에 이미 차제와 계단이 없는 (頓中漸) 무수지수無修之修이기 때문에 저절로 돈오돈수의 최상승법을 이루게 된다(頓中頓) 484).

그러므로 남북조시대에 소돈오론자들은 보살칠지에 무생법인을 돈오하여 무수지수를 통해 구경각을 성취한다고 주장하였다. 이때

---

484) 참조, 鶴潭, 『六祖法寶壇經解義』, p 293.

무생법인과 구경각은 결코 경지론적인 차별이 없다고 강조하고 있다.

하택신회 또한 돈오점수를 해석하여 "수행자는 마땅히 불성을 돈오하여 인연을 점수하되 이생을 떠나지 않고 해탈을 얻는다. 비유하자면 어머니가 문득 아이를 낳아 젖을 먹여 양육하게 되면 그 아이의 지혜가 자연히 증장하는 것과 같다. 불성을 돈오하는 것도 이와 같아서 지혜가 점차 증장하게 된다."라고 하였다.

이미 언급하였듯이 대주혜해 또한 신회의 기조를 계승하여 다음과 같이 주장하고 있다.

> 돈오란 것은 이생을 떠나지 않고 바로 해탈을 얻는다. 어떻게 그것을 아는가? 비유하여 말하면 사자 새끼가 처음 태어났을 때 진짜 사자이듯이, 돈오를 닦는 자 또한 이와 같아서 닦을 때 바로 불지위에 들어간다. 마치 봄에 대나무의 죽순이 나와서 봄을 지나지 않고 바로 어미 대나무와 가지런해져서 서로 다름이 없는 것과 같다.

종합하여 말하면 불생불멸不生不滅의 중도실상中道實相에 의거하여 제일의실단을 세우고, 근기와 환경에 따라 위인실단 및 세계실단을 세우고, 아울러 제법의 인연에 대한 집착을 파하기 위해 대치실단을 시설하는 것이다.

제일의실단의 입장에서는 어떠한 수증문도 모두 돈오돈수로 귀결되어지지만, 나머지 실단에서는 점수돈오, 돈오돈수, 돈오점수 등등의 모든 수증문이 그 의의와 가치가 있으므로 각각 모두 타당성과 적합성을 가질 수 있다.

이러한 각도에서 제수증론을 이해하게 되면, 한국불교의 돈점논쟁 뿐만 아니라 불교 역사상에 여러 차례 제기되었던 돈점논쟁도 모두 회통의 길이 열릴 수 있을 것이다. 여기서 우리가 주의해야 할 점은 수증론은 법法에 대한 언명이 아니라 사람의 근기에 대한 언명이기 때문에 혜능은 일찍이 "법에는 돈점이 없고 돈점은 오직 사람의 근기에 있다."라고 말하는 것을 잘 새겨들어야 한다.

그러므로 근기가 하열한 사람은 점차 닦아 단박 깨달아 들 수 있으며(漸修頓悟), 상근기 보살은 단박 깨달아 단박 닦을 수도 있다(頓悟頓修). 그리고 설사 이理에 대해 단박 깨달았다 하더라도, 아직 사事에 대한 점차 닦음(頓悟漸修)을 가자假資할 수도 있는 것이기 때문에 점수돈오, 돈오돈수, 돈오점수 등 제수증론이 수행자의 근기와 지혜의 심천에 따라 모두 올바른 수증방법이 될 수 있다. 실제로 신회, 종밀, 연수, 보조 이외에 많은 남종 조사선의 조사들이 돈오돈수를 최상승법으로 주장함과 동시에 또한 돈오점수의 가풍을 견지하고 있다.

그런데 대부분의 조사들이 깨달음 이후의 수행을 무수지수無修之修라고 주장하는데 주목할 필요가 있다. 즉 무생법인의 돈오 이후 구경각에 나아감에 무슨 닦을 것이 남아 있어 닦는다고 말하는 것이 아니기 때문에 닦음이 없는 닦음(無修之修)이라고 부른다.

소돈오론자들의 칠지돈오가 불지돈오와 깨달음의 경지는 같지만 그 공능에 차이가 있어서 보살만행을 통해 삼위三位를 진수함에 닦음이 없는 닦음을 가자하는 것과 동일하다고 하겠다. 이들의 주장은 돈오 이후의 점수가 깨달음이 철저하지 못해서가 아니라, 깨달음을 실체화해서 그 자리에 안주함을 경계하여 깨달음(頓悟)마저 버리고 요익중생饒益衆生하는 보현행원의 실천(漸修)을 지향하고 있다.

어떤 위대한 사상이라 하더라도 그것은 역사적 결과이며 연기적 산물이다. 돈오점수를 강조한 보조선사는 그 시대환경에 기인한 방편의 설법을 하였을 것이며, 성철선사는 나름대로 돈오돈수를 강조해야만 할 시대적 역할이 있었을 것이다.

아마도 돈오점수를 천성의 모범으로 주장한 보조의 시대에는 교와 선이 서로 반목하며 무위무사에 빠지고, 선종 내부에서조차 깨달음에 경도되어 닦음을 방기하고 일신의 안위 속에서 겉으로만 수연자재하는 부류들이 많았기에, 그들을 향해 명철한 깨달음을 얻은 뒤 그 깨달음마저 버리고 보현행원의 자타겸제를 독려해야 할 당대의 요청이 있었을 것이다.

그리고 성철선사가 독수일종獨樹一宗으로 돈오돈수를 제창한 본회는 수행자들이 수행 자체에 철두철미하지 못할 뿐만 아니라, 또한 어설프게 깨달은 암증선사들이 도인 흉내나 내면서 너도 나도 한 소식했다고 초견성初見性 운운하면서 종문의 돈법頓法을 어지럽히고 조정祖庭을 황폐케 하는 것에 대해 준엄한 경책을 내려야할 선각先覺의 비원悲願이 담겨져 있을 수 있다.

중생의 근기와 시대환경에 의해 서로 다른 방편시설(수증론)로써 깨달음(피안)으로 인도하고, 깨달음을 얻었으면 얻었다는 생각과 그 방편시설(뗏목)마저 함께 버려야하는 것이다. 아울러 언제 어디서나 주인이 되어(隨處作主) 주체적인 실천을 담보하고, 서있는 그 자리에서 진실한(立處皆眞) 생활이 되어서 화광동진和光同塵하고 예미도중曳尾塗中하여 일체 생명을 이롭게 해야 한다.

이러한 사상사적 기조 위에서 조명해 보면 성철화상의 제일의제(第一義諦 : 第一義悉檀)적 돈오돈수의 최상승 수증론과 보조스님의 위인爲人, 대치실단對治悉檀적 돈오점수의 수증방편이 만약 극단적 경지론境地論과 법통론法統論으로 치달음을 배제하고 상호보완적 결합을 이루게 되면 가장 이상적인 수증방법론이 되는 회통의 길이 열린다.

불교의 모든 수증론은 생사해탈을 위한 실천에 그 목적이 있기 때문에 철저히 중생의 입장에서 일상생활의 번뇌와 생사로부터 놓여나는 돈오해탈의 실천이 중요한 관건이지 논쟁을 위한 논쟁, 즉 종교적 실천이 없는 이론적 논쟁은 한갓 희론에 지나지 않는다. 중생의 생로병사의 고통이 불교 수증론의 출발점이 되는 이유도 여기에 있다.

결론적으로 조사선의 본질은 인간의 일상생활에서 돈오해탈을 구하는데 있다. 즉 견문각지見聞覺知의 일념一念 중에 일념의 공성空性을 바로 깨달아 일시에 해방되는 일념해탈一念解脫에 그 목적이 있다. 일념해탈은 원시불교로부터 꾸준히 제기되어 온 수증방법이지만 남종 조사선에 이르러서야 일상생활의 일념 가운데 바로 번뇌의 속박으로부터 벗어나는 돈오적 의미의 일념성불一念成佛사상으로 발전하게 된 것이다.

즉 일념의 중도성中道性을 요달해서 "생각 생각에 해탈이요(念念解脫), 생각 생각에 성불(念念成佛)"을 실현하는 일념성불一念成佛이 바로 조사선의 핵심법문이다. 그래서 『단경』에 "앞생각이 미혹하면 중생이요(前念迷則衆生), 뒷생각에 깨달으면 부처다(後念悟則諸佛)."라고 설하고 있으며, 황벽희운은 『전심법요』에서 "산하대지山河大地는 견문각지見聞覺知의 산하대지요, 견문각지는 산하대지의 견문각지이니, 눈으로 보되 봄이 없고(眼見而不見), 보지 않되 보며(不見而見), 귀로 듣되 듣지 않고(耳聞而不聞), 듣지 않되 들으며(不聞而聞), 몸으로 느끼되 느끼지 않고(身覺而不覺), 느끼지 않되 느끼며(不覺而覺), 마음으로 분별하되 분별함이 없고(意知而不知), 분별함이 없되 분별하라(不知而知). 그러므로 본심은 견문각지에 있는 것도 아니고, 또한 견문각지를 떠나 있는 것도 아니다(本心不屬見聞覺知, 亦不離見聞覺知)."라고 설파하고 있다.

그러므로 "같이 있음도 아니며, 떠나 있음도 아니며(不卽不離), 머물지도 않고 집착하지도 않아서(不住不着), 일체 경계에 걸림이 없으니(縱橫自在), 지금 여기 있는 그대로가 해탈도량이다(無非道場)."라고 읊고 있다.

오늘날 선수행자들은 이러한 조사선의 특성을 잘 살려서 생활 그대로가 수행이요, 수행 그대로가 깨달음으로 발현되는 "수오일여修悟一如"와 수행자의 근기에 따라 돈점이 상생되는 "돈점쌍입頓漸雙入", 돈점을 함께 버리는 "돈점쌍망頓漸雙忘"의 실천으로 선의 보편화, 대중화, 생활화를 실현해 나가야 할 것이다.

현대사회에 있어서 조사선의 실천이 모든 생명의 절대 행복인 안심입명安心立命을 얻게 하고, 일상의 무명심을 해탈의 열반락으로 돌려쓰는 무한가치를 지니고 있다. 하지만 선사상에 대한 진정견해가 없이는 실참실오實參實悟가 원만하게 이루어질 수 없다.

맺는 말

천목중봉화상은 마음을 깨달은 뒤에 더 실천수행할 것이 있느냐는 물음에 이렇게 대답하고 있다. "깨달음을 얻기도 전에 미리부터 닦을 것이 있느니 없느니 하면서 스스로 미혹에 빠질 필요는 없다."라고 말하고, "부지런히 자신을 채찍질하여 깨달음이 통 밑구멍이 확 둘러빠지는 것과 같은 그러한 경지에 이르러 번뇌 망상을 훌쩍 벗어나야만 실천수행할 것이 있는지 없는지를 알게 될 것이다."485) 라고 하였다.

사실 돈오하고 나서야 더 닦을 것이 있는지 없는지를 알 수 있다. 수행도 하지 않고 더군다나 확철대오 하지도 않고 깨달은 뒤에 닦을 것이 있느니 없느니 시비하는 것은 구두선에 지나지 않는다. 아직 돈오를 성취하지 못한 납자라면 한 생애 태어나지 않았다는 각오로 용맹정진 하여 구경원각究竟圓覺한 연후에 정사를 판별해야 할 것이다.

---

485) 『天目中峰和尙廣錄』 第十一之中. 『山房夜話』 中. "茲不必預以有無履踐, 自惑於心. 請勤加鞭策, 到桶底子, 一回脫落, 其履踐之有無, 當有以默契於中矣."

그러나 무명오운無明烏雲이 칠통漆桶이라 수행은 더디고 깨달음은 요원하니 부득이 불조의 언설을 빌어 등불을 삼고자 경론과 어록을 천착하는 것이다. 불조의 경책에 의거해 더욱 분발하고 인연에 순응하며, 부지런히 가행정진하여 오래도록 물러나지 않는다면 문득 시절인연이 계합하는 날이 올 것이다.

서두에서 잠깐 언급 하였지만 돈점논쟁이 논쟁에 그치지 않는 까닭은 그것이 실천수행을 담보하고 나아가서는 종문의 정통성 확보와 직결되고 있기 때문에 다른 한 편을 내치게 되는 것이다. 시비와 논쟁에 휩싸이는 것을 좋아할 수행자는 별로 없다. 산승이 『돈오선』을 집필한 것은 돈점에 대한 정관의 안목을 가지고 논쟁과 시비를 잠재우고 실참을 통해 돈오에 나아가게 하기 위함이다. 그래서 오로지 유원한 불교 사상사에서 닦음(修)과 깨달음(悟), 단박(頓)과 점차(漸)의 문제에 대해 되도록이면 중도정관의 시각을 확보하고, 특히 불편부당한 돈점사상사의 정론에 입각하여 입론하고자 진력하였다.

누가 납승에게 그대는 돈오돈수냐 돈오점수냐를 묻는다면 멀리 허공을 바라볼 뿐이다. 그래도 굳이 말로 하라면 돈점쌍망頓漸雙忘이요, 원증원수圓證圓修라고 대답하겠다.

서산대사는 일찍이 "차라리 영겁 동안 생사에 윤회하더라도 모든 성인의 해탈을 구하지 않는 것이 선가의 안목이요, 다른 사람의 잘못을 보지 않고 항상 자기의 허물을 보는 것이 선가의 수족이다."486)라고 설파했다.

지금 선가禪家는 스스로 꼬리를 진흙에 끌며(曳尾塗中) 일체 생명의 안심입명安心立命을 위해 보현행원을 실천하며, 오늘 선자禪者는 자신의 허물을 발로참회發露懺悔하고 차라리 몸과 목숨을 버릴지언정 다른 사람의 잘못을 보지 않고 있는가? 나의 허물은 태산이요, 너의 잘못은 허공이다. 그러므로 고덕이 말하기를, "다른 사람의 잘못과 나의 옳음을 들추지 않으면, 자연히 아랫사람은 윗사람을 공경하고 윗사람도 아랫사람을 공경하여 서로 존경하게 된다. 그렇게 되면 불법은 때때로 드러나고, 번뇌는 그때마다 사라지리라."고 하였다.

황벽선사는 대당국大唐國에 선사가 없다고 일갈했다. 종문宗門은 적막하고 선등禪燈은 희미한데, 선류禪流는 취모검을 휘두를 기상이 없고 청안납자는 종적이 묘연하다. 어제 당나라의 이야기가 아니라 오늘 우리 선문의 모습이다.

옛 스승들은 활발발한 선풍 속에 본지풍광本地風光을 드러내어 정안납자의 출신활로出身活路를 지시하지 않았던가! 오늘 우리들은 공부하는 모양을 지어 가는 것에만 만족하고 대도를 성취하여 인천

---

486) 『禪敎釋』. "寧可永劫沈淪生死, 不慕諸聖解脫者, 禪家之眼也. 不見他人非, 常自見己過者, 禪家之足也."

의 사표가 되기를 포기했는지 모른다. 모름지기 수좌란 우주와 허공을 삼키고도 외눈 하나 깜짝하지 않고 일념만년一念萬年으로 화두선정에 들어 이류중행異類中行[487] 하는 자일 것이다.

옛 조사는 말했다. 우주법계 삼천대천이 온통 하나의 화두이다. 번뇌와 보리가 둘이 아닐진대 공안납자와 무위진인이 어찌 둘일 것이며, 생사와 열반이 함께 공할진대 중생과 부처가 본래 하나이다. 지금 여기 현전일념現前一念에 화두삼매가 그대로 돈점쌍수頓漸雙修요, 돈점쌍망頓漸雙忘이다. 구순안거 용맹정진이 그대로 무명이요 깨달음이다.

마조선사는 마음이 부처라 하고, 임제선사는 사람이 부처라고 했다. 영겁을 무간無間의 쇳물을 마셔도 무방하다. 무간이 나의 허물이기 때문이다. 영겁으로 제불의 정토를 장엄하지 않아도 상관없다. 정토가 바로 대몽지경大夢之境이기 때문이다.

정법구주正法久住와 요익유정饒益有情을 위해 땀(봉사) 흘리고 피(희생) 흘려 겨자씨만 한 땅도 모자라게 해야 할 것이다. 허공계가 다하고 중생계가 다하고 중생의 번뇌가 다하는 그날까지 유위를 다함도 없고(無盡有爲) 무위에 머물지도(無住無爲) 않는 것이 수선납자의 정로이다. 평상심이 도라 하지 않았던가. 인연 따라 자재하여(隨

---

[487] 이류중행異類中行이란 남전선사가 말하고, 경허선사가 자주 사용한 말로서 육도 중생 가운데 인간 이외의 다른 중생, 즉 지옥, 아귀, 축생 등에 나아가 그들을 제도하는 보살행을 말한다.

緣自在) 일 없고 함이 없는(無事無爲) 한도인閑道人이 되어 지유至遊의 경계488)에서 오직 일념으로 중생을 위해 고뇌할 것이다.

각행이 원만하여(覺行圓滿) 원수원증圓修圓證하는 그날까지 피모대각皮毛戴角으로 천만번을 침륜하더라도 체로금풍體露金風489)이 그대로 행자의 진면목이요, 청빈지족淸貧知足이 바로 납승의 실가풍이다. 조계적자는 명견불성明見佛性하여 광도군생廣度群生하는 것이 본분사요 일대사이다.

고덕古德이 고구정녕 일러 주었다. 발심이 곧 구경이라고. 한 번 뛰어 넘어 바로 여래의 언덕에 올라(一超直入如來岸) 비로정상을 당당하게 노니는 본색납자가 되어야 염라노자에게 밥값을 정산하게 될 것이다. 선가의 안목으로 조사관祖師關을 타파하고, 선가의 수족으로 삼수갑산三水甲山을 향해 걸어가자.

언제 어디서나 주인이 되고(隨處作主), 서 있는 그대로 진실되게 하자(立處皆眞).

歷千劫而不古　천만 겁이 지나도 옛이 아니요
亘萬歲而長今　만세를 이어가도 항상 지금이다.

---

488) 묵조선에서는 구경의 깨달음의 경계를 지유至遊라고 표현하고 있다.
489) 피모대각皮毛戴角이란 털이 나고 뿔을 쓰고 있다는 말로서, 털이 나고 뿔이 난 짐승(소)이 되어 중생의 은혜를 갚아야 한다는 의미로 사용된 말이다. 그리고 체로금풍體露金風이란 운문선사가 말한 공안인데, 표면적인 뜻은 가을날 낙엽이 다 지고 난 뒤 앙상한 가지에 불어오는 바람을 비유하여 본래면목을 그리고 있는 말이라고 할 수 있다.

寧可世生無間　차라리 날 때마다 무간지옥일지라도
何摧侍生一片　님(중생) 섬기는 일편심 어찌 꺾어지리.

돈오선 頓悟禪

초 판 발 행 | 2008년 3월 18일
초판2쇄발행 | 2009년 1월 10일

지 은 이 | 월암 스님
펴 낸 이 | 오 세 룡
펴 낸 곳 | 클리어마인드_(주)지오비스
등록번호 | 제 300-2005-54호
주   소 | 서울시 종로구 수송동 58 두산위브파빌리온 736호
전   화 | 02)2198-5151, 팩스 | 02)2198-5153
디 자 인 | 현대북스 051)244-1251

ISBN 978-89-958772-7-2 03220

클리어마인드는 (주)지오비스의 출판브랜드입니다.
이 책은 저작권 법에 따라 보호받는 저작물이므로 무단전재와 복제를 금지하며,
이 책 내용의 전부 또는 일부를 이용하려면 반드시 저작권자와 (주)지오비스의 서면동의를 받아야 합니다.

정가 20,000원